APRENDER INGLÉS FÁCILMENTE PARA ADULTOS PRINCIPIANTES

HABLA INGLÉS CON CONFIANZA EN 30 DÍAS

7 LIBROS EN 1

APRENDE IDIOMAS FÁCIL

AIF PUBLISHING

ÍNDICE

Introducción	vii
Aprende inglés con la ayuda del audio de pronunciación	ix
LIBRO 1: Aprender Inglés Fácilmente Para Adultos - NIVEL Principiantes	xi
1. ¡Tu primer paso al inglés!	1
2. ¡Hablemos de Nosotros!	19
3. ¡Vamos de Viaje!	47
4. ¡Domina el Inglés para Comprar con Confianza!	67
5. ¡Habla de Alimentos como un Nativo!	87
6. Hablando sobre la Familia	109
Ahora Eres un Máster del Inglés Básico	131
LIBRO 2: Aprender Inglés Fácilmente Para Adultos - NIVEL Principiantes	133
¡Bienvenido al segundo tomo de tu aventura con el inglés!	135
Cómo usar este libro y sacarle el máximo provecho + BONUS FLASHCARDS	137
7. Reuniones en inglés	143
8. Tu nuevo ambiente laboral	153
9. HELP! I need somebody	163
10. ¿HACE FRÍO? ¿HACE CALOR?	175
11. ¿ERES DEPORTISTA?	185
Tu viaje al inglés fluido acaba de comenzar	195
LIBRO 3: Aprender Inglés Fácilmente Para Adultos - NIVEL Principiantes	197
12. A Story of Strength and Healing	199
13. The Storm That Changed Everything	203
14. The Great Adventure	207
15. A Journey Through the Stars	211
16. The Road to Confidence	215
Tu aventura con el inglés a través de historias apenas comienza	219
LIBRO 4: Aprender Inglés Fácilmente Para Adultos - NIVEL INTERMEDIO	221
Tu inglés está a punto de despegar	223
17. El Presente Perfecto	225
18. Introducción al Futuro en Inglés	245
19. ¿Cuanto?	263
20. ¡Domina la Clave de la Comunicación Hipotética!	279
¡Tu viaje en inglés apenas comienza!	293
LIBRO 5: Aprender Inglés Fácilmente Para Adultos - NIVEL INTERMEDIO	295
¡Aprende inglés disfrutando de increíbles historias!	297
21. Life on the Farm: John's Daily Adventures	299
22. Carmen's First Job Interview	303
23. Grandma's Photo Album	307
24. Mark's First Job: A New Beginning	311
25. The Perfect Honeymoon: Planning the Trip of a Lifetime	317
Tu Camino hacia el Inglés Fluido a Través de Historias	323
LIBRO 6: Aprender Inglés Fácilmente Para Adultos - NIVEL INTERMEDIO AVANZADO	325
Tu Ante-último Paso Hacia la Fluidez en Inglés	327
26. El Secreto de un Inglés Más Natural	329

27. Hablando de lo Imposible   345

28. ¡Basta ya!   357

29. ¡Lo lograste! Un paso más hacia la fluidez en inglés   371

    LIBRO 7: Aprender Inglés Fácilmente Para Adultos - NIVEL INTERMEDIO AVANZADO 373

    ¡Bienvenido a uno de los últimos libros de la serie!   375

30. The Lost World of Dinosaurs   377

31. The Secrets of Ancient Egypt   383

32. A Walk with Bella   387

33. The Family Barbecue   391

34. The Future Dream Home   397

    Conclusión + Bonus Workbook con Ejercicios Extra   403

INTRODUCCIÓN

¡HOLA Y BIENVENIDO A ESTA AVENTURA!

Aprender inglés puede parecer un reto gigantesco, pero aquí estamos para demostrarte que **no tiene que ser complicado ni aburrido**. Este libro será tu compañero de viaje, guiándote paso a paso para que puedas hablar inglés de forma **sencilla, práctica y sin estrés**. Y lo mejor de todo: en **solo 30 días**, estarás comunicándote con más confianza y entendiendo mucho más de lo que imaginas.

Sabemos que aprender un nuevo idioma puede dar un poco de vértigo. A veces parece que hay **demasiadas reglas, demasiadas palabras nuevas y demasiadas dudas**. Pero tranquilo, aquí no hay presión ni exámenes sorpresa. Vamos a aprender **a tu ritmo**, con explicaciones claras, ejemplos reales, ejercicios entretenidos y hasta algunas risas en el camino.

¿POR QUÉ ESTE LIBRO ES PERFECTO PARA TI?

Porque está diseñado pensando en **hispanohablantes como tú**. Sabemos **exactamente** cuáles son las dudas más comunes, en qué trampas solemos caer y **cómo evitarlas**. No queremos que solo aprendas inglés, queremos que **disfrutes el proceso** y que te sientas motivado a seguir avanzando, sin miedo a equivocarte.

Imagina esto:

Dentro de un mes, serás capaz de pedir tu café favorito en inglés sin dudar, entender el significado de tus canciones preferidas o hasta iniciar una conversación con alguien de otro país **sin sentirte perdido**. Todo esto comienza aquí, con este pequeño compromiso que has hecho contigo mismo al abrir este libro.

Y no estarás solo en esta aventura. A lo largo del libro, tendrás acceso **totalmente gratuito** a un **audiolibro de pronunciación** y a un **videocurso complementario**, para que practiques la pronunciación con nativos y refuerces lo aprendido de forma visual y auditiva. Solo necesitas escanear los códigos QR al final de cada capítulo.

¿Listo para comenzar?

No importa si hoy sabes **mucho, poco o nada de inglés**. Lo único que importa es que **estás aquí, listo para aprender algo nuevo y emocionante**. Esta es tu oportunidad, y nosotros vamos a estar contigo en cada paso del camino.

Así que **relájate, busca un lugar cómodo y empecemos**. Al final de estos 30 días, te sorprenderás de lo mucho que has avanzado. Aprender inglés no es una meta imposible, **es una aventura que puede ser divertida y gratificante**.

Y todo empieza con una simple palabra: **hello!** 👋 😊

APRENDE INGLÉS CON LA AYUDA DEL AUDIO DE PRONUNCIACIÓN

¡BIENVENIDO A ESTA EXPERIENCIA DE APRENDIZAJE ÚNICA! 🚀

Sabemos que aprender inglés no solo es cuestión de leer y escribir, **también necesitas escucharlo y acostumbrarte a cómo suena en la vida real**. Por eso, este libro viene acompañado de **audios de pronunciación** para ayudarte a mejorar tu **listening**, tu comprensión lectora y, por supuesto, tu confianza al hablar.

Cada capítulo incluye un **archivo de audio cuidadosamente seleccionado**, donde podrás escuchar la pronunciación de palabras clave y algunos ejemplos en contexto. **De esta manera, no solo verás cómo se escriben las palabras, sino que también aprenderás cómo suenan realmente en inglés.**

¿CÓMO ACCEDER A LOS AUDIOS?

🔖 **Si estás leyendo la versión en eBook**, solo haz clic en el enlace al final de cada capítulo para ir directamente al archivo de audio.

🔖 **Si tienes la versión impresa**, simplemente **escanea el código QR** con tu teléfono y accede en segundos.

Si disfrutas aprender escuchando y quieres tener acceso al **audiolibro completo**, puedes conseguirlo totalmente **gratis** en Audible. De esta forma, podrás practicar en cualquier momento: mientras manejas, cocinas o haces ejercicio.

Descarga tu audiolibro aquí (próximamente)

Consejo final: Usa estos audios a tu favor. **Escucha, repite, imita la pronunciación y pierde el miedo a hablar.** Cuanto más te expongas al inglés, más rápido mejorarás. ¡Tu inglés fluido está a solo unos clics de distancia! 🚀📚

LIBRO 1: APRENDER INGLÉS FÁCILMENTE PARA ADULTOS - NIVEL PRINCIPIANTES

CAPÍTULO 1
¡TU PRIMER PASO AL INGLÉS!

Bienvenido a este viaje hacia el inglés fluido! Antes de lanzarnos a hablar como un nativo, necesitamos construir una base sólida. Y eso es exactamente lo que haremos en este capítulo.

Aprenderás los conceptos esenciales para comenzar a comunicarte en inglés sin enredos. Vamos a conocer las preposiciones más utilizadas, a explorar la pronunciación del abecedario (y cómo se diferencia del español) y a descubrir cómo suenan realmente las vocales en inglés. Además, te daremos algunas frases básicas que te ayudarán a desenvolverte desde el primer día.

Piensa en este capítulo como tu caja de herramientas: aquí encontrarás todo lo que necesitas para empezar a armar tus primeras frases en inglés de forma correcta y sin miedo. Así que prepárate, porque este es solo el comienzo de una gran aventura!

Las consonantes en inglés: suenan parecido… ¡pero no tanto!

El inglés comparte muchas consonantes con el español, pero **su pronunciación puede ser un verdadero reto**. Algunas suenan casi igual, mientras que otras cambian por completo y nos hacen dudar. Para que empieces con confianza, en este capítulo desglosaremos **una por una**, explicándote cómo se pronuncian correctamente y dándote ejemplos útiles para practicarlas.

Además, te guiaremos con una pronunciación simplificada para que puedas intentarlo tú mismo y **empezar a sonar más como un hablante nativo desde el primer día**. ¡No te preocupes si al principio algunas te cuestan! Con práctica y un poco de paciencia, pronto notarás la diferencia. **¡Vamos a ello!**

La letra B

La **B** en inglés se pronuncia igual que en español, juntando los labios y liberando el sonido.
- **Book** (*buk*) → Libro
- **Ball** (*bol*) → Pelota
- **Baby** (*béi-bi*) → Bebé

La letra C

La **C** tiene dos sonidos principales:
- ✓ **Suave** (*como una "S"*) cuando va antes de **E** o **I**:

◆ **City** (*sí-ti*) → Ciudad
◆ **Cell** (*sel*) → Celda
✓ **Dura** (*como una "K"*) en otros casos:
◆ **Cat** (*kat*) → Gato
◆ **Coffee** (*kó-fi*) → Café

La letra D

Similar al español, la **D** se pronuncia colocando la lengua contra los dientes superiores.
◆ **Dog** (*dog*) → Perro
◆ **Door** (*dor*) → Puerta
◆ **Day** (*dei*) → Día

La letra F

Igual que en español, pero más fuerte: los dientes superiores tocan el labio inferior.
◆ **Fish** (*fish*) → Pez
◆ **Family** (*fá-mi-li*) → Familia
◆ **Food** (*fud*) → Comida

La letra G

✓ **Dura** (*como "gato"*) en la mayoría de los casos:
◆ **Go** (*gou*) → Ir
◆ **Green** (*grin*) → Verde
✓ **Suave** (*como "llave"*) en pocas palabras:
◆ **Genre** (*yán-r*) → Género

La letra H

En inglés, la **H** es una exhalación suave, pero a veces es muda.
◆ **Hello** (*je-lou*) → Hola
◆ **House** (*jaus*) → Casa
◆ **Hour** (*áu-er*) → Hora (*muda*)

La letra J

Suena como una mezcla entre "y" y "ch".
◆ **Jump** (*yamp*) → Saltar
◆ **Job** (*yob*) → Trabajo
◆ **Juice** (*yus*) → Jugo

La letra K

Suena como una "k" fuerte en español, pero es muda antes de "N".
◆ **Key** (*ki*) → Llave
◆ **King** (*king*) → Rey

◆ **Knife** (*naif*) → Cuchillo (*muda*)

La letra L

Se pronuncia colocando la lengua contra el paladar, igual que en español.

◆ **Love** (*lov*) → Amor
◆ **Lion** (*lai-on*) → León
◆ **Light** (*lait*) → Luz

La letra M

Misma pronunciación que en español.

◆ **Mom** (*mam*) → Mamá
◆ **Moon** (*mun*) → Luna
◆ **Milk** (*milk*) → Leche

La letra N

También igual que en español, con la lengua tocando el paladar.

◆ **Name** (*neim*) → Nombre
◆ **Night** (*nait*) → Noche
◆ **Nice** (*nais*) → Agradable

La letra P

Es más explosiva que en español.

◆ **Pen** (*pen*) → Pluma
◆ **Party** (*pár-ti*) → Fiesta
◆ **Pencil** (*pén-sil*) → Lápiz

La letra Q

Siempre va seguida de una "U" y suena como "cu".

◆ **Queen** (*kuín*) → Reina
◆ **Quick** (*kuik*) → Rápido
◆ **Question** (*kués-chan*) → Pregunta

La letra R

Diferente a la "R" española, en inglés se pronuncia sin vibración.

◆ **Red** (*red*) → Rojo
◆ **Run** (*ran*) → Correr
◆ **River** (*rí-ver*) → Río

La letra S

Nunca suena como una "Z" española.

- **Sun** (*san*) → Sol
- **Snake** (*sneik*) → Serpiente
- **Smile** (*smail*) → Sonrisa

La letra T

Más fuerte y clara que en español.
- **Table** (*téi-bol*) → Mesa
- **Tea** (*ti*) → Té
- **Tiger** (*tái-ger*) → Tigre

La letra V

Suena como una "F", pero con vibración.
- **Voice** (*vois*) → Voz
- **Victory** (*vík-to-ri*) → Victoria
- **Very** (*ve-ri*) → Muy

La letra W

Suena como una "u" más marcada.
- **Water** (*uó-rer*) → Agua
- **Window** (*uín-dou*) → Ventana
- **Wonderful** (*uón-der-ful*) → Maravilloso

La letra X

Suele sonar como "ks".
- **Box** (*boks*) → Caja
- **Fox** (*foks*) → Zorro
- **Taxi** (*ták-si*) → Taxi

La letra Y

Puede sonar como "i" o como "ll" suave.
- **Yes** (*yes*) → Sí
- **Yellow** (*ye-lo*) → Amarillo
- **You** (*yu*) → Tú

La letra Z

Suena como una "S" vibrante.
- **Zoo** (*zu*) → Zoológico
- **Zero** (*zí-ro*) → Cero
- **Zebra** (*zí-bra*) → Cebra

. . .

¡Ahora te toca a ti! 🎤

Practica la pronunciación de estas consonantes en voz alta. No te preocupes si al principio suenan raras, ¡con el tiempo mejorarás!

Si quieres un extra, escanea el código QR al final del capítulo para escuchar la pronunciación de estas palabras en el **archivo de audio**. ¡Será un gran refuerzo para afinar tu oído y mejorar tu acento! 🎧

Tabla de Sonidos, Consonantes y Ejemplos en Inglés

Sonido	Consonante	Ejemplo	Pronunciación (Fácil para hispanohablantes)	Traducción
/b/	B, BB	Balloon	Ba-lún	Globo
/k/	C, K, CK	Kite	Káit	Cometa
/s/	C+E/I/Y, S	Sun	San	Sol
/ch/	CH, TCH	Chair	Chér	Silla
/d/	D, DD	Dance	Dáns	Bailar
/f/	F, FF, PH	Phone	Fón	Teléfono
/g/	G, GG	Goat	Góut	Cabra
/h/	H	House	Jáus	Casa
/j/	J, G+E/I/Y	Juice	Yús	Jugo
/l/	L, LL	Lamp	Lámp	Lámpara
/m/	M, MM	Moon	Mún	Luna
/n/	N, NN	Nest	Nést	Nido
/p/	P, PP	Pencil	Pénsil	Lápiz
/r/	R, RR	Rabbit	Rábit	Conejo
/s/	S, SS	Snake	Sneik	Serpiente
/t/	T, TT	Table	Téibol	Mesa
/v/	V	Violin	Vaiolín	Violín
/w/	W	Water	Wóter	Agua
/x/	X	Box	Boks	Caja
/y/	Y	Yellow	Yélou	Amarillo
/z/	Z	Zebra	Síbra	Cebra

LAS VOCALES EN INGLÉS: ¡DESCUBRE SUS SECRETOS!

Si pensabas que aprender las vocales en inglés sería fácil porque solo hay cinco letras (*A, E, I, O, U*), ¡te tengo noticias! Estas cinco letras pueden producir más de **12 sonidos diferentes** dependiendo de su combinación con otras letras.

Sí, en español cada vocal tiene un solo sonido, pero en inglés… ¡las vocales son camaleónicas! Cambian según la palabra, la posición dentro de la sílaba e incluso según el acento de quien las pronuncia.

Pero no te preocupes, **vamos a hacerlo fácil**. En este capítulo, aprenderás:

✅ **Los 5 sonidos principales** de las vocales en inglés.

✅ **Las combinaciones más comunes** de dos vocales juntas y sus sonidos especiales.

☑ **Ejemplos claros y fáciles** para que nunca más dudes cómo pronunciar una palabra.

Así que prepárate, porque después de esto, verás las vocales en inglés con otros ojos… y sobre todo, ¡con otros oídos!

LOS 5 SONIDOS PRINCIPALES DE LAS VOCALES

Cada vocal en inglés tiene al menos **dos formas de pronunciarse**:

1. **Sonido corto:** Similar al español pero más rápido y cerrado.

2. **Sonido largo:** Se pronuncia con mayor apertura y duración, y a veces suena diferente al español.

Veamos cada una con ejemplos y pronunciación simplificada para hispanohablantes:

La vocal A

Sonido corto: Se parece a la "a" española, pero un poco más relajada.

- **Cat** (*kat*) → Gato
- **Apple** (*á-pol*) → Manzana

Sonido largo: Suena más como "ei" en español.

- **Cake** (*keik*) → Pastel
- **Name** (*neim*) → Nombre

La vocal E

Sonido corto: Se parece a la "e" en español, pero más cerrada.

- **Pen** (*pen*) → Pluma
- **Red** (*red*) → Rojo

Sonido largo: Suena más como "ii" en español.

- **These** (*thiiz*) → Estos
- **Tree** (*trii*) → Árbol

La vocal I

Sonido corto: Suena como una "e" rápida en español.

- **Sit** (*set*) → Sentarse
- **Fish** (*fish*) → Pez

Sonido largo: Suena como una "ai" en español.

- **Time** (*taim*) → Tiempo
- **Fine** (*fain*) → Bien

La vocal O

Sonido corto: Suena como una "o" española pero más relajada.

- **Dog** (*dog*) → Perro
- **Hot** (*jat*) → Caliente

Sonido largo: Se pronuncia más como "ou" en español.

- **Go** (*gou*) → Ir
- **Home** (*houm*) → Casa

· · ·

La vocal U

    Sonido corto: Suena como una "a" cerrada en español.

- **Bus** (*bas*) → Autobús
- **Cup** (*cap*) → Taza

    Sonido largo: Suena más como "iu" en español.

- **June** (*yun*) → Junio
- **Flute** (*flut*) → Flauta

LAS COMBINACIONES DE VOCALES MÁS COMUNES

Cuando dos vocales aparecen juntas, **a veces cambian por completo su sonido**. Estas son las más comunes:

AI / AY → Suena como "ei" en español.

- **Rain** (*rein*) → Lluvia
- **Day** (*dei*) → Día

EA / EE → Suena como "ii" en español.

- **Beach** (*biich*) → Playa
- **Tree** (*trii*) → Árbol

IE → Suena como "ai".

- **Pie** (*pai*) → Pastel
- **Tie** (*tai*) → Corbata

OU → Suena como "au".

- **House** (*jaus*) → Casa
- **Mouse** (*maus*) → Ratón

OA → Suena como "ou".

- **Boat** (*bout*) → Barco
- **Road** (*roud*) → Camino

UI → Suena como "iu".

- **Fruit** (*friut*) → Fruta
- **Suit** (*siut*) → Traje

OW → Puede sonar como "au" o "ou" según la palabra.

- **Cow** (*kau*) → Vaca
- **Window** (*wín-dou*) → Ventana

¡HORA DE PRACTICAR! 🎤

Para mejorar tu pronunciación:

- ✅ **Escucha los audios** con la pronunciación de estas palabras (escanea el QR al final del capítulo).
- ✅ **Di las palabras en voz alta** varias veces.
- ✅ **Imita a hablantes nativos** (las canciones y películas en inglés pueden ayudarte mucho).

Reto extra: Grábate diciendo algunas de estas palabras y compáralo con la pronunciación nativa. ¡Verás cómo mejoras día a día!

Cuadro de los 5 sonidos principales de las vocales

A continuación, veremos cada vocal con su sonido más representativo, junto con ejemplos y su pronunciación:

Vocal	Sonido	Ejemplo	Pronunciación (Fácil para hispanohablantes)	Traducción
A	/æ/	Apple	Á-pol	Manzana 🍎
E	/ɛ/	Elephant	É-le-fant	Elefante 🐘
I	/ɪ/	Igloo	Íg-lu	Iglú 🛖
O	/ɒ/	Octopus	Ók-to-pus	Pulpo 🐙
U	/ʌ/	Umbrella	Am-bré-la	Paraguas ☂️

Los 7 sonidos de combinaciones de dos vocales

Cuando dos vocales se combinan, forman sonidos diferentes. Estos sonidos son muy comunes en el inglés y es esencial aprenderlos para mejorar tu pronunciación. Aquí te presentamos los 7 más importantes:

Combinación	Sonido	Ejemplo	Pronunciación (Fácil para hispanohablantes)	Traducción
AI, AY	/ei/	Rain	Rein	Lluvia 🌧️
EA, EE	/i:/	Beach	Bích	Playa 🏖️
IE	/ai/	Pie	Pái	Pastel 🥧
OU	/aʊ/	House	Jáus	Casa 🏠
OA	/oʊ/	Boat	Bóut	Barco ⛵
UI	/ju:/	Fruit	Frút	Fruta 🍎
OW	/aʊ/ o /oʊ/	Cow, Window	Káu, Wíndou	Vaca 🐄, Ventana 🪟

Consejos para aprender los sonidos de las vocales

- **Practica en voz alta:** Escucha palabras que incluyan estos sonidos y repítelas. La repetición es clave para afinar tu oído.
- **Usa aplicaciones de pronunciación:** Hay muchas herramientas que te permiten escuchar y comparar tu pronunciación con hablantes nativos.
- **No te preocupes por ser perfecto:** Es normal que te lleve tiempo dominar todos los sonidos. Lo importante es practicar y mejorar poco a poco.

Con estas bases, ¡estás listo para continuar tu aprendizaje y perfeccionar tu inglés! Practica estos sonidos y observa cómo tu pronunciación mejora con el tiempo.

Nota importante sobre las vocales y diptongos

Como hemos reducido los 12 sonidos vocálicos en inglés a 5 para facilitar el aprendizaje, es fundamental saber que las vocales pueden variar en duración y forma de pronunciarse. Por esta razón, usaremos minúsculas para representar las vocales cortas y mayúsculas para las largas en nuestras guías de pronunciación.

En cuanto a los diptongos (las combinaciones de dos vocales), debes tener en cuenta que el sonido de la segunda vocal suele ser más breve y suave que el de la primera. Esto es distinto al español, donde ambas vocales en un diptongo se pronuncian con la misma intensidad y duración. Esta diferencia puede parecer sutil al principio, pero con práctica se volverá más fácil de identificar y reproducir.

EL ABECEDARIO EN INGLÉS: ¡TU PRIMER PASO HACIA LA FLUIDEZ!

El inglés y el español comparten el mismo **alfabeto de 26 letras**, pero si crees que suenan igual, ¡piénsalo de nuevo! Aunque las letras son las mismas, **su pronunciación puede ser completamente diferente**.

Veamos algunas diferencias clave que debes conocer antes de empezar:

☑ **La pronunciación cambia**: En español, cada letra tiene un único sonido, pero en inglés, su pronunciación puede variar dependiendo de la palabra. Por ejemplo, la letra **"A"** se pronuncia **"ei"** en el abecedario, pero dentro de una palabra puede sonar diferente, como en *apple* (*á-pol*).

☑ **No existe la "Ñ"**: A diferencia del español, el inglés **no tiene la letra "Ñ"**. Si ves una palabra con sonido similar, como en *canyon*, es porque se usa "NY" para imitar el sonido.

☑ **Las vocales son camaleónicas**: En inglés, las vocales pueden cambiar de sonido dependiendo de su combinación con otras letras. Por ejemplo, la "O" en *hot* (*jat*) suena diferente a la "O" en *home* (*houm*).

Aprende el abecedario en inglés con facilidad

A continuación, encontrarás una tabla con todas las letras del alfabeto en inglés, junto con su pronunciación simplificada para hispanohablantes.

🎧 **TIP:** Escanea el código QR al final del capítulo para escuchar la pronunciación correcta y practica en voz alta. ¡Repetir en voz alta es la clave para aprender más rápido!

Pronunciación del Abecedario en Inglés

Letra	Pronunciación (Fácil para hispanohablantes)
A	*Ei*
B	*Bi*
C	*Si*
D	*Di*
E	*I*
F	*Ef*
G	*Yi*
H	*Eich*
I	*Ai*
J	*Yei*
K	*Kei*
L	*El*
M	*Em*
N	*En*
O	*Ou*
P	*Pi*
Q	*Kiu*
R	*Ar*
S	*Es*
T	*Ti*
U	*Iu*
V	*Vi*
W	*Dabliu*
X	*Eks*
Y	*Uai*
Z	*Zi (o "Zed" en inglés británico)*

Nota sobre las diferencias con el español

En español, la pronunciación de las letras del abecedario está directamente relacionada con el sonido que producen en las palabras, lo que lo hace más predecible. En inglés, esto no siempre ocurre. Por ejemplo, la "G" en la palabra "go" suena diferente que en "genre". Además, la "Z" en inglés americano suena como "zi", mientras que en inglés británico se pronuncia "zed".

Con esta tabla y notas adicionales, ya tienes una herramienta clara para practicar el abecedario en inglés. ¡Intenta repetir cada letra en voz alta para familiarizarte con los sonidos!

SALUDOS Y DESPEDIDAS EN INGLÉS: ¡EMPIEZA A HABLAR DESDE YA!

Ahora que ya tienes una idea de cómo funciona la **pronunciación en inglés**, es hora de dar el siguiente paso: **aprender a saludar y despedirte como un verdadero hablante de inglés**.

Los saludos y despedidas son la base de cualquier conversación, y dominarlos te permitirá **iniciar y cerrar interacciones con confianza**. Además, dependiendo del contexto, puedes optar por **saludos formales o informales**.

A continuación, te presentamos algunos de los **saludos y despedidas más comunes**, junto con su pronunciación simplificada para hispanohablantes y su significado en español.

TIP: Escanea el código QR al final del capítulo para escuchar la pronunciación correcta y practicar en voz alta. ¡La clave está en la repetición!

Cuadro de Saludos y Despedidas en Inglés

Expresión	Pronunciación (Fácil para hispanohablantes)	Traducción
Hello	*He-lou*	Hola
Hi	*Jai*	Hola (informal)
Good morning	*Gud mór-ning*	Buenos días
Good afternoon	*Gud af-ter-nun*	Buenas tardes
Good evening	*Gud ív-ning*	Buenas noches
Goodbye	*Gud-bai*	Adiós
Bye	*Bai*	Chao
See you later	*Si-yu léi-ter*	Nos vemos luego
Take care	*Teik kér*	Cuídate
Have a good day	*Jav a gud dei*	Que tengas un buen día

Consejos para usar saludos y despedidas

Contexto formal e informal: Usar "Hello" y "Good morning" es más formal, mientras que "Hi" y "Bye" son más informales.

- **Practica la entonación:** La forma en que dices estas expresiones puede cambiar el tono de la conversación. Practica para sonar amigable y claro.
- **Usa expresiones en contexto:** Intenta usar estas frases en conversaciones simples para familiarizarte con ellas.

¡Con estos saludos y despedidas, estás listo para empezar a comunicarte en inglés desde el primer día! Practica en voz alta y comienza a integrarlos en tu día a día.

Frases Básicas en Inglés

Frase	Pronunciación (Fácil para hispanohablantes)	Traducción
What is your name?	Wuat is yor neim?	¿Cómo te llamas?
My name is...	Mai neim is...	Me llamo...
How are you?	Jau ar iu?	¿Cómo estás?
I am fine, thank you.	Ai am fain, zank iu.	Estoy bien, gracias.
Where are you from?	Wer ar iu from?	¿De dónde eres?
I am from...	Ai am from...	Soy de...
Can you help me?	Can iu help mi?	¿Puedes ayudarme?
I don't understand.	Ai dont anderstánd.	No entiendo.
Please repeat that.	Plis ripít dat.	Por favor, repite eso.
How much is this?	Jau mach is dis?	¿Cuánto cuesta esto?
Excuse me.	Ekskius mi.	Disculpe.
Thank you.	Zank iu.	Gracias.

Estas frases son básicas pero muy útiles para comenzar a comunicarte en inglés. Intenta practicarlas en voz alta, prestando atención a la pronunciación. ¡Poco a poco te sentirás más cómodo usándolas en conversaciones reales!

LOS NÚMEROS EN INGLÉS: ¡APRENDE A CONTAR COMO UN NATIVO!

Los **números** son una de las primeras cosas que necesitas aprender en cualquier idioma. Desde decir tu edad hasta pedir comida o dar tu número de teléfono, dominar los números en inglés te facilitará muchas situaciones cotidianas.

Lo Básico: Del 0 al 10

Al igual que en español, los números del **0 al 10** tienen nombres únicos que debes memorizar. Pero no te preocupes, porque los verás y escucharás **todo el tiempo**, así que aprenderlos será fácil.

Patrones a partir del 11

Desde el **11 en adelante**, el inglés tiene algunas formas irregulares que debes recordar, pero después del **20**, las cosas se vuelven más sencillas. A partir del 30, la formación de los números sigue un **patrón predecible**:

☑ **Decena + unidad** → Solo agregas el número de la unidad al número de la decena.
Ejemplos:

- **38** → Thirty-eight
- **46** → Forty-six
- **84** → Eighty-four

Guiones en los Números

Un detalle importante es que en inglés **se utilizan guiones (-) para unir la decena y la unidad**, como en *twenty-five* (25) o *sixty-seven* (67). No olvides escribirlos correctamente.

📖 **TIP:** La mejor manera de aprender los números en inglés es **practicándolos en voz alta**. Escanea el código QR al final del capítulo para escuchar su pronunciación y repítelos hasta que se sientan naturales.

A continuación, encontrarás una tabla con los números en inglés, su forma escrita y su pronunciación. ¡Vamos a contar juntos!

Cuadro de Números en Inglés

Número	Forma Escrita	Pronunciación (Fácil para hispanohablantes)
0	Zero	*Sí-ro*
1	One	*Uan*
2	Two	*Tú*
3	Three	*Zrí*
4	Four	*For*
5	Five	*Faiv*
6	Six	*Siks*
7	Seven	*Sé-ven*
8	Eight	*Eit*
9	Nine	*Nain*
10	Ten	*Ten*
11	Eleven	*I-lé-ven*
12	Twelve	*Tuélv*
20	Twenty	*Tuén-ti*
30	Thirty	*Zér-ti*
100	One hundred	*Uan ján-dred*

Practica estos números en voz alta y familiarízate con su pronunciación. Una vez dominados, podrás usarlos fácilmente en cualquier contexto diario, como dar tu número de teléfono o decir tu edad.

LOS DÍAS DE LA SEMANA EN INGLÉS: ¡NUNCA MÁS LOS OLVIDARÁS!

Aprender los **días de la semana** en inglés es esencial para hablar de planes, agendar reuniones o simplemente contarle a alguien qué hiciste el fin de semana.

¿En qué se diferencian del español?

☑ **Estructura y uso similares**: Los días de la semana en inglés funcionan igual que en español.

🔲 **Siempre con mayúscula**: A diferencia del español, en inglés los días de la semana **siempre se escriben con mayúscula inicial.**

📖 **TIP:**

Para recordarlos mejor, intenta decir en voz alta lo que harás cada día. Por ejemplo: *"On Monday, I go to the gym"* (*El lunes voy al gimnasio*).

A continuación, te presentamos una tabla con los días de la semana, su pronunciación simplificada para hispanohablantes y su traducción al español. ¡Practica y agrégales tu propia rutina diaria!

CUADRO DE LOS DÍAS DE LA SEMANA

Día de la Semana	Pronunciación (Fácil para hispanohablantes)	Traducción
Monday	*Món-dei*	Lunes
Tuesday	*Tius-dei*	Martes
Wednesday	*Wens-dei*	Miércoles
Thursday	*Zers-dei*	Jueves
Friday	*Frái-dei*	Viernes
Saturday	*Sá-tu-dei*	Sábado
Sunday	*Són-dei*	Domingo

Recuerda practicar la pronunciación en voz alta y familiarizarte con la forma en que se escriben. ¡Ahora puedes organizar tu semana en inglés!

Palabras Relacionadas con los Días

Además de los días de la semana, es importante aprender palabras clave relacionadas con el tiempo y los días. Estas palabras son muy útiles para hablar sobre el pasado, el presente y el futuro. A continuación, te presentamos un cuadro con algunas de las palabras más comunes, su pronunciación y su traducción al español:

VOCABULARIO DE TIEMPO

Palabra	Pronunciación (Fácil para hispanohablantes)	Traducción
Today	*Tu-déy*	Hoy
Tomorrow	*Tu-mórr-ou*	Mañana
Yesterday	*Yés-ter-déy*	Ayer
Tonight	*Tu-náit*	Esta noche
Morning	*Mór-ning*	Mañana (temprano)
Afternoon	*Af-ter-nún*	Tarde
Evening	*Ív-ning*	Noche (temprano)
Weekend	*Wí-kend*	Fin de semana

Estas palabras son esenciales para hablar sobre actividades y organizar tu tiempo. Practícalas en voz alta y úsalas en frases simples para acostumbrarte a su pronunciación y uso. ¡Estás progresando muy bien!

EJERCICIOS PARA PRACTICAR DEL CAPÍTULO 1

Ahora es momento de poner a prueba lo aprendido. Recuerda repetir en voz alta cada palabra y oración para mejorar tu pronunciación.

> ✎ ¡Ojo! (si estás en versión eBook) Como en el eBook no se puede escribir directamente, toma tu cuaderno favorito o una hoja suelta para apuntar tus respuestas. Así lo aprovechas al máximo y aprendes mucho más. ¡Manos a la obra!

Ejercicio 1: Pronunciación de Letras

Escribe cómo se pronuncian las siguientes letras en inglés (usa la pronunciación simplificada para hispanohablantes):

1. A →
2. B →
3. Z →

Ejercicio 2: Verdadero o Falso – Pronunciación de Letras

Indica si las siguientes afirmaciones son **verdaderas (V) o falsas (F)**:

1. La letra **H** en inglés suena igual que en español.
2. La letra **G** en inglés se pronuncia como "yi" en algunas palabras.
3. La letra **W** en inglés suena como "doble ve".
4. La **Z** en inglés británico se pronuncia "zee".

Ejercicio 3: Deletreo de Palabras

Escribe cómo se deletrea la palabra **"dog"** en inglés.

Ejercicio 4: Elige el Saludo Correcto

¿Cuál de estas opciones usarías en una conversación **informal**?
a) Hello
b) Hi
c) Good morning

Ejercicio 5: Formas Informales en Inglés

Reescribe estas frases de manera más natural e informal:

1. **How are you?** →
2. **Goodbye.** →
3. **I am fine, thank you.** →

———

RESPUESTAS

Ejercicio 1: Pronunciación de Letras

1. A → **ei**
2. B → **bi**
3. Z → **zi** (o **zed** en inglés británico)

Ejercicio 2: Verdadero o Falso – Pronunciación de Letras

1. (F) La **H** en inglés suena como una exhalación de aire, no como en español.
2. (V) La **G** puede sonar como "yi" en algunas palabras, como *giraffe* (**yi-raf**).
3. (F) La **W** no se pronuncia "doble ve", sino más como "gu".
4. (F) En inglés británico, la **Z** se pronuncia "zed", no "zee".

Ejercicio 3: Deletreo de Palabras
   "Dog" se deletrea **D-O-G**.

Ejercicio 4: Elige el Saludo Correcto
   Respuesta: b) Hi (es más informal que "Hello").

Ejercicio 5: Formas Informales en Inglés

1. **How are you?** → **What's up?**
2. **Goodbye.** → **See ya!**
3. **I am fine, thank you.** → **I'm good, thanks.**

AUDIOLIBRO DE PRONUNCIACIÓN BOOK 1 - CHAPTER 1

Usa estos audios a tu favor. **Escucha, repite, imita la pronunciación y pierde el miedo a hablar**. Cuanto más te expongas al inglés, más rápido mejorarás. ¡Tu inglés fluido está a solo unos clics de distancia! 🚀👏

BOOK 1 - CHAPTER 1

BOOK 1 - CHAPTER 1-2

CAPÍTULO 2
¡HABLEMOS DE NOSOTROS!

PRESENTARNOS Y CONOCER A OTROS

Ahora imagina que viajas a un país de habla inglesa y alguien se acerca a saludarte. ¡Es tu momento de brillar! Pero, ¿sabes exactamente cómo presentarte? No te preocupes, porque en este capítulo aprenderás todo lo necesario para hablar de ti mismo y conocer a los demás de manera natural y sin complicaciones.

Empezaremos con lo esencial: **los pronombres personales**, esas pequeñas palabras mágicas que usamos para hablar de nosotros mismos y de otras personas. Luego, nos adentraremos en el **verbo "to be"** (ser o estar), uno de los más importantes en inglés, ya que te permitirá decir quién eres, de dónde vienes y qué haces.

Pero eso no es todo. También incorporaremos **vocabulario clave sobre profesiones y nacionalidades**, porque no hay mejor manera de conocer a alguien que preguntándole qué hace o de qué país es.

Este capítulo no solo te enseñará a construir frases básicas, sino que te ayudará a ganar confianza para **tener tus primeras conversaciones en inglés**. No importa si estás conociendo a un nuevo amigo, hablando con un compañero de trabajo o simplemente practicando en un viaje, con lo que aprenderás aquí podrás desenvolverte sin problemas.

Así que… **Let's get started!**

PRONOMBRES PERSONALES EN INGLÉS

Los pronombres personales son palabras clave en cualquier idioma porque nos permiten referirnos a personas sin repetir sus nombres constantemente. En inglés, funcionan de manera similar al español, pero con algunas diferencias que vamos a explorar. ¡Vamos a verlos en acción!

Pronombre en Inglés	Traducción	Diferencias con el Español
I	Yo	Siempre se escribe con mayúscula, sin importar en qué parte de la frase esté.
You	Tú, Usted	No hay distinción formal/informal como en español. Se usa *you* para ambas.
He	Él	Solo se usa para hombres.
She	Ella	Solo se usa para mujeres.
It	Eso/Esa	Usado para cosas, animales o conceptos, a diferencia del español, que tiene género gramatical.
We	Nosotros/Nosotras	En inglés, no hay distinción de género (nosotros/nosotras).
You (plural)	Ustedes/Vosotros	Igual que *you* singular, pero para un grupo. No hay diferencia entre formal e informal.
They	Ellos/Ellas	Tampoco tiene distinción de género como en español.

Diferencias Clave entre los Pronombres en Inglés y Español

El inglés y el español tienen muchas similitudes, pero cuando se trata de pronombres personales, hay algunas diferencias importantes que debes conocer. Aquí te explicamos los puntos clave que te ayudarán a usarlos correctamente sin confundirte.

1. El uso de "it"

En inglés, **"it"** es un pronombre neutro que no tiene una traducción directa al español. Se usa para referirse a **objetos, animales (cuando no sabemos su género o no es relevante) y conceptos abstractos.**

☑ **Ejemplos:**

◆ *It is a book.* → **Es un libro.**

◆ *It is raining.* → **Está lloviendo.**

En español solemos omitir el sujeto en frases como "Está lloviendo", pero en inglés **siempre** se necesita un sujeto, aunque sea "it".

2. El inglés no distingue género en el plural

En español diferenciamos entre **"nosotros"** y **"nosotras"** según el género del grupo, pero en inglés, **"we"** se usa para todos, sin importar si el grupo es solo de hombres, solo de mujeres o mixto.

☑ **Ejemplo:**

◆ *We are friends.* → **Nosotros/as somos amigos/as.**

3. "You" sirve para el trato formal e informal

En español distinguimos entre **"tú"** (informal) y **"usted"** (formal), así como entre **"vosotros/as"** (informal, plural) y **"ustedes"** (formal, plural). En inglés, todo se resume en **"you"**, sin importar el nivel de formalidad.

☑ **Ejemplos:**

◆ *You are my teacher.* → **Usted es mi profesor/a.** (formal)

◆ *You are my best friend.* → **Tú eres mi mejor amigo/a.** (informal)

Para marcar formalidad en inglés, se usa más el **tono de voz y el contexto**, en lugar de cambiar el pronombre.

4. Pronombres neutros y modernos

El inglés ha adoptado **"they/them"** como pronombres neutros para referirse a una persona que no se identifica con los géneros masculino o femenino. También se usa "they" en contextos en los que el género es desconocido o irrelevante.

☑ **Ejemplo:**

◆ *Taylor is my friend. They are very kind.* → **Taylor es mi amigo/a. Ellxs son muy amables.**

Este uso de "they" en singular es cada vez más común y aceptado en el idioma.

PRONOMBRES PERSONALES: SINGULAR Y PLURAL

Los pronombres personales son esenciales en cualquier conversación. Son esas pequeñas palabras que usamos todo el tiempo para hablar de nosotros mismos, de la persona con la que estamos conversando o de otras personas y cosas. **Sin ellas, el lenguaje sería un caos total.**

En inglés, al igual que en español, los pronombres se dividen en **singular y plural**, y también en **primera, segunda y tercera persona**. Pero, como siempre, hay algunas diferencias que hacen que el inglés tenga su propio estilo.

Vamos a conocerlos con ejemplos para que los recuerdes sin esfuerzo.

Primera Persona: Hablando de nosotros mismos

☑ **Singular:** *I* → **Yo**

☑ **Plural:** *We* → **Nosotros/Nosotras**

Ejemplo:

◆ *I love learning English!* → **¡Me encanta aprender inglés!**

◆ *We are in class right now.* → **Estamos en clase ahora mismo.**

◆ **DATO CLAVE:** En inglés, la palabra *"I"* **siempre** se escribe con mayúscula, sin importar en qué parte de la oración esté. ▶ *i love english* ✗ → *I love English* ☑

Segunda Persona: Hablando directamente con alguien

☑ **Singular y Plural:** *You* → **Tú, Usted, Ustedes, Vosotros/Vosotras**

Ejemplo:

◆ *You are my best friend.* → **Tú eres mi mejor amigo/a.**

◆ *You are all invited to my birthday party!* → **¡Todos están invitados a mi fiesta de cumpleaños!**

◆ **OJO:** En inglés, *you* es universal. No importa si estás hablando con una persona o con un grupo de amigos, siempre usarás *you*. Lo único que cambia es el contexto.

Tercera Persona: Hablando de otras personas o cosas

☑ **Singular:** *He* (Él) / *She* (Ella) / *It* (Para objetos, animales o ideas)

☑ **Plural:** *They* (Ellos / Ellas)

Ejemplo:

◆ *He is a great teacher.* → **Él es un gran profesor.**

◆ *She loves coffee.* → **Ella ama el café.**

◆ *It is raining.* → **Está lloviendo.**

◆ *They are my best friends.* → **Ellos/Ellas son mis mejores amigos/as.**

◆ **TIP IMPORTANTE:** *It* se usa para **cosas, animales y conceptos abstractos**. Sin embargo, si hablas de una mascota y le das un valor más personal, puedes usar *he* o *she*.

El Pronombre Neutro: "It"

En inglés, existe un pronombre neutro que no tenemos en español: *it*. Este pronombre se utiliza para referirse a cosas, animales (cuando no especificamos género) o conceptos abstractos.

Por ejemplo:

- *It is a nice day.* → Es un buen día.
- *The dog is barking. It is hungry.* → El perro está ladrando. Está hambriento.

En los últimos años, también ha ganado popularidad el uso de *they/them* como un pronombre neutro para referirse a personas que no se identifican con un género binario.
Ejemplo:

- *Alex is my coworker. They are very talented.*
- (Alex es mi compañero/a de trabajo. Ellxs son muy talentosos/as).

Ejemplos de Casos Diarios

1. *I am going to the store.* → Voy a la tienda.
2. *She is my best friend.* → Ella es mi mejor amiga.
3. *They are from Canada.* → Ellos/Ellas son de Canadá.
4. *We have a meeting at 3 PM.* → Nosotros/Nosotras tenemos una reunión a las 3 PM.
5. *You look happy today.* → Tú/Usted/Ustedes se ven felices hoy.
6. *It is raining outside.* → Está lloviendo afuera.
7. *He works as a teacher.* → Él trabaja como profesor.
8. *Do you need help?* → ¿Necesitas/ necesitan ayuda?
9. *We love traveling together.* → Nos encanta viajar juntos/as.
10. *The cat is sleeping. It looks so cute.* → El gato está durmiendo. Se ve tan lindo.

ADJETIVOS POSESIVOS EN INGLÉS: ¡HABLEMOS DE LO QUE ES NUESTRO!

Los **adjetivos posesivos** son esas pequeñas palabras mágicas que usamos para decir que algo nos pertenece o que tiene una relación con alguien. Son como etiquetas que ponemos en las cosas para dejar claro **de quién son**.

A diferencia del español, los adjetivos posesivos en inglés **nunca cambian de género ni número**. Es decir, no importa si el sustantivo es singular o plural, masculino o femenino: **el adjetivo posesivo siempre se mantiene igual**. ¡Qué fácil!

Veamos algunos ejemplos para entenderlo mejor:

☑ **My book → Mi libro** 📖
☑ **Your dog → Tu perro** 🐶
☑ **His car → Su coche (de él)** 🚗
☑ **Her phone → Su teléfono (de ella)** 📱
☑ **Its tail → Su cola (de un animal u objeto)** 🦊
☑ **Our house → Nuestra casa** 🏠
☑ **Their friends → Sus amigos** 👥

Como puedes ver, **no importa si el objeto es singular o plural, el adjetivo posesivo no cambia**. Por ejemplo:

◆ **My book** (Mi libro) 📖 → **My books** (Mis libros) 📚
◆ **Their house** (Su casa) 🏠 → **Their houses** (Sus casas) 🏘

⚫ **¡Cuidado!** No confundas los adjetivos posesivos con los pronombres posesivos. Los adjetivos **siempre van antes del sustantivo** y no pueden usarse solos.

Cuadro de Adjetivos Posesivos

Adjetivo Posesivo	Pronunciación	Significado
My	Mai	Mi
Your	Yor	Tu / Tus
His	Jis	Su (de él)
Her	Jer	Su (de ella)
Its	Its	Su (de algo o animal)
Our	Auer	Nuestro/a/os/as
Your	Yor	Su / Sus (de ustedes)
Their	Der	Su / Sus (de ellos/as)

Puntos clave sobre los adjetivos posesivos en inglés

1. **Inmutabilidad**: No cambian según el género o número del sustantivo.
2. Ejemplo:
   - *My car* → Mi coche.
   - *My cars* → Mis coches.
3. **"Its"**: Se usa solo para cosas, conceptos o animales.
4. Ejemplo:
   - *The dog lost its collar.* → El perro perdió su collar.
5. **Diferencia entre "your" y "their"**:
6. Aunque ambos significan "su / sus", *your* se refiere a la persona con la que hablas, mientras que *their* se refiere a otras personas o cosas.

Ejemplos con Adjetivos Posesivos (Con Pronunciación Fonética)

1. *This is **my** book.* (ðɪs ɪz maɪ bʊk)
2. → Este es **mi** libro.
3. *Is that **your** car?* (ɪz ðæt jʊr kɑːr)
4. → ¿Ese es **tu** carro?
5. *He forgot **his** wallet at home.* (hi fɚˈɡɒt hɪz ˈwɒ.lɪt æt hoʊm)
6. → Él olvidó **su** billetera en casa.
7. *She is looking for **her** keys.* (ʃi ɪz ˈlʊk.ɪŋ fɔːr hɜːr kiːz)
8. → Ella está buscando **sus** llaves.
9. *The cat is eating **its** food.* (ðə kæt ɪz ˈiː.tɪŋ ɪts fuːd)
10. → El gato está comiendo **su** comida.
11. *This is **our** favorite restaurant.* (ðɪs ɪz ˈaʊr ˈfeɪ.vər.ɪt ˈrɛs.trɒnt)
12. → Este es **nuestro** restaurante favorito.
13. *Are those **your** shoes?* (ɑːr ðoʊz jʊr ʃuːz)
14. → ¿Esos son **sus** zapatos?
15. *They love **their** new house.* (ðeɪ lʌv ðɛr nuː haʊs)
16. → Ellos/Ellas aman **su** nueva casa.
17. *Can I borrow **your** pen?* (kæn aɪ ˈbɒr.oʊ jʊr pɛn)
18. → ¿Puedo usar **tu** pluma?
19. *We are proud of **our** team.* (wi ɑːr praʊd ʌv ˈaʊr tiːm)
20. → Estamos orgullosos de **nuestro** equipo.

PRONOMBRES POSESIVOS EN INGLÉS: ¡HABLEMOS DE LO QUE ES NUESTRO!

Los **pronombres posesivos** en inglés son como guardianes del territorio: **nos ayudan a indicar posesión o propiedad**, pero con una diferencia clave respecto a los adjetivos posesivos. En lugar de acompañar al sustantivo, **lo reemplazan completamente.**

¿Qué significa esto? Que no necesitamos decir el sustantivo otra vez, porque el pronombre posesivo ya deja claro de qué estamos hablando.

☑ **That is my book.** *(Ese es mi libro.)*

☑ **That book is mine.** *(Ese libro es mío.)*

En la primera oración usamos **my** (adjetivo posesivo) porque acompaña a "book".

En la segunda oración usamos **mine** (pronombre posesivo) porque **reemplaza a "book"** y ya no es necesario repetirlo.

Pronombres Posesivos

Adjetivo posesivo → Pronombre posesivo

◆ **My → Mine** *(Mío/a/os/as)*

◆ **Your → Yours** *(Tuyo/a/os/as)*

◆ **His → His** *(Suyo, de él)*

◆ **Her → Hers** *(Suyo, de ella)*

◆ ****Its →** (No tiene pronombre posesivo, se usa otra estructura)_

◆ **Our → Ours** *(Nuestro/a/os/as)*

◆ **Their → Theirs** *(Suyo/a/os/as, de ellos/ellas)*

Ejemplos en contexto

☑ **This phone is mine.** *(Este teléfono es mío.)*

☑ **Is this jacket yours?** *(¿Esta chaqueta es tuya?)*

☑ **That house is theirs.** *(Esa casa es de ellos.)*

☑ **The decision is hers.** *(La decisión es de ella.)*

☑ **These seats are ours.** *(Estos asientos son nuestros.)*

Consejo rápido: Recuerda que los pronombres posesivos **siempre se usan solos** y **nunca necesitan un sustantivo después.**

◆ ✗ **This is my.** → Incorrecto ✗

◆ ☑ **This is mine.** → Correcto ☑

Diferencia entre Adjetivos Posesivos y Pronombres Posesivos

Adjetivos Posesivos	Pronombres Posesivos
Acompañan a un sustantivo.	Reemplazan al sustantivo.
Ejemplo: *This is my book.* (Este es mi libro).	Ejemplo: *This book is mine.* (Este libro es mío).
No se usan solos, siempre necesitan un sustantivo.	Se usan solos, sin necesidad de un sustantivo.
My, your, his, her, its, our, their.	Mine, yours, his, hers, its, ours, theirs.

Reglas Gramaticales de los Pronombres Posesivos

1. **Siempre van solos:**

2. A diferencia de los adjetivos posesivos, los pronombres posesivos nunca acompañan un sustantivo.
    ◦ Incorrecto: *This is mine book.*
    ◦ Correcto: *This book is mine.*
3. **No cambian por género ni número:**
4. Los pronombres posesivos en inglés son invariables. No importa si el objeto poseído es singular, plural, masculino o femenino, el pronombre posesivo será el mismo.
    ◦ *This car is ours.* (singular)
    ◦ *These cars are ours.* (plural)
5. **Posición en la frase:**
6. Generalmente se colocan al final de la oración, aunque pueden estar en otras posiciones dependiendo de la estructura.
    ◦ Ejemplo: *That house is theirs.*
    ◦ Ejemplo: *Whose bag is this? It's mine.*
7. **"Its" no se usa como pronombre posesivo independiente:**
8. Aunque *its* es un adjetivo posesivo (su, de algo o animal), no existe como pronombre posesivo. En su lugar, se reestructura la frase.
    ◦ Ejemplo: *The cat is eating. The food is its.* → Esto no es correcto.
    ◦ Ejemplo correcto: *The cat is eating its food.*

Cuadro de Pronombres Posesivos

Pronombre Posesivo	Pronunciación	Significado
Mine	Main	Mío/a
Yours	Yors	Tuyo/a, Suyo/a (singular/plural)
His	Jis	Suyo/a (de él)
Hers	Jers	Suyo/a (de ella)
Ours	Aurs	Nuestro/a, Nuestros/as
Theirs	Ders	Suyo/a, Suyos/as (de ellos/ellas)

Ejemplos

1. *This jacket is mine.*
2. → Esta chaqueta es mía.
3. *That phone is yours.*
4. → Ese teléfono es tuyo.
5. *The book is his.*
6. → El libro es suyo (de él).
7. *The house is hers.*
8. → La casa es suya (de ella).
9. *The decision is ours.*
10. → La decisión es nuestra.
11. *These bags are theirs.*
12. → Estas bolsas son suyas (de ellos/ellas).

PREGUNTAS PARA CONOCER A ALGUIEN: ¡ROMPE EL HIELO EN INGLÉS!

¿Quieres empezar una conversación en inglés pero no sabes por dónde comenzar? **¡No te preocupes!** Aquí tienes una lista de preguntas súper útiles para conocer a alguien y algunas respuestas que te ayudarán a sentirte más seguro al hablar.

Consejo: Las conversaciones fluyen mejor cuando muestras interés en la otra persona, así que **escucha con atención y haz preguntas de seguimiento**. ¡Verás cómo todo se hace más fácil!

Preguntas básicas para presentarse

- **What's your name?** (*¿Cómo te llamas?*)
- **My name is Daniel.** (*Me llamo Daniel.*)
- **Where are you from?** (*¿De dónde eres?*)
- **I'm from Spain.** (*Soy de España.*)
- **What do you do for a living?** (*¿A qué te dedicas?*)
- **I'm a teacher.** (*Soy profesor.*)
- **How old are you?** (*¿Cuántos años tienes?*)
- **I'm 30 years old.** (*Tengo 30 años.*)
- **Do you have any hobbies?** (*¿Tienes algún pasatiempo?*)
- **Yes, I love playing the guitar.** (*Sí, me encanta tocar la guitarra.*)

Preguntas para conocer mejor a alguien

- **What's your favorite food?** (*¿Cuál es tu comida favorita?*)
- **I love pizza!** (*¡Me encanta la pizza!*)
- **Do you like traveling?** (*¿Te gusta viajar?*)
- **Yes, I do. I love visiting new places.** (*Sí, me encanta visitar nuevos lugares.*)
- **What kind of music do you like?** (*¿Qué tipo de música te gusta?*)
- **I like pop and rock music.** (*Me gusta la música pop y rock.*)
- **Do you have any pets?** (*¿Tienes mascotas?*)
- **Yes, I have a dog and a cat.** (*Sí, tengo un perro y un gato.*)
- **What do you usually do on weekends?** (*¿Qué sueles hacer los fines de semana?*)
- **I usually go out with my friends.** (*Suelo salir con mis amigos.*)

Preguntas para conversaciones más profundas:

- **What's your dream job?** (*¿Cuál es tu trabajo soñado?*)
- **I would love to be a photographer.** (*Me encantaría ser fotógrafo.*)
- **If you could live anywhere, where would it be?** (*Si pudieras vivir en cualquier lugar, ¿dónde sería?*)
- **I would love to live in New York.** (*Me encantaría vivir en Nueva York.*)
- **What's the best trip you've ever taken?** (*¿Cuál ha sido el mejor viaje que has hecho?*)
- **My trip to Japan was amazing!** (*¡Mi viaje a Japón fue increíble!*)
- **What's something you've always wanted to do?** (*¿Qué es algo que siempre has querido hacer?*)
- **I've always wanted to learn how to surf.** (*Siempre he querido aprender a surfear.*)
- **What's an interesting fact about you?** (*¿Cuál es un dato interesante sobre ti?*)
- **I can speak three languages!** (*¡Puedo hablar tres idiomas!*)

. . .

Consejo extra: No te preocupes si no hablas perfecto, **lo importante es comunicarte y practicar**. La mejor forma de mejorar es **hablar sin miedo**. ¡Así que adelante, inicia una conversación y disfruta del proceso!

1. **What is your name?** (¿Cómo te llamas?)
   - Respuesta: *My name is [nombre].* (Me llamo [nombre].)
   - Ejemplo: *My name is Sarah.*
2. **Where are you from?** (¿De dónde eres?)
   - Respuesta: *I am from [país/ciudad].* (Soy de [país/ciudad].)
   - Ejemplo: *I am from Mexico.*
3. **What do you do?** (¿A qué te dedicas?)
   - Respuesta: *I am a [profesión].* (Soy [profesión].)
   - Ejemplo: *I am a teacher.*
4. **How old are you?** (¿Cuántos años tienes?)
   - Respuesta: *I am [número] years old.* (Tengo [número] años.)
   - Ejemplo: *I am 25 years old.*
5. **What are your hobbies?** (¿Cuáles son tus pasatiempos?)
   - Respuesta: *I like [actividad].* (Me gusta [actividad].)
   - Ejemplo: *I like reading and swimming.*
6. **Do you have siblings?** (¿Tienes hermanos/as?)
   - Respuesta: *Yes, I have [número] siblings.* (Sí, tengo [número] hermanos/as.)
   - Ejemplo: *Yes, I have two brothers and one sister.*
   - Respuesta negativa: *No, I don't have siblings.* (No, no tengo hermanos/as.)
7. **What's your favorite food?** (¿Cuál es tu comida favorita?)
   - Respuesta: *My favorite food is [comida].* (Mi comida favorita es [comida].)
   - Ejemplo: *My favorite food is pizza.*
8. **What's your favorite color?** (¿Cuál es tu color favorito?)
   - Respuesta: *My favorite color is [color].* (Mi color favorito es [color].)
   - Ejemplo: *My favorite color is blue.*
9. **Do you speak other languages?** (¿Hablas otros idiomas?)
   - Respuesta: *Yes, I speak [idiomas].* (Sí, hablo [idiomas].)
   - Ejemplo: *Yes, I speak Spanish and English.*
   - Respuesta negativa: *No, I only speak English.* (No, solo hablo inglés.)
10. **Do you like traveling?** (¿Te gusta viajar?)
    - Respuesta: *Yes, I love traveling.* (Sí, me encanta viajar.)
    - Ejemplo: *I have visited France and Italy.*
    - Respuesta negativa: *No, I don't like traveling much.* (No, no me gusta mucho viajar.)

Cómo Usarlas en Conversaciones

Imagina que estás conociendo a alguien por primera vez. Podrías iniciar la conversación así:

- *Hi, what's your name?*
- *Where are you from?*

Y luego continuar con preguntas relacionadas:

- *What do you do?*

- *Do you like traveling?*

Practicar estas preguntas y respuestas te ayudará a sentirte más cómodo en situaciones reales.

Cuadro de Preguntas

Pregunta	Pronunciación	Traducción
What is your name?	Wuat is yor neim?	¿Cómo te llamas?
Where are you from?	Wer ar yu from?	¿De dónde eres?
What do you do?	Wuat du yu du?	¿A qué te dedicas?
How old are you?	Jau old ar yu?	¿Cuántos años tienes?
What are your hobbies?	Wuat ar yor jobis?	¿Cuáles son tus pasatiempos?
Do you have siblings?	Du yu jav siblings?	¿Tienes hermanos/as?
What's your favorite food?	Wats yor feivorit fud?	¿Cuál es tu comida favorita?
What's your favorite color?	Wats yor feivorit color?	¿Cuál es tu color favorito?
Do you speak other languages?	Du yu espik oder lengüeches?	¿Hablas otros idiomas?
Do you like traveling?	Du yu laik trávelin?	¿Te gusta viajar?

Cuadro de Respuestas

Respuesta	Pronunciación	Traducción
My name is [nombre].	Mai neim is [nombre].	Me llamo [nombre].
I am from [país/ciudad].	Ai am from [país/ciudad].	Soy de [país/ciudad].
I am a [profesión].	Ai am a [profesión].	Soy [profesión].
I am [número] years old.	Ai am [número] yirs old.	Tengo [número] años.
I like [actividad].	Ai laik [actividad].	Me gusta [actividad].
Yes, I have [número] siblings.	Yes, ai jav [número] siblings.	Sí, tengo [número] hermanos/as.
My favorite food is [comida].	Mai feivorit fud is [comida].	Mi comida favorita es [comida].
My favorite color is [color].	Mai feivorit color is [color].	Mi color favorito es [color].
Yes, I speak [idiomas].	Yes, ai espik [idiomas].	Sí, hablo [idiomas].
Yes, I love traveling.	Yes, ai lov trávelin.	Sí, me encanta viajar.

PRESENTE SIMPLE EN INGLÉS: TU MEJOR ALIADO PARA EMPEZAR A HABLAR CON CONFIANZA

Si estás aprendiendo inglés, el **presente simple** será tu mejor amigo. Es uno de los tiempos verbales más usados y, además, es el que te ayudará a comunicarte de forma clara y efectiva en conversaciones del día a día. ¿Para qué lo usamos? Muy fácil:

☑ Para hablar de **hábitos y rutinas**: "I wake up at 7 AM." (Me levanto a las 7 AM.)

☑ Para expresar **hechos universales o verdades**: "The sun rises in the east." (El sol sale por el este.)

☑ Para describir situaciones que **siempre son ciertas**: "Water boils at 100°C." (El agua hierve a 100°C.)

Ahora sí, pasemos a lo más importante: **¿cómo se usa?**

· · ·

Reglas Claves del Presente Simple

Estructura básica:

- **Afirmativa: Sujeto + verbo en su forma base.**
- ☞ *I work every day.* → Yo trabajo todos los días.
- **Negativa: Sujeto + do not (don't) / does not (doesn't) + verbo en su forma base.**
- ☞ *She doesn't like pizza.* → A ella no le gusta la pizza.
- **Interrogativa: Do/Does + sujeto + verbo en su forma base.**
- ☞ *Do you speak English?* → ¿Hablas inglés?

¡Ojo con la tercera persona! (He/She/It)

Aquí es donde muchos se enredan, pero tranquilo, que te lo explico fácil:

- ☑ **Se agrega "-s" al verbo en oraciones afirmativas.**
- ☞ *He plays football.* → Él juega fútbol.
- ☑ **Si el verbo termina en -s, -sh, -ch, -x o -z, se agrega "-es".**
- ☞ *She watches TV.* → Ella ve televisión.
- ☑ **Si el verbo termina en consonante + "y", cambiamos la "y" por "-ies".**
- ☞ *He studies English.* → Él estudia inglés.

¡Pero ojo! En negativas e interrogativas, el verbo vuelve a su forma base porque usamos "does" en tercera persona.

- 🚫 *They don't eat meat.* → Ellos no comen carne.
- ? *Does she work here?* → ¿Ella trabaja aquí?

¿Por qué es tan importante aprender bien el presente simple?

Porque es el tiempo que más usas en el día a día. Es el tiempo verbal que te permite describir tu rutina, hablar de cosas que siempre son verdad y expresar tus gustos. Además, es la base para construir otros tiempos más avanzados en inglés.

Así que no te preocupes si al principio te equivocas. ¡Practica, repite en voz alta y en poco tiempo te saldrá de manera natural!

Usos Claves del Presente Simple: ¿Cuándo lo usamos?

El **presente simple** no solo es la base del inglés, sino que también es un tiempo verbal súper útil para describir tu día a día, compartir opiniones y hablar sobre eventos programados. Aquí te dejo los usos más importantes con ejemplos que puedes empezar a aplicar desde ya.

Hábitos y Rutinas: Lo que hacemos regularmente

Usamos el presente simple para hablar de cosas que hacemos **todos los días**, **todas las semanas**, o con cualquier otra frecuencia.

- ☑ *I wake up at 7 a.m.* → Me despierto a las 7 a.m.
- ☑ *She goes to the gym every day.* → Ella va al gimnasio todos los días.
- **Tip:** Si usas palabras como **always, usually, sometimes, never**, estás hablando de hábitos.
- ☞ *He always drinks coffee in the morning.* → Él siempre toma café en la mañana.

Hechos Generales y Verdades Universales

También usamos el presente simple para hablar de cosas que **siempre son ciertas**, sin importar el contexto.
- ☑ *The sun rises in the east.* → El sol sale por el este.
- ☑ *Water boils at 100 degrees.* → El agua hierve a 100 grados.
- **Tip:** Si algo es una **ley de la naturaleza, una regla matemática o un hecho científico**, va en presente simple.

Horarios y Eventos Programados

Aunque normalmente pensamos que para hablar del futuro usamos "will", en realidad el presente simple se usa para **eventos programados**, como transportes, horarios de clases o de películas.
- ☑ *The train leaves at 6 p.m.* → El tren sale a las 6 p.m.
- ☑ *The movie starts at 8 o'clock.* → La película empieza a las 8.
- **Tip:** Si puedes verlo en un calendario o en un horario, lo más probable es que puedas decirlo en **presente simple**.

Opiniones, Gustos y Disgustos

Cuando hablas de lo que te **gusta o no te gusta**, **prefieres** o **opinas**, el presente simple es tu mejor opción.
- ☑ *I love pizza.* → Me encanta la pizza.
- ☑ *She doesn't like coffee.* → A ella no le gusta el café.
- **Tip:** Los verbos más comunes en este caso son **love, like, hate, prefer, enjoy, need**.

¿Cómo practicar esto?

Piensa en **tu rutina diaria** y trata de decir frases en inglés. También puedes contar cosas que son verdad en tu vida o compartir tus gustos con otras personas. ¡Mientras más practiques, más natural se volverá!

Ejemplos del Presente Simple

1. **Afirmativa**:
   - *He works in an office.* → Él trabaja en una oficina.
   - *We play soccer on weekends.* → Nosotros jugamos fútbol los fines de semana.
2. **Negativa**:
   - *I don't watch TV often.* → Yo no veo televisión frecuentemente.
   - *She doesn't eat meat.* → Ella no come carne.
3. **Interrogativa**:
   - *Do you like chocolate?* → ¿Te gusta el chocolate?
   - *Does he live in London?* → ¿Él vive en Londres?

Oraciones afirmativas

Las oraciones afirmativas en presente simple en inglés son la base para comunicar ideas claras sobre hábitos, rutinas, hechos generales, y estados permanentes. La estructura gramatical es sencilla: comienza con un **sujeto** (la persona o cosa que realiza la acción), seguido por un **verbo en su forma base** (es decir, sin modificaciones) y finaliza con un **complemento**, que proporciona información adicional sobre la acción.

En las oraciones afirmativas, el verbo no requiere modificaciones para los sujetos *I, you, we* y *they*. Sin embargo, cuando usamos los sujetos *he, she* o *it* (tercera persona del singular), el verbo cambia ligeramente. A estos verbos les agregamos una **-s** al final para cumplir con las reglas gramaticales del presente simple. Por ejemplo, "I work in an office" se convierte en "He works in an office" cuando el sujeto cambia a tercera persona. Es importante tener en cuenta que si el verbo termina en *-s, -sh, -ch, -x* o *-z*, debemos agregar **-es** en lugar de solo una *-s*, como en "She watches TV". Además, si el verbo termina en consonante + *y*, se reemplaza la *y* por **-ies**, como en "He studies English".

Esta estructura también requiere que mantengamos el orden correcto de las palabras. El sujeto siempre debe aparecer antes del verbo, y el complemento sirve para añadir detalles, como el lugar, el tiempo o el modo en que se realiza la acción. No hay partículas adicionales en las oraciones afirmativas simples, lo que hace que esta forma sea directa y fácil de usar.

Aquí tienes cinco ejemplos que ilustran claramente esta estructura:

1. *I read books every night.* → Yo leo libros todas las noches.
2. *She eats breakfast at 8 a.m.* → Ella desayuna a las 8 a.m.
3. *They play basketball on weekends.* → Ellos juegan baloncesto los fines de semana.
4. *He studies English at the library.* → Él estudia inglés en la biblioteca.
5. *We live in a small town.* → Nosotros vivimos en un pueblo pequeño.

En el presente simple en inglés, el verbo permanece invariable cuando el sujeto es **I, you, we** o **they**. Esto significa que utilizamos el verbo en su **forma base**, sin añadirle ningún sufijo. Por ejemplo: "I play soccer" (Yo juego fútbol) o "They eat pizza" (Ellos comen pizza). Es una de las razones por las cuales el presente simple es tan directo y fácil de usar.

En cambio, cuando el sujeto es **he, she** o **it** (tercera persona del singular), el verbo debe modificarse añadiendo una **"s"** al final. Para la mayoría de los verbos, esta regla es sencilla: simplemente agregamos la "s" directamente al verbo, como en los siguientes ejemplos: "She plays tennis" (Ella juega tenis), "He writes emails" (Él escribe correos electrónicos), "It eats grass" (Eso come hierba).

Sin embargo, hay ciertas excepciones a esta regla, dependiendo de cómo termina el verbo. Estas excepciones están determinadas por las últimas letras del verbo, y son esenciales para hablar y escribir correctamente.

1. **Verbos que terminan en -s, -sh, -ch, -x, o -z:**
2. Para estos verbos, agregamos **-es** en lugar de una simple "s". Esto se hace para que la pronunciación sea más fluida. Por ejemplo:
    - *He watches TV.* → Él ve televisión.
    - *She finishes her homework.* → Ella termina su tarea.
3. **Verbos que terminan en consonante + "y":**
4. Cambiamos la "y" por **-ies**. Este cambio ocurre solo si hay una consonante antes de la "y". Por ejemplo:
    - *He studies English.* → Él estudia inglés.
    - *She carries the bag.* → Ella lleva la bolsa.
5. **Verbos que terminan en vocal + "y":**
6. Estos verbos siguen la regla estándar y simplemente se les agrega una "s". Por ejemplo:
    - *He plays football.* → Él juega fútbol.
    - *She says hello.* → Ella dice hola.

Cuadro de Reglas para la Tercera Persona del Singular

Terminación del Verbo	Regla	Ejemplo
Verbos regulares	Agregar **-s**	*She eats pizza.*
Terminan en -s, -sh, -ch, -x, -z	Agregar **-es**	*He watches TV.*
Terminan en consonante + "y"	Cambiar "y" por **-ies**	*She studies English.*
Terminan en vocal + "y"	Agregar **-s**	*He plays the guitar.*
Irregulares (*have, go*)	Cambios específicos: *have → has, go → goes*	*He has a car. / She goes home.*

Con este cuadro y explicación, es más fácil entender cómo y cuándo modificar el verbo en tercera persona del singular. Aquí tienes algunos ejemplos adicionales para practicar:

1. *She brushes her teeth every morning.* → Ella se cepilla los dientes cada mañana.
2. *He goes to school at 8 a.m.* → Él va a la escuela a las 8 a.m.
3. *The dog watches the birds.* → El perro observa los pájaros.

Oraciones Negativas en Presente Simple

En inglés, las oraciones negativas en presente simple se utilizan para negar hechos, hábitos, rutinas o situaciones que no ocurren. Para formar estas oraciones, necesitamos utilizar los **auxiliares negativos** *do not (don't)* o *does not (doesn't)*, dependiendo del sujeto.

Reglas Gramaticales para las Oraciones Negativas

Estructura básica:

La estructura de una oración negativa en presente simple es:

Sujeto + auxiliar negativo (*don't* o *doesn't*) + verbo en forma base + complemento.

Es importante recordar que el verbo **nunca cambia ni lleva la "s"** en las oraciones negativas, ya que el auxiliar (*don't* o *doesn't*) se encarga de marcar el tiempo verbal.

Uso de *don't* y *doesn't*:

Usamos **don't** con los sujetos **I, you, we, they**.

Ejemplo: *They don't like coffee.* → A ellos no les gusta el café.

Usamos **doesn't** con los sujetos **he, she, it** (tercera persona del singular).

Ejemplo: *She doesn't watch TV.* → Ella no ve televisión.

El verbo siempre en forma base:

En las oraciones negativas, el verbo principal no se modifica, ni siquiera en tercera persona del singular. Esto significa que no añadimos la "s", "es" o "ies" al verbo.

Ejemplo: *She doesn't play soccer.* (Correcto)

She doesn't plays soccer. (Incorrecto)

Usos Comunes de las Oraciones Negativas

1. **Negar rutinas o hábitos:**
   - *I don't eat breakfast every day.* → Yo no desayuno todos los días.
   - *He doesn't go to the gym.* → Él no va al gimnasio.

2. **Negar gustos o preferencias**:
   - *We don't like spicy food.* → No nos gusta la comida picante.
   - *She doesn't like chocolate.* → A ella no le gusta el chocolate.
3. **Negar hechos generales o verdades**:
   - *It doesn't snow in summer.* → No nieva en verano.
   - *Cats don't bark.* → Los gatos no ladran.
4. **Negar habilidades o capacidades**:
   - *I don't speak French.* → Yo no hablo francés.
   - *He doesn't know how to swim.* → Él no sabe nadar.

Ejemplos de Oraciones Negativas

1. *I don't work on weekends.* → Yo no trabajo los fines de semana.
2. *She doesn't drive a car.* → Ella no conduce un coche.
3. *They don't play video games at night.* → Ellos no juegan videojuegos por la noche.
4. *We don't live in a big city.* → Nosotros no vivimos en una ciudad grande.
5. *He doesn't study on Saturdays.* → Él no estudia los sábados.

Estructura Resumida para Recordar

Sujeto	Auxiliar Negativo	Verbo en Forma Base	Complemento
I, You, We, They	don't	work	on weekends.
He, She, It	doesn't	eat	breakfast in the morning.

Oraciones Interrogativas en Presente Simple

Las oraciones interrogativas en inglés son esenciales para hacer preguntas sobre hábitos, rutinas, hechos generales, preferencias y más. En el presente simple, estas preguntas utilizan los auxiliares **"do"** y **"does"** para formar la estructura interrogativa, y siempre colocamos el auxiliar al principio de la oración.

Reglas Gramaticales de las Oraciones Interrogativas

1. **Estructura básica**: La estructura para las preguntas en presente simple es:
2. **Do/Does + Sujeto + Verbo en forma base + Complemento + ?**
   - Ejemplo: *Do you like pizza?* → ¿Te gusta la pizza?
   - Ejemplo: *Does he play tennis?* → ¿Él juega al tenis?
3. **Uso de *do* y *does***:
   - Usamos **do** con los sujetos **I, you, we, they**.
     - Ejemplo: *Do they study English?* → ¿Ellos estudian inglés?
   - Usamos **does** con los sujetos **he, she, it** (tercera persona del singular).
     - Ejemplo: *Does she work here?* → ¿Ella trabaja aquí?
4. **El verbo en forma base**: En las preguntas, el verbo principal siempre se utiliza en su forma base (sin "s", "es" o "ies"), incluso en tercera persona del singular. Esto ocurre porque el auxiliar *does* ya indica la tercera persona.
   - Ejemplo: *Does he like music?* → Correcto.
   - Ejemplo: *Does he likes music?* → Incorrecto.

5. **Complemento opcional**: Las preguntas pueden incluir o no un complemento, dependiendo de qué información se desee obtener.
   - Ejemplo sin complemento: *Do you drive?* → ¿Conduces?
   - Ejemplo con complemento: *Do you drive to work?* → ¿Conduces al trabajo?
6. **Orden de las palabras**: A diferencia del español, el orden en inglés es muy estricto en las preguntas. El auxiliar siempre va primero, seguido del sujeto, luego el verbo en forma base, y finalmente el complemento.
   - Español: ¿Tú trabajas en esta oficina?
   - Inglés: *Do you work in this office?*
7. **Preguntas con "Wh-"**: Cuando usamos palabras interrogativas como *what* (qué), *where* (dónde), *when* (cuándo), *why* (por qué), *who* (quién), *which* (cuál), y *how* (cómo), estas siempre van al inicio de la pregunta, antes del auxiliar.
   - Ejemplo: *What do you do?* → ¿Qué haces?
   - Ejemplo: *Where does she live?* → ¿Dónde vive ella?

Usos Comunes de las Oraciones Interrogativas

1. **Preguntar sobre hábitos o rutinas**:
   - *Do you exercise every day?* → ¿Haces ejercicio todos los días?
   - *Does he study at night?* → ¿Él estudia por la noche?
2. **Preguntar sobre gustos o preferencias**:
   - *Do you like coffee?* → ¿Te gusta el café?
   - *Does she enjoy movies?* → ¿A ella le gustan las películas?
3. **Preguntar sobre hechos generales**:
   - *Does the sun rise in the east?* → ¿El sol sale por el este?
   - *Do birds fly south in winter?* → ¿Los pájaros vuelan al sur en invierno?
4. **Preguntar información específica con "Wh-"**:
   - *What time do you wake up?* → ¿A qué hora te despiertas?
   - *Where does he work?* → ¿Dónde trabaja él?

Ejemplos de Preguntas Interrogativas

1. *Do you speak English?* → ¿Hablas inglés?
2. *Does she have a car?* → ¿Ella tiene un coche?
3. *What do they do for a living?* → ¿A qué se dedican ellos?
4. *When does the train arrive?* → ¿Cuándo llega el tren?
5. *Why do you study so much?* → ¿Por qué estudias tanto?

Estructura Resumida para Recordar

Palabra Interrogativa	Auxiliar	Sujeto	Verbo en Forma Base	Complemento
(What/Where/When/Why)	Do/Does	I/You/We/They/He/She/It	work/study/go etc.	(opcional)

ADVERBIOS DE FRECUENCIA EN INGLÉS: EXPRESA CON QUÉ FRECUENCIA HACES ALGO

Los **adverbios de frecuencia** son clave para describir **hábitos**, **rutinas** y **costumbres** en inglés. Con ellos puedes decir si haces algo **siempre**, **nunca**, o en algún punto intermedio.

Son palabras súper útiles y fáciles de aprender, pero tienen una regla importante: **su posición en la oración**. Veamos cómo usarlos correctamente.

¿Dónde van los adverbios de frecuencia en una oración?

Con verbos normales (que no sean *to be*), el adverbio se coloca **antes** del verbo principal.

☑ *She always eats breakfast.* → Ella **siempre** desayuna.

☑ *I sometimes go to the gym.* → A veces voy al gimnasio.

Con el verbo "to be", el adverbio va **después** del verbo.

☑ *He is usually late.* → Él **usualmente** llega tarde.

☑ *They are never at home on Sundays.* → Ellos **nunca** están en casa los domingos.

Grados de Frecuencia: De "Siempre" a "Nunca"

Dependiendo de cuán seguido hagas algo, hay diferentes adverbios de frecuencia en inglés:

- **Always** → Siempre *(100% de las veces)*
- **Usually** → Usualmente
- **Often** → A menudo
- **Sometimes** → A veces
- **Rarely** → Rara vez
- **Never** → Nunca *(0% de las veces)*

◈ *I always drink coffee in the morning.* → Siempre tomo café en la mañana.

◈ *She rarely eats fast food.* → Ella rara vez come comida rápida.

💡 **Tip:** Puedes usar palabras como **once a week (una vez por semana), twice a month (dos veces al mes)** o **every day (todos los días)** para hablar de frecuencia más específica.

Cómo usar los adverbios de frecuencia en preguntas y respuestas

También puedes usarlos para hacer y responder preguntas sobre hábitos:

◈ **Pregunta:** *How often do you exercise?* → ¿Con qué frecuencia haces ejercicio?

◈ **Respuesta:** *I often exercise in the morning.* → Frecuentemente hago ejercicio en la mañana.

◈ **Pregunta:** *Does she always arrive late?* → ¿Ella siempre llega tarde?

◈ **Respuesta:** *No, she usually arrives on time.* → No, generalmente llega a tiempo.

¿Cómo practicar esto?

Piensa en **tus propios hábitos diarios** y trata de describirlos en inglés usando estos adverbios. Por ejemplo:

◡ "Siempre desayuno temprano." → *I always have breakfast early.*

◡ "A veces leo antes de dormir." → *I sometimes read before sleeping.*

Reto: Escribe 5 frases sobre tus rutinas usando adverbios de frecuencia y repítelas en voz alta. ¡Verás cómo mejora tu fluidez rápidamente! 😊

Cuadro con Ejemplos de Adverbios de Frecuencia

Adverbio	Pronunciación	Traducción	Ejemplo
Always	Ól-weys	Siempre	She always wakes up early. → Ella siempre se despierta temprano.
Usually	Yú-shu-li	Usualmente	He usually goes to the gym. → Él usualmente va al gimnasio.
Frequently	Frí-kuent-li	Frecuentemente	They frequently visit their grandparents. → Ellos visitan frecuentemente a sus abuelos.
Often	Óf-en / Óf-ten	A menudo	We often watch movies on weekends. → Nosotros vemos películas a menudo los fines de semana.
Sometimes	Sóm-taims	A veces	I sometimes read before bed. → A veces leo antes de dormir.
Occasionally	O-kéi-sho-na-li	Ocasionalmente	She occasionally eats fast food. → Ella ocasionalmente come comida rápida.
Rarely	Réar-li	Raramente	He rarely drinks coffee. → Él raramente toma café.
Seldom	Sél-dom	Casi nunca	They seldom travel abroad. → Ellos casi nunca viajan al extranjero.
Hardly ever	Járd-li é-ver	Casi nunca	I hardly ever go to parties. → Casi nunca voy a fiestas.
Never	Né-ver	Nunca	She never eats meat. → Ella nunca come carne.
Daily	Déi-li	Diario	He checks his email daily. → Él revisa su correo electrónico diariamente.
Weekly	Wíik-li	Semanalmente	They meet weekly for a study session. → Ellos se reúnen semanalmente para estudiar.
Monthly	Mónth-li	Mensualmente	We pay the bills monthly. → Nosotros pagamos las facturas mensualmente.

Notas Importantes

1. **"Often" y su pronunciación**: En inglés, *often* se puede pronunciar con o sin el sonido "t" (/ ˈɒf.ən/ o / ˈɔːf.tən/), y ambas formas son correctas.
2. **Adverbios al principio o al final**: Aunque menos común, algunos adverbios pueden colocarse al principio o al final de la oración para enfatizar:
   - *Sometimes, I go for a walk.*
   - *I go for a walk sometimes.*
3. **Diferencias culturales**: En inglés, los adverbios como *seldom* o *hardly ever* pueden sonar más formales o literarios en comparación con palabras más comunes como *rarely* o *sometimes*.

EL VERBO "TO BE" EN INGLÉS: ¡LA CLAVE PARA EMPEZAR A HABLAR!

Si hay un verbo en inglés que **tienes que conocer sí o sí**, ese es **"to be"**. Es **el más importante y versátil**, ya que significa **"ser"** y **"estar"** al mismo tiempo.

Usamos **"to be"** para describir quiénes somos, cómo nos sentimos, dónde estamos, qué hacemos y mucho más. Es como el pegamento del idioma: sin él, ¡las frases no funcionarían bien!

¿Para qué usamos "to be"?

Para hablar de identidad y profesión:

☑ *I am a teacher.* → Soy profesor/a.

☑ *She is a doctor.* → Ella es doctora.

Para describir características o estados:

☑ *The sky is blue.* → El cielo es azul.

☑ *We are happy today.* → Hoy estamos felices.

Para indicar ubicación:

☑ *The book is on the table.* → El libro está sobre la mesa.

☑ *They are at the park.* → Ellos están en el parque.

Para expresar edad (a diferencia del español, donde usamos "tener"):

☑ *I am 25 years old.* → Tengo 25 años.

☑ *She is 5 years old.* → Ella tiene 5 años.

Reglas Gramaticales del Verbo "To Be"

1. **Conjugación según la persona gramatical**:
2. En presente simple, el verbo *to be* tiene tres formas: **am, is** y **are**, dependiendo del sujeto:
   - **I** → *am*
   - **He, She, It** → *is*
   - **You, We, They** → *are*
3. **Usos del Verbo "To Be"**:
   - **Para describir características o identidades**:
     - *I am a teacher.* → Soy maestro.
     - *She is intelligent.* → Ella es inteligente.
   - **Para expresar emociones o estados**:
     - *We are happy.* → Estamos felices.
     - *He is tired.* → Él está cansado.
   - **Para indicar ubicaciones**:
     - *The book is on the table.* → El libro está sobre la mesa.
     - *They are at school.* → Ellos están en la escuela.
   - **Para hablar de la edad**:
     - *I am 30 years old.* → Tengo 30 años.
4. **Estructura en Oraciones**:
   - **Afirmativa**: Sujeto + *to be* + complemento.
     - Ejemplo: *She is my friend.* → Ella es mi amiga.
   - **Negativa**: Sujeto + *to be* + **not** + complemento.
     - Ejemplo: *They are not here.* → Ellos no están aquí.
   - **Interrogativa**: *To be* + sujeto + complemento + ?
     - Ejemplo: *Are you ready?* → ¿Estás listo/a?
5. **Contracciones**:
6. En inglés, es común usar contracciones en el habla y la escritura informal:
   - *I am* → *I'm*
   - *You are* → *You're*
   - *He is* → *He's*
   - *They are* → *They're*

Cuadro del Verbo "To Be"

Persona	Verbo "To Be"	Pronunciación
I	am	æm
You	are	ɑ:r
He	is	ɪz
She	is	ɪz
It	is	ɪz
We	are	ɑ:r
You (plural)	are	ɑ:r
They	are	ɑ:r

Notas Adicionales

1. **Uso de "ser" y "estar" en español**:
2. En inglés, el verbo *to be* se usa tanto para "ser" como para "estar", por lo que el contexto de la oración es clave para determinar el significado.
   - *I am happy.* → Estoy feliz.
   - *I am a student.* → Soy estudiante.
3. **Diferencias con otros verbos**:
4. El verbo *to be* no sigue las reglas de conjugación regulares en inglés, ya que no utiliza auxiliares para las negativas e interrogativas en presente simple.

Ejemplos del Verbo "To Be"

1. *I am at home.* → Estoy en casa.
2. *She is my sister.* → Ella es mi hermana.
3. *They are very tired.* → Ellos están muy cansados.
4. *We are friends.* → Somos amigos.
5. *Is he a doctor?* → ¿Es él un doctor?

Oraciones Afirmativas con el Verbo "To Be"

Las oraciones afirmativas con el verbo **"to be"** son fundamentales para expresar ideas en inglés. Estas oraciones afirman algo sobre el sujeto, como una característica, estado, ubicación, profesión, o identidad. La estructura es simple y directa, lo que las hace ideales para principiantes.

Reglas Gramaticales y Estructura

La estructura básica para las oraciones afirmativas con el verbo *to be* es:

Sujeto + Verbo "to be" + Complemento

1. **Sujeto**: Es la persona o cosa de la que se está hablando (I, you, he, she, it, we, they).
2. **Verbo "to be"**: Se conjuga según el sujeto (**am, is, are**).
3. **Complemento**: Aporta información adicional sobre el sujeto, como una descripción, un lugar, o una identidad.

Reglas Específicas

1. **Concordancia entre sujeto y verbo**:

2. El verbo *to be* debe coincidir con el sujeto. Por ejemplo:
   - *I am* → Yo soy / estoy.
   - *She is* → Ella es / está.
   - *We are* → Nosotros somos / estamos.
3. **Uso del verbo para "ser" y "estar":**
4. En inglés, no hay distinción entre "ser" y "estar", por lo que el contexto de la oración determina el significado.
   - *He is a teacher.* → Él es un maestro.
   - *He is at school.* → Él está en la escuela.
5. **Contracciones comunes:**
6. En inglés informal, es frecuente usar contracciones con el verbo *to be*. Esto hace que las oraciones sean más rápidas y naturales.
   - *I am* → *I'm*
   - *You are* → *You're*
   - *She is* → *She's*
   - *They are* → *They're*
7. **El complemento varía según el contexto:**
8. Puede ser un sustantivo (profesión, relación), un adjetivo (descripción), un lugar, o incluso una frase preposicional.
   - Sustantivo: *She is my sister.* → Ella es mi hermana.
   - Adjetivo: *We are happy.* → Nosotros estamos felices.
   - Lugar: *They are in the park.* → Ellos están en el parque.

Ejemplos de Oraciones Afirmativas

1. **Con un sustantivo:**
   - *I am a doctor.* → Soy doctor.
   - *They are students.* → Ellos son estudiantes.
2. **Con un adjetivo:**
   - *She is beautiful.* → Ella es hermosa.
   - *We are tired.* → Nosotros estamos cansados.
3. **Con un lugar:**
   - *He is at the library.* → Él está en la biblioteca.
   - *I am at home.* → Estoy en casa.
4. **Con una frase preposicional:**
   - *The keys are on the table.* → Las llaves están sobre la mesa.
   - *The dog is in the garden.* → El perro está en el jardín.
5. **Con contracciones:**
   - *I'm a teacher.* → Soy profesor.
   - *She's very happy.* → Ella está muy feliz.
   - *We're ready.* → Nosotros estamos listos.

Práctica y Relevancia

Las oraciones afirmativas con el verbo *to be* son esenciales para establecer información básica en inglés, como presentarse, describir situaciones o identificar objetos y personas. Estas oraciones son la base para desarrollar otros tipos de estructuras, como las negativas e interrogativas.

Oraciones Negativas con el Verbo "To Be"

Las oraciones negativas con el verbo **"to be"** se utilizan para negar una afirmación sobre el sujeto. Estas oraciones son fundamentales para expresar lo que no somos, no estamos haciendo o no está ocurriendo. En inglés, las oraciones negativas son directas y claras, ya que el verbo *to be* permite negar sin necesidad de utilizar un auxiliar como en otros verbos.

Reglas Gramaticales y Estructura

La estructura básica de las oraciones negativas con el verbo *to be* es:

Sujeto + Verbo "to be" + Not + Complemento

1. **Sujeto**: Es la persona o cosa que realiza la acción o sobre la que se hace la afirmación (I, you, he, she, it, we, they).
2. **Verbo "to be"**: Se conjuga según el sujeto (**am, is, are**).
3. **Not**: La palabra "not" es lo que convierte la oración en negativa.
4. **Complemento**: Añade información sobre lo que se niega.

Reglas Específicas

1. **Concordancia entre sujeto y verbo**:
2. El verbo *to be* debe coincidir con el sujeto, al igual que en las oraciones afirmativas. Por ejemplo:
   - *I am not tired.* → No estoy cansado.
   - *They are not at home.* → Ellos no están en casa.
3. **Contracciones comunes**:
4. En inglés informal, es muy común contraer el verbo *to be* y *not* para que la oración sea más rápida y natural. Las contracciones más frecuentes son:
   - *I am not → I'm not*
   - *He is not → He isn't*
   - *They are not → They aren't*
5. Ejemplo:
   - *She is not my teacher.* → *She isn't my teacher.*
6. **El verbo no cambia en la negación**:
7. El verbo *to be* mantiene su forma (am, is, are) independientemente de si la oración es afirmativa o negativa. La única diferencia es la adición de "not".
8. **Complementos variados**:
9. El complemento en las oraciones negativas puede ser un sustantivo, adjetivo, lugar o frase preposicional, como en las afirmativas. La negación simplemente niega esa relación.

Ejemplos de Oraciones Negativas

1. **Con sustantivos**:
   - *I am not a student.* → No soy estudiante.
   - *He is not a doctor.* → Él no es doctor.
2. **Con adjetivos**:
   - *She is not happy.* → Ella no está feliz.
   - *We are not tired.* → Nosotros no estamos cansados.
3. **Con lugares**:
   - *They are not at school.* → Ellos no están en la escuela.
   - *I am not at work.* → No estoy en el trabajo.
4. **Con frases preposicionales**:
   - *The book is not on the table.* → El libro no está sobre la mesa.
   - *The keys are not in the bag.* → Las llaves no están en la bolsa.

5. **Con contracciones**:
   - *I'm not a teacher.* → No soy profesor.
   - *She isn't at the party.* → Ella no está en la fiesta.
   - *We aren't ready.* → No estamos listos.

Comparación con el Español

En inglés, el verbo *to be* permite una negación directa y no necesita auxiliares como "do" o "does", lo que lo hace más sencillo. Además, las contracciones son una forma muy común de hablar de manera más natural.

Ejemplo:

- Español: "No soy médico."
- Inglés: *I am not a doctor.*

Países y Nacionalidades en Inglés

País (Inglés)	País (Español)	Pronunciación (País)	Nacionalidad (Inglés)	Pronunciación (Nacionalidad)
United States	Estados Unidos	Yunáiret Esteits	American	Américán
Mexico	México	Meksico	Mexican	Meksicán
Canada	Canadá	Kánada	Canadian	Canéidian
United Kingdom	Reino Unido	Yunáiret Kíngdom	British	Brítish
Spain	España	Spein	Spanish	Spánish
France	Francia	Fráns	French	Frénch
Germany	Alemania	Yérmani	German	Yérman
Italy	Italia	Ítali	Italian	Itálian
Japan	Japón	Yapán	Japanese	Yapanís
China	China	Cháina	Chinese	Cháinis
Brazil	Brasil	Brasil	Brazilian	Brazílian
Argentina	Argentina	Archentína	Argentinian	Archentínian

Chile	Chile	Chíli	Chilean	Chílian
Australia	Australia	Ostrélia	Australian	Ostrélian
India	India	Índia	Indian	Índian
Russia	Rusia	Rússia	Russian	Rússian
South Korea	Corea del Sur	Sáuth Koría	South Korean	Sáuth Korían
Egypt	Egipto	Íyipt	Egyptian	Iyíptian
Turkey	Turquía	Térki	Turkish	Térkish
Sweden	Suecia	Súiden	Swedish	Swíedish

Notas Adicionales

1. **Las nacionalidades siempre comienzan con mayúscula** en inglés, al igual que los nombres de los países.
2. Algunas nacionalidades terminan en **-ian** (*Brazilian, Canadian*), otras en **-ish** (*British, Spanish*), y otras en **-ese** (*Chinese, Japanese*). Es importante aprender estas reglas para reconocer patrones.
3. En muchos casos, la pronunciación del nombre del país y su nacionalidad tienen similitudes, pero no siempre (*Germany → German* o *France → French*).

Profesiones y Trabajos

Profesión (Español)	Profesión (Inglés)	Pronunciación Fácil
Médico	Doctor	Dók-tor
Enfermera	Nurse	Ners
Ingeniero	Engineer	En-yi-nír
Profesor	Teacher	Tí-cher
Abogado	Lawyer	Ló-yer
Arquitecto	Architect	Ár-ki-tek
Policía	Police Officer	Po-lís ó-fi-ser
Bombero	Firefighter	Fái-er-fái-ter
Dentista	Dentist	Dén-tist
Veterinario	Veterinarian	Ve-te-ri-né-ri-an
Contador	Accountant	A-káun-tant
Escritor	Writer	Rái-ter
Periodista	Journalist	Yór-na-list
Actor	Actor	Ák-tor

Actriz	Actress	Ák-tres
Cocinero	Chef	Chef
Mesero	Waiter	Wéi-ter
Mesera	Waitress	Wéi-tres
Piloto	Pilot	Páy-lot
Mecánico	Mechanic	Me-ká-nik
Plomero	Plumber	Plá-mber
Electricista	Electrician	E-lek-trí-shan
Carpintero	Carpenter	Kár-pen-ter
Pintor	Painter	Péin-ter
Jardinero	Gardener	Gár-de-ner
Ama de casa	Housewife	Jáus-waif
Camionero	Truck Driver	Trók drái-ver

———

EJERCICIOS PARA PRACTICAR DEL CAPÍTULO 2

¡Pongamos a prueba lo aprendido!

¡Es hora de practicar! Recuerda, cometer errores es parte del proceso. Lo importante es intentarlo y aprender.

> ✎ ¡Ojo! (si estás en versión eBook) Como en el eBook no se puede escribir directamente, toma tu cuaderno favorito o una hoja suelta para apuntar tus respuestas. Así lo aprovechas al máximo y aprendes mucho más. ¡Manos a la obra!

1 Completa con el Pronombre Personal Correcto

Cada oración tiene un hueco vacío. ¡Llénalo con el pronombre personal correcto!

1. ___ am learning English. (*Yo*)
2. ___ are my best friend. (*Tú*)
3. ___ is a doctor. (*Él*)
4. ___ are reading a book. (*Ellos*)
5. ___ is very happy today. (*Ella*)
6. ___ are my neighbors. (*Nosotros*)
7. ___ is barking loudly. (*Eso – un perro* 🐶)

Pista: Usa "he" para él, "she" para ella, "it" para cosas o animales, y "they" para ellos/ellas.

2 Adjetivo Posesivo o Pronombre Posesivo

Subraya si la palabra en negrita es un **adjetivo posesivo** (describe a quién pertenece algo y siempre va antes de un sustantivo) o un **pronombre posesivo** (reemplaza a un sustantivo y ya indica propiedad).

1. This is **my** house.

2. The red car is **mine**.
3. That is **his** jacket.
4. This is **our** problem.
5. That book is **hers**.
6. **Their** parents are very kind.
7. This laptop is **yours**.

Truco: Si la palabra va seguida de un sustantivo, es un **adjetivo posesivo** (my, his, our). Si no, es un **pronombre posesivo** (mine, hers, ours).

3 Traduce al Inglés con el Adjetivo Posesivo Adecuado
Traduce estas frases al inglés usando el adjetivo posesivo correcto.

1. Mi nombre es John. → ___ **name is John.**
2. Su casa (de él) está lejos. → ___ **house is far away.**
3. Nuestra escuela es muy grande. → ___ **school is very big.**
4. Sus libros (de ellos) están en la mesa. → ___ **books are on the table.**
5. Tu auto es muy rápido. → ___ **car is very fast.**

Tip: Los adjetivos posesivos son: *my, your, his, her, its, our, their*.

4 Responde a Preguntas Personales
Elige la respuesta correcta para cada pregunta.

1. **What is your name?**
2. a) My name is Anna.
3. b) I am 25 years old.
4. **Where are you from?**
5. a) I'm from Mexico.
6. b) I am a doctor.
7. **How old are you?**
8. a) I like pizza.
9. b) I'm 30 years old.

Consejo: ¡Recuerda que "What is your name?" se responde con un nombre, "Where are you from?" con un lugar y "How old are you?" con la edad!

5 Completa Conversaciones Cotidianas
Rellena los espacios en blanco con la respuesta más adecuada.
A: Hello, how are you?
B: ___, and you?
A: What do you do?
B: ___ (Soy maestro).
A: Where are you from?
B: ___ (Soy de Canadá).

A: Nice to meet you!

B: ___!

   Recuerda: "I'm fine, thanks!" es una buena respuesta para "How are you?", y "I am a teacher" es la mejor para la segunda pregunta.

––––––

Respuestas del Capítulo 2: ¡Pongamos a prueba lo aprendido!
1 Completa con el Pronombre Personal Correcto

1. **I** am learning English. *(Yo)*
2. **You** are my best friend. *(Tú)*
3. **He** is a doctor. *(Él)*
4. **They** are reading a book. *(Ellos)*
5. **She** is very happy today. *(Ella)*
6. **We** are my neighbors. *(Nosotros)*
7. **It** is barking loudly. *(Eso – un perro)*

2 Adjetivo Posesivo o Pronombre Posesivo

1. This is **my** house. → **Adjetivo posesivo**
2. The red car is **mine**. → **Pronombre posesivo**
3. That is **his** jacket. → **Adjetivo posesivo**
4. This is **our** problem. → **Adjetivo posesivo**
5. That book is **hers**. → **Pronombre posesivo**
6. **Their** parents are very kind. → **Adjetivo posesivo**
7. This laptop is **yours**. → **Pronombre posesivo**

3 Traduce al Inglés con el Adjetivo Posesivo Adecuado

1. **My** name is John.
2. **His** house is far away.
3. **Our** school is very big.
4. **Their** books are on the table.
5. **Your** car is very fast.

4 Responde a Preguntas Personales

1. **What is your name?**
2. a) My name is Anna.
3. **Where are you from?**
4. a) I'm from Mexico.

5. **How old are you?**

6. ☑️ b) I'm 30 years old.

5 **Completa Conversaciones Cotidianas**

A: Hello, how are you?

B: **I'm fine, thanks**, and you?

A: What do you do?

B: **I am a teacher**. (Soy maestro).

A: Where are you from?

B: **I'm from Canada**. (Soy de Canadá).

A: Nice to meet you!

B: **Nice to meet you too!**

☑️ ¡Bien hecho! ¿Cuántas acertaste? ✨ Sigue practicando y verás cómo tu inglés mejora cada día. 🚀👣

AUDIOLIBRO DE PRONUNCIACIÓN BOOK 1 - CHAPTER 2

Usa estos audios a tu favor. **Escucha, repite, imita la pronunciación y pierde el miedo a hablar**. Cuanto más te expongas al inglés, más rápido mejorarás. ¡Tu inglés fluido está a solo unos clics de distancia! 🚀👣

BOOK 1 - CHAPTER 2

CAPÍTULO 3
¡VAMOS DE VIAJE!

MOVIÉNDONOS Y EXPLORANDO EL MUNDO

Hora de empacar las maletas y salir a la aventura! En este capítulo, nos sumergiremos en el emocionante mundo de los viajes y la exploración. Aprenderás cómo moverte de un lugar a otro, ya sea en avión, tren, autobús o a pie, además de descubrir cómo hablar sobre destinos turísticos, experiencias de viaje y todo lo que ves a tu alrededor.

También conocerás un nuevo tiempo verbal súper útil: **el presente continuo**, ideal para describir lo que estás haciendo en este momento, como viajar, explorar o simplemente disfrutar del paisaje.

Verbos Comunes en Situaciones de Viaje

Verbo (Infinitivo)	Presente Simple	Pronunciación (aprox. para hispanohablantes)	Traducción
To travel	Travel	/trá-vəl/	Viajar
To visit	Visit	/ví-sit/	Visitar
To explore	Explore	/eks-plór/	Explorar
To pack	Pack	/pak/	Empacar
To book	Book	/buk/	Reservar
To fly	Fly	/flái/	Volar
To drive	Drive	/dráiv/	Conducir
To walk	Walk	/uók/ o /wók/	Caminar
To ride	Ride	/ráid/	Montar (en transporte)
To stay	Stay	/stéi/	Quedarse
To arrive	Arrive	/a-ráiv/	Llegar
To leave	Leave	/líiv/	Salir/Partir

To buy	Buy	/bái/		Comprar
To guide	Guide	/gáid/		Guiar
To rest	Rest	/rest/		Descansar

Notas sobre la pronunciación aproximada:

- La **r** en inglés es más suave que en español; se produce con la punta de la lengua sin tocar el paladar.
- La **u** en /uók/ (walk) es para indicar el sonido de la **o** alargada en inglés, aunque no es una vocal 100% igual al español.
- El acento agudo (´) indica la sílaba tónica principal para que te resulte más fácil saber dónde "apoyar" la voz.

¡Practica repitiendo estas palabras en voz alta para ir puliendo tu pronunciación!

RECAPITULEMOS CON EL USO DEL PRESENTE SIMPLE PARA RUTINAS Y PLANES FUTUROS

El **presente simple** es el tiempo verbal más utilizado para describir **rutinas diarias** o **hábitos**, así como para hablar de **planes futuros con horarios o fechas fijas**, especialmente relacionados con horarios de transporte, eventos o actividades programadas.

Cuando usamos el presente simple para rutinas, nos referimos a acciones que se realizan regularmente, como ir al trabajo, estudiar o hacer ejercicio. Por otro lado, usamos este tiempo para **planes futuros fijos** cuando hablamos de horarios que ya están establecidos, como la salida de un avión, el inicio de un evento o el horario de apertura de un lugar.

Ejemplos de Rutinas y Planes Futuros

1. **Rutinas Diarias:**
   - *I take the bus to work every morning.*
   - (Tomo el autobús al trabajo todas las mañanas).
   - *She drinks coffee at 8 a.m.*
   - (Ella toma café a las 8 a.m.).
   - *They visit their grandparents on Sundays.*
   - (Ellos visitan a sus abuelos los domingos).
2. **Planes Futuros con Horarios Fijos:**
   - *The train leaves at 5:30 p.m.*
   - (El tren sale a las 5:30 p.m.).
   - *The museum opens at 9 a.m. tomorrow.*
   - (El museo abre a las 9 a.m. mañana).
   - *Our flight departs on Saturday morning.*
   - (Nuestro vuelo sale el sábado por la mañana).
   - *The concert starts at 7 p.m. next Friday.*
   - (El concierto comienza a las 7 p.m. el próximo viernes).

Puntos Clave del Presente Simple en Planes Futuros

1. **Horarios fijos y hechos establecidos:**

2. El presente simple es perfecto para hablar de eventos que no cambiarán porque ya tienen un horario o fecha definida. Esto incluye horarios de transporte, aperturas de lugares turísticos y actividades programadas.
   ○ Ejemplo: *The plane arrives at 10:15 a.m.* → El avión llega a las 10:15 a.m.
3. **Frases temporales para el futuro**:
4. Aunque usamos el presente simple, es común incluir marcadores de tiempo que indiquen que estamos hablando de un plan futuro, como *tomorrow, next week, in two days,* etc.
   ○ Ejemplo: *The train departs tomorrow at 6 a.m.* → El tren parte mañana a las 6 a.m.
5. **No se usa para decisiones espontáneas**:
6. Es importante recordar que el presente simple no se utiliza para hablar de decisiones tomadas en el momento. Para eso, usaríamos el futuro con *will*.

EL PRESENTE CONTINUO: UNA INTRODUCCIÓN

El **presente continuo** es uno de los tiempos verbales más útiles en inglés. Se utiliza para describir acciones que están ocurriendo **en este momento**, situaciones temporales o eventos futuros que ya están planificados. Por ejemplo:

- *I am studying English right now.* → Estoy estudiando inglés ahora mismo.
- *We are traveling to Spain next week.* → Vamos a viajar a España la próxima semana.

A diferencia del presente simple, que habla de hábitos y rutinas, el presente continuo se centra en lo que está sucediendo **ahora** o en un futuro cercano.

Reglas Gramaticales del Presente Continuo

El presente continuo se forma con el **verbo "to be"** (am, is, are) como auxiliar + el **verbo principal con la terminación "-ing"**.

Estructura básica:

1. **Afirmativa**:
2. **Sujeto + verbo "to be" + verbo con "-ing" + complemento**
   ○ *I am reading a book.* → Estoy leyendo un libro.
   ○ *They are playing soccer.* → Ellos están jugando fútbol.
3. **Negativa**:
4. **Sujeto + verbo "to be" + not + verbo con "-ing" + complemento**
   ○ *She is not working today.* → Ella no está trabajando hoy.
   ○ *We are not watching TV.* → Nosotros no estamos viendo televisión.
5. **Interrogativa**:
6. **Verbo "to be" + sujeto + verbo con "-ing" + complemento?**
   ○ *Are you studying English?* → ¿Estás estudiando inglés?
   ○ *Is he traveling to London?* → ¿Está él viajando a Londres?

Reglas Específicas para Formar el Presente Continuo

1. **Conjugación del Verbo "To Be"**:
2. Se conjuga según el sujeto:
   ○ *I am*

- *He/She/It is*
- *We/You/They are*

3. **Agregando "-ing" al Verbo Principal**:

4. Para formar el gerundio (la forma "-ing"), se aplican las siguientes reglas:
   - Para verbos regulares, simplemente agregamos "-ing".
     - Ejemplo: *play → playing, read → reading*.
   - Si el verbo termina en -*e*, eliminamos la "e" antes de agregar "-ing".
     - Ejemplo: *write → writing, make → making*.
   - Si el verbo termina en vocal + consonante (y tiene una sola sílaba), duplicamos la consonante antes de agregar "-ing".
     - Ejemplo: *run → running, sit → sitting*.
   - Si el verbo termina en -*ie*, cambiamos -*ie* por -*y* antes de agregar "-ing".
     - Ejemplo: *lie → lying, die → dying*.

5. **Usos del Presente Continuo**:
   - **Acciones en progreso**: Lo usamos para describir lo que está sucediendo en el momento en que hablamos.
     - *I am eating lunch.* → Estoy almorzando.
   - **Situaciones temporales**: Para hablar de acciones o estados temporales que están ocurriendo durante un período específico.
     - *She is staying with her friend this week.* → Ella se está quedando con su amiga esta semana.
   - **Planes futuros**: Para referirnos a planes ya organizados o decididos.
     - *We are flying to Paris tomorrow.* → Volamos a París mañana.

Ejemplos del Presente Continuo

1. **Afirmativas**:
   - *He is watching TV right now.* → Él está viendo televisión ahora mismo.
   - *We are studying English at the moment.* → Estamos estudiando inglés en este momento.

2. **Negativas**:
   - *I am not sleeping.* → No estoy durmiendo.
   - *They are not traveling this week.* → Ellos no están viajando esta semana.

3. **Interrogativas**:
   - *Are you listening to music?* → ¿Estás escuchando música?
   - *Is she working today?* → ¿Está ella trabajando hoy?

Reglas para Formar el Gerundio (-ing)

Cuando el verbo termina en...	Hay que...	Ejemplo
En una consonante	Agregar simplemente "-ing".	*Work → Working*
En "e"	Eliminar la "e" y agregar "-ing".	*Write → Writing*
En vocal + consonante (una sola sílaba)	Duplicar la consonante final y agregar "-ing".	*Run → Running*
En "ie"	Cambiar "ie" por "y" y agregar "-ing".	*Lie → Lying*
En vocal + consonante (más de una sílaba y con acento en la última sílaba)	Duplicar la consonante final y agregar "-ing".	*Begin → Beginning*
En vocal + consonante (sin acento en la última sílaba)	Agregar simplemente "-ing".	*Visit → Visiting*
En "y"	Agregar simplemente "-ing" (sin cambios en la "y").	*Play → Playing*
En "w", "x", o "z"	Agregar simplemente "-ing" (sin duplicar la consonante).	*Fix → Fixing*

ORACIONES AFIRMATIVAS EN PRESENTE CONTINUO

Las oraciones afirmativas en presente continuo se usan para describir acciones que están ocurriendo **en este momento**, situaciones temporales o planes futuros cercanos. Su estructura es sencilla y clara, combinando el verbo **"to be"** como auxiliar y el verbo principal con la terminación **"-ing"** (gerundio).

Reglas Gramaticales de las Oraciones Afirmativas en Presente Continuo

1. **Estructura básica:**
2. **Sujeto + verbo "to be" (am/is/are) + verbo principal con "-ing" + complemento.**
   - Ejemplo: *I am reading a book.* → Estoy leyendo un libro.
3. **Conjugación del verbo "to be":**
4. El verbo "to be" se conjuga según el sujeto:
   - *I am*
   - *He/She/It is*
   - *We/You/They are*
5. **Uso del gerundio (-ing):**
6. El verbo principal siempre lleva la terminación **"-ing"** sin importar el sujeto.
   - *She is cooking dinner.* → Ella está cocinando la cena.
7. **Complemento:**
8. Las oraciones suelen incluir un complemento que da más información sobre la acción (dónde, cuándo o cómo ocurre).
   - *They are playing soccer in the park.* → Ellos están jugando fútbol en el parque.
9. **Tiempo de la acción:**
10. Estas oraciones describen acciones en progreso en el presente inmediato o situaciones temporales.

Ejemplos Prácticos

1. *I am learning English right now.*
2. → Estoy aprendiendo inglés ahora mismo.
3. *She is talking on the phone with her friend.*
4. → Ella está hablando por teléfono con su amiga.
5. *We are planning our next vacation.*
6. → Estamos planeando nuestras próximas vacaciones.
7. *They are watching a movie together.*
8. → Ellos están viendo una película juntos.
9. *The dog is sleeping on the sofa.*
10. → El perro está durmiendo en el sofá.

ORACIONES NEGATIVAS EN PRESENTE CONTINUO

Las oraciones negativas en presente continuo se utilizan para expresar que una acción **no está ocurriendo en este momento** o que una situación **no está sucediendo** de manera temporal. Son una manera sencilla y directa de negar actividades en progreso.

Reglas Gramaticales de las Oraciones Negativas en Presente Continuo

1. **Estructura básica:**
2. **Sujeto + verbo "to be" (am/is/are) + not + verbo principal con "-ing" + complemento.**
   ○ Ejemplo: *I am not studying right now.* → No estoy estudiando ahora mismo.
3. **Uso de "not":**
4. La negación se forma añadiendo **"not"** después del verbo "to be".
   ○ Ejemplo: *She is not working today.* → Ella no está trabajando hoy.
5. **Contracciones comunes:**
6. En inglés informal, es común usar contracciones para hacer la negación más breve:
   ○ *I'm not → I am not*
   ○ *He isn't → He is not*
   ○ *They aren't → They are not*
7. **El verbo principal en "-ing":**
8. Aunque la oración es negativa, el verbo principal sigue siendo el gerundio con la terminación **"-ing"**.
   ○ Ejemplo: *We are not running in the park.* → No estamos corriendo en el parque.
9. **Complemento:**
10. Es opcional, pero añade contexto y claridad a la negación.
    ○ Ejemplo: *You are not listening to the teacher.* → No estás escuchando al profesor.

Ejemplos Prácticos

1. *I am not watching TV right now.*
2. → No estoy viendo televisión ahora mismo.
3. *She is not eating lunch at the moment.*
4. → Ella no está almorzando en este momento.
5. *They are not studying for the exam.*
6. → Ellos no están estudiando para el examen.

7. *We are not traveling this weekend.*
8. → Nosotros no estamos viajando este fin de semana.
9. *The children aren't playing outside.*
10. → Los niños no están jugando afuera.

ORACIONES INTERROGATIVAS EN PRESENTE CONTINUO

Las oraciones interrogativas en presente continuo se utilizan para hacer preguntas sobre acciones que están ocurriendo en este momento, situaciones temporales o eventos futuros planificados. Son esenciales para interactuar en inglés y entender qué está pasando en el presente.

Reglas Gramaticales de las Oraciones Interrogativas en Presente Continuo

1. **Estructura básica:**
2. La estructura de una pregunta en presente continuo es:
3. **Verbo "to be" (am/is/are) + Sujeto + Verbo principal con "-ing" + Complemento + ?**
   ◦ Ejemplo: *Are you studying English?* → ¿Estás estudiando inglés?
4. **El verbo "to be" al principio:**
5. En inglés, el verbo "to be" se coloca antes del sujeto para indicar que se trata de una pregunta.
   ◦ Ejemplo: *Is she coming to the party?* → ¿Ella viene a la fiesta?
6. **Sujeto:**
7. Después del verbo "to be", se coloca el sujeto (I, you, he, she, it, we, they).
   ◦ Ejemplo: *Are they watching TV?* → ¿Ellos están viendo televisión?
8. **Verbo principal con "-ing":**
9. El verbo principal siempre se utiliza en su forma de gerundio, terminando en **"-ing"**, independientemente de si la oración es afirmativa, negativa o interrogativa.
   ◦ Ejemplo: *Am I doing it right?* → ¿Lo estoy haciendo bien?
10. **Complemento (opcional):**
11. Las preguntas pueden incluir un complemento para proporcionar más detalles, como tiempo, lugar o modo.
    ◦ Ejemplo: *Is he working at the office today?* → ¿Está él trabajando en la oficina hoy?
12. **Preguntas con palabras interrogativas (Wh- questions):**
13. Si deseas más información específica, puedes iniciar la pregunta con una palabra interrogativa (*what, where, when, why, how, who*).
    ◦ Ejemplo: *What are you doing?* → ¿Qué estás haciendo?
    ◦ Ejemplo: *Where is she going?* → ¿A dónde va ella?

Ejemplos Prácticos

1. *Are you listening to music?*
2. → ¿Estás escuchando música?
3. *Is he reading a book right now?*
4. → ¿Está él leyendo un libro ahora mismo?
5. *Are they playing soccer in the park?*
6. → ¿Ellos están jugando fútbol en el parque?
7. *What is she cooking for dinner?*
8. → ¿Qué está cocinando ella para la cena?

9. *Am I speaking too fast?*
10. → ¿Estoy hablando demasiado rápido?

Notas Importantes

1. **Inversión del orden en preguntas**:
2. A diferencia del español, en inglés se invierte el orden de las palabras en las preguntas. El verbo auxiliar (*am, is, are*) siempre va primero.
   - Español: ¿Ella está leyendo?
   - Inglés: *Is she reading?*
3. **Contracciones en preguntas**:
4. Las contracciones no se usan en preguntas directas. Por ejemplo, no se dice *Isn't he reading?* para preguntar de forma general, aunque sí es posible en preguntas negativas.

MEDIOS DE TRANSPORTE EN INGLÉS

Medio de Transporte	Pronunciación (aprox. para hispanohablantes)	Traducción	Ejemplo en Contexto
Car	/kar/	Coche/Carro	*I drive my car to work every day.*
Bus	/bas/	Autobús	*She is waiting for the bus at the station.*
Train	/trein/	Tren	*We are taking the train to the city tomorrow.*
Plane	/plein/	Avión	*They are flying to Paris by plane next week.*
Bicycle	/bái-si-kl/	Bicicleta	*He rides his bicycle to school every morning.*
Motorcycle	/móu-to-sai-kl/	Motocicleta	*My brother is buying a new motorcycle this month.*
Boat	/bout/	Barco	*We are traveling to the island by boat.*
Subway	/sáb-wei/	Metro/Subterráneo	*She takes the subway to get to work faster.*
Taxi	/ták-si/	Taxi	*I called a taxi to take me to the airport.*
Helicopter	/hé-li-kop-ter/	Helicóptero	*The rescue team arrived by helicopter.*

Notas Importantes

1. **Variedad de transporte**: Algunos medios, como *subway*, son más comunes en áreas urbanas, mientras que otros, como *boat* o *helicopter*, se utilizan en contextos más específicos.
2. **Uso del artículo "by"**: Para expresar el medio de transporte en inglés, se utiliza *by* en muchas ocasiones. Ejemplo: *We are traveling by car.* → Estamos viajando en coche.

3. **Diferencias culturales**: Palabras como *subway* (en inglés americano) pueden variar según la región, siendo *underground* o *tube* más comunes en inglés británico.

MEDIOS DE TRANSPORTE: PREPOSICIONES Y VERBOS ESPECÍFICOS

1. Uso de Preposiciones con Medios de Transporte

Cuando hablamos de medios de transporte en inglés, a menudo usamos las preposiciones **"by"**, **"in"**, o **"on"** dependiendo del contexto:

- **By**: Usado para referirse al medio de transporte en general (sin un artículo).
- Ejemplo: *We are traveling by train.* → Estamos viajando en tren.
- **In**: Usado para transportes cerrados y pequeños, donde estamos dentro de un espacio (como coches o taxis).
- Ejemplo: *She is sitting in a car.* → Ella está sentada en un coche.
- **On**: Usado para transportes abiertos o donde nos movemos sobre una superficie, como autobuses, bicicletas, barcos o aviones.
- Ejemplo: *He is riding on a motorcycle.* → Él está montando una motocicleta.

Ejemplos con Preposiciones

1. *I am going to the airport **by taxi**.*
2. → Voy al aeropuerto en taxi.
3. *She is traveling **on a bus** to school.*
4. → Ella está viajando en autobús a la escuela.
5. *They are riding **on a bicycle** in the park.*
6. → Ellos están montando una bicicleta en el parque.
7. *We are sitting **in a car**, waiting for you.*
8. → Estamos sentados en un coche, esperándote.
9. *He is flying to London **by plane**.*
10. → Él está volando a Londres en avión.

2. Verbos Específicos para Medios de Transporte

Cada medio de transporte suele asociarse con un verbo específico que describe cómo se usa o se interactúa con él. Aquí tienes un cuadro con los más comunes:

Medio de Transporte	Verbo Específico	Ejemplo en Contexto
Car	Drive	*I drive my car to work every day.*
Bus	Take	*She takes the bus to school every morning.*
Train	Take/Ride	*We are taking the train to New York tomorrow.*
Plane	Fly	*The pilot flies the plane to different countries.*
Bicycle	Ride	*He rides his bicycle in the park every weekend.*
Motorcycle	Ride	*They are riding their motorcycles on the highway.*
Boat	Sail	*They sail their boat along the coast.*
Subway	Take	*I take the subway to get to the city center.*
Taxi	Take	*He took a taxi to the airport yesterday.*
Helicopter	Fly	*The pilot is flying the helicopter over the city.*

Notas Importantes

1. **Elección de la preposición**:
2. La elección de la preposición (*by, in, on*) depende del medio de transporte y el contexto. Por ejemplo, usamos *by car* para decir que viajamos en coche en general, pero *in a car* para describir una situación específica.

3. **Verbos específicos**:
4. Usar el verbo correcto no solo muestra un mejor dominio del idioma, sino que también hace la comunicación más natural. Verbos como *drive* se reservan para transportes que controlamos directamente, como un coche, mientras que *take* es más común con transportes públicos como autobuses o trenes.

DESCUBRIENDO PUNTOS DE INTERÉS: LUGARES IMPERDIBLES PARA VISITAR

Viajar no solo es moverse de un lugar a otro, ¡es vivir experiencias inolvidables! Explorar sitios turísticos y rincones especiales es lo que realmente hace que cada destino sea único. Desde majestuosos monumentos y fascinantes museos hasta parques naturales y vibrantes mercados locales, cada lugar tiene una historia que contar.

En esta sección, aprenderás vocabulario esencial para hablar sobre los destinos más populares, cómo describirlos y cómo preguntar por ellos en inglés. Así, podrás moverte con confianza, pedir recomendaciones y compartir tus propias aventuras como un viajero experto.

¡Es hora de descubrir nuevos horizontes y sumergirte en la cultura de cada destino como un verdadero explorador!

Lugares para Visitar: Vocabulario Básico

Lugar (Inglés)	Pronunciación (aprox. para hispanohablantes)	Traducción
City	/sí-ti/	Ciudad
Town	/taun/	Pueblo
Village	/ví-llich/	Aldea
Park	/park/	Parque
Museum	/miu-sí-em/	Museo
Zoo	/zuu/	Zoológico
Beach	/bich/	Playa
Mountain	/máun-ten/	Montaña
Lake	/leik/	Lago
River	/rí-ver/	Río
Theater	/thí-a-ter/	Teatro
Library	/lái-bra-ri/	Biblioteca
Market	/már-ket/	Mercado
Mall	/mol/	Centro comercial

Castle	/ká-sel/	Castillo
Monument	/món-iu-ment/	Monumento
Church	/chérch/	Iglesia
Square	/skuér/	Plaza
Harbor	/hár-bor/	Puerto
Stadium	/stéi-di-um/	Estadio

Notas sobre la pronunciación:

- La **r** en inglés es suave, diferente a la del español.
- La **ch** en "church" suena como *"ch"* en español.
- La **th** en "theater" suena como una *z* suave en español, similar a "zeta" en España.
- En "village", la **ll** suena como una **y** suave.
- En "square", el sonido **qu** se pronuncia como una *"k"* fuerte.

ADVERBIOS DE LUGAR: UBICÁNDONOS EN EL ESPACIO

Los **adverbios de lugar** son palabras que utilizamos para describir **dónde ocurre una acción** o **dónde está algo o alguien** en relación a otro punto. Son esenciales para dar direcciones, describir ubicaciones y para expresar conceptos espaciales en inglés. Por ejemplo: *"The book is here."* (El libro está aquí) o *"She is outside."* (Ella está afuera).

Estos adverbios son muy útiles en situaciones cotidianas, especialmente cuando estás viajando o explorando una ciudad nueva, ya que te ayudan a comunicarte sobre ubicaciones y desplazamientos con claridad.

REGLAS GRAMATICALES DE LOS ADVERBIOS DE LUGAR

1. **Posición en la oración**:
2. Los adverbios de lugar generalmente se colocan al final de la oración, después del verbo o del objeto.
   - Ejemplo: *The children are playing outside.* → Los niños están jugando afuera.
   - Ejemplo: *He is standing there.* → Él está parado allí.
3. **No se modifican**:
4. Los adverbios de lugar son invariables, es decir, no cambian de forma dependiendo del sujeto o tiempo verbal. Siempre se usan de la misma manera.
   - Ejemplo: *She went upstairs.* → Ella subió.
   - Ejemplo: *We are staying nearby.* → Nos estamos quedando cerca.
5. **Combinación con preposiciones**:
6. A veces, los adverbios de lugar se combinan con preposiciones para describir ubicaciones más específicas.
   - Ejemplo: *The café is just around the corner.* → El café está justo a la vuelta de la esquina.
   - Ejemplo: *The keys are on the table.* → Las llaves están sobre la mesa.
7. **Uso para dar direcciones**:
8. Los adverbios de lugar también se utilizan mucho para indicar direcciones.
   - Ejemplo: *Go straight ahead and turn left.* → Sigue recto y gira a la izquierda.

Adverbio (Inglés)	Pronunciación (aprox. para hispanohablantes)	Traducción
Here	/jíer/	Aquí
There	/dér/	Allí
Inside	/in-sáid/	Dentro
Outside	/aut-sáid/	Fuera
Above	/a-bóv/	Encima
Below	/bi-lóu/	Debajo
Nearby	/níar-bái/	Cerca
Far	/far/	Lejos
Upstairs	/áp-stérs/	Arriba (escaleras)
Downstairs	/dáun-stérs/	Abajo (escaleras)
Ahead	/a-jéd/	Adelante
Behind	/bi-jáind/	Detrás
Over	/óu-ver/	Sobre
Under	/án-der/	Debajo
Around	/a-ráund/	Alrededor

Notas sobre la pronunciación:

- **Here y There**: La *r* es suave y la *e* suena más como una *i* en español.
- **Inside y Outside**: Ambas terminan en *-side*, que se pronuncia *"sáid"*.
- **Above**: No se pronuncia la *e* final.
- **Behind**: Suena *bi-jáind*, con énfasis en la segunda sílaba.
- **Over y Under**: Se pronuncian con una *r* suave al final.

- **Around**: Se pronuncia como *a-ráund*, con énfasis en la última parte.

Preguntas y Respuestas para Pedir y Dar Indicaciones
Preguntas y Respuestas

1. **Question:** *Excuse me, how do I get to the train station?*
2. **Answer:** *Go straight ahead, then turn left at the traffic light. The station is on your right.*
3. → Disculpe, ¿cómo llego a la estación de tren?
4. → Vaya todo recto, luego gire a la izquierda en el semáforo. La estación está a su derecha.
5. **Question:** *Where is the nearest bus stop?*
6. **Answer:** *The nearest bus stop is just around the corner.*
7. → ¿Dónde está la parada de autobús más cercana?
8. → La parada de autobús más cercana está a la vuelta de la esquina.
9. **Question:** *Can you tell me how to get to the museum?*
10. **Answer:** *Walk down this street for two blocks, and the museum will be on your left.*
11. → ¿Puede decirme cómo llegar al museo?
12. → Camine por esta calle dos cuadras y el museo estará a su izquierda.
13. **Question:** *How far is the airport from here?*
14. **Answer:** *It's about 10 miles away. You can take a taxi or a bus.*
15. → ¿Qué tan lejos está el aeropuerto de aquí?
16. → Está a unas 10 millas. Puede tomar un taxi o un autobús.
17. **Question:** *Excuse me, is there a pharmacy nearby?*
18. **Answer:** *Yes, there is one next to the supermarket.*
19. → Disculpe, ¿hay una farmacia cerca?
20. → Sí, hay una al lado del supermercado.
21. **Question:** *How do I get to the city center?*
22. **Answer:** *Take the subway and get off at Central Station.*
23. → ¿Cómo llego al centro de la ciudad?
24. → Tome el metro y bájese en la estación central.
25. **Question:** *Where can I find a taxi?*
26. **Answer:** *There's a taxi stand near the hotel entrance.*
27. → ¿Dónde puedo encontrar un taxi?
28. → Hay una parada de taxis cerca de la entrada del hotel.
29. **Question:** *What's the best way to get to the beach?*
30. **Answer:** *You can walk for 15 minutes, or take the bus if you prefer.*
31. → ¿Cuál es la mejor manera de llegar a la playa?
32. → Puede caminar 15 minutos o tomar el autobús si lo prefiere.
33. **Question:** *Is the library far from here?*
34. **Answer:** *No, it's just a five-minute walk.*
35. → ¿Está lejos la biblioteca de aquí?
36. → No, está a solo cinco minutos a pie.
37. **Question:** *Can you help me find the nearest coffee shop?*
38. **Answer:** *Of course! Go straight ahead, and you'll see it next to the bank.*
39. → ¿Puede ayudarme a encontrar la cafetería más cercana?
40. → ¡Por supuesto! Siga todo recto y la verá al lado del banco.

Notas Adicionales

1. **Palabras clave útiles**:
   - *Straight ahead* → Todo recto.
   - *Turn left/right* → Gire a la izquierda / derecha.
   - *On your left/right* → A su izquierda / derecha.
   - *Nearby* → Cerca.
2. **Cortesía en preguntas**:
3. Siempre es importante comenzar con frases como *"Excuse me"* o *"Can you tell me…"*, para ser educado al pedir direcciones.

ADJETIVOS PARA DESCRIBIR LUGARES

Los **adjetivos** son herramientas esenciales para describir lugares y darles vida a nuestras palabras. En inglés, podemos usar adjetivos para hablar sobre la **apariencia**, el **tamaño**, la **atmósfera** o incluso la **ubicación** de un lugar. Esto nos ayuda a expresar nuestras impresiones y opiniones de manera más detallada y atractiva.

Reglas Gramaticales para Usar Adjetivos

1. **Posición del adjetivo**:
2. En inglés, los adjetivos se colocan **antes del sustantivo** que describen:
   - *A beautiful park* → Un parque hermoso.
   - *A large city* → Una ciudad grande.
3. **Uso con verbos como "to be"**:
4. También se pueden usar después de verbos como *to be*, para describir el estado o característica del lugar.
   - *The museum is interesting.* → El museo es interesante.
5. **Orden de los adjetivos**:
6. Cuando usamos más de un adjetivo, seguimos un orden específico:
7. **Opinión → Tamaño → Edad → Forma → Color → Origen → Material → Propósito + Sustantivo**
   - *A beautiful small old house.* → Una hermosa casa pequeña y antigua.
8. **Adjetivos comparativos y superlativos**:
9. Los adjetivos también se pueden usar para comparar lugares o destacar el más destacado:
   - *This park is bigger than the other one.* → Este parque es más grande que el otro.
   - *That is the most popular museum in the city.* → Ese es el museo más popular de la ciudad.

Cuadro de Adjetivos para Describir Lugares

Adjetivo (Inglés)	Pronunciación (aprox. para hispanohablantes)	Traducción
Beautiful	/bíu-ti-ful/	Hermoso
Crowded	/kráu-ded/	Lleno de gente
Quiet	/kuái-et/	Tranquilo
Big	/big/	Grande
Small	/es-mól/	Pequeño
Historic	/jis-tó-rik/	Histórico
Modern	/mó-dern/	Moderno
Clean	/klín/	Limpio
Dirty	/dér-ti/	Sucio
Peaceful	/pís-ful/	Pacífico/Tranquilo
Famous	/féi-mus/	Famoso
Touristy	/tú-ris-ti/	Turístico
Expensive	/eks-pén-siv/	Caro
Cheap	/chíip/	Barato
Stunning	/stó-nin/	Impresionante
Remote	/ri-móut/	Remoto
Bustling	/bás-lin/	Lleno de actividad
Picturesque	/pik-ches-rék/	Pintoresco
Overcrowded	/óu-ver-kráu-ded/	Superpoblado

Notas sobre la pronunciación:

- **Quiet** se pronuncia *kuái-et*, con énfasis en la primera sílaba.
- **Beautiful** suena como *bíu-ti-ful*, evitando pronunciar la "ea" como en español.
- **Touristy** y **Stunning** mantienen la *i* final como una *i* corta, similar a la de "sit".
- **Cheap** tiene un sonido *"ch"* fuerte y una *i* larga (*chíip*).
- **Overcrowded** se desglosa en *óu-ver-kráu-ded*, destacando la primera y segunda sílaba.
- **Picturesque** es complicado, pero suena como *pik-ches-rék*, donde la *t* y la *ch* se fusionan.

Ejemplos de Uso

1. *The beach is beautiful and quiet.*
2. → La playa es hermosa y tranquila.
3. *This city is very crowded during the holidays.*
4. → Esta ciudad está muy llena de gente durante las vacaciones.
5. *The museum is historic and interesting.*
6. → El museo es histórico e interesante.
7. *We stayed in a charming small village.*
8. → Nos quedamos en un encantador pueblo pequeño.
9. *The restaurant is expensive, but the food is delicious.*

10. → El restaurante es caro, pero la comida es deliciosa.

Notas Adicionales

1. **Variedad en el vocabulario**:
2. Combinar diferentes tipos de adjetivos (opinión, tamaño, ubicación) te permite ser más descriptivo y específico en tus expresiones.
3. **Adjetivos neutros y subjetivos**:
4. Algunos adjetivos, como *big* o *small*, son objetivos, mientras que otros, como *beautiful* o *boring*, dependen de la percepción personal.

VOCABULARIO ÚTIL PARA VIAJES

Palabra/Frase (Inglés)	Pronunciación (aprox. para hispanohablantes)	Traducción
Ticket	/tí-ket/	Boleto/Entrada
Passport	/pás-port/	Pasaporte
Luggage	/lág-guich/	Equipaje
Map	/map/	Mapa
Reservation	/re-ser-véi-shon/	Reserva
Hotel	/jou-tél/	Hotel
Flight	/fláit/	Vuelo
Gate	/guéit/	Puerta (de embarque)
Currency Exchange	/kó-ren-si iks-chéinch/	Casa de cambio
Souvenir	/su-ve-nír/	Recuerdo/Souvenir

Notas sobre la pronunciación:

- **Luggage** → Se pronuncia *"lág-guich"*, sin la "e" al final.
- **Reservation** → La "tion" suena como *"shon"*, parecido a "nación" en español.
- **Hotel** → En inglés, la sílaba fuerte es la última: *"jou-tél"*.
- **Flight** → La "gh" es muda, por lo que se pronuncia como *"fláit"*.
- **Currency Exchange** → La "x" en *exchange* suena como *"iks"*, y la "ch" como *"ch"* en español.
- **Souvenir** → Se pronuncia *"su-ve-nír"*, con énfasis en la última sílaba.

Ejemplos de Uso

1. *I need to buy a ticket for the train.*
2. → Necesito comprar un boleto para el tren.
3. *Don't forget your passport at home!*
4. → ¡No olvides tu pasaporte en casa!
5. *Where can I store my luggage?*
6. → ¿Dónde puedo guardar mi equipaje?
7. *Do you have a map of the city?*
8. → ¿Tienes un mapa de la ciudad?
9. *I made a reservation at a hotel downtown.*

10. → Hice una reserva en un hotel en el centro.
11. *Our flight leaves at 6 p.m.*
12. → Nuestro vuelo sale a las 6 p.m.
13. *The gate for our flight is number 12.*
14. → La puerta para nuestro vuelo es la número 12.
15. *Where can I find a currency exchange office?*
16. → ¿Dónde puedo encontrar una casa de cambio?
17. *I always buy souvenirs for my friends when I travel.*
18. → Siempre compro recuerdos para mis amigos cuando viajo.
19. *How much does the taxi to the hotel cost?*
20. → ¿Cuánto cuesta el taxi al hotel?

Notas Adicionales

Este vocabulario es esencial para cualquier viajero, ya que cubre aspectos clave como transporte, alojamiento, y compras. Aprender estas palabras ayudará al lector a manejar situaciones básicas durante sus viajes.

––––

EJERCICIOS PARA PRACTICAR DEL CAPÍTULO 3

¡VAMOS A PRACTICAR!

¡Es momento de poner en práctica lo aprendido! Recuerda que cada ejercicio te acerca más a hablar inglés con fluidez.

> ✏ ¡Ojo! (si estás en versión eBook) Como en el eBook no se puede escribir directamente, toma tu cuaderno favorito o una hoja suelta para apuntar tus respuestas. Así lo aprovechas al máximo y aprendes mucho más. ¡Manos a la obra!

1 Completa con la Conjugación Correcta del Verbo

Usa la forma correcta del verbo en **presente simple** según el sujeto de la oración.

1. She ___ (drive) her car every morning.
2. We ___ (visit) the museum tomorrow.
3. They ___ (play) soccer in the park every weekend.
4. I ___ (study) English twice a week.
5. He ___ (work) at the hotel on Saturdays.
6. The plane ___ (arrive) at 5:00 p.m. every day.
7. You ___ (ride) your bike to school every day.

Recuerda: En presente simple, los verbos llevan **"-s"** en tercera persona del singular (*he, she, it*).

2 Agrega "-ing" a los Verbos

Transforma estos verbos en su **forma -ing** para usarlos en presente continuo.

1. To swim → ___
2. To write → ___
3. To sit → ___
4. To run → ___
5. To lie → ___
6. To begin → ___
7. To play → ___

Recuerda: Si el verbo termina en **"e"**, elimínala antes de agregar "-ing" (*write → writing*). Si es corto y termina en **consonante-vocal-consonante**, duplica la última consonante (*run → running*).

3 Completa con el Verbo en Presente Continuo

Usa el verbo entre paréntesis en **presente continuo** (am / is / are + verbo + -ing).

1. She ___ (read) a book in the library.
2. They ___ (watch) a movie at home.
3. We ___ (travel) to London tomorrow.
4. He ___ (cook) dinner for his family.
5. I ___ (study) for my English test.
6. The kids ___ (play) outside in the garden.
7. You ___ (wait) for the bus at the station.

Truco: Usa el presente continuo para acciones que **están ocurriendo ahora o en un futuro cercano planeado**.

4 Verdadero o Falso: Reglas del Presente Simple

Indica si cada afirmación es **Verdadera ( )** o **Falsa ( )**.

1. The train leaves at 7:00 a.m. every day.
2. She don't like coffee.
3. He plays soccer on Saturdays.
4. They is studying English right now.
5. You always go to the beach in summer.
6. I am not working today.
7. The museum opens at 9:00 a.m.

Recuerda: En presente simple, con "he, she, it" usamos **"does"** en negativas y preguntas (*She doesn't like coffee*).

5 Completa con el Transporte Correcto en Inglés

Escribe el medio de transporte correcto en inglés.

1. She is waiting for the ___ (autobús).
2. We are flying to Paris by ___ (avión).
3. He rides his ___ (bicicleta) every afternoon.

4. They are traveling to the island by ___ (barco).
5. I took a ___ (taxi) to the airport this morning.
6. The ___ (tren) leaves at 8:30 a.m.
7. We rented a ___ (coche) for our road trip.

🚐✖️🚆 *¡Piensa en tus viajes y completa con confianza!*

———

Respuestas

¡Aquí tienes las respuestas a los ejercicios!

1️⃣ **Completa con la Conjugación Correcta del Verbo**

1. She **drives** her car every morning.
2. We **visit** the museum tomorrow.
3. They **play** soccer in the park every weekend.
4. I **study** English twice a week.
5. He **works** at the hotel on Saturdays.
6. The plane **arrives** at 5:00 p.m. every day.
7. You **ride** your bike to school every day.

☑️ *Regla:* En **tercera persona del singular (he, she, it)** agregamos "**-s**" al verbo.

2️⃣ **Agrega "-ing" a los Verbos**

1. To swim → **swimming**
2. To write → **writing**
3. To sit → **sitting**
4. To run → **running**
5. To lie → **lying**
6. To begin → **beginning**
7. To play → **playing**

📌 *Reglas:*

- **Si termina en "e"**, se elimina antes de añadir "-ing" (*write → writing*).
- **Si es corto y termina en consonante-vocal-consonante**, duplicamos la última consonante (*run → running*).

3️⃣ **Completa con el Verbo en Presente Continuo**

1. She **is reading** a book in the library.
2. They **are watching** a movie at home.
3. We **are traveling** to London tomorrow.
4. He **is cooking** dinner for his family.

5. I **am studying** for my English test.
6. The kids **are playing** outside in the garden.
7. You **are waiting** for the bus at the station.

⬤ *Regla:* **am/is/are + verbo + "-ing".**

4 **Verdadero o Falso: Reglas del Presente Simple**

1. ✅ **True** → *The train leaves at 7:00 a.m. every day.*
2. ✖ **False** → *She **doesn't** like coffee.*
3. ✅ **True** → *He plays soccer on Saturdays.*
4. ✖ **False** → *They **are** studying English right now.*
5. ✅ **True** → *You always go to the beach in summer.*
6. ✅ **True** → *I am not working today.*
7. ✅ **True** → *The museum opens at 9:00 a.m.*

! *Recuerda:* En **presente simple negativo,** usamos **"doesn't"** con *he, she, it* y **"don't"** con los demás pronombres.

5 **Completa con el Transporte Correcto en Inglés**

1. She is waiting for the **bus.**
2. We are flying to Paris by **plane.**
3. He rides his **bicycle** every afternoon.
4. They are traveling to the island by **boat.**
5. I took a **taxi** to the airport this morning.
6. The **train** leaves at 8:30 a.m.
7. We rented a **car** for our road trip.

———

AUDIOLIBRO DE PRONUNCIACIÓN BOOK 1 - CHAPTER 3

Usa estos audios a tu favor. **Escucha, repite, imita la pronunciación y pierde el miedo a hablar.** Cuanto más te expongas al inglés, más rápido mejorarás.

SCAN ME!

BOOK 1 - CHAPTER 3

CAPÍTULO 4
¡DOMINA EL INGLÉS PARA COMPRAR CON CONFIANZA!

IR DE COMPRAS

r de compras no es solo una actividad cotidiana, ¡también es una gran oportunidad para practicar inglés! Ya sea que estés buscando ropa, comida o souvenirs en otro país, saber cómo preguntar precios, expresar lo que te gusta y entender a los vendedores hará que la experiencia sea mucho más fácil y divertida.

En este capítulo, descubrirás vocabulario clave para moverte con soltura en tiendas, incluyendo nombres de prendas, accesorios y términos básicos que escucharás al comprar. También aprenderás frases súper útiles para pedir tallas, preguntar por descuentos y asegurarte de que consigues justo lo que buscas.

Cuadro de Prendas de Vestir en Inglés

Prenda (Español)	Prenda (Inglés)	Pronunciación (aprox. para hispanohablantes)
Camisa	Shirt	/shert/
Pantalones	Pants (EE.UU.) / Trousers (UK)	/pants/ - /tráu-sers/
Falda	Skirt	/skert/
Vestido	Dress	/dres/
Chaqueta	Jacket	/yá-ket/
Suéter	Sweater (EE.UU.) / Jumper (UK)	/sué-ter/ - /yám-per/
Camiseta	T-shirt	/tí-shert/
Jeans	Jeans	/yins/
Pantalones cortos	Shorts	/shórts/
Abrigo	Coat	/kóut/
Bufanda	Scarf	/es-karf/
Guantes	Gloves	/glovs/
Gorro	Hat	/jat/

Sombrero	Hat	/jat/
Zapatos	Shoes	/shus/
Zapatillas deportivas	Sneakers (EE.UU.) / Trainers (UK)	/sní-kers/ - /tréi-ners/
Sandalias	Sandals	/sán-dals/
Botas	Boots	/búts/
Calcetines	Socks	/soks/
Traje	Suit	/sut/
Corbata	Tie	/tai/
Blusa	Blouse	/blaus/
Ropa interior	Underwear	/án-der-uér/
Sujetador	Bra	/bra/
Pijama	Pajamas (EE.UU.) / Pyjamas (UK)	/pa-yá-mas/ - /pa-yá-mas/
Chaleco	Vest	/vest/
Pantalón de deporte	Sweatpants	/suét-pants/

Mallas / Leggings	Leggings	/lé-gins/
Ropa de baño	Swimsuit	/suím-sut/
Ropa elegante	Formal wear	/fór-mal uér/

Notas sobre la pronunciación:

- **Shirt** → **"shert"** (sin una "r" fuerte).
- **Jacket** → **"yá-ket"**, con "j" suave como en *yes*.
- **Suit** → **"sut"**, sin pronunciar la "i" como en español.
- **Sweater** → **"sué-ter"**, con "er" más suave.
- **Blouse** → **"blaus"**, parecido a "house".
- **Pajamas** → **"pa-yá-mas"**, igual en inglés americano y británico.

ADJETIVOS PARA DESCRIBIR PRENDAS DE VESTIR EN UN CONTEXTO DE COMPRAS

Cuando vamos de compras, no solo necesitamos saber el nombre de las prendas, sino también cómo describirlas. Es importante poder expresar nuestras preferencias en cuanto a **tamaño, estilo, color, material y comodidad** para encontrar lo que realmente buscamos.

En inglés, los adjetivos se colocan **antes del sustantivo** que describen, por ejemplo:

- *I want a red dress.* → Quiero un vestido rojo.
- *This jacket is too big.* → Esta chaqueta es demasiado grande.

A continuación, veremos un cuadro con los adjetivos más útiles para describir la ropa en una tienda.

Cuadro de Adjetivos para Describir Prendas

Adjetivo (Inglés)	Pronunciación (aprox. para hispanohablantes)	Traducción
Big	/big/	Grande
Small	/es-mól/	Pequeño
Tight	/táit/	Ajustado/Estrecho
Loose	/lús/	Holgado/Suelto
Long	/long/	Largo
Short	/shórt/	Corto
Comfortable	/kóm-for-ta-bl/	Cómodo
Uncomfortable	/an-kóm-for-ta-bl/	Incómodo
Elegant	/é-li-gant/	Elegante
Casual	/ká-shu-al/	Casual/Informal
Formal	/fór-mal/	Formal
Trendy	/trén-di/	A la moda
Classic	/klá-sik/	Clásico
Cheap	/chíip/	Barato
Expensive	/eks-pén-siv/	Caro
Soft	/soft/	Suave
Rough	/ruf/	Áspero
Light	/láit/	Ligero
Heavy	/hé-vi/	Pesado
Warm	/uórm/	Cálido/Abrigado
Cool	/kul/	Fresco
Thin	/zin/	Delgado
Thick	/zik/	Grueso
Wrinkled	/rín-kold/	Arrugado
New	/niu/	Nuevo
Old	/óuld/	Viejo

Notas sobre la pronunciación:

- **Comfortable → "kóm-for-ta-bl"**, aunque en inglés suele sonar más como *"kómf-ter-bl"*, esta versión es más fácil para hispanohablantes.
- **Tight → "táit"**, la *gh* es muda.
- **Wrinkled → "rín-kold"**, la *w* no se pronuncia fuerte.
- **Cheap → "chíip"**, con una *i* larga.
- **Expensive → "eks-pén-siv"**, acentuando la segunda sílaba.

Notas Adicionales

1. **Adjetivos de tamaño y ajuste:**

- *I need a smaller size.* → Necesito una talla más pequeña.
- *This shirt is too tight.* → Esta camisa es demasiado ajustada.

2. **Adjetivos de estilo y apariencia**:
    - *That dress looks very elegant.* → Ese vestido se ve muy elegante.
    - *I prefer casual clothes.* → Prefiero la ropa informal.
3. **Adjetivos de calidad y precio**:
    - *This jacket is very expensive.* → Esta chaqueta es muy cara.
    - *These shoes are cheap but comfortable.* → Estos zapatos son baratos pero cómodos.

COLORES PARA DESCRIBIR PRENDAS EN UN CONTEXTO DE COMPRAS

Cuando vamos de compras, uno de los aspectos más importantes al elegir ropa es el **color**. En inglés, los colores funcionan como adjetivos y, al igual que otros adjetivos, **se colocan antes del sustantivo** que describen.

Por ejemplo:

- *I want a red jacket.* → Quiero una chaqueta roja.
- *Do you have this shirt in blue?* → ¿Tienen esta camisa en azul?

A continuación, veremos un cuadro con los colores más comunes y sus variantes en inglés.

Cuadro de Colores en Inglés

Color (Inglés)	Pronunciación (aprox. para hispanohablantes)	Traducción
White	/uáit/	Blanco
Black	/blak/	Negro
Gray (EE.UU.) / Grey (UK)	/grei/	Gris
Red	/red/	Rojo
Blue	/blu/	Azul
Light Blue	/láit blu/	Azul claro
Dark Blue	/dark blu/	Azul oscuro
Green	/grin/	Verde
Light Green	/láit grin/	Verde claro
Dark Green	/dark grin/	Verde oscuro
Yellow	/yé-lou/	Amarillo
Orange	/ó-ranch/	Naranja
Pink	/pink/	Rosa
Purple	/pér-pl/	Morado/Violeta
Brown	/braun/	Marrón/Café
Beige	/beish/	Beige
Gold	/góuld/	Dorado

Silver	/síl-ver/	Plateado
Burgundy	/bér-gun-di/	Burdeos/Vino
Turquoise	/túr-kuoiz/	Turquesa
Lavender	/lá-ven-der/	Lavanda
Mustard	/mós-tard/	Mostaza
Peach	/pich/	Melocotón/Durazno
Olive Green	/ó-liv grin/	Verde oliva
Navy Blue	/néi-vi blu/	Azul marino
Teal	/til/	Verde azulado

Notas sobre la pronunciación:

- **White** → "uáit", la "h" es muda.
- **Yellow** → "yé-lou", con énfasis en la primera sílaba.
- **Orange** → "ó-ranch", similar a "naranja", pero sin la "a" final.
- **Beige** → "beish", suena como "beish" en español.
- **Turquoise** → "túr-kuoiz", con la "oiz" sonando como "oiz".
- **Burgundy** → "bér-gun-di", con "g" suave.

Notas Adicionales

1. **Uso de "light" y "dark":**
2. Para describir tonos más claros u oscuros de un color, usamos *light* (claro) o *dark* (oscuro).
   - *I like dark blue jackets.* → Me gustan las chaquetas azul oscuro.
   - *She prefers light green dresses.* → Ella prefiere los vestidos verde claro.
3. **Combinaciones de colores:**
4. Cuando una prenda tiene más de un color, usamos **and** (y) o **with** (con).
   - *This shirt is red and white.* → Esta camisa es roja y blanca.
   - *Do you have a black jacket with gold details?* → ¿Tienen una chaqueta negra con detalles dorados?
5. **Formas alternativas de describir colores:**
6. A veces, los colores pueden describirse con referencias a la naturaleza o materiales:
   - *Sky blue* → Azul cielo.
   - *Cherry red* → Rojo cereza.
   - *Emerald green* → Verde esmeralda.

ADVERBIOS DE CANTIDAD: QUITE, VERY, REALLY Y TOO

Cuando vamos de compras y queremos describir una prenda, su precio o cómo nos queda, es común usar **adverbios de cantidad** para enfatizar la intensidad de una característica. En inglés, los adverbios **"quite"**, **"very"**, **"really"** y **"too"** nos ayudan a expresar diferentes grados de intensidad al hablar sobre la ropa y cómo nos sentimos con ella.

Por ejemplo:

- *This dress is very expensive.* → Este vestido es muy caro.
- *These shoes are too small for me.* → Estos zapatos son demasiado pequeños para mí.

A continuación, veremos un cuadro con estos adverbios y sus significados.

Cuadro de Adverbios de Cantidad

Adverbio (Inglés)	Pronunciación (aprox. para hispanohablantes)	Traducción
Quite	/kuáit/	Bastante
Very	/véri/	Muy
Really	/rí-li/	Realmente
Too	/tú/	Demasiado

Notas sobre la pronunciación:

- **Quite** → "**kuáit**", con sonido similar a "white".
- **Very** → "**véri**", con la "r" suave.
- **Really** → "**rí-li**", pronunciando la "i" como en "ri".
- **Too** → "**tú**", igual que "two".

Diferencias y Uso de los Adverbios

1. **Quite** → Se usa para indicar un grado moderado de intensidad, similar a "bastante".
   - *This dress is quite elegant.* (Este vestido es bastante elegante).
2. **Very** → Expresa un grado alto de intensidad, más fuerte que *quite*.
   - *These pants are very expensive.* (Estos pantalones son muy caros).
3. **Really** → Se usa para enfatizar aún más que *very*, similar a "realmente" o "muy".
   - *This jacket is really comfortable.* (Esta chaqueta es realmente cómoda).
4. **Too** → Se usa para indicar un exceso, algo negativo. Se traduce como "demasiado" cuando implica que algo no es adecuado.
   - *These shoes are too tight.* (Estos zapatos son demasiado ajustados).

Ejemplos en el Contexto de Compras de Ropa

1. *This dress is quite nice, but I prefer another color.*
2. → Este vestido es bastante bonito, pero prefiero otro color.
3. *These pants are very cheap, let's buy them!*
4. → Estos pantalones son muy baratos, ¡compremoslos!
5. *This coat is really warm, perfect for winter.*
6. → Este abrigo es realmente cálido, perfecto para el invierno.
7. *These shoes are too big for me, do you have a smaller size?*
8. → Estos zapatos son demasiado grandes para mí, ¿tienen una talla más pequeña?
9. *That sweater is quite soft, I like it.*
10. → Ese suéter es bastante suave, me gusta.
11. *This jacket is very stylish, it looks amazing!*
12. → Esta chaqueta es muy elegante, ¡se ve increíble!
13. *These jeans are really comfortable, I could wear them all day.*
14. → Estos jeans son realmente cómodos, podría usarlos todo el día.
15. *The dress is too short for me, I prefer a longer one.*
16. → El vestido es demasiado corto para mí, prefiero uno más largo.

17. *This blouse is quite elegant, I think I'll buy it.*
18. → Esta blusa es bastante elegante, creo que la compraré.
19. *The store is very crowded today, let's come back later.*
20. → La tienda está muy llena hoy, volvamos más tarde.

Notas Adicionales

1. **Evitar el uso de "too" en un contexto positivo**:
2. *Too* generalmente indica algo negativo o excesivo, por lo que no se usa para elogiar.
   - Incorrecto: *This dress is too beautiful!* ✖
   - Correcto: *This dress is really beautiful!* ☑
3. **Uso frecuente en tiendas y compras**:
4. Estos adverbios son clave para expresar opiniones sobre ropa, precios y tallas de manera clara y precisa.

DEMOSTRATIVOS: THIS, THAT, THESE, THOSE

Los **adjetivos demostrativos** en inglés (*this, that, these, those*) se usan para señalar y referirse a objetos en función de su distancia con respecto al hablante. Son esenciales en un contexto de compras, ya que nos permiten indicar exactamente qué prenda o artículo queremos ver, comprar o probar.

- *This dress is beautiful.* → Este vestido es hermoso.
- *Those shoes are too expensive.* → Esos zapatos son demasiado caros.

A continuación, veremos en detalle cómo se usan en singular y plural.

Cuadro de Adjetivos Demostrativos

Demostrativo (Inglés)	Pronunciación (aprox. para hispanohablantes)	Traducción (Español)	Uso
This	/dis/	Este / Esta	Singular, algo cercano
That	/dat/	Ese / Esa / Aquel / Aquella	Singular, algo lejano
These	/díis/	Estos / Estas	Plural, algo cercano
Those	/dóus/	Esos / Esas / Aquellos / Aquellas	Plural, algo lejano

Notas sobre la pronunciación:

- **This → "dis"**, con una "i" corta.
- **That → "dat"**, con una "a" abierta como en "gato".
- **These → "díis"**, con una "i" más larga que en "this".
- **Those → "dóus"**, similar a "dos" en español pero con "ou" como en "soul".

Ejemplos en el Contexto de Compras

1. *This shirt is very soft.*

2. → Esta camisa es muy suave.

3. *That dress is too expensive for me.*

4. → Ese vestido es demasiado caro para mí.

5. *These jeans fit me perfectly.*

6. → Estos jeans me quedan perfectamente.

7. *Those shoes look amazing!*

8. → ¡Esos zapatos se ven increíbles!

9. *Can I try on this jacket?*

10. → ¿Puedo probarme esta chaqueta?

Notas Adicionales

1. **Diferencia entre "this" y "that":**
   - *This* se usa para lo que está cerca: *This sweater is nice.* (Este suéter es bonito).
   - *That* se usa para lo que está más lejos: *That store is too crowded.* (Esa tienda está muy llena).
2. **Plural de "this" y "that":**
   - *These* es el plural de *this* y se usa para cosas cercanas en plural.
   - *Those* es el plural de *that* y se usa para cosas lejanas en plural.

DIFERENCIA ENTRE ADJETIVOS Y PRONOMBRES DEMOSTRATIVOS

En inglés, los **demostrativos** pueden actuar como **adjetivos** o **pronombres**, dependiendo de cómo se usen en la oración. Aunque *this, that, these* y *those* son las mismas palabras en ambos casos, su función dentro de la oración cambia.

Los **adjetivos demostrativos** acompañan a un sustantivo, describiéndolo y especificando cuál es en función de la distancia con el hablante. Se colocan antes del sustantivo que modifican.

- *This dress is beautiful.* (Este vestido es hermoso).
- *Those shoes are too expensive.* (Esos zapatos son demasiado caros).

Por otro lado, los **pronombres demostrativos** reemplazan al sustantivo cuando el contexto ya deja claro a qué nos referimos. Se usan sin un sustantivo después y pueden usarse solos en una oración.

- *This is my favorite jacket.* (Esta es mi chaqueta favorita).
- *Those are not my shoes.* (Esos no son mis zapatos).

En resumen, la diferencia radica en que los adjetivos demostrativos **acompañan un sustantivo**, mientras que los pronombres demostrativos **lo reemplazan**.

Ejemplos de Adjetivos y Pronombres Demostrativos

1. **Adjetivo:** *This sweater is very comfortable.* (Este suéter es muy cómodo).
2. **Pronombre:** *This is very comfortable.* (Este es muy cómodo).
3. **Adjetivo:** *That store has great discounts.* (Esa tienda tiene grandes descuentos).
4. **Pronombre:** *That is my favorite store.* (Esa es mi tienda favorita).
5. **Adjetivo:** *These jeans fit me perfectly.* (Estos jeans me quedan perfectamente).
6. **Pronombre:** *These are my favorite jeans.* (Estos son mis jeans favoritos).
7. **Adjetivo:** *Those shoes look amazing!* (Esos zapatos se ven increíbles).
8. **Pronombre:** *Those are not my size.* (Esos no son mi talla).

9. **Adjetivo:** *This bag is too expensive.* (Este bolso es demasiado caro).
10. **Pronombre:** *This is too expensive.* (Este es demasiado caro).
11. **Adjetivo:** *That dress is perfect for the party.* (Ese vestido es perfecto para la fiesta).
12. **Pronombre:** *That is exactly what I was looking for.* (Ese es exactamente lo que estaba buscando).
13. **Adjetivo:** *These sunglasses are really stylish.* (Estas gafas de sol son realmente elegantes).
14. **Pronombre:** *These are my favorite sunglasses.* (Estas son mis gafas de sol favoritas).
15. **Adjetivo:** *Those hats are too big for me.* (Esos sombreros son demasiado grandes para mí).
16. **Pronombre:** *Those are not mine.* (Esos no son míos).
17. **Adjetivo:** *This shirt is too tight.* (Esta camisa es demasiado ajustada).
18. **Pronombre:** *This is not the right size.* (Esta no es la talla correcta).
19. **Adjetivo:** *Those earrings are beautiful.* (Esos aretes son hermosos).
20. **Pronombre:** *Those are exactly what I wanted.* (Esos son exactamente lo que quería).

Cuadro de Demostrativos en Inglés

Demostrativo (Inglés)	Pronunciación (aprox. para hispanohablantes)	Traducción (Español)
This	/dis/	Este / Esta
That	/dat/	Ese / Esa / Aquel / Aquella
These	/díis/	Estos / Estas
Those	/dóus/	Esos / Esas / Aquellos / Aquellas

Notas sobre la pronunciación:

- **This → "dis"**, con una "i" corta.
- **That → "dat"**, con una "a" abierta como en "gato".
- **These → "díis"**, con una "i" larga, como en "bee".
- **Those → "dóus"**, similar a "dos" en español pero con "ou" como en "soul".

Reglas Gramaticales de los Demostrativos

1. **Concordancia en número**
2. En inglés, los demostrativos deben concordar en **número** con el sustantivo al que hacen referencia:
    - *This (singular)* → *These (plural)*
    - *That (singular)* → *Those (plural)*
3. **Ubicación y distancia**
    - *This* y *these* se usan para objetos cercanos al hablante.
    - *That* y *those* se usan para objetos más lejanos en el espacio o en el tiempo.
    - Ejemplo:
        - *This dress (cerca)* vs. *That dress (lejos)*.
        - *These shoes (cerca, plural)* vs. *Those shoes (lejos, plural)*.
4. **Diferencia entre adjetivo y pronombre**
    - Si el demostrativo acompaña un sustantivo, es un **adjetivo demostrativo**.
    - Si el demostrativo reemplaza el sustantivo, es un **pronombre demostrativo**.
    - Ejemplo:

- *This shirt is new.* (Adjetivo demostrativo).
- *This is new.* (Pronombre demostrativo).

5. **Uso en preguntas y respuestas**
6. Los demostrativos se usan a menudo en preguntas sobre objetos:
   - *What is this?* → ¿Qué es esto?
   - *Is that yours?* → ¿Eso es tuyo?
7. **Uso en situaciones de compra**
8. En tiendas, es común usar demostrativos para señalar productos:
   - *Can I see that jacket?* → ¿Puedo ver esa chaqueta?
   - *How much are these shoes?* → ¿Cuánto cuestan estos zapatos?

POSESIVOS CON 'S EN INGLÉS

En inglés, utilizamos **el apóstrofe + s ('s)** para indicar **posesión** o **pertenencia**. Este es un concepto clave cuando queremos decir que algo pertenece a alguien o a algo. En español, diríamos *"el bolso de María"*, mientras que en inglés se dice *"Maria's bag"*.

El uso del **apóstrofe** es fundamental para evitar confusión con los plurales y para construir frases más naturales y fluidas.

Reglas Gramaticales del Posesivo con 's

1. **Para sustantivos singulares**
2. Si el sustantivo está en singular, simplemente añadimos **'s** al final.
   - *The boy's hat* → El sombrero del niño.
   - *My sister's dress* → El vestido de mi hermana.
3. **Para sustantivos plurales terminados en "s"**
4. Si el sustantivo ya está en plural y termina en **s**, solo añadimos **'** (sin una segunda "s").
   - *The students' books* → Los libros de los estudiantes.
   - *The teachers' lounge* → La sala de los profesores.
5. **Para sustantivos plurales irregulares (que no terminan en "s")**
6. Si el plural es irregular (como *children* o *men*), añadimos **'s** como si fuera singular.
   - *The children's toys* → Los juguetes de los niños.
   - *The men's shoes* → Los zapatos de los hombres.
7. **Cuando hay más de un poseedor**
8. Si dos personas poseen algo en conjunto, solo se agrega **'s** al último nombre.
   - *Carlos and Ana's house* → La casa de Carlos y Ana.
9. **Cuando cada poseedor tiene algo propio**
10. Si cada poseedor tiene algo diferente, añadimos **'s** a cada nombre.
    - *Mike's and Sarah's cars* → Los autos de Mike y Sarah (cada uno tiene su propio auto).

Ejemplos del Posesivo con 's
1. Para sustantivos singulares

1. *My brother's phone is new.* (El teléfono de mi hermano es nuevo).
2. *The dog's tail is long.* (La cola del perro es larga).
3. *This is my friend's jacket.* (Esta es la chaqueta de mi amigo).
4. *Emma's dress is very elegant.* (El vestido de Emma es muy elegante).
5. *That girl's backpack is heavy.* (La mochila de esa niña es pesada).

2. Para sustantivos plurales terminados en "s"

1. *The students' classroom is big.* (El aula de los estudiantes es grande).
2. *The boys' bikes are outside.* (Las bicicletas de los niños están afuera).
3. *The teachers' meeting starts at 3 p.m.* (La reunión de los profesores comienza a las 3 p.m.).
4. *The girls' shoes are colorful.* (Los zapatos de las niñas son coloridos).
5. *The workers' uniforms are blue.* (Los uniformes de los trabajadores son azules).

3. Para sustantivos plurales irregulares

1. *The children's toys are everywhere.* (Los juguetes de los niños están por todas partes).
2. *The women's section is on the second floor.* (La sección de mujeres está en el segundo piso).
3. *The men's restroom is on the left.* (El baño de hombres está a la izquierda).
4. *The people's choice was clear.* (La elección de la gente fue clara).
5. *The mice's tails are short.* (Las colas de los ratones son cortas).

4. Para posesión compartida

1. *Anna and Tom's wedding was beautiful.* (La boda de Anna y Tom fue hermosa).
2. *Carlos and Maria's house is very big.* (La casa de Carlos y María es muy grande).
3. *Jack and Sophie's children are polite.* (Los hijos de Jack y Sophie son educados).
4. *Luis and Fernanda's store sells clothes.* (La tienda de Luis y Fernanda vende ropa).
5. *David and Laura's party was fun.* (La fiesta de David y Laura fue divertida).

5. Para posesión individual de cada persona

1. *John's and Peter's bikes are new.* (Las bicicletas de John y Peter son nuevas, cada uno tiene la suya).
2. *Alice's and Monica's dresses are elegant.* (Los vestidos de Alice y Monica son elegantes).
3. *My father's and my mother's cars are black.* (El auto de mi padre y el de mi madre son negros).
4. *Mike's and Steve's computers are different models.* (Las computadoras de Mike y Steve son modelos diferentes).
5. *The teacher's and the student's books are on the table.* (Los libros del profesor y del estudiante están sobre la mesa).

Notas Adicionales

1. **No se usa 's con objetos inanimados**
2. En inglés, el posesivo con **'s** generalmente se usa solo para personas, animales o entidades organizadas (*company's policy* → La política de la empresa). Para objetos inanimados, se usa **"of"**:
   - Incorrecto: *The table's leg is broken.* ✕
   - Correcto: *The leg of the table is broken.* ☑
3. **No confundir con contracciones**
   - *Maria's happy today.* → María está feliz hoy. (**Contracción de "Maria is"**).
   - *Maria's dress is beautiful.* → El vestido de María es hermoso. (**Posesivo**).
4. **Se puede usar sin repetir el sustantivo**
5. Cuando el contexto es claro, podemos omitir el sustantivo y solo usar el posesivo:
   - *Is this your jacket?* → *No, it's my sister's.* (No, es de mi hermana).

VERBOS: "TO LIKE", "TO LOVE" Y "TO HATE"

Los verbos **"to like"**, **"to love"** y **"to hate"** son fundamentales para expresar gustos y preferencias en inglés. Se utilizan para hablar sobre lo que nos gusta, amamos o detestamos, ya sea en relación con actividades, comida, ropa o cualquier otro aspecto de la vida diaria.

- *I like this dress.* (Me gusta este vestido).
- *She loves shopping for new clothes.* (A ella le encanta comprar ropa nueva).
- *He hates waiting in long lines.* (Él odia esperar en filas largas).

Cada uno de estos verbos transmite un nivel diferente de intensidad:

- **"Like"** expresa un gusto moderado.
- **"Love"** indica un entusiasmo o amor fuerte por algo.
- **"Hate"** comunica una fuerte aversión o disgusto.

Reglas Gramaticales de "To Like", "To Love" y "To Hate"

1. **Estructura básica con sustantivos**
   - **Sujeto + verbo (like/love/hate) + sustantivo**
   - *I like coffee.* (Me gusta el café).
   - *She loves music.* (Ella ama la música).
   - *They hate Mondays.* (Ellos odian los lunes).
2. **Uso con verbos en infinitivo o en "-ing"**
3. Después de **"like"**, **"love"** y **"hate"**, se puede usar un verbo en forma de infinitivo (**to + verbo**) o en **gerundio (-ing)**. Ambas formas son correctas, aunque en inglés americano es más común el **infinitivo**, mientras que en inglés británico se usa más el **gerundio**.
   - *I like to go shopping / I like going shopping.* (Me gusta ir de compras).
   - *She loves to wear dresses / She loves wearing dresses.* (A ella le encanta usar vestidos).
   - *He hates to wait in line / He hates waiting in line.* (Él odia esperar en la fila).
4. **Conjugación en presente simple**
5. En tercera persona del singular (he, she, it), el verbo toma una **"s"** al final.
   - *He likes sports.* (A él le gustan los deportes).
   - *She loves traveling.* (A ella le encanta viajar).
   - *He hates loud music.* (Él odia la música fuerte).
6. **Uso con pronombres objeto (me, him, her, us, them)**
7. También se pueden usar con **pronombres objeto** para referirse a una persona específica.
   - *I like him.* (Él me cae bien).
   - *She loves them.* (Ella los quiere mucho).
   - *They hate her.* (Ellos la odian).

Ejemplos Cotidianos con "To Like"

1. *I like buying clothes online.* (Me gusta comprar ropa en línea).
2. *She likes trying on new outfits.* (A ella le gusta probarse ropa nueva).
3. *We like visiting shopping malls on weekends.* (Nos gusta visitar centros comerciales los fines de semana).
4. *He likes wearing comfortable shoes.* (A él le gusta usar zapatos cómodos).
5. *They like discounts and sales.* (A ellos les gustan los descuentos y las rebajas).

Ejemplos Cotidianos con "To Love"

1. *I love this store; it has great prices!* (¡Me encanta esta tienda, tiene excelentes precios!).
2. *She loves finding unique accessories.* (A ella le encanta encontrar accesorios únicos).
3. *We love shopping together.* (Nos encanta ir de compras juntos).
4. *He loves stylish jackets.* (A él le encantan las chaquetas elegantes).
5. *They love looking for bargains.* (A ellos les encanta buscar gangas).

Ejemplos Cotidianos con "To Hate"

1. *I hate trying on clothes in small fitting rooms.* (Odio probarme ropa en probadores pequeños).
2. *She hates waiting in long checkout lines.* (Ella odia esperar en largas filas para pagar).
3. *We hate when a store is too crowded.* (Odiamos cuando una tienda está demasiado llena de gente).
4. *He hates wearing uncomfortable shoes.* (Él odia usar zapatos incómodos).
5. *They hate spending too much money on clothes.* (Ellos odian gastar demasiado dinero en ropa).

Notas Adicionales

1. **Diferencia entre "like" y "love"**
   - *Like* expresa un gusto moderado: *I like coffee.* (Me gusta el café).
   - *Love* expresa un sentimiento más fuerte: *I love coffee!* (¡Me encanta el café!).
2. **Diferencia entre "hate" y "dislike"**
   - *Hate* expresa un rechazo fuerte: *I hate Mondays.* (Odio los lunes).
   - *Dislike* es más suave y formal: *I dislike waiting in lines.* (No me gusta esperar en filas).

FRASES ÚTILES PARA IR DE COMPRAS

Aquí tienes **20 frases comunes** que te ayudarán a comunicarte en tiendas, preguntar precios, tallas y realizar compras de manera más fluida.

Frases en Inglés y su Traducción

1. *How much does this cost?*
2. → ¿Cuánto cuesta esto?
3. *Do you have this in another size?*
4. → ¿Tienes esto en otra talla?
5. *Can I try this on?*
6. → ¿Puedo probarme esto?
7. *Where are the fitting rooms?*
8. → ¿Dónde están los probadores?
9. *I'm looking for a dress for a special occasion.*
10. → Estoy buscando un vestido para una ocasión especial.
11. *Do you have this in a different color?*
12. → ¿Tienes esto en otro color?
13. *Is there a discount on this item?*
14. → ¿Hay descuento en este artículo?
15. *Can I pay with a credit card?*
16. → ¿Puedo pagar con tarjeta de crédito?
17. *Do you accept cash only?*

18. → ¿Solo aceptan efectivo?

19. *This is too expensive for me.*

20. → Esto es demasiado caro para mí.

21. *Do you have anything cheaper?*

22. → ¿Tienes algo más barato?

23. *What's your return policy?*

24. → ¿Cuál es su política de devoluciones?

25. *I'll take it!*

26. → ¡Me lo llevo!

27. *Can I have a receipt, please?*

28. → ¿Me puede dar un recibo, por favor?

29. *Do you have this in stock?*

30. → ¿Tienen esto en inventario?

31. *Can you help me find a pair of shoes?*

32. → ¿Me puedes ayudar a encontrar un par de zapatos?

33. *I need a smaller/bigger size.*

34. → Necesito una talla más pequeña / más grande.

35. *Do you offer refunds or exchanges?*

36. → ¿Ofrecen reembolsos o cambios?

37. *Can I see that jacket, please?*

38. → ¿Puedo ver esa chaqueta, por favor?

39. *Is there a sale going on?*

40. → ¿Hay alguna oferta en este momento?

Notas Adicionales

1. **Formas educadas para pedir algo**
   - *Can I...?* → ¿Puedo...? (más informal)
   - *Could I...?* → ¿Podría...? (más formal y educado)
2. **Cómo pedir descuentos**
   - *Do you have any promotions?* → ¿Tienen alguna promoción?
   - *Is this item on sale?* → ¿Este artículo está en oferta?
3. **Cómo expresar interés o desinterés**
   - *I really like this one!* → ¡Este me gusta mucho!
   - *I'm just looking, thank you.* → Solo estoy mirando, gracias.

EJERCICIOS PARA PRACTICAR DEL CAPÍTULO 4

¡HORA DE PRACTICAR TU INGLÉS PARA COMPRAR CON CONFIANZA!

✎ ¡Ojo! (si estás en versión eBook) Como en el eBook no se puede escribir directamente, toma tu cuaderno favorito o una hoja suelta para apuntar tus respuestas. Así lo aprovechas al máximo y aprendes mucho más. ¡Manos a la obra!

1 **Une las prendas con su traducción en español**
Relaciona las palabras en inglés con su significado correcto en español.
Palabras en inglés:

1. Shirt
2. Jeans
3. Sweater
4. Scarf
5. Shoes
6. Jacket
7. Dress
8. Hat
9. Shorts
10. Socks

Opciones en español:
a) Vestido
b) Pantalones cortos
c) Zapatos
d) Sombrero
e) Bufanda
f) Calcetines
g) Camisa
h) Pantalones de mezclilla
i) Chaqueta
j) Suéter

Tip: Piensa en lo que usas en el día a día y relaciónalo con las palabras en inglés.

2 **Ordena las palabras para formar frases correctas**
Coloca las palabras en el orden correcto para formar oraciones con sentido.

1. buy / I / want / a / to / new / dress.
2. store / in / the / Where / fitting / is / room / ?
3. very / This / expensive / coat / is.
4. shoes / love / I / these / red.
5. is / too / shirt / this / tight.
6. cost / How / does / much / it / ?
7. size / have / Do / smaller / a / you / ?

Tip: ¡Recuerda que en preguntas siempre usamos el verbo auxiliar correcto!

3 **Traduce los colores al inglés**
Escribe los colores en inglés:

1. Rojo → ___

2. Azul → ___
3. Amarillo → ___
4. Verde → ___
5. Naranja → ___
6. Negro → ___
7. Blanco → ___
8. Marrón → ___
9. Gris → ___
10. Morado → ___

🪶 *Tip:* ¡Repasa los colores de tu ropa para practicar mejor!

4 **Corrige las oraciones incorrectas**
Cada oración tiene un error. Escríbela correctamente.

1. **This shoes is very comfortable.**
2. **Do you have this in other color?**
3. **I loves shopping for clothes.**
4. **That trousers are too long.**
5. **How many this coat cost?**
6. **She hating trying on dresses.**
7. **This are my favorite jeans.**
8. **Those jacket is on sale.**
9. **I like to buy new cloths.**
10. **Do you accept a credit cards?**

Tip: Piensa en la gramática correcta y ajusta los errores.

5 **Completa con "this" o "these"**
Elige la opción correcta según si el sustantivo es singular (this) o plural (these).

1. ___ dress is beautiful.
2. ___ shoes are too expensive.
3. Can I try on ___ jacket?
4. ___ jeans fit me perfectly.
5. ___ blouse is on sale.
6. Do you have ___ in a different color?
7. I like ___ boots a lot!
8. ___ shirt is very elegant.
9. Are ___ sunglasses available in black?
10. ___ sweater is too warm for summer.

🎯 *Recuerda:* **"This"** es singular, **"These"** es plural.

✅ **¡Listo!** Ahora pon a prueba tu inglés de compras. ¿Cuántos ejercicios lograste completar? 🏆 ¡Sigue practicando y mejorarás cada día! 🚀

―――

RESPUESTAS DE LOS EJERCICIOS DEL CAPÍTULO 4: IR DE COMPRAS

¡Aquí están todas las respuestas!

1 Une las prendas con su traducción en español

1. **Shirt** → g) **Camisa**
2. **Jeans** → h) **Pantalones de mezclilla**
3. **Sweater** → j) **Suéter**
4. **Scarf** → e) **Bufanda**
5. **Shoes** → c) **Zapatos**
6. **Jacket** → i) **Chaqueta**
7. **Dress** → a) **Vestido**
8. **Hat** → d) **Sombrero**
9. **Shorts** → b) **Pantalones cortos**
10. **Socks** → f) **Calcetines**

✅ *¡Bien hecho! Ahora ya puedes identificar estas prendas en inglés.*

2 Ordena las palabras para formar frases correctas

1. **I want to buy a new dress.**
2. **Where is the fitting room in the store?**
3. **This coat is very expensive.**
4. **I love these red shoes.**
5. **This shirt is too tight.**
6. **How much does it cost?**
7. **Do you have a smaller size?**

¡Recuerda la estructura correcta de las oraciones en inglés!

3 Traduce los colores al inglés

1. Rojo → **Red**
2. Azul → **Blue**
3. Amarillo → **Yellow**
4. Verde → **Green**
5. Naranja → **Orange**
6. Negro → **Black**
7. Blanco → **White**
8. Marrón → **Brown**
9. Gris → **Gray (EE.UU.) / Grey (UK)**
10. Morado → **Purple**

¡Colores básicos para describir cualquier prenda!

4 **Corrige las oraciones incorrectas**

1. These shoes are very comfortable.
2. Do you have this in another color?
3. I love shopping for clothes.
4. Those trousers are too long.
5. How much does this coat cost?
6. She hates trying on dresses.
7. These are my favorite jeans.
8. That jacket is on sale.
9. I like to buy new clothes.
10. Do you accept credit cards?

¡Ahora todas las oraciones están bien escritas!

5 **Completa con "this" o "these"**

1. **This** dress is beautiful.
2. **These** shoes are too expensive.
3. Can I try on **this** jacket?
4. **These** jeans fit me perfectly.
5. **This** blouse is on sale.
6. Do you have **this** in a different color?
7. I like **these** boots a lot!
8. **This** shirt is very elegant.
9. Are **these** sunglasses available in black?
10. **This** sweater is too warm for summer.

"This" es singular, "These" es plural. ¡Buena memoria!

¡Felicidades! ¿Cuántas respuestas acertaste? Sigue practicando y pronto hablarás inglés con confianza en cualquier tienda.

AUDIOLIBRO DE PRONUNCIACIÓN BOOK 1 - CHAPTER 4

Usa estos audios a tu favor. **Escucha, repite, imita la pronunciación y pierde el miedo a hablar**. Cuanto más te expongas al inglés, más rápido mejorarás. ¡Tu inglés fluido está a solo unos clics de distancia! 🚀

BOOK 1 - CHAPTER 4

CAPÍTULO 5
¡HABLA DE ALIMENTOS COMO UN NATIVO!

COMIDA Y COMER

L a comida no es solo una necesidad, ¡es una experiencia que compartimos con los demás! Desde pedir tu café matutino hasta disfrutar de una cena con amigos, saber hablar sobre comida en inglés te abrirá muchas puertas en cualquier parte del mundo.

En este capítulo, te sumergirás en el **vocabulario esencial** para hablar de alimentos, comidas del día y hábitos alimenticios. Aprenderás a **ordenar comida en un restaurante como un experto**, preguntar por ingredientes, expresar tus preferencias y hasta **seguir recetas en inglés** sin complicaciones. También exploraremos expresiones clave para describir **sabores, texturas y cantidades** de manera natural.

¿Listo para dominar el inglés mientras hablas de uno de los mayores placeres de la vida? Prepárate para aprender de una forma práctica, divertida y útil. ¡Tu próxima conversación sobre comida en inglés empieza aquí!

FRASES ÚTILES EN UN RESTAURANTE

Aquí tienes **20 frases esenciales** que te ayudarán a comunicarte en un restaurante, desde pedir una mesa hasta pagar la cuenta.

Frase en Inglés	Pronunciación (aprox. para hispanohablantes)	Traducción al Español
I would like to make a reservation.	/ai wud laik tu meik a re-ser-véi-shon/	Me gustaría hacer una reserva.
Do you have a table for two?	/du yu jav a téi-bl for tu?/	¿Tienen una mesa para dos?
Can I see the menu, please?	/kan ai sí de mé-niu, plís?/	¿Puedo ver el menú, por favor?
What do you recommend?	/wot du yu re-ko-ménd?/	¿Qué recomienda?
What are today's specials?	/wot ar tu-déiz spé-shals?/	¿Cuáles son los platos especiales de hoy?
I'll have the steak, please.	/ail jav de steik, plís?/	Tomaré el bistec, por favor.
Could you bring me some water?	/kud yu bring mi som uó-ter?/	¿Podría traerme agua?
Is this dish spicy?	/is dis dish spái-si?/	¿Este plato es picante?
Can I have this without onions?	/kan ai jav dis ui-dáut ó-ni-ons?/	¿Puedo pedir esto sin cebolla?
I have a food allergy to nuts.	/ai jav a fud á-ler-y tu nats/	Tengo alergia a los frutos secos.
Could I get the check, please?	/kud ai get de chek, plís?/	¿Podría traerme la cuenta, por favor?
Do you accept credit cards?	/du yu ak-sépt kré-dit kards?/	¿Aceptan tarjetas de crédito?
Can I pay in cash?	/kan ai pei in kash?/	¿Puedo pagar en efectivo?
Can I get a receipt, please?	/kan ai get a ri-sít, plís?/	¿Me puede dar un recibo, por favor?
Do you have vegetarian options?	/du yu jav ve-ye-té-ri-an óp-shons?/	¿Tienen opciones vegetarianas?
This is delicious!	/dis is de-lí-shos!/	¡Esto está delicioso!
Could I have a doggy bag, please?	/kud ai jav a dó-gi bag, plís?/	¿Podría darme un recipiente para llevar?
I would like a coffee with milk.	/ai wud laik a ká-fi uid milk/	Me gustaría un café con leche.
Can I get some extra napkins?	/kan ai get som ék-stra náp-kins?/	¿Podría darme servilletas extra?
I'm ready to order.	/aim ré-di tu ór-der/	Estoy listo para ordenar.

Notas sobre la pronunciación:

- **Would → "wud"**, sin pronunciar la "l".
- **Steak → "steik"**, suena como "steik" y no "estik".
- **Vegetarian → "ve-ye-té-ri-an"**, con una "y" suave.
- **Receipt → "ri-sít"**, la "p" no se pronuncia.

- **Water** → **"uó-ter"**, con sonido más claro para hispanohablantes.

Notas Adicionales

1. **Cómo pedir comida de manera educada**
   - *Can I have…?* → Más informal
   - *I would like…* → Más educado y formal
2. **Cómo preguntar por ingredientes o alergias**
   - *Does this have nuts?* → ¿Esto tiene frutos secos?
   - *I can't eat gluten.* → No puedo comer gluten.
3. **Cómo pedir la cuenta y pagar**
   - *Could I get the check, please?* → ¿Me trae la cuenta, por favor?
   - *Is the tip included?* → ¿Está incluida la propina?

VOCABULARIO DE COMIDA Y OBJETOS EN LA MESA

Aquí tienes **30 palabras esenciales** para hablar sobre comidas y objetos que se encuentran en la mesa. Este vocabulario te ayudará a comunicarte en situaciones cotidianas, como pedir comida en un restaurante o preparar una comida en casa.

Palabra en Inglés	Pronunciación (aprox. para hispanohablantes)	Traducción al Español
Breakfast	/brék-fast/	Desayuno
Lunch	/lónch/	Almuerzo
Dinner	/dí-ner/	Cena
Snack	/s-nak/	Merienda
Appetizer	/á-pe-tai-zer/	Entrada / Aperitivo
Dessert	/di-sért/	Postre
Fork	/fork/	Tenedor
Knife	/naif/	Cuchillo
Spoon	/spún/	Cuchara
Plate	/pleit/	Plato
Bowl	/bóul/	Tazón
Cup	/kap/	Taza
Glass	/glas/	Vaso
Napkin	/náp-kin/	Servilleta
Straw	/stró/	Pajilla / Popote
Table	/téi-bl/	Mesa
Chair	/cher/	Silla

Tablecloth	/téi-bl-kloth/	Mantel
Menu	/mé-niu/	Menú
Waiter	/uéi-ter/	Mesero
Waitress	/uéi-tres/	Mesera
Bill (UK) / Check (US)	/bil/ - /chek/	Cuenta
Tip	/tip/	Propina
Salt shaker	/sólt shéi-ker/	Salero
Pepper shaker	/pé-per shéi-ker/	Pimentero
Bottle	/bó-tl/	Botella
Bread basket	/bred bás-ket/	Cesta de pan
Tray	/trei/	Bandeja
Pitcher	/pí-cher/	Jarra
Serving dish	/sér-ving dish/	Fuente para servir

Notas sobre la pronunciación:

- **Knife** → **"naif"**, la *k* es muda.
- **Dessert** → **"di-sért"**, diferente a "desert" (desierto).
- **Spoon** → **"spún"**, con una "u" larga.
- **Bottle** → **"bó-tl"**, sin pronunciar la "e" final.
- **Pitcher** → **"pí-cher"**, la "t" suena como "ch".

Notas Adicionales

1. **Comidas del día**
   - *Breakfast* (desayuno) → Primera comida del día.
   - *Lunch* (almuerzo) → Comida del mediodía.
   - *Dinner* (cena) → Comida principal de la noche.
   - *Snack* (merienda) → Algo ligero entre comidas.
2. **Diferencia entre "bill" y "check"**
   - En **Reino Unido** se dice *bill* para referirse a la cuenta en un restaurante.
   - En **Estados Unidos** se usa *check*.
3. **Objetos esenciales en la mesa**
   - *Plate, fork, knife, spoon* → Plato, tenedor, cuchillo y cuchara.
   - *Napkin* (servilleta) es clave cuando comes.
   - *Pitcher* es una jarra grande para bebidas.

Vocabulario de Comidas en Inglés

Aquí tienes una lista de **30 palabras esenciales** para hablar sobre comidas en general. Estas palabras te ayudarán a identificar los alimentos más comunes y a desenvolverte mejor en un restaurante o supermercado.

Palabra en Inglés	Pronunciación (aprox. para hispanohablantes)	Traducción al Español
Bread	/bred/	Pan
Rice	/rais/	Arroz
Pasta	/pás-ta/	Pasta
Chicken	/chí-ken/	Pollo
Beef	/bif/	Carne de res
Pork	/pork/	Cerdo
Fish	/fish/	Pescado
Shrimp	/shrimp/	Camarón
Eggs	/egz/	Huevos
Cheese	/chís/	Queso
Milk	/milk/	Leche
Butter	/bá-ter/	Mantequilla
Yogurt	/yó-gurt/	Yogur
Cereal	/sí-ri-al/	Cereal
Salad	/sá-lad/	Ensalada
Tomato	/to-méi-to (EE.UU.) / to-má-to (UK)/	Tomate
Onion	/ó-ni-on/	Cebolla
Potato	/po-téi-to/	Papa / Patata
Carrot	/ká-rot/	Zanahoria
Apple	/á-pl/	Manzana
Banana	/ba-ná-na/	Plátano / Banana
Orange	/ó-ranch/	Naranja
Strawberry	/stró-be-ri/	Fresa / Frutilla
Watermelon	/wó-ter-mé-lon/	Sandía
Grapes	/greips/	Uvas
Coffee	/ká-fi/	Café
Tea	/ti/	Té
Juice	/yus/	Jugo
Sugar	/shú-gar/	Azúcar
Ice cream	/áis krim/	Helado

Notas sobre la pronunciación:

- **Rice** → **"rais"**, como "raíz" pero sin acento.
- **Cheese** → **"chís"**, similar a "chis" en español.
- **Butter** → **"bá-ter"**, la "tt" suena como "r" suave.
- **Orange** → **"ó-ranch"**, suena como "naranja" pero sin "a" final.
- **Tomato** → **"to-méi-to" (EE.UU.) / "to-má-to" (UK)**, con dos variantes aceptadas.

- **Juice** → **"yus"**, la "j" suena como "y".

Notas Adicionales

1. **Diferencias de pronunciación entre EE.UU. y Reino Unido**
   - *Tomato* se pronuncia **təˈmeɪ.toʊ** en EE.UU. y **təˈmɑː.təʊ** en el Reino Unido.
   - *Coffee* en EE.UU. suena más como **ˈkɔː.fi**, mientras que en el Reino Unido es **ˈkɒ.fi**.
2. **Vocabulario útil para diferentes comidas**
   - *Breakfast* (desayuno) → Puede incluir *cereal, eggs, toast, coffee*.
   - *Lunch* (almuerzo) → Suele incluir *salad, soup, sandwich*.
   - *Dinner* (cena) → Puede incluir *steak, rice, pasta, vegetables*.
3. **Comida típica y variada**
4. Esta lista incluye **panes, carnes, lácteos, frutas, verduras y postres**, cubriendo una variedad de palabras esenciales para hablar sobre comida.

VOCABULARIO ÚTIL PARA SEGUIR UNA RECETA

Si quieres cocinar algo siguiendo una receta en inglés, necesitas conocer ciertos términos clave. Aquí tienes **25 palabras esenciales** que te ayudarán a entender y preparar cualquier platillo sin problemas. ¡Así que ponte el delantal y manos a la obra!

Palabra en Inglés	Pronunciación (aprox. para hispanohablantes)	Traducción al Español
Recipe	/ré-si-pi/	Receta
Ingredient	/in-grí-di-ent/	Ingrediente
Bowl	/bóul/	Tazón
Pan	/pan/	Sartén
Pot	/pot/	Olla
Oven	/ó-ven/	Horno
Stove	/stóv/	Estufa
Mixer	/míx-er/	Batidora
Spoon	/spún/	Cuchara
Fork	/fork/	Tenedor
Knife	/naif/	Cuchillo
Cutting board	/ká-ting bord/	Tabla de cortar
Whisk	/uísk/	Batidor de mano
Cup	/kap/	Taza de medir
Tablespoon	/téi-bl-spún/	Cucharada
Teaspoon	/tí-spún/	Cucharadita
Pinch	/pinch/	Pizca

To chop	/chop/	Picar
To mix	/miks/	Mezclar
To bake	/beik/	Hornear
To stir	/stir/	Revolver
To fry	/frai/	Freír
To boil	/boil/	Hervir
To blend	/blend/	Licuar
To serve	/serv/	Servir

Notas sobre la pronunciación:

- **Recipe** → "ré-si-pi", la "e" final no suena.
- **Knife** → "naif", la *k* es muda.
- **Whisk** → "uísk", suena como "huesc" en español.
- **Bowl** → "bóul", con una "o" más cerrada.
- **Bake** → "beik", similar a "bake" en español, pero sin la "e" al final.

Notas Divertidas para Recordar

1. **¿Qué demonios es una "pinch" en inglés?**
   - ¡No te preocupes! *A pinch* (una pizca) es como cuando agarras un poquito de sal con los dedos.
2. **Diferencia entre "bake" y "boil"**
   - *Bake* → Se usa para el horno, como en *bake a cake* (hornear un pastel).
   - *Boil* → Es cuando el agua está burbujeando y echas la pasta.
3. **¿Es lo mismo "stir" y "mix"?**
   - *Stir* → Revolver con una cuchara, como cuando disuelves azúcar en café.
   - *Mix* → Mezclar cosas hasta que se conviertan en una sola, como cuando haces masa para galletas.

Ejemplo de una Mini Receta en Inglés
Chocolate Chip Cookies 🍪

1. **Mix** the butter, sugar, and eggs in a **bowl**.
2. **Add** a **pinch** of salt and **stir** well.
3. **Chop** some chocolate and **blend** it into the mix.
4. **Bake** in the **oven** at 180°C for 12 minutes.
5. **Serve** with a glass of milk and enjoy!

Gustos: Adjetivos para Describir Comida
Ya hemos aprendido a decir si nos gusta (*to like*), nos encanta (*to love*) o detestamos (*to hate*) algo. Ahora, veamos **20 adjetivos** que nos ayudarán a expresar **cómo** sentimos el sabor, la textura o el aroma de la comida.
Vocabulario de Adjetivos para Describir Comida

Palabra en Inglés	Pronunciación (aprox. para hispanohablantes)	Traducción al Español
Delicious	/de-lí-shos/	Delicioso
Tasty	/téi-sti/	Sabroso
Sweet	/suít/	Dulce
Salty	/sól-ti/	Salado
Spicy	/spái-si/	Picante
Sour	/sáu-er/	Ácido
Bitter	/bí-ter/	Amargo
Fresh	/fresh/	Fresco
Juicy	/yú-si/	Jugoso
Creamy	/krí-mi/	Cremoso
Crispy	/krís-pi/	Crujiente
Crunchy	/krán-chi/	Crujiente (más duro)
Soft	/soft/	Suave
Dry	/drai/	Seco
Greasy	/grí-si/	Aceitoso / Grasoso
Heavy	/jé-vi/	Pesado
Light	/lait/	Ligero
Bland	/bland/	Insípido / Soso
Oily	/ói-li/	Aceitoso
Burnt	/bernt/	Quemado

Notas sobre la pronunciación:

- **Delicious** → **"de-lí-shos"**, suena como en español pero con "sh".
- **Spicy** → **"spái-si"**, la "c" suena como "s".
- **Sour** → **"sáu-er"**, con una "a" marcada.
- **Greasy** → **"grí-si"**, la "ea" suena como "i".
- **Burnt** → **"bernt"**, la "u" es más cerrada.

Ejemplos de Conversaciones con Adjetivos de Comida

Conversación 1
A: Do you like sushi? (*¿Te gusta el sushi?*)
B: Yes, I love it! It's so fresh and delicious. (*¡Sí, me encanta! Es tan fresco y delicioso.*)

Conversación 2
A: How's your burger? (*¿Cómo está tu hamburguesa?*)
B: It's a bit greasy, but I like it! (*Está un poco grasosa, ¡pero me gusta!*)

Conversación 3
A: Try this orange juice! (*¡Prueba este jugo de naranja!*)
B: Wow! It's really sour! (*¡Wow! ¡Está muy ácido!*)

Conversación 4
A: Do you like spicy food? (*¿Te gusta la comida picante?*)

B: Not really, I hate spicy food! (*No mucho, ¡odio la comida picante!*)

 Conversación 5

A: These cookies are so crunchy! (*¡Estas galletas son tan crujientes!*)

B: Yeah, but I prefer soft cookies. (*Sí, pero prefiero las galletas suaves.*)

 Conversación 6

A: This pizza is so salty! (*¡Esta pizza está muy salada!*)

B: Maybe they added too much cheese. (*Tal vez le pusieron demasiado queso.*)

 Conversación 7

A: I love this salad! (*¡Me encanta esta ensalada!*)

B: Yeah, it's fresh and tasty! (*Sí, está fresca y sabrosa!*)

 Conversación 8

A: How's the bread? (*¿Cómo está el pan?*)

B: It's a little dry, but it's good with butter. (*Está un poco seco, pero es bueno con mantequilla.*)

 Conversación 9

A: This cake is so creamy! (*¡Este pastel es tan cremoso!*)

B: I know! I love creamy desserts. (*¡Lo sé! Me encantan los postres cremosos.*)

 Conversación 10

A: Do you like fried chicken? (*¿Te gusta el pollo frito?*)

B: Yes, but I prefer it crispy, not too oily. (*Sí, pero lo prefiero crujiente, no muy aceitoso.*)

Notas Adicionales

1. **Diferencia entre "crispy" y "crunchy"**
   - *Crispy* → Algo crujiente pero ligero, como papas fritas o piel de pollo.
   - *Crunchy* → Algo más duro y firme, como zanahorias o nueces.
2. **Evita confundir "salty" con "spicy"**
   - *Salty* → Cuando la comida tiene mucha sal.
   - *Spicy* → Cuando la comida es picante.
3. **Cómo hacer combinaciones con estos adjetivos**
   - *I love creamy and sweet desserts.* (Me encantan los postres cremosos y dulces).
   - *This steak is juicy and delicious!* (¡Este bistec está jugoso y delicioso!).

COMPARATIVOS Y SUPERLATIVOS: EXPRESANDO DIFERENCIAS EN LA COMIDA

Cuando hablamos de comida (o de cualquier cosa en general), muchas veces queremos comparar sabores, texturas o tamaños. Para hacer esto en inglés, usamos los **comparativos** y **superlativos**.

Los **comparativos** nos ayudan a decir que una cosa es **más o menos** que otra.

- *This pizza is spicier than that one.* (Esta pizza es más picante que esa).
- *This cake is less sweet than the one I made.* (Este pastel es menos dulce que el que hice).

Los **superlativos** se usan para hablar de algo que es el **más o el menos** dentro de un grupo.

- *This is the most delicious ice cream I've ever had!* (¡Este es el helado más delicioso que he probado!).
- *That soup is the least tasty dish on the menu.* (Esa sopa es el plato menos sabroso del menú).

En este apartado, aprenderemos cómo formar comparativos y superlativos correctamente y cómo usarlos para describir la comida de manera natural y divertida. ¡Vamos a ello!

Comparativos de Superioridad en Inglés

Los **comparativos de superioridad** se usan para comparar **dos cosas** y decir que una es más que la otra. En español, los expresamos con "más... que", mientras que en inglés los formamos agregando **"-er"** a los adjetivos cortos o usando **"more"** con los adjetivos largos.

Reglas Gramaticales de los Comparativos de Superioridad

1 Adjetivos cortos (de una sola sílaba o terminados en -y)

- Se les añade **"-er"** al final.
- Si terminan en **"-y"**, la "y" cambia a "i" antes de agregar "-er".
- Si terminan en **CVC** (consonante-vocal-consonante), se duplica la última consonante.

Ejemplos:

- *This steak is **tastier** than the chicken.* (Este bistec es más sabroso que el pollo).
- *French fries are **hotter** than salad.* (Las papas fritas son más calientes que la ensalada).

2 Adjetivos largos (dos o más sílabas)

- Se usa **"more"** + **adjetivo** en lugar de "-er".

Ejemplos:

- *This dish is **more delicious** than that one.* (Este plato es más delicioso que ese).
- *Vegetables are **more nutritious** than fast food.* (Las verduras son más nutritivas que la comida rápida).

3 Adjetivos irregulares

Algunos adjetivos no siguen las reglas anteriores y tienen formas irregulares.
Ejemplos:

- *This coffee is **better** than the one I had yesterday.* (Este café es mejor que el que tomé ayer).
- *Fast food is **worse** than homemade food.* (La comida rápida es peor que la comida casera).

Cuadro de Comparativos de Superioridad

Adjetivo Base	Comparativo	Ejemplo
Hot (caliente)	Hotter	*This soup is hotter than that one.* (Esta sopa está más caliente que esa).
Sweet (dulce)	Sweeter	*Chocolate is sweeter than coffee.* (El chocolate es más dulce que el café).
Tasty (sabroso)	Tastier	*This pizza is tastier than that one.* (Esta pizza es más sabrosa que esa).
Spicy (picante)	Spicier	*Mexican food is spicier than Italian food.* (La comida mexicana es más picante que la italiana).
Expensive (caro)	More expensive	*Seafood is more expensive than chicken.* (Los mariscos son más caros que el pollo).
Delicious (delicioso)	More delicious	*This cake is more delicious than the other one.* (Este pastel es más delicioso que el otro).
Nutritious (nutritivo)	More nutritious	*Vegetables are more nutritious than chips.* (Las verduras son más nutritivas que las papas fritas).
Good (bueno)	Better	*This coffee is better than the one I had before.* (Este café es mejor que el que tomé antes).
Bad (malo)	Worse	*Fast food is worse than homemade food.* (La comida rápida es peor que la comida casera).

Notas Adicionales

¿Cómo hacer una comparación correcta?

Siempre usamos la estructura:

Sujeto + verbo + adjetivo comparativo + "than" + el otro elemento de la comparación.

Ejemplos:

☑ *This juice is fresher than the one in the fridge.* (Este jugo está más fresco que el de la nevera).

☑ *Ice cream is colder than cake.* (El helado está más frío que el pastel).

🚫 No es correcto decir: *This juice is more fresher than that one.* ✖ (incorrecto porque "fresher" ya es comparativo).

COMPARATIVOS DE INFERIORIDAD EN INGLÉS

Los **comparativos de inferioridad** se usan para indicar que algo es **menos que** otra cosa. En español, solemos decir "menos… que", y en inglés utilizamos la estructura **"less + adjetivo + than"**.

Por ejemplo:

- *This soup is **less spicy** than the one I had yesterday.* (Esta sopa es menos picante que la que comí ayer).
- *Fast food is **less healthy** than homemade food.* (La comida rápida es menos saludable que la comida casera).

Reglas Gramaticales de los Comparativos de Inferioridad

1 Se usa "less" + adjetivo

- La fórmula para cualquier adjetivo es:

- **Sujeto + verbo + less + adjetivo + than + otro elemento de la comparación.**
- *This salad is **less tasty** than the burger.* (Esta ensalada es menos sabrosa que la hamburguesa).

2 Funciona con cualquier tipo de adjetivo

- No importa si el adjetivo es corto o largo, siempre se usa **"less"** (a diferencia de los comparativos de superioridad, que cambian según la cantidad de sílabas).
- *This coffee is **less sweet** than tea.* (Este café es menos dulce que el té).

3 No hay formas irregulares

- A diferencia de los comparativos de superioridad (good → better, bad → worse), aquí todos los adjetivos siguen la misma regla con **"less"**.

Cuadro de Comparativos de Inferioridad

Adjetivo Base	Comparativo	Ejemplo
Sweet (dulce)	Less sweet	*This juice is less sweet than soda.* (Este jugo es menos dulce que la soda).
Salty (salado)	Less salty	*These fries are less salty than the others.* (Estas papas fritas son menos saladas que las otras).
Spicy (picante)	Less spicy	*Italian food is less spicy than Mexican food.* (La comida italiana es menos picante que la mexicana).
Tasty (sabroso)	Less tasty	*This soup is less tasty than the one my mom makes.* (Esta sopa es menos sabrosa que la que hace mi mamá).
Expensive (caro)	Less expensive	*Vegetables are less expensive than seafood.* (Las verduras son menos caras que los mariscos).
Healthy (saludable)	Less healthy	*Fast food is less healthy than homemade food.* (La comida rápida es menos saludable que la comida casera).
Nutritious (nutritivo)	Less nutritious	*Chips are less nutritious than vegetables.* (Las papas fritas son menos nutritivas que las verduras).
Fresh (fresco)	Less fresh	*This bread is less fresh than the one from the bakery.* (Este pan está menos fresco que el de la panadería).
Crunchy (crujiente)	Less crunchy	*These cookies are less crunchy than the ones I baked.* (Estas galletas son menos crujientes que las que horneé).
Creamy (cremoso)	Less creamy	*This soup is less creamy than the one from the restaurant.* (Esta sopa es menos cremosa que la del restaurante).

Notas Adicionales
¿Cómo hacer una comparación correcta?
Siempre usamos la estructura:
Sujeto + verbo + less + adjetivo + than + otro elemento de la comparación.
Ejemplos:
- ☑ *This dish is less expensive than that one.* (Este plato es menos caro que ese).
- ☑ *Homemade meals are less greasy than fast food.* (Las comidas caseras son menos grasosas que la comida rápida).

No es correcto decir: *This soup is less tastier than the other one.* ✕ (incorrecto porque "tastier" es un comparativo de superioridad, no se combina con "less").

COMPARATIVOS DE IGUALDAD EN INGLÉS

Los **comparativos de igualdad** se usan para decir que dos cosas son **iguales en alguna característica**. En español, usamos "tan… como", y en inglés utilizamos la estructura **"as + adjetivo + as"**.

Por ejemplo:

- *This cake is **as sweet as** the one my grandma makes.* (Este pastel es tan dulce como el que hace mi abuela).
- *This pizza is **as delicious as** the one we ate last week.* (Esta pizza es tan deliciosa como la que comimos la semana pasada).

También se pueden usar para hablar de **desigualdad** con **"not as + adjetivo + as"**, lo que significa "no tan… como".

- *This soup is **not as spicy as** I expected.* (Esta sopa no es tan picante como esperaba).

Reglas Gramaticales de los Comparativos de Igualdad
1 Para expresar igualdad

- Se usa la fórmula:
- **Sujeto + verbo + as + adjetivo + as + segundo elemento de la comparación.**
- Ejemplo:
  - *This coffee is **as strong as** espresso.* (Este café es tan fuerte como el espresso).

2 Para expresar desigualdad

- Se usa la misma estructura, pero con **"not as"**.
- Ejemplo:
  - *This tea is **not as hot as** the one I had before.* (Este té no está tan caliente como el que tomé antes).

3 Funciona con todos los adjetivos

- No importa si el adjetivo es corto o largo, siempre se usa la misma fórmula con **"as + adjetivo + as"**.
- Ejemplo:
  - *This dish is **as nutritious as** a salad.* (Este plato es tan nutritivo como una ensalada).

Cuadro de Comparativos de Igualdad

Adjetivo Base	Comparativo de Igualdad	Ejemplo
Sweet (dulce)	As sweet as	*This cake is as sweet as chocolate.* (Este pastel es tan dulce como el chocolate).
Salty (salado)	As salty as	*These chips are as salty as popcorn.* (Estas papas son tan saladas como las palomitas).
Spicy (picante)	As spicy as	*Mexican food is as spicy as Indian food.* (La comida mexicana es tan picante como la india).
Tasty (sabroso)	As tasty as	*This burger is as tasty as the one in that restaurant.* (Esta hamburguesa es tan sabrosa como la del restaurante).
Expensive (caro)	As expensive as	*This meal is as expensive as a steak dinner.* (Esta comida es tan cara como una cena de carne).
Healthy (saludable)	As healthy as	*Fruit is as healthy as vegetables.* (La fruta es tan saludable como las verduras).
Nutritious (nutritivo)	As nutritious as	*Smoothies are as nutritious as fresh fruit.* (Los batidos son tan nutritivos como la fruta fresca).
Fresh (fresco)	As fresh as	*This juice is as fresh as homemade lemonade.* (Este jugo es tan fresco como la limonada casera).
Crunchy (crujiente)	As crunchy as	*These crackers are as crunchy as chips.* (Estas galletas son tan crujientes como las papas fritas).
Creamy (cremoso)	As creamy as	*This ice cream is as creamy as the one from the shop.* (Este helado es tan cremoso como el de la tienda).

Notas Adicionales
¿Cómo hacer una comparación correcta?
Siempre usamos la estructura:

☑ **Sujeto + verbo + as + adjetivo + as + segundo elemento.**

Ejemplos correctos:

☑ *This coffee is **as strong as** the one in the café.* (Este café es tan fuerte como el del café).

☑ *My homemade pizza is **as delicious as** a restaurant pizza.* (Mi pizza casera es tan deliciosa como la de un restaurante).

☑ *These fries are **not as crispy as** I expected.* (Estas papas fritas no son tan crujientes como esperaba).

🚫 No es correcto decir: *This soup is as more spicy as the other one.*

SUPERLATIVOS EN INGLÉS

Los **superlativos** se usan cuando queremos hablar de **lo máximo** dentro de un grupo, es decir, cuando algo es el más, el menos, el mejor o el peor. En español, solemos decir "el más... de" o "el menos... de", mientras que en inglés usamos **"-est"** para los adjetivos cortos y **"the most"** para los adjetivos largos.

Por ejemplo:

- *This is **the spiciest** dish on the menu!* (¡Este es el plato más picante del menú!).
- *That restaurant has **the most delicious** desserts.* (Ese restaurante tiene los postres más deliciosos).

Reglas Gramaticales de los Superlativos

1 Adjetivos cortos (de una sola sílaba o terminados en -y)

- Se les añade **"-est"** al final.
- Si terminan en **"-y"**, la "y" cambia a "i" antes de agregar "-est".
- Si terminan en **CVC** (consonante-vocal-consonante), se duplica la última consonante.

Ejemplos:

- *This soup is* **the hottest** *one here.* (Esta sopa es la más caliente aquí).
- *That's* **the tastiest** *cake I've ever eaten!* (¡Ese es el pastel más sabroso que he comido!).

2 Adjetivos largos (dos o más sílabas)

- Se usa **"the most"** + **adjetivo** en lugar de "-est".

Ejemplos:

- *This is* **the most expensive** *restaurant in town.* (Este es el restaurante más caro de la ciudad).
- *That was* **the most delicious** *meal I've ever had!* (¡Esa fue la comida más deliciosa que he probado!).

3 Adjetivos irregulares

Algunos adjetivos no siguen las reglas anteriores y tienen formas irregulares.

Ejemplos:

- *This is* **the best** *coffee in the city!* (¡Este es el mejor café de la ciudad!).
- *That was* **the worst** *pizza I've ever had.* (Esa fue la peor pizza que he comido).

Cuadro de Superlativos

Adjetivo Base	Superlativo	Ejemplo
Hot (caliente)	The hottest	*This soup is the hottest one on the menu.* (Esta sopa es la más caliente del menú).
Sweet (dulce)	The sweetest	*This cake is the sweetest I've ever tried.* (Este pastel es el más dulce que he probado).
Tasty (sabroso)	The tastiest	*This dish is the tastiest in the restaurant.* (Este plato es el más sabroso del restaurante).
Spicy (picante)	The spiciest	*This salsa is the spiciest of all.* (Esta salsa es la más picante de todas).
Expensive (caro)	The most expensive	*That's the most expensive wine on the list.* (Ese es el vino más caro de la lista).
Delicious (delicioso)	The most delicious	*This is the most delicious cake ever!* (¡Este es el pastel más delicioso de todos!).
Nutritious (nutritivo)	The most nutritious	*Salads are the most nutritious option.* (Las ensaladas son la opción más nutritiva).
Good (bueno)	The best	*This is the best coffee in town!* (¡Este es el mejor café de la ciudad!).
Bad (malo)	The worst	*That was the worst burger I've had.* (Esa fue la peor hamburguesa que he comido).
Fresh (fresco)	The freshest	*This juice is the freshest.* (Este jugo es el más fresco).

Notas Adicionales

¿Cómo hacer una comparación superlativa correcta?

Siempre usamos la estructura:

☑ **Sujeto + verbo + "the" + adjetivo superlativo + complemento.**

Ejemplos correctos:

☑ *This restaurant has* **the most delicious** *pasta in town.* (Este restaurante tiene la pasta más deliciosa de la ciudad).

☑ *That is* **the best** *dessert I've ever eaten!* (¡Ese es el mejor postre que he comido!).

☑ *This is* **the least expensive** *meal on the menu.* (Esta es la comida menos cara del menú).

🚫 No es correcto decir: *This is the more delicious cake.* ✖ (Incorrecto porque "delicious" es un adjetivo largo y necesita "the most").

VERBOS RELACIONADOS CON LA COMIDA EN PRESENTE CONTINUO

Cuando hablamos de comida y de lo que estamos haciendo en este momento, usamos el **presente continuo**. Este tiempo verbal se forma con **"to be" + verbo en "-ing"**. Vamos a ver algunos verbos esenciales en este contexto.

Verbos Clave sobre Comer y su Uso en Presente Continuo

◆ **To eat** (comer) → Lo usamos cuando hablamos de ingerir comida.

- *I am eating a sandwich.* (Estoy comiendo un sándwich).

◆ **To be** (ser/estar) → Se usa para describir estados de comida o de una persona en relación con la comida.

- *The soup is getting cold.* (La sopa se está enfriando).

◆ **To have** (tener / tomar) → Se usa en inglés para decir que "estamos tomando" una comida.

- *We are having lunch.* (Estamos almorzando).

◆ **To cook** (cocinar) → Muy útil para describir lo que estamos preparando.

- *She is cooking pasta for dinner.* (Ella está cocinando pasta para la cena).

◆ **To drink** (beber) → Para hablar de lo que estamos bebiendo en el momento.

- *They are drinking fresh juice.* (Ellos están bebiendo jugo fresco).

Conjugación en Presente Continuo

Sujeto	To eat (comer)	To be (ser/estar)	To have (tener/tomar)	To cook (cocinar)	To drink (beber)
I	I am eating	I am being	I am having	I am cooking	I am drinking
We	We are eating	We are being	We are having	We are cooking	We are drinking
You	You are eating	You are being	You are having	You are cooking	You are drinking
They	They are eating	They are being	They are having	They are cooking	They are drinking
He	He is eating	He is being	He is having	He is cooking	He is drinking
She	She is eating	She is being	She is having	She is cooking	She is drinking
It	It is eating	It is being	It is having	It is cooking	It is drinking

Ejemplos Prácticos con los Verbos en Presente Continuo

1. *I am eating a delicious burger right now.* (Estoy comiendo una hamburguesa deliciosa ahora mismo).
2. *She is having dinner with her family.* (Ella está cenando con su familia).
3. *We are drinking fresh orange juice.* (Estamos bebiendo jugo de naranja fresco).
4. *He is cooking a new recipe for lunch.* (Él está cocinando una nueva receta para el almuerzo).
5. *They are eating sushi at a Japanese restaurant.* (Ellos están comiendo sushi en un restaurante japonés).
6. *You are being very patient while waiting for your food.* (Estás siendo muy paciente mientras esperas tu comida).
7. *The soup is getting cold, let's eat!* (La sopa se está enfriando, ¡comamos!).

Notas Adicionales

Diferencia entre "to have" y "to eat"

- *I am eating lunch* ☑ → Se enfoca en el acto de comer.
- *I am having lunch* ☑ → Es más general, se refiere a la acción de estar en el almuerzo, puede incluir conversación, descanso, etc.

Uso de "to be" en presente continuo

- No se usa para decir *"I am being hungry"*. ✗
- Se dice *"I am hungry"*, porque "hambre" es un estado y no una acción en progreso.

––––

EJERCICIOS PARA PRACTICAR DEL CAPÍTULO 5

✎ ¡Ojo! (si estás en versión eBook) Como en el eBook no se puede escribir directamente, toma tu cuaderno favorito o una hoja suelta para apuntar tus respuestas. Así lo aprovechas al máximo y aprendes mucho más. ¡Manos a la obra!

1. Ordena las palabras para formar oraciones con sentido
Reorganiza las palabras para formar oraciones correctamente estructuradas.

1. dinner / They / in / restaurant / are / a / having.
2. is / The / most / delicious / this / dessert / on / menu / the.
3. cooking / He / pasta / lunch / for / is.
4. drink / orange / I / juice / every / morning / fresh.
5. spicy / This / food / than / Mexican / Indian / is / more.

2. Une cada palabra con su traducción correcta
Relaciona la palabra en inglés con su equivalente en español.

Palabra en inglés	Traducción en español
Bowl	___
Napkin	___
Frying pan	___
Spoon	___
Dessert	___
Appetizer	___
Oven	___

3. Clasifica los alimentos entre desayuno y almuerzo/cena
Ubica cada alimento en la columna correcta.
Lista de alimentos:
Scrambled eggs, Steak, Pancakes, Salad, Toast, Grilled chicken, Oatmeal, Pasta, Fruit smoothie, Soup

Desayuno	Almuerzo/Cena
___	___
___	___
___	___
___	___
___	___

4. Completa las siguientes oraciones con la conjugación correcta del verbo entre paréntesis
Usa la forma adecuada del verbo en **presente continuo**.

1. I ___ (have) breakfast with my family right now.
2. She ___ (cook) spaghetti for dinner.
3. We ___ (drink) a cup of coffee at this moment.
4. They ___ (eat) sushi at their favorite restaurant.
5. He ___ (be) very hungry today.
6. The waiter ___ (serve) our food now.
7. You ___ (order) a salad instead of a burger.

5. Completa con "like", "love" o "hate" según el contexto
Selecciona el verbo correcto.

1. I ___ eating spicy food.
2. She ___ trying new desserts.
3. We ___ drinking black coffee.
4. He ___ cooking, but he does it every day.
5. They ___ eating vegetables, so they avoid salads.
6. You ___ sushi! You always order it.
7. My brother ___ eating soup because it's too hot for him.

6. Convierte los adjetivos a su forma comparativa: Transforma los adjetivos en su forma comparativa.

Adjetivo	Forma comparativa
Sweet	___
Salty	___
Spicy	___
Fresh	___
Nutritious	___
Expensive	___
Healthy	___
Tasty	___
Crunchy	___
Good	___

RESPUESTAS A LOS EJERCICIOS

1. Ordenar las palabras

1. They are having dinner in a restaurant.
2. This is the most delicious dessert on the menu.
3. He is cooking pasta for lunch.
4. I drink fresh orange juice every morning.
5. Indian food is spicier than Mexican food.

2. Unir con la traducción correcta

Palabra en inglés	Traducción en español
Bowl	g) Tazón
Napkin	d) Servilleta
Frying pan	a) Sartén
Spoon	c) Cuchara
Dessert	b) Postre
Appetizer	f) Entrada/Aperitivo
Oven	e) Horno

3. Clasificación de alimentos

Desayuno	Almuerzo/Cena
Scrambled eggs	Steak
Pancakes	Salad
Toast	Grilled chicken
Oatmeal	Pasta
Fruit smoothie	Soup

4. Conjugación en presente continuo

1. **I am having** breakfast...
2. **She is cooking** spaghetti...
3. **We are drinking** a cup of coffee...
4. **They are eating** sushi...
5. **He is being** very hungry...
6. **The waiter is serving** our food...
7. **You are ordering** a salad...

5. Like, love o hate

1. **I love** eating spicy food.
2. **She likes** trying new desserts.
3. **We love** drinking black coffee.
4. **He hates** cooking...
5. **They hate** eating vegetables...
6. **You love** sushi!
7. **My brother hates** eating soup...

6. Comparativos

Adjetivo	Forma comparativa
Sweet	Sweeter
Salty	Saltier
Spicy	Spicier
Fresh	Fresher
Nutritious	More nutritious
Expensive	More expensive
Healthy	Healthier
Tasty	Tastier
Crunchy	Crunchier
Good	Better

AUDIOLIBRO DE PRONUNCIACIÓN BOOK 1 - CHAPTER 5

Usa estos audios a tu favor. **Escucha, repite, imita la pronunciación y pierde el miedo a hablar.** Cuanto más te expongas al inglés, más rápido mejorarás.

BOOK 1 - CHAPTER 5

CAPÍTULO 6
HABLANDO SOBRE LA FAMILIA

DESCRIBIENDO A LAS PERSONAS

L a familia es una de las cosas más importantes en nuestra vida. Nos conecta, nos da identidad y nos acompaña en cada etapa. Y cuando aprendemos un nuevo idioma, hablar sobre nuestros seres queridos es uno de los primeros temas que surgen en una conversación.

Ahora, imagina que alguien te pregunta:

"Tell me about your family!" (¡Háblame sobre tu familia!).

¿Cómo responderías? 🙂

Si quieres hacerlo con confianza y naturalidad, este capítulo es para ti. Aquí aprenderás:

✅ **El vocabulario clave** para hablar sobre los miembros de la familia 👪

✅ **Cómo describir la apariencia física** (altura, color de cabello, ojos, etc.) 👀

✅ **Expresiones para hablar sobre la personalidad** (amable, divertido, inteligente, etc.) 🧠

Pero no solo se trata de memorizar palabras. Vamos a practicar estructuras gramaticales y adjetivos útiles para que puedas hablar de tu familia de forma clara y natural. Ya sea que quieras presentar a tus padres, describir a un amigo o contarle a alguien cómo es tu abuelo, aquí encontrarás todas las herramientas necesarias.

Piensa en este capítulo como tu kit de supervivencia para hablar sobre las personas que más quieres. 🤍

¡Así que empecemos y hagamos que cada palabra cobre vida en tus conversaciones! 🚀

EL VERBO "TO HAVE" Y LA FAMILIA

El verbo **"to have"** es fundamental cuando hablamos de la familia, ya que lo usamos para decir quiénes son nuestros familiares, describir características físicas y posesiones.

Por ejemplo:

- *I have two brothers and one sister.* (Tengo dos hermanos y una hermana).
- *She has long hair and blue eyes.* (Ella tiene el cabello largo y ojos azules).

Cuando queremos decir que **alguien está teniendo algo en este momento**, usamos el **presente continuo**. Sin embargo, en inglés, "to have" rara vez se usa en presente continuo con el significado de "tener" en sentido de posesión. **En cambio, sí lo usamos en continuo para expresar acciones, como "tener una reunión" o "tomar el desayuno".**

Por ejemplo:

- *I am having lunch with my parents.* (Estoy almorzando con mis padres).
- *They are having a great time at the family party.* (Ellos la están pasando bien en la fiesta familiar).

Conjugación del verbo "To Have"

Sujeto	Presente Simple	Presente Continuo
I	I **have**	I **am having**
You	You **have**	You **are having**
He	He **has**	He **is having**
She	She **has**	She **is having**
It	It **has**	It **is having**
We	We **have**	We **are having**
You	You **have**	You **are having**
They	They **have**	They **are having**

Reglas Importantes del Verbo "To Have"

☑ **En presente simple, "to have" cambia en tercera persona singular (he, she, it)**

- *She has two brothers.* (Ella tiene dos hermanos).
- *He has a big family.* (Él tiene una familia grande).

☑ **En presente continuo, "to have" cambia de significado y se usa para acciones temporales**

- ✖ *I am having two brothers.* 🚫 (Incorrecto, porque la familia no es temporal).
- ☑ *I have two brothers.* (Correcto, porque hablamos de posesión).

☑ **"To have" también se usa en expresiones comunes**

- *I am having dinner with my grandparents.* (Estoy cenando con mis abuelos).
- *They are having fun at the party.* (Ellos se están divirtiendo en la fiesta).

Vocabulario: Miembros de la Familia

Aquí tienes una lista de los miembros de la familia en inglés con su pronunciación y traducción. Este vocabulario te ayudará a hablar sobre tus seres queridos con confianza.

Miembro de la Familia	Pronunciación Simplificada	Traducción al Español
Father	Fá-der	Padre
Mother	Má-der	Madre
Dad	Dád	Papá
Mom (US) / Mum (UK)	Móm / Mám	Mamá
Parents	Pé-rents	Padres
Son	Son	Hijo
Daughter	Dó-ter	Hija
Brother	Bró-der	Hermano
Sister	Sis-ter	Hermana
Sibling	Sí-blin	Hermano/a (sin especificar género)
Grandfather	Grán-fá-der	Abuelo
Grandmother	Grán-má-der	Abuela
Grandparents	Grán-pé-rents	Abuelos
Grandson	Grán-són	Nieto
Granddaughter	Grán-dó-ter	Nieta
Uncle	Án-col	Tío
Aunt	Ant	Tía
Cousin	Ká-sin	Primo/a
Nephew	Né-fiu	Sobrino
Niece	Nís	Sobrina
Husband	Hás-bend	Esposo
Wife	Wáif	Esposa
Spouse	Spáus	Cónyuge
In-laws	In-los	Familia política
Father-in-law	Fá-der-in-ló	Suegro
Mother-in-law	Má-der-in-ló	Suegra
Brother-in-law	Bró-der-in-ló	Cuñado
Sister-in-law	Sis-ter-in-ló	Cuñada
Step-father	Stép-fá-der	Padrastro
Step-mother	Stép-má-der	Madrastra
Step-brother	Stép-bró-der	Hermanastro
Step-sister	Stép-sís-ter	Hermanastra
Half-brother	Háf-bró-der	Medio hermano
Half-sister	Háf-sís-ter	Media hermana
Godfather	Gód-fá-der	Padrino

Godmother	Gód-má-der	Madrina
Godson	Gód-són	Ahijado
Goddaughter	Gód-dó-ter	Ahijada

Ejemplos en contexto

1 My **father** and **mother** live in Spain.
(Mi padre y mi madre viven en España).

2 I have one **brother** and two **sisters**.
(Tengo un hermano y dos hermanas).

3 Her **grandparents** visit her every summer.
(Sus abuelos la visitan cada verano).

4 My **uncle** is married to my **aunt**, and they have three **cousins**.
(Mi tío está casado con mi tía, y ellos tienen tres primos).

5 John's **wife** is from Canada.
(La esposa de John es de Canadá).

6 My **father-in-law** and **mother-in-law** are very kind.
(Mi suegro y mi suegra son muy amables).

7 She has a **step-brother** and a **half-sister**.
(Ella tiene un hermanastro y una media hermana).

Notas Adicionales

Diferencia entre "step" y "half"

- *Step-brother* (hermanastro) → No hay relación biológica.
- *Half-brother* (medio hermano) → Comparten un padre o una madre.

Diferencia entre "cousin" y "sibling"

- *Cousin* → Primo o prima.
- *Sibling* → Hermano o hermana, sin especificar género.

Otras Personas Cercanas a la Familia

Aquí tienes un cuadro con **10 palabras** que describen a personas cercanas a la familia, como amigos, compañeros de trabajo y relaciones especiales.

Palabra en Inglés	Pronunciación	Traducción al Español
Godfather	god-fa-der	Padrino
Godmother	god-mo-der	Madrina
Godson	god-son	Ahijado
Goddaughter	god-do-ter	Ahijada
Close friend	clous frend	Amigo cercano
Best friend	best frend	Mejor amigo
Neighbor	ney-bor	Vecino
Co-worker	kou-wer-ker	Compañero de trabajo
Roommate	rum-meit	Compañero de cuarto
Mentor	men-tor	Mentor / Guía

Ejemplos Prácticos con Vocabulario de Familia y Personas Cercanas

Aquí tienes **10 oraciones** usando los términos aprendidos en el contexto de la familia y relaciones cercanas. También incluimos ejemplos donde se menciona la cantidad de personas en la familia.

1. My **godfather** is like a second father to me.
   (Mi padrino es como un segundo padre para mí).
2. She has two **godsons** and one **goddaughter**.
   (Ella tiene dos ahijados y una ahijada).
3. I live in an apartment with my **roommate**.
   (Vivo en un apartamento con mi compañero de cuarto).
4. We are four siblings in total: two **brothers** and two **sisters**.
   (Somos cuatro hermanos en total: dos hermanos y dos hermanas).
5. My parents have been friends with our **neighbor** for over twenty years.
   (Mis padres han sido amigos de nuestro vecino por más de veinte años).
6. At work, I spend most of my time with my **co-worker** Sarah.
   (En el trabajo, paso la mayor parte del tiempo con mi compañera Sarah).
7. I come from a big family; I have six **cousins** and three **aunts**.
   (Vengo de una familia grande; tengo seis primos y tres tías).
8. John's **mentor** has helped him improve his business skills.
   (El mentor de John lo ha ayudado a mejorar sus habilidades empresariales).
9. My **best friend** and I have known each other since we were five years old.
   (Mi mejor amigo y yo nos conocemos desde que teníamos cinco años).
10. In my family, we are five people: my **father**, my **mother**, my **sister**, my **brother**, and me.
    (En mi familia somos cinco personas: mi padre, mi madre, mi hermana, mi hermano y yo).

Notas Adicionales

✅ **Para hablar de la cantidad de personas en la familia, usamos:**

- We are five in my family. (Somos cinco en mi familia).
- I have three siblings. (Tengo tres hermanos).

☑ **Para hablar de relaciones cercanas:**

- *My best friend is like a brother to me.* (Mi mejor amigo es como un hermano para mí).
- *My godmother always gives me great advice.* (Mi madrina siempre me da buenos consejos).

ADJETIVOS PARA DESCRIBIR A LAS PERSONAS

Cuando hablamos de nuestra familia o de otras personas, es muy común describir **cómo son físicamente y cómo es su personalidad**. Para esto, usamos **adjetivos** en inglés.

Por ejemplo:

- *My grandfather is tall and has gray hair.* (Mi abuelo es alto y tiene el cabello gris).
- *My sister is very kind and funny.* (Mi hermana es muy amable y divertida).

Los **adjetivos en inglés no cambian según el género** como en español.

- En español: *Mi madre es* **bonita**. / *Mi padre es* **bonito**.
- En inglés: *My mother is* **beautiful**. / *My father is* **beautiful**. ☑ (El adjetivo **no cambia**).

Reglas Gramaticales Importantes:

1 Los adjetivos van antes del sustantivo

- *She has* **long hair**. (Ella tiene el cabello largo).
- *He is a* **kind person**. (Él es una persona amable).

2 Para hacer comparaciones, usamos comparativos y superlativos

- *My brother is* **taller** *than me.* (Mi hermano es más alto que yo).
- *She is* **the most intelligent** *person in the family.* (Ella es la persona más inteligente de la familia).

3 Usamos "very" o "quite" para enfatizar

- *My aunt is* **very funny**. (Mi tía es muy divertida).
- *My uncle is* **quite serious**. (Mi tío es bastante serio).

4 Los adjetivos se pueden combinar

- *He is* **tall, strong and friendly**. (Él es alto, fuerte y amigable).

ADJETIVOS PARA DESCRIBIR LA APARIENCIA FÍSICA

Aquí tienes **20 adjetivos** en inglés para describir la apariencia de una persona, junto con su pronunciación y traducción al español.

Adjetivo en Inglés	Pronunciación	Traducción al Español
Tall	tol	Alto/a
Short	short	Bajo/a
Slim	slim	Delgado/a
Chubby	chobi	Regordete/a
Fat	fat	Gordo/a
Fit	fit	En forma
Strong	stron	Fuerte
Weak	uik	Débil
Beautiful	biu-ti-ful	Hermoso/a
Handsome	jan-som	Apuesto
Ugly	ag-li	Feo/a
Blonde	blond	Rubio/a
Brunette	bru-net	Castaño/a
Bald	bold	Calvo/a
Curly (hair)	ker-li	Rizado/a
Straight (hair)	stret	Liso/a
Dark-skinned	dark skin-d	De piel oscura
Fair-skinned	fer skin-d	De piel clara
Old	old	Viejo/a
Young	iong	Joven

Ejemplos Prácticos

1. *My grandfather is **old** and has **gray hair**.*
(Mi abuelo es viejo y tiene el cabello gris).
2. *My sister is very **tall** and **slim**.*
(Mi hermana es muy alta y delgada).
3. *He is **handsome** and has **curly hair**.*
(Él es apuesto y tiene el cabello rizado).
4. *My cousin is **short** but very **strong**.*
(Mi primo es bajo pero muy fuerte).
5. *She has **blonde hair** and **fair skin**.*
(Ella tiene el cabello rubio y piel clara).
6. *My uncle is **bald**, but he looks great!*
(Mi tío es calvo, ¡pero se ve genial!)
7. *That baby is so **chubby** and cute!*

(¡Ese bebé es tan regordete y lindo!)
8 *My best friend is **young** and very **fit** because he goes to the gym.*
(Mi mejor amigo es joven y está en forma porque va al gimnasio).
9 *My mother has **straight brown hair**.*
(Mi madre tiene el cabello liso y castaño).
10 *He is not very **handsome**, but he is very kind.*
(Él no es muy apuesto, pero es muy amable).

Notas Adicionales
☑ **Diferencia entre "beautiful" y "handsome"**

- *Beautiful* → Se usa más para mujeres.
- *Handsome* → Se usa más para hombres.

☑ **Cómo combinar adjetivos**

- *She is **tall and slim**.* (Ella es alta y delgada).
- *He has **curly black hair** and is very strong.* (Él tiene cabello rizado negro y es muy fuerte).

USANDO ADJETIVOS ANTES DEL SUSTANTIVO PARA DESCRIBIR A UNA PERSONA

En inglés, **podemos anteponer los adjetivos a un sustantivo** para describir a alguien de manera más específica. En español, diríamos *"una persona alta"* o *"un hombre fuerte"*, y en inglés seguimos el mismo orden:
☑ **Adjetivo + Sustantivo**
Por ejemplo:

- *He is a **tall man**.* (Él es un hombre alto).
- *She is a **kind teacher**.* (Ella es una profesora amable).

Reglas Importantes
1 **El adjetivo siempre va antes del sustantivo**

- *A beautiful woman* ☑ (Una mujer hermosa).
- *A woman beautiful* ✖ (Incorrecto).

2 **Podemos usar más de un adjetivo antes del sustantivo**

- *A tall, strong man* (Un hombre alto y fuerte).
- *A funny, intelligent girl* (Una chica divertida e inteligente).

Ejemplos Prácticos
1 *My uncle is a **strong man** who loves sports.*
(Mi tío es un hombre fuerte que ama los deportes).
2 *She is a **beautiful woman** with blonde hair.*
(Ella es una mujer hermosa con cabello rubio).
3 *I have a **young cousin** who is very funny.*
(Tengo un primo joven que es muy divertido).

4 *He is a **bald man** but very attractive.*
(Él es un hombre calvo pero muy atractivo).
5 *My grandmother is a **kind and loving person**.*
(Mi abuela es una persona amable y cariñosa).

Nota Importante:

- Si hay más de un adjetivo antes del sustantivo, el orden correcto es:
- **Opinión + Tamaño + Edad + Forma + Color + Origen + Material + Propósito + Sustantivo**

Ejemplo:

✅ *A beautiful tall young woman* (Una hermosa mujer alta y joven).

Adjetivos para Describir la Personalidad

Así como describimos la apariencia física de una persona, también es importante saber hablar de su **personalidad**. En inglés, usamos **adjetivos de personalidad** para describir cómo es alguien en términos de su comportamiento, actitudes y emociones.

Por ejemplo:

- *My sister is very **friendly** and loves meeting new people.* (Mi hermana es muy amigable y le encanta conocer gente nueva).
- *My grandfather is **serious** but very kind.* (Mi abuelo es serio pero muy amable).

Estos adjetivos se usan para describir a personas en situaciones del día a día, en el trabajo, en la familia y en cualquier contexto social.

Cuadro de Adjetivos de Personalidad

Adjetivo en Inglés	Pronunciación	Traducción al Español
Friendly	frén-dli	Amigable
Kind	kaind	Amable
Polite	po-lait	Educado/a
Funny	fón-ni	Divertido/a, gracioso/a
Serious	sí-ri-ous	Serio/a
Talkative	tó-ka-tiv	Hablador/a
Shy	shai	Tímido/a
Smart	es-mart	Inteligente
Creative	kri-éi-tiv	Creativo/a
Hardworking	jard-wór-kin	Trabajador/a
Lazy	léi-zi	Perezoso/a
Generous	yé-ne-rous	Generoso/a
Selfish	sél-fish	Egoísta
Optimistic	op-ti-mís-tik	Optimista
Pessimistic	pe-si-mís-tik	Pesimista
Honest	ó-nesst	Honesto/a
Dishonest	dis-ó-nesst	Deshonesto/a

Brave	breiv	Valiente
Stubborn	stá-born	Terco/a
Moody	mú-di	De humor cambiante

Reglas Gramaticales Importantes

1 Los adjetivos de personalidad van antes del sustantivo

- *She is a **kind person**.* (Ella es una persona amable).
- *He is a **funny guy**.* (Él es un chico divertido).

2 También podemos usarlos con el verbo "to be"

- *My mother **is** very patient.* (Mi madre es muy paciente).
- *They **are** always polite.* (Ellos siempre son educados).

3 Podemos combinar varios adjetivos en una misma oración

- *She is **kind, hardworking and smart**.* (Ella es amable, trabajadora e inteligente).

4 Para enfatizar podemos usar "very", "quite" o "a little"

- *He is **very** talkative.* (Él es muy hablador).
- *She is **quite** shy.* (Ella es bastante tímida).
- *They are **a little** stubborn.* (Ellos son un poco tercos).

Ejemplos Prácticos con Adjetivos de Personalidad

1 *My brother is very **funny**. He always makes us laugh.*
(Mi hermano es muy divertido. Siempre nos hace reír).

2 *My grandfather is **serious**, but he is also very **kind**.*
(Mi abuelo es serio, pero también es muy amable).

3 *She is a **hardworking** woman who never gives up.*
(Ella es una mujer trabajadora que nunca se rinde).

4 *They are **generous** people who always help others.*
(Ellos son personas generosas que siempre ayudan a los demás).

5 *I am quite **shy**, but I like meeting new people.*
(Soy bastante tímido, pero me gusta conocer gente nueva).

6 *He is very **stubborn**, he never changes his mind!*
(Él es muy terco, ¡nunca cambia de opinión!).

7 *My best friend is very **creative**. She always has great ideas.*
(Mi mejor amiga es muy creativa. Siempre tiene grandes ideas).

8 *She is **optimistic**, she always sees the bright side of things.*
(Ella es optimista, siempre ve el lado positivo de las cosas).

9 *He is a little **lazy**, he doesn't like working too much.*
(Él es un poco perezoso, no le gusta trabajar mucho).

10 *My coworker is **dishonest**, he always lies to our boss.*

(Mi compañero de trabajo es deshonesto, siempre le miente a nuestro jefe).

Notas Finales

☑ **Diferencia entre "kind" y "polite"**

- *Kind* → Se usa para describir a una persona amable en su comportamiento.
- *Polite* → Se refiere más a la educación y cortesía en el trato con los demás.

☑ **Cómo hacer combinaciones naturales de adjetivos**

- *He is smart and hardworking.* (Él es inteligente y trabajador).
- *She is funny but sometimes moody.* (Ella es divertida pero a veces de humor cambiante).

INTRODUCCIÓN AL PASADO SIMPLE EN INGLÉS

Ahora que ya sabemos cómo describir a nuestra familia y hablar de sus características, es hora de aprender cómo contar historias sobre ellos o hablar de eventos que ocurrieron en el pasado. Para eso, utilizamos el **pasado simple** en inglés.

El **pasado simple** nos permite hablar de:

☑ **Eventos pasados y terminados** → *Yesterday, we visited my grandparents.* (Ayer visitamos a mis abuelos).

☑ **Acciones que ocurrieron en un momento específico** → *My father was born in 1975.* (Mi padre nació en 1975).

☑ **Cosas que solíamos hacer** → *When I was a child, I played with my cousins every weekend.* (Cuando era niño, jugaba con mis primos cada fin de semana).

En este capítulo aprenderemos:

- ◆ Cómo formar el pasado simple de los verbos regulares e irregulares.
- ◆ Cómo hacer oraciones afirmativas, negativas e interrogativas.
- ◆ Cuándo y cómo usar este tiempo en conversaciones del día a día.

¡Vamos a aprender a hablar sobre el pasado como unos expertos!

Cuadro de Verbos en Pasado Simple

Aquí tienes **10 verbos en inglés** con su forma en **infinitivo**, su **pasado simple**, su **pronunciación** y su **traducción al español**.

Infinitivo	Pasado Simple	Pronunciación	Traducción
Go	Went	uént	Ir
Eat	Ate	éit	Comer
Have	Had	jad	Tener
See	Saw	so	Ver
Make	Made	méid	Hacer
Take	Took	tuk	Tomar/Llevar
Speak	Spoke	spók	Hablar
Work	Worked	wuorkt	Trabajar
Play	Played	pléid	Jugar
Live	Lived	lívd	Vivir

Notas Importantes:

✅ **Los verbos regulares forman el pasado agregando "-ed"**

- *Work → Worked* (Trabajar → Trabajó/Trabajé).
- *Play → Played* (Jugar → Jugó/Jugué).

✅ **Los verbos irregulares cambian completamente en pasado**

- *Go → Went* (Ir → Fue/Fui).
- *Eat → Ate* (Comer → Comió/Comí).

✅ **Algunos verbos mantienen una pronunciación diferente en pasado**

- *Make → Made* (Hacer → Hizo/Hice).
- *See → Saw* (Ver → Vio/Vi).

Cuadro de Excepciones en la Formación del Pasado Simple

Cuando usamos el **pasado simple** de los verbos **regulares**, generalmente agregamos **"-ed"**, pero hay algunas **excepciones** según la terminación del verbo:

Regla	Explicación	Ejemplo en Infinitivo	Pasado Simple	Pronunciación	Traducción
◆ Verbos que terminan en -e	Solo agregamos "-d" al final.	Live	Lived	lɪvd	Vivir → Vivió/Viví
		Love	Loved	lʌvd	Amar → Amó/Amé
◆ Verbos que terminan en vocal corta + consonante (excepto "y" y "w")	Duplicamos la última consonante antes de agregar "-ed".	Stop	Stopped	stɒpt	Parar → Paró/Paré
		Plan	Planned	plænd	Planear → Planeó/Planeé
		Travel (en inglés británico)	Travelled	'træv.əld	Viajar → Viajó/Viajé
◆ Verbos que terminan en -y después de consonante	Cambiamos la "y" por "i" antes de agregar "-ed".	Cry	Cried	kraɪd	Llorar → Lloró/Lloré
		Study	Studied	'stʌd.id	Estudiar → Estudió/Estudié
◆ Verbos que terminan en -y después de vocal	Mantenemos la "y" y solo agregamos "-ed".	Play	Played	pleɪd	Jugar → Jugó/Jugué
		Stay ↓	Stayed	steɪd	Quedarse → Se quedó/Me quedé

Notas Importantes:

☑ **Si el verbo termina en -e, solo agregamos "-d"**

- *Love → Loved*
- *Live → Lived*

☑ **Si el verbo termina en una vocal corta + consonante, duplicamos la consonante**

- *Stop → Stopped*
- *Plan → Planned*

☑ **Si el verbo termina en -y después de una consonante, cambiamos la "y" por "i" y agregamos "-ed"**

- *Cry → Cried*
- *Study → Studied*

☑ **Si el verbo termina en -y después de una vocal, solo agregamos "-ed"**

- *Play → Played*
- *Stay → Stayed*

Cuadro Comparativo del Verbo "To Be" en Presente y Pasado Simple

El verbo **"to be"** es **irregular** y es el único en inglés que cambia según la persona en pasado simple. A diferencia de otros verbos que mantienen la misma forma en todas las personas, **"to be" tiene dos formas en pasado: "was" y "were"**.

Sujeto	Presente Simple	Pasado Simple
I	am	was
You	are	were
He	is	was
She	is	was
It	is	was
We	are	were
You (plural)	are	were
They	are	were

Explicación de la Diferencia

☑ **En presente simple, el verbo "to be" cambia según la persona:**

- *I am happy.* (Yo soy / estoy feliz).
- *She is a teacher.* (Ella es una maestra).
- *They are my friends.* (Ellos son mis amigos).

☑ **En pasado simple, el verbo "to be" cambia solo entre "was" y "were":**

- *I **was** at home yesterday.* (Yo estaba en casa ayer).
- *She **was** very tired.* (Ella estaba muy cansada).
- *They **were** at the party last night.* (Ellos estaban en la fiesta anoche).

Regla importante:

- **"Was"** se usa con **I, he, she, it**.
- **"Were"** se usa con **you, we, they**.

Oraciones Afirmativas en Pasado Simple

Las **oraciones afirmativas en pasado simple** se utilizan para hablar sobre eventos que ocurrieron en un momento específico en el pasado.

Regla Gramatical:

La estructura básica de una oración afirmativa en pasado simple es:

✅ **Sujeto + verbo en pasado + complemento**

Ejemplos:

- *I **visited** my grandparents last weekend.* (Visité a mis abuelos el fin de semana pasado).
- *She **studied** English two years ago.* (Ella estudió inglés hace dos años).

Reglas Importantes

1 Los verbos regulares forman el pasado agregando "-ed"

- *Work → Worked* (Trabajé / Trabajó).
- *Play → Played* (Jugué / Jugó).

2 Los verbos irregulares tienen una forma propia en pasado

- *Go → Went* (Fui / Fue).
- *Eat → Ate* (Comí / Comió).

3 El verbo no cambia según la persona (excepto "to be")

- *I **lived** in Spain last year.* (Viví en España el año pasado).
- *They **lived** in Spain last year.* (Ellos vivieron en España el año pasado).

Ejemplos de Oraciones Afirmativas en Pasado Simple

1 *I **woke up** early this morning.*
(Me desperté temprano esta mañana).
2 *She **bought** a new dress yesterday.*
(Ella compró un vestido nuevo ayer).
3 *They **traveled** to Italy last summer.*
(Ellos viajaron a Italia el verano pasado).
4 *We **had** dinner with our grandparents last night.*
(Cenamos con nuestros abuelos anoche).
5 *He **studied** English for two years.*
(Él estudió inglés durante dos años).
6 *My father **worked** in a bank for 10 years.*

(Mi padre trabajó en un banco durante 10 años).

7 *She **went** to the supermarket in the afternoon.*

(Ella fue al supermercado en la tarde).

8 *I **watched** a movie with my friends last Saturday.*

(Vi una película con mis amigos el sábado pasado).

9 *You **helped** your mom with the housework.*

(Ayudaste a tu mamá con las tareas del hogar).

10 *The baby **cried** all night.*

(El bebé lloró toda la noche).

Resumen Importante

☑ Los verbos en pasado no cambian según la persona.

☑ Los verbos regulares agregan "-ed".

☑ Los verbos irregulares tienen una forma especial en pasado.

ORACIONES NEGATIVAS EN PASADO SIMPLE

Cuando queremos decir que algo no ocurrió en el pasado, usamos oraciones negativas en pasado simple.

Regla Gramatical:

La estructura básica de una oración negativa en pasado simple es:

☑ Sujeto + auxiliar "did" + not + verbo en infinitivo + complemento

Ejemplo:

- *I did not go to the party last night.* (No fui a la fiesta anoche).
- *She did not study for the exam.* (Ella no estudió para el examen).

Reglas Importantes

1 Usamos "did not" (o "didn't" en su forma contraída)

- *I did not watch TV.* (No vi televisión).
- *They didn't like the movie.* (No les gustó la película).

2 El verbo va en su forma base (infinitivo sin "to")

- *He did not eat lunch.* (Él no comió almuerzo).
- ✗ *He did not ate lunch.* (Incorrecto).

3 "Did not" se usa con todos los sujetos

- *I did not call you yesterday.* (No te llamé ayer).
- *She did not visit her grandparents.* (Ella no visitó a sus abuelos).

4 Para el verbo "to be", NO usamos "did not"

- *She was not at home last night.* (Ella no estaba en casa anoche).
- *They were not at the meeting.* (Ellos no estaban en la reunión).

Ejemplos de Oraciones Negativas en Pasado Simple

1. *I did not eat breakfast this morning.*
(No comí desayuno esta mañana).
2. *She did not go to work yesterday.*
(Ella no fue al trabajo ayer).
3. *They did not visit their grandparents last weekend.*
(Ellos no visitaron a sus abuelos el fin de semana pasado).
4. *We did not watch the new movie.*
(No vimos la nueva película).
5. *He did not study for the test.*
(Él no estudió para el examen).
6. *My father did not buy a new car.*
(Mi padre no compró un auto nuevo).
7. *She did not like the food at the restaurant.*
(A ella no le gustó la comida en el restaurante).
8. *I did not call you last night.*
(No te llamé anoche).
9. *You did not finish your homework.*
(No terminaste tu tarea).
10. *The baby did not sleep well.*
(El bebé no durmió bien).

Resumen Importante

☑ Usamos "did not" o "didn't" para formar la negación en pasado.
☑ El verbo SIEMPRE va en su forma base (infinitivo sin "to").
☑ Con "to be", usamos "was not" o "were not", NO "did not".

Oraciones Interrogativas en Pasado Simple ? ⏳

Cuando queremos hacer preguntas sobre eventos en el pasado, usamos oraciones interrogativas en pasado simple.

Regla Gramatical:

La estructura básica de una pregunta en pasado simple es:
☑ Did + sujeto + verbo en infinitivo + complemento + ?
Ejemplo:

- *Did you visit your grandparents last weekend?* (¿Visitaste a tus abuelos el fin de semana pasado?).
- *Did she study for the exam?* (¿Ella estudió para el examen?).

Reglas Importantes

1. Usamos "Did" al inicio de la pregunta

- *Did you watch the movie?* (¿Viste la película?).
- *Did they travel last summer?* (¿Ellos viajaron el verano pasado?).

2. El verbo SIEMPRE va en su forma base (infinitivo sin "to")

- *Did she go to the party?* ☑
- ✗ *Did she went to the party?* ✗ (Incorrecto).

3 Con el verbo "to be", NO usamos "Did"

- *Was she at home yesterday?* (¿Estaba ella en casa ayer?).
- *Were they happy at the event?* (¿Ellos estaban felices en el evento?).

4 Podemos usar palabras interrogativas ("Wh- words") para obtener información específica

- *Where did you go last night?* (¿A dónde fuiste anoche?).
- *What did he buy at the store?* (¿Qué compró él en la tienda?).

Ejemplos de Oraciones Interrogativas en Pasado Simple

1 *Did you wake up early this morning?*
(¿Te despertaste temprano esta mañana?).
2 *Did she buy a new dress yesterday?*
(¿Ella compró un vestido nuevo ayer?).
3 *Did they travel to Italy last summer?*
(¿Ellos viajaron a Italia el verano pasado?).
4 *Did we have dinner with our grandparents last night?*
(¿Cenamos con nuestros abuelos anoche?).
5 *Did he study English for two years?*
(¿Él estudió inglés durante dos años?).
6 *Did your father work in a bank for 10 years?*
(¿Tu padre trabajó en un banco durante 10 años?).
7 *Did she go to the supermarket in the afternoon?*
(¿Ella fue al supermercado en la tarde?).
8 *Did you watch a movie with your friends last Saturday?*
(¿Viste una película con tus amigos el sábado pasado?).
9 *Did they help their mom with the housework?*
(¿Ayudaron a su mamá con las tareas del hogar?).
10 *Did the baby cry all night?*
(¿El bebé lloró toda la noche?).

✏ Resumen Importante
☑ Usamos "Did" para formar preguntas en pasado.
☑ El verbo SIEMPRE va en su forma base (infinitivo sin "to").
☑ Para "to be", usamos "Was/Were" en lugar de "Did".
☑ Podemos agregar palabras interrogativas para preguntas más específicas.

EJERCICIOS PARA PRACTICAR DEL CAPÍTULO 6

> ✎ ¡Ojo! (si estás en versión eBook) Como en el eBook no se puede escribir directamente, toma tu cuaderno favorito o una hoja suelta para apuntar tus respuestas. Así lo aprovechas al máximo y aprendes mucho más. ¡Manos a la obra!

1 **Conjuga el verbo "to have" en el tiempo verbal indicado**
Completa con la conjugación correcta de **"to have"** en el presente o pasado, según corresponda.

1. I _____ (have) a big family.
2. She _____ (have) long brown hair.
3. We _____ (have) dinner together every night.
4. He _____ (have) a pet dog when he was a child.
5. They _____ (have) a great time at the party yesterday.
6. You _____ (have) three siblings, right?
7. My grandparents _____ (have) a farm in the countryside.
8. I _____ (have) a new cousin last year.
9. She _____ (have) a birthday party last weekend.
10. The baby _____ (have) blue eyes.

2 **Une los miembros de la familia en español con sus traducciones al inglés**
Relaciona cada palabra en español con su equivalente en inglés.

1. Hermano
2. Sobrina
3. Tío
4. Esposa
5. Nieto
6. Primo
7. Hijo
8. Suegro
9. Madrastra
10. Cuñado

a) Nephew
b) Grandson
c) Brother
d) Cousin
e) Wife
f) Stepmother
g) Uncle
h) Niece
i) Brother-in-law
j) Father-in-law

. . .

3 Responde a las siguientes preguntas sobre tu propia familia
Responde en inglés con información real sobre tu familia.

1. How many people are there in your family?
2. Do you have any siblings? How many?
3. What does your father / mother do for a living?
4. Who is the youngest person in your family?
5. Do you have any pets?
6. What do you usually do with your family on weekends?
7. Do you have a big or small family?

4 Completa con "to have" o "to be" para describir la apariencia de tu familia
Usa **"to have"** y **"to be"** correctamente en las siguientes frases.

1. My sister _____ very tall.
2. My grandfather _____ gray hair.
3. We _____ blue eyes.
4. My father _____ a beard.
5. They _____ very short.
6. My mother _____ brown curly hair.
7. I _____ the tallest in my family.

5 Escribe el adjetivo en inglés que corresponde con la descripción de estas personas

1. Alguien que siempre dice la verdad: _____
2. Una persona que trabaja mucho: _____
3. Alguien que siempre ayuda a los demás: _____
4. Una persona que se enoja fácilmente: _____
5. Alguien que no le gusta compartir: _____
6. Una persona que no tiene miedo: _____
7. Alguien que siempre está feliz: _____
8. Una persona que es muy educada: _____
9. Alguien que siempre encuentra soluciones a los problemas: _____
10. Una persona que no habla mucho: _____

_____

RESPUESTAS DEL CAPÍTULO 6: LA FAMILIA Y EL PASADO SIMPLE

1 Conjuga el verbo "to have" en el tiempo verbal indicado

1. I **have** a big family.
2. She **has** long brown hair.

3. We **have** dinner together every night.
4. He **had** a pet dog when he was a child.
5. They **had** a great time at the party yesterday.
6. You **have** three siblings, right?
7. My grandparents **had** a farm in the countryside.
8. I **had** a new cousin last year.
9. She **had** a birthday party last weekend.
10. The baby **has** blue eyes.

2 **Une los miembros de la familia en español con sus traducciones al inglés**

1. Hermano → **c) Brother**
2. Sobrina → **h) Niece**
3. Tío → **g) Uncle**
4. Esposa → **e) Wife**
5. Nieto → **b) Grandson**
6. Primo → **d) Cousin**
7. Hijo → **a) Nephew** ✗ (Incorrecto) → ✓ **Son**
8. Suegro → **j) Father-in-law**
9. Madrastra → **f) Stepmother**
10. Cuñado → **i) Brother-in-law**

3 **Responde a las siguientes preguntas sobre tu propia familia**
(Las respuestas varían según cada persona, aquí hay ejemplos:)

1. There are **five** people in my family.
2. Yes, I **have** two brothers and one sister.
3. My father **is** a doctor, and my mother **is** a teacher.
4. The youngest person in my family **is my little cousin**.
5. Yes, I **have** a dog and a cat.
6. On weekends, we **go to the park** and **eat dinner together**.
7. I **have** a big family.

4 **Completa con "to have" o "to be" para describir la apariencia de tu familia**

1. My sister **is** very tall.
2. My grandfather **has** gray hair.
3. We **have** blue eyes.
4. My father **has** a beard.
5. They **are** very short.
6. My mother **has** brown curly hair.
7. I **am** the tallest in my family.

· · ·

5 **Escribe el adjetivo en inglés que corresponde con la descripción de estas personas**

1. Honesto/a → **Honest**
2. Trabajador/a → **Hardworking**
3. Generoso/a → **Generous**
4. Enojón/a → **Moody**
5. Egoísta → **Selfish**
6. Valiente → **Brave**
7. Feliz → **Happy**
8. Educado/a → **Polite**
9. Inteligente → **Smart**
10. Tímido/a → **Shy**

———

AUDIOLIBRO DE PRONUNCIACIÓN BOOK 1 - CHAPTER 6

Usa estos audios a tu favor. **Escucha, repite, imita la pronunciación y pierde el miedo a hablar.** Cuanto más te expongas al inglés, más rápido mejorarás. ¡Tu inglés fluido está a solo unos clics de distancia! 🚀

BOOK 1 - CHAPTER 6

AHORA ERES UN MÁSTER DEL INGLÉS BÁSICO

¡LO LOGRASTE!

Si llegaste hasta aquí, **¡felicidades!** Ya no eres el mismo que comenzó este viaje hace unos capítulos. Ahora tienes el poder de hablar sobre **tu familia, describir personas, hacer preguntas en pasado, contar historias y hasta ir de compras sin miedo a pedir la talla correcta.**

En estos **seis capítulos**, aprendimos a:

✅ Presentarnos y conocer a otros sin quedarnos en blanco.
   ✅ Hablar sobre nuestra familia y describir su apariencia y personalidad.
   ✅ Ir de compras y pedir la prenda perfecta sin acabar con algo dos tallas más grande.
   ✅ Viajar y movernos en una ciudad sin terminar en el lugar equivocado.
   ✅ Comer en un restaurante sin señalar el menú con cara de confusión.
   ✅ Y contar nuestras historias en **pasado** como unos expertos.

Cada palabra que aprendiste es una herramienta más en tu mochila de superhéroe del inglés. Y lo mejor de todo: **¡esto es solo el comienzo!**

¿Y AHORA QUÉ SIGUE?

Si te encantó este libro, **espera la próxima entrega de esta colección** donde daremos un salto aún más grande en tu aprendizaje: **tiempos verbales más avanzados, conversaciones fluidas, expresiones nativas y mucho más.**

Porque aprender inglés no se trata solo de estudiar reglas, sino de abrir puertas a nuevas oportunidades, conocer el mundo y conectar con personas de cualquier parte del planeta.

Así que sigue practicando, repasa lo aprendido y **prepárate para la próxima aventura.** Nos vemos en el siguiente tomo. **Keep going, you're doing amazing!**

LIBRO 2: APRENDER INGLÉS FÁCILMENTE PARA ADULTOS - NIVEL PRINCIPIANTES

¡BIENVENIDO AL SEGUNDO TOMO DE TU AVENTURA CON EL INGLÉS!

Si estás aquí, es porque quieres **aprender inglés de forma práctica y efectiva**, sin perder tiempo en listas interminables de palabras que nunca usarás. Este libro está diseñado para **llevarte directo al vocabulario esencial**, con las palabras, frases y expresiones más usadas en el día a día, organizadas de manera inteligente para que realmente las recuerdes y las puedas aplicar.

Pero esto no es solo un diccionario con traducciones. **Aquí aprenderás con contexto, ejemplos reales y toda la información gramatical y de pronunciación que necesitas para hablar con confianza**. No queremos que solo leas palabras sueltas, queremos que **las interiorices, las uses y las conviertas en parte de tu comunicación diaria**.

Para que puedas sacarle **el máximo provecho**, encontrarás:

- **Una guía inicial** para entender cómo usar este libro de la manera más eficiente y absorber el inglés más rápido.
- **Una guía de pronunciación simplificada** para que desde el primer momento empieces a sonar como un hablante nativo.
- **Más de 700 palabras y frases esenciales**, cuidadosamente seleccionadas para cubrir situaciones cotidianas, desde presentarte hasta pedir comida o moverte por una ciudad.
- **Cada palabra y frase con su pronunciación, su tipo de palabra y su traducción al español**, para que no tengas que adivinar qué significa ni cómo usarla.
- **Ejemplos prácticos** para que veas cómo se utilizan en contexto y puedas aplicarlas con naturalidad.
- **Ejercicios en cada capítulo** para reforzar lo aprendido y asegurarte de que lo recuerdas a largo plazo.

Este no es solo un libro, es una herramienta **diseñada para que realmente incorpores el inglés en tu vida**. Y lo mejor de todo es que no estarás solo: **Captain Fluenti** volverá para darte sus mejores consejos y ayudarte a superar cualquier obstáculo en tu aprendizaje.

Así que prepárate, porque en estas páginas encontrarás todo lo que necesitas para llevar tu inglés al siguiente nivel.

¡Es hora de sumergirte en el idioma y comenzar a hablar con confianza!

CÓMO USAR ESTE LIBRO Y SACARLE EL MÁXIMO PROVECHO + BONUS FLASHCARDS

Para que este libro sea **fácil de entender y súper práctico**, hemos diseñado un formato claro y estructurado que te permitirá aprender **rápido y sin confusión**. Aquí no solo encontrarás palabras y frases esenciales en inglés, sino que también aprenderás **cómo se pronuncian, qué significan y cómo usarlas en situaciones reales**.

Cada palabra o frase en inglés aparecerá **en negrita y cursiva**, para que la identifiques de inmediato. Justo después, dentro de **corchetes**, verás su pronunciación escrita de forma sencilla, para que puedas decirla correctamente sin necesidad de aprender el alfabeto fonético. Luego, entre **paréntesis**, indicaremos el tipo de palabra que es, por ejemplo, si se trata de un verbo, un sustantivo, una interjección, etc.

A continuación, encontrarás su **traducción literal al español**, separada por dos puntos, para que entiendas su significado básico de inmediato. Pero no nos quedamos solo con eso: si es necesario, añadiremos una breve explicación sobre su uso, diferencias con otras palabras similares o cualquier dato útil que te ayude a aplicarla correctamente.

Y lo más importante: en una nueva línea, encontrarás **ejemplos de uso real**, para que veas cómo se utiliza esa palabra o frase en contexto. De esta manera, **no solo memorizarás palabras sueltas, sino que aprenderás a usarlas de manera natural en conversaciones reales**.

Ejemplos de cómo funciona este método

1. *Hello* [he-lou] *(interj.)* : hola.
Es un saludo informal y general que se usa en casi cualquier contexto.

- *Hello*, how are you? → *Hola, ¿cómo estás?*
- She said *hello* when she arrived. → *Ella dijo hola cuando llegó.*

2. *Book* [buk] *(n.)* : libro.
Se refiere a un conjunto de páginas encuadernadas con información, historias o conocimientos.

- I bought a new *book* yesterday. → *Compré un libro nuevo ayer.*
- This *book* is very interesting. → *Este libro es muy interesante.*

3. *Nice to meet you* [nais tu mit yu] *(expr.)* : encantado/a de conocerte.
Se usa como una expresión cortés cuando conocemos a alguien por primera vez.

- *Nice to meet you*, John! → *¡Encantado de conocerte, John!*
- It was *nice to meet you*, see you soon! → *Fue un placer conocerte, ¡nos vemos pronto!*

Con esta estructura, podrás **identificar, entender y aplicar cada palabra o frase de manera fácil y natural**. Además, recuerda que **la práctica es clave**, así que repite las palabras en voz alta, intenta formar tus propias frases y usa los ejemplos como referencia en tu aprendizaje.

¡Ahora sí, prepárate para sumergirte en el inglés de una manera más efectiva que nunca!

Cuadro de Pronunciación en Inglés

En inglés, las vocales y consonantes pueden **cambiar de sonido dependiendo de su contexto**, algo que no ocurre en español. Para ayudarte a pronunciar correctamente las palabras y frases de este libro, usaremos un sistema simplificado de letras y combinaciones de letras que representarán **los sonidos más comunes en inglés**.

A continuación, te mostramos una guía con las letras que utilizaremos y los sonidos que representan.

Símbolo	Ejemplo en inglés	Pronunciación simplificada	Ejemplo con palabra en español
a	cat	[kat]	Gato
e	bed	[bed]	Beca
i	sit	[sit]	Cine
o	hot	[hot]	Ojo
u	cup	[kup]	Uva
ai	time	[taim]	Aire
ei	cake	[keik]	Rey
ou	house	[haus]	Auto
oo	food	[fuud]	Uva (sonido largo)
oi	voice	[vois]	Hoy
ch	chair	[cher]	Chocolate
sh	ship	[ship]	Lluvia (similar al sonido "shhh")
th	think	[think]	No tiene equivalente en español, se pronuncia con la lengua entre los dientes
dh	this	[dhis]	Sonido más suave de "th", como en "this"
r	red	[red]	Similar al sonido de la "r" en inglés americano, pero no tan fuerte como en "ratón"
y	yes	[yes]	Llave
w	we	[wi]	Hueso
ng	sing	[sing]	Sonido nasal, como en "ring"

¿Cómo usar esta tabla?

Cada vez que veas la **pronunciación escrita entre corchetes**, usa esta guía para identificar los sonidos y pronunciarlos correctamente. Recuerda que algunos sonidos en inglés **no tienen un equivalente exacto en español**, así que la mejor forma de dominarlos es **escuchar y repetir**.

¡**Practica y conviértete en un maestro de la pronunciación en inglés!** 🪶 🔥

Cuadro de Sonidos en Inglés 📖🪶

El inglés tiene una gran variedad de sonidos, y **las vocales y consonantes pueden cambiar su pronunciación**

dependiendo de las letras que las rodean. Para ayudarte a pronunciar correctamente, hemos creado un sistema de representación que utiliza algunas letras o combinaciones de letras para reflejar **cómo suenan las palabras en inglés de forma simplificada**.

Este cuadro te ayudará a identificar estos sonidos y qué letras los producen en diferentes palabras.

Sonido	Explicación	Letras que suenan así
a	Sonido corto, similar a la "a" en español.	a (cat, apple)
aa	Sonido más alargado, similar a la "a" en "padre".	a (car, father)
e	Sonido corto, como en "eco".	e (bed, pet, let)
ee	Sonido más largo, parecido a la "i" en español.	ee, ea, ie (see, eat, piece)
i	Sonido corto, similar a la "i" en "cine".	i (sit, fish, kick)
ii	Sonido más alargado, como la "i" en "tigre".	y, igh, ie (my, light, tie)
o	Sonido corto, parecido a la "o" en "oso".	o (hot, dog, top)
oo	Sonido largo, como la "u" en "luz".	oo, u, ew (food, blue, new)
u	Sonido corto, como en "gusto".	u (cup, bus, sun)
uu	Sonido más alargado, similar a la "u" en "tú".	oo, ue (moon, true, juice)
ou	Diptongo que combina "a" y "u", similar a "auto".	ou, ow (house, now, cloud)
ei	Sonido largo, parecido a la "e" en "rey".	ai, ay, ey, a (cake, play, they, name)
au	Sonido similar a "o" en "hombre".	au, aw (author, saw)

oi	Sonido como en "hoy".	oi, oy (coin, boy)
ch	Sonido como "ch" en español.	ch, tch (chair, match)
sh	Sonido como "shhh", más suave que la "s".	sh, ti, ss (ship, nation, mission)
th	Sonido sin vibración, con la lengua entre los dientes.	th (think, thanks, mouth)
dh	Sonido similar a "d", con vibración.	th (this, that, mother)
r	Sonido suave, diferente a la "r" en español.	r (red, car, door)
w	Sonido como en "hueso".	w (we, woman, what)
y	Sonido como en "llave" pero más suave.	y (yes, yellow, beyond)
ng	Sonido nasal, como en "ring".	ng (sing, long, going)

¿Cómo usar esta tabla?

Cada vez que encuentres una palabra con pronunciación escrita entre corchetes en este libro, usa esta guía para identificar los sonidos y practicarlos correctamente.

🎯 **Consejo:** Algunos sonidos en inglés **no existen en español**, por lo que la mejor forma de aprenderlos es **escucharlos y repetirlos en voz alta**.

¡Practica y conviértete en un experto en pronunciación!

LOS TIPOS DE PALABRAS QUE APRENDERÁS EN ESTE LIBRO

Para hablar inglés con fluidez, no basta con aprender palabras sueltas: **necesitas saber qué tipo de palabra es cada una y cómo usarla en una oración**. En este libro, hemos clasificado cada palabra o frase para que puedas entender su función dentro de una conversación.

A continuación, te explicamos los **cinco tipos de palabras esenciales** que encontrarás en este libro y cómo te ayudarán a construir frases de manera correcta.

◆ **Sustantivos (n.) – Los nombres de todo lo que nos rodea**

Los **sustantivos** son las palabras que usamos para **nombrar personas, lugares, objetos, ideas o sentimientos**. Son fundamentales porque sin ellos, no podríamos identificar nada en nuestro entorno.

Ejemplos:

- *Table* (mesa) → *The book is on the table.* (El libro está sobre la mesa).
- *Teacher* (maestro/a) → *My teacher is very kind.* (Mi profesor es muy amable).
- *Happiness* (felicidad) → *Happiness is important in life.* (La felicidad es importante en la vida).

◆ **Adjetivos (adj.) – Describiendo todo lo que nos rodea**

Los **adjetivos** son palabras que utilizamos para **describir sustantivos**. Nos ayudan a dar más detalles sobre **cómo es algo o alguien**.

Ejemplos:

- *Big* (grande) → *This house is big.* (Esta casa es grande).
- *Cold* (frío) → *The weather is very cold today.* (El clima está muy frío hoy).
- *Beautiful* (hermoso/a) → *She is a beautiful person.* (Ella es una persona hermosa).

Regla clave: En inglés, los adjetivos **van antes del sustantivo**, a diferencia del español:

☑ *A big dog* (Un perro grande) – ✗ *A dog big* (Incorrecto).

◆ **Verbos (v.) – La acción en la oración**

Los **verbos** son las palabras que indican **acciones, estados o procesos**. Son el **corazón de cualquier oración**, porque sin ellos, no podríamos expresar lo que hacemos o sentimos.

Ejemplos:

- *Run* (correr) → *I run every morning.* (Corro todas las mañanas).
- *Eat* (comer) → *We eat lunch at 2 p.m.* (Nosotros comemos el almuerzo a las 2 p.m.).
- *Think* (pensar) → *She thinks about her future.* (Ella piensa en su futuro).

◆ **Adverbios (adv.) – Dando más información sobre la acción**

Los **adverbios** modifican un verbo, un adjetivo o incluso otro adverbio. Nos dicen **cómo, cuándo, dónde o con qué frecuencia** sucede algo.

Ejemplos:

- *Quickly* (rápidamente) → *He runs quickly.* (Él corre rápidamente).
- *Always* (siempre) → *I always drink coffee in the morning.* (Siempre tomo café por la mañana).
- *Here* (aquí) → *Come here, please!* (¡Ven aquí, por favor!).

Dato útil: Muchos adverbios terminan en "-ly", como **quickly, easily, slowly**.

◆ **Interjecciones (interj.) – Expresando emociones con palabras cortas**

Las **interjecciones** son palabras o expresiones cortas que usamos para **expresar emociones, reacciones o llamar la atención**. Son esenciales en el habla cotidiana y nos ayudan a sonar más naturales en inglés.

Ejemplos:

- *Wow!* (¡Guau!) → Expresa sorpresa o asombro.
- *Oops!* (¡Ups!) → Se usa cuando cometemos un error.
- *Hey!* (¡Ey!) → Para llamar la atención de alguien.

¿Cómo te ayudará esta clasificación?

En este libro, cada palabra o frase vendrá con su **tipo de palabra indicado entre paréntesis**, así podrás saber inmediatamente cómo usarla en una oración.

Ejemplo:

⬤ *Fast* [fast] *(adj.)* : rápido/a.

- The car is very *fast*. → *El auto es muy rápido.*

Así que **presta atención a la categoría de cada palabra**, porque esto te permitirá **armar frases correctas y expresarte mejor en inglés**.

> Para sacarle más provecho al libro, aquí debajo te dejo las Flashcards descargables para que vayas practicando las nuevas palabras aprendidas, escanea el siguiente Código QR y hazte con ellas:

FLASHCARDS

¡Ahora sí, sigamos aprendiendo!

CAPÍTULO 7
REUNIONES EN INGLÉS

CÓMO CONCRETAR UNA CITA

En inglés, hay muchas formas de programar, cancelar o reprogramar una reunión. Es importante conocer el vocabulario adecuado para que puedas comunicarte sin problemas en un ambiente profesional o personal. A continuación, te presento **10 palabras clave** que te ayudarán a organizar tus citas y reuniones con confianza.

La palabra *"appointment"* (apóintment) se usa para hablar de una **cita formal**, como una visita al doctor o una reunión con un cliente. Por ejemplo: *I have a doctor's appointment at 3 p.m.* (Tengo una cita con el doctor a las 3 p.m.).

Por otro lado, *"meeting"* (míiring) se usa más en un contexto profesional para referirse a reuniones de trabajo o encuentros de negocios. Un ejemplo sería: *We have a meeting with the manager tomorrow.* (Tenemos una reunión con el gerente mañana).

Si necesitas organizar tu tiempo, la palabra *"schedule"* (shédiul en EE.UU. / skédiul en Reino Unido) significa **horario o agendar**. Puedes usarla así: *Can we schedule a call for next week?* (¿Podemos agendar una llamada para la próxima semana?).

Ahora bien, si alguien te pregunta si estás **disponible**, puedes usar la palabra *"available"* (avéilebol). Por ejemplo: *Are you available on Monday at 4 p.m.?* (¿Estás disponible el lunes a las 4 p.m.?).

Pero, ¿qué pasa si necesitas cambiar la fecha de una reunión? Aquí entran dos palabras clave. Si necesitas **reprogramarla**, usa *"reschedule"* (rískechiul). Un ejemplo sería: *I need to reschedule our meeting for Friday.* (Necesito reprogramar nuestra reunión para el viernes). En cambio, si decides **cancelarla**, usa *"cancel"* (kánsel). Por ejemplo: *Unfortunately, we have to cancel the appointment.* (Lamentablemente, tenemos que cancelar la cita).

También es importante **confirmar** si alguien podrá asistir. Para eso, usamos *"confirm"* (conférm). Ejemplo: *Please confirm if you can attend the meeting.* (Por favor, confirma si puedes asistir a la reunión).

Si por alguna razón necesitas **posponer** un evento o reunión, la palabra clave es *"postpone"* (postpóun). Un ejemplo práctico: *We decided to postpone the event until next month.* (Decidimos posponer el evento hasta el próximo mes).

Para que no se te olvide una cita importante, puedes configurar un *"reminder"* (rimáinder), que significa **recordatorio**. Así se usa en una oración: *I set a reminder for our call at 10 a.m.* (Puse un recordatorio para nuestra llamada a las 10 a.m.).

Y finalmente, si lo que quieres es simplemente ponerte al día con alguien, puedes decir *"catch up"* (kacháp). Un ejemplo común es: *Let's **catch up** over coffee this weekend.* (Pongámonos al día con un café este fin de semana).
Algunas diferencias importantes que debes recordar:

- *"Appointment"* se usa para **citas formales**, mientras que *"meeting"* se usa para **reuniones de trabajo o negocios**.
- *"Schedule"* se usa para **agendar**, mientras que *"reschedule"* se usa para **cambiar la fecha** de algo ya programado.
- *"Cancel"* significa **suspender completamente**, mientras que *"postpone"* significa **retrasar para otro momento**.

Todas estas palabras te ayudarán a organizar mejor tu agenda y a comunicarte con claridad al concretar una cita en inglés. **¡Ahora es tu turno! Intenta usarlas en frases para que se vuelvan parte de tu vocabulario!** 🚀 👏

FECHAS Y TIEMPOS EN INGLÉS

Para hablar sobre fechas y tiempos en inglés, es fundamental conocer los días de la semana, los meses y las palabras que usamos para referirnos a **hoy, mañana, ayer y otros momentos en el tiempo**. A continuación, te dejo **12 palabras esenciales** con su pronunciación y ejemplos de uso en contexto.

La palabra *"Monday"* (móndei) significa **lunes**. Se usa para hablar de los días de la semana. Por ejemplo:
👉 *I have a meeting on **Monday**.* (Tengo una reunión el lunes).
Si hablamos de meses, tenemos *"January"* (yánuari), que significa **enero**. Ejemplo:
👉 *My birthday is in **January**.* (Mi cumpleaños es en enero).
Para referirnos a **hoy**, usamos la palabra *"today"* (tudéi). Ejemplo:
👉 *I feel great **today**!* (¡Me siento genial hoy!).
Si queremos hablar de **mañana**, usamos *"tomorrow"* (tumórou). Ejemplo:
👉 *See you **tomorrow** at 10 a.m.!* (¡Nos vemos mañana a las 10 a.m.!).
Cuando hablamos de **ayer**, la palabra que usamos es *"yesterday"* (yésterdei). Ejemplo:
👉 *We went to the movies **yesterday**.* (Fuimos al cine ayer).
Para decir **la semana pasada**, usamos *"last week"* (last uík). Ejemplo:
👉 *I traveled to Spain **last week**.* (Viajé a España la semana pasada).
Si queremos referirnos a **la semana que viene**, decimos *"next week"* (nekst uík). Ejemplo:
👉 *We will start a new project **next week**.* (Empezaremos un nuevo proyecto la próxima semana).
Para indicar **este mes**, usamos *"this month"* (dis mónt). Ejemplo:
👉 *I have a lot of work **this month**.* (Tengo mucho trabajo este mes).
Si hablamos del **mes pasado**, decimos *"last month"* (last mónt). Ejemplo:
👉 *I moved to a new apartment **last month**.* (Me mudé a un nuevo apartamento el mes pasado).
Cuando queremos decir **el año que viene**, usamos *"next year"* (nekst yír). Ejemplo:
👉 *I plan to visit New York **next year**.* (Planeo visitar Nueva York el próximo año).
Si nos referimos a **el año pasado**, usamos *"last year"* (last yír). Ejemplo:
👉 *I graduated from college **last year**.* (Me gradué de la universidad el año pasado).
Finalmente, si queremos hablar de **el fin de semana**, usamos *"weekend"* (uíkend). Ejemplo:
👉 *Let's go to the beach this **weekend**!* (¡Vamos a la playa este fin de semana!).

Diferencias clave que debes recordar:

- *"Last"* se usa para hablar de eventos pasados: *last week, last month, last year* (la semana pasada, el mes pasado, el año pasado).
- *"Next"* se usa para hablar de eventos futuros: *next week, next month, next year* (la próxima semana, el próximo mes, el próximo año).
- *"This"* se usa para referirse al presente: *this week, this month* (esta semana, este mes).

Estas palabras te ayudarán a hablar sobre fechas y tiempos en inglés con más precisión. **¡Ahora intenta usarlas en tus propias frases para que se te queden grabadas!**

LOS MESES DEL AÑO EN INGLÉS

Aprender los **meses del año en inglés** es esencial para hablar sobre fechas, eventos y planificar reuniones o viajes. A continuación, te presento los **12 meses del año con su pronunciación y ejemplos de uso en contexto.**

La palabra *"January"* (yánuari) significa **enero**. Se usa para hablar de eventos que ocurren en el primer mes del año.

☞ *My birthday is in **January**.* (Mi cumpleaños es en enero).

El segundo mes es *"February"* (fébruari), que significa **febrero**.

☞ *Valentine's Day is in **February**.* (El Día de San Valentín es en febrero).

Si queremos hablar de **marzo**, usamos *"March"* (march).

☞ *Spring begins in **March**.* (La primavera comienza en marzo).

Para **abril**, decimos *"April"* (éipril).

☞ *We are going on vacation in **April**.* (Nos vamos de vacaciones en abril).

Cuando hablamos de **mayo**, la palabra correcta es *"May"* (mei).

☞ *Mother's Day is in **May**.* (El Día de la Madre es en mayo).

El mes de **junio** se dice *"June"* (yun).

☞ *Summer starts in **June**.* (El verano comienza en junio).

Para referirnos a **julio**, usamos *"July"* (yulai).

☞ *We celebrate Independence Day in **July**.* (Celebramos el Día de la Independencia en julio).

Si hablamos de **agosto**, la palabra correcta es *"August"* (ógust).

☞ *I love going to the beach in **August**.* (Me encanta ir a la playa en agosto).

El mes de **septiembre** se dice *"September"* (septémbur).

☞ *School starts in **September**.* (La escuela comienza en septiembre).

Cuando queremos referirnos a **octubre**, decimos *"October"* (octóuber).

☞ *Halloween is celebrated in **October**.* (Halloween se celebra en octubre).

El mes de **noviembre** en inglés es *"November"* (nouvémbur).

☞ *Thanksgiving is in **November**.* (El Día de Acción de Gracias es en noviembre).

Finalmente, si hablamos de **diciembre**, usamos *"December"* (disémbur).

☞ *Christmas is in **December**.* (Navidad es en diciembre).

Notas importantes:

- **Los meses SIEMPRE se escriben con mayúscula en inglés.**
- ✗ *My birthday is in january.* (Incorrecto)
- ☑ *My birthday is in January.* (Correcto)
- **Para hablar de meses usamos la preposición "in":**
- ☑ *My wedding is **in** June.* (Mi boda es en junio).

Aprender los meses del año te ayudará a programar citas, hablar sobre fechas importantes y mejorar tu conversación en inglés. **¡Practica estos ejemplos y comienza a usarlos en tu día a día!**

LOS NÚMEROS ORDINALES EN INGLÉS (PARA FECHAS)

Para hablar de fechas correctamente, es necesario aprender los **números ordinales**, que indican posición en una secuencia. Aquí tienes cómo escribirlos y decirlos hasta el 31:

Número	Ordinal	Pronunciación
1	**First** (1st)	Férst
2	**Second** (2nd)	Sécond
3	**Third** (3rd)	Thérd
4	**Fourth** (4th)	Fórth
5	**Fifth** (5th)	Fíft
6	**Sixth** (6th)	Síksth
7	**Seventh** (7th)	Séventh
8	**Eighth** (8th)	Éitth
9	**Ninth** (9th)	Náinth
10	**Tenth** (10th)	Ténth
11	**Eleventh** (11th)	Ilévventh
12	**Twelfth** (12th)	Tuelvth
13	**Thirteenth** (13th)	Thértiin-th
14	**Fourteenth** (14th)	Fórtiin-th
15	**Fifteenth** (15th)	Fíftiin-th
16	**Sixteenth** (16th)	Síkstiin-th
17	**Seventeenth** (17th)	Séventiin-th
18	**Eighteenth** (18th)	Éitiin-th
19	**Nineteenth** (19th)	Náintiin-th
20	**Twentieth** (20th)	Tuéntieth
21	**Twenty-first** (21st)	Tuénti-férst
22	**Twenty-second** (22nd)	Tuénti-sécond
23	**Twenty-third** (23rd)	Tuénti-thérd
24	**Twenty-fourth** (24th)	Tuénti-fórth
25	**Twenty-fifth** (25th)	Tuénti-fíft
26	**Twenty-sixth** (26th)	Tuénti-síksth
27	**Twenty-seventh** (27th)	Tuénti-séventth
28	**Twenty-eighth** (28th)	Tuénti-éitth
29	**Twenty-ninth** (29th)	Tuénti-náinth
30	**Thirtieth** (30th)	Thértieth
31	**Thirty-first** (31st)	Thérti-férst

Ejemplos de fechas en inglés

☑ *My birthday is on August 12th.* → (Mi cumpleaños es el 12 de agosto).

☑ *We will travel on the 5th of July.* → (Viajaremos el 5 de julio).

☑ *The meeting is scheduled for September 22nd.* → (La reunión está programada para el 22 de septiembre).

☑ *Christmas is on December 25th.* → (Navidad es el 25 de diciembre).

¿Cómo preguntar y responder sobre fechas?

What's the date today? (¿Qué fecha es hoy?)

It's March 3rd. (Es 3 de marzo).

When is your birthday? (¿Cuándo es tu cumpleaños?)

It's on June 15th. (Es el 15 de junio).

Resumen clave para recordar

◆ **En inglés, los meses van antes que los días** (*April 10th* en vez de *10 de abril*).

◆ **Usamos números ordinales para fechas** (*first, second, third…*).

◆ **Podemos decir las fechas de dos maneras:**

- *July 4th* (4 de julio - más común en EE.UU.).
- *The 4th of July* (El 4 de julio - más común en Reino Unido).
- ◆ **Para decir años, se dividen en dos partes:**
- *1999* → **Nineteen ninety-nine** (No mil novecientos noventa y nueve).
- *2024* → **Twenty twenty-four.**

Ahora que dominas los números ordinales y la estructura de las fechas en inglés, **practica escribiendo y diciendo tu cumpleaños, aniversarios o fechas importantes!** 🚀🔥

Números del 1 al 12 en inglés (para decir la hora)

1 **One** (uan)

2 **Two** (tchú)

3 **Three** (zríi)

4 **Four** (fór)

5 **Five** (faiv)

6 **Six** (síks)

7 **Seven** (séven)

8 **Eight** (éit)

9 **Nine** (náin)

10 **Ten** (tén)

11 **Eleven** (iléven)

12 **Twelve** (tuélv)

CÓMO REFERIRSE A LA HORA EN INGLÉS

1 **Hora en punto ("o'clock")**

Para indicar que es una hora exacta, usamos **"o'clock"**.

☑ *It's five o'clock.* (Son las cinco en punto).

☑ *It's ten o'clock.* (Son las diez en punto).

2 **Media hora ("half past")**

Cuando son **y media**, usamos **"half past"**.

☑ *It's half past seven.* (Son las siete y media).

☑ *It's half past eleven.* (Son las once y media).

3 **Cuarto de hora ("quarter past" y "quarter to")**

Cuando son **y cuarto**, usamos **"quarter past"** y cuando falta un cuarto para la hora, usamos **"quarter to"**.

☑ *It's quarter past three.* (Son las tres y cuarto).

☑ *It's quarter to nine.* (Son las nueve menos cuarto).

4 **Minutos específicos ("past" y "to")**

- Para los minutos **del 1 al 30**, usamos **"past"** (después de la hora).
- Para los minutos **del 31 al 59**, usamos **"to"** (para indicar cuántos minutos faltan para la próxima hora).

☑ *It's twenty past four.* (Son las cuatro y veinte).

☑ *It's ten to six.* (Son las seis menos diez).

5 **Formato de 12 horas ("a.m." y "p.m.")**

- **"A.M."** (Ante meridiem) → Se usa para las horas de la mañana (de 00:00 a 11:59).
- **"P.M."** (Post meridiem) → Se usa para la tarde y noche (de 12:00 a 23:59).

☑ *It's 7 a.m.* (Son las 7 de la mañana).

☑ *It's 9 p.m.* (Son las 9 de la noche).

6 **Cómo preguntar la hora en inglés**

- **What time is it?** (¿Qué hora es?)
- **Could you tell me the time?** (¿Podrías decirme la hora?)

7 **Otras formas informales de decir la hora**

A veces en inglés se usa una forma más casual:

☑ *It's five past two.* (Son las dos y cinco).

☑ *It's ten past ten.* (Son las diez y diez).

Resumen clave para recordar

◆ Usamos **"o'clock"** para indicar la hora exacta.

◆ **"Half past"** para decir y media.

◆ **"Quarter past"** (y cuarto) y **"quarter to"** (menos cuarto).

◆ **"Past"** para minutos después de la hora y **"to"** para minutos antes de la próxima hora.

◆ Formato de 12 horas con **"a.m."** y **"p.m."**

Ahora que sabes cómo decir la hora en inglés, **practica preguntando y respondiendo la hora en diferentes contextos!**

CÓMO DECIR LAS HORAS EN FORMATO DE 24 HORAS EN INGLÉS

En inglés, el formato **más común en la vida cotidiana es el de 12 horas**, donde usamos **"a.m."** para la mañana y **"p.m."** para la tarde/noche. Sin embargo, en contextos más formales, como horarios de vuelos, trenes, hospitales y el ejército, se usa el **formato de 24 horas**.

Diferencias clave entre el formato de 12 y 24 horas:

- **En el formato de 12 horas:** Decimos *2 p.m.* en lugar de *14:00*.
- **En el formato de 24 horas:** Se dice *fourteen hundred hours* (catorce horas) en contextos militares o *fourteen o'clock* en algunos contextos formales.

Nota importante:

En inglés, no se suele decir *"14 o'clock"* en el uso diario. Lo más común es simplemente decir *"2 p.m."* en la conversación. Pero en el **ejército y algunas industrias**, sí se usa el formato de 24 horas con números enteros.

Cómo se escriben y pronuncian las horas en el formato de 24 horas

Aquí tienes las **horas en formato de 24 horas** y cómo se pronuncian en inglés:

Hora (24h)	Formato de 12 horas	Cómo se pronuncia en inglés
00:00	12 a.m. (medianoche)	**Midnight** (mídnait)
01:00	1 a.m.	**One o'clock** (uán oclók)
02:00	2 a.m.	**Two o'clock** (tchú oclók)
03:00	3 a.m.	**Three o'clock** (zríi oclók)
04:00	4 a.m.	**Four o'clock** (fór oclók)
05:00	5 a.m.	**Five o'clock** (faiv oclók)
06:00	6 a.m.	**Six o'clock** (síks oclók)
07:00	7 a.m.	**Seven o'clock** (séven oclók)
08:00	8 a.m.	**Eight o'clock** (éit oclók)
09:00	9 a.m.	**Nine o'clock** (náin oclók)
10:00	10 a.m.	**Ten o'clock** (tén oclók)
11:00	11 a.m.	**Eleven o'clock** (iléven oclók)
12:00	12 p.m. (mediodía)	**Noon** (núun)
13:00	1 p.m.	**Thirteen hundred hours** (zertíin jándred awers) / **One p.m.** (uán pi em)
14:00	2 p.m.	**Fourteen hundred hours** (fórtiin jándred awers) / **Two p.m.** (tchú pi em)
15:00	3 p.m.	**Fifteen hundred hours** (fíftiin jándred awers) / **Three p.m.** (zríi pi em)
16:00	4 p.m.	**Sixteen hundred hours** (síks-tiin jándred awers) / **Four p.m.** (fór pi em)
17:00	5 p.m.	**Seventeen hundred hours** (séventiin jándred awers) / **Five p.m.** (faiv pi em)
18:00	6 p.m.	**Eighteen hundred hours** (éit-tiin jándred awers) / **Six p.m.** (síks pi em)
19:00	7 p.m.	**Nineteen hundred hours** (náintiin jándred awers) / **Seven p.m.** (séven pi em)
20:00	8 p.m.	**Twenty hundred hours** (tuénti jándred awers) / **Eight p.m.** (éit pi em)
21:00	9 p.m.	**Twenty-one hundred hours** (tuénti-uán jándred awers) / **Nine p.m.** (náin pi em)
22:00	10 p.m.	**Twenty-two hundred hours** (tuénti-tchú jándred awers) / **Ten p.m.** (tén pi em)

| 23:00 | 11 p.m. | **Twenty-three hundred hours** (tuénti-zríi jándred awers) / **Eleven p.m.** (iléven pi em) |

¿CÓMO PREGUNTAR Y RESPONDER LA HORA EN FORMATO DE 24 HORAS?

◆ **En situaciones informales (formato de 12 horas):**
  ☞ **What time is it?** (¿Qué hora es?)
  💬 *It's five o'clock.* (Son las cinco en punto).
  ◆ **En contextos formales (formato de 24 horas):**
  ☞ **What is the time in military format?** (¿Cuál es la hora en formato militar?)
  💬 *It's eighteen hundred hours.* (Son las 18:00).
  ◆ **Para expresar minutos en formato de 24 horas:**
  ☞ *It's fourteen thirty.* (Son las 14:30).
  ☞ *It's twenty-one fifteen.* (Son las 21:15).

Reglas clave para recordar
  ◆ **Formato de 12 horas:** Se usa en el día a día con "a.m." (mañana) y "p.m." (tarde/noche).
  ◆ **Formato de 24 horas:** Se usa en contextos militares, transporte y situaciones formales.
  ◆ **En el formato militar, los números de las horas se leen como "cientos".**
  Ahora que conoces cómo referirte a las horas en ambos formatos, **practica diciendo diferentes horarios en voz alta y úsalos en conversaciones!** 🚀 👋

―――――

EJERCICIOS PRÁCTICOS: COMPLETA LAS ORACIONES CON UNA PALABRA O EXPRESIÓN DEL CAPÍTULO 7

A continuación, completa las siguientes oraciones con la palabra o expresión correcta que hemos aprendido en este capítulo sobre **fechas y horas en inglés**. Recuerda que en algunos casos puede haber más de una respuesta correcta.

> ✏️ ¡Ojo! (si estás en versión eBook) Como en el eBook no se puede escribir directamente, toma tu cuaderno favorito o una hoja suelta para apuntar tus respuestas. Así lo aprovechas al máximo y aprendes mucho más. ¡Manos a la obra!

1️⃣ **My flight is scheduled for _____ 14th at 7:30 p.m.**
(Mi vuelo está programado para el 14 a las 7:30 p.m.)
  2️⃣ **Can we _____ our meeting to next Monday? I'm not available this week.**
(¿Podemos _____ nuestra reunión para el próximo lunes? No estoy disponible esta semana.)
  3️⃣ **It's _____ past five, so we still have ten minutes before the show starts.**
(Son las _____ y cinco, así que aún tenemos diez minutos antes de que empiece el show.)
  4️⃣ **I have a doctor's _____ at 10:00 a.m. tomorrow morning.**
(Tengo una _____ con el doctor a las 10:00 a.m. mañana por la mañana.)
  5️⃣ **Christmas is celebrated on _____ 25th.**

_(La Navidad se celebra el 25 de _____.)

RESPUESTAS DE LOS EJERCICIOS

Aquí tienes las respuestas correctas para completar las oraciones del ejercicio anterior. Recuerda que en algunos casos, **puede haber más de una opción correcta**.

1 **My flight is scheduled for** *July* **14th at 7:30 p.m.**
(Mi vuelo está programado para el 14 de julio a las 7:30 p.m.)

2 **Can we** *reschedule* **our meeting to next Monday? I'm not available this week.**
(¿Podemos reprogramar nuestra reunión para el próximo lunes? No estoy disponible esta semana.)

3 **It's** *ten* **past five, so we still have ten minutes before the show starts.**
(Son las cinco y diez, así que aún tenemos diez minutos antes de que empiece el show.)

4 **I have a doctor's** *appointment* **at 10:00 a.m. tomorrow morning.**
(Tengo una cita con el doctor a las 10:00 a.m. mañana por la mañana.)

5 **Christmas is celebrated on** *December* **25th.**
(La Navidad se celebra el 25 de diciembre.)

Consejo: Si alguna respuesta te tomó por sorpresa, ¡repasa el capítulo y vuelve a intentarlo! **La práctica hace al maestro.**

AUDIOLIBRO DE PRONUNCIACIÓN BOOK 2- CHAPTER 1

Usa estos audios a tu favor. **Escucha, repite, imita la pronunciación y pierde el miedo a hablar.** Cuanto más te expongas al inglés, más rápido mejorarás. ¡Tu inglés fluido está a solo unos clics de distancia! 🚀📱

SCAN ME!

BOOK 2 - CHAPTER 1

CAPÍTULO 8
TU NUEVO AMBIENTE LABORAL

VOCABULARIO CLAVE EN EL TRABAJO

El mundo laboral tiene su propio conjunto de palabras y expresiones que te ayudarán a comunicarte de manera efectiva en un entorno profesional. Aquí tienes **40 palabras esenciales** con su pronunciación y ejemplos en contexto para que las aprendas y las pongas en práctica.

1. **Office** (ófis) → oficina
   I work in an office in the city center.
   (Trabajo en una oficina en el centro de la ciudad.)

2. **Colleague** (kólíig) → colega, compañero de trabajo
   My colleague helped me finish the project on time.
   (Mi colega me ayudó a terminar el proyecto a tiempo.)

3. **Boss** (bós) → jefe/a
   My boss wants to have a meeting with me.
   (Mi jefe quiere tener una reunión conmigo.)

4. **Employee** (emplói-i) → empleado/a
   The company hired 10 new employees this month.
   (La empresa contrató a 10 nuevos empleados este mes.)

5. **Employer** (emplóier) → empleador/a
   My employer provides great benefits for all workers.
   (Mi empleador ofrece excelentes beneficios para todos los trabajadores.)

6. **Manager** (mánayer) → gerente
   The manager is responsible for the whole team.
   (El gerente es responsable de todo el equipo.)

7. **Department** (dipártment) → departamento, área
   I work in the marketing department.
   (Trabajo en el departamento de marketing.)

8. **Coworker** (kóu-uórker) → compañero de trabajo

☞ My **coworker** and I share an office.
(Mi compañero de trabajo y yo compartimos una oficina.)
`9` **Meeting** (míiring) → reunión
☞ We have a **meeting** every Monday at 9 a.m.
(Tenemos una reunión todos los lunes a las 9 a.m.)

`10` **Conference call** (kónferens kól) → llamada de conferencia
☞ Let's schedule a **conference call** with the client.
(Programemos una llamada de conferencia con el cliente.)
`11` **Schedule** (shédiul) → horario
☞ I have a busy **schedule** this week.
(Tengo un horario ocupado esta semana.)
`12` **Deadline** (dédlain) → fecha límite, plazo
☞ The **deadline** for this project is next Friday.
(La fecha límite para este proyecto es el próximo viernes.)
`13` **Task** (task) → tarea
☞ One of my daily **tasks** is answering emails.
(Una de mis tareas diarias es responder correos electrónicos.)
`14` **Assignment** (asáignment) → tarea asignada
☞ My boss gave me a new **assignment** today.
(Mi jefe me dio una nueva tarea hoy.)
`15` **Workload** (wérklóud) → carga de trabajo
☞ My **workload** has increased this month.
(Mi carga de trabajo ha aumentado este mes.)
`16` **Presentation** (presentéishon) → presentación
☞ I have to prepare a **presentation** for tomorrow's meeting.
(Tengo que preparar una presentación para la reunión de mañana.)
`17` **Promotion** (promóushon) → ascenso, promoción
☞ She got a **promotion** to team leader.
(Ella recibió un ascenso a líder de equipo.)
`18` **Pay raise** (péi reis) → aumento de sueldo
☞ I'm hoping for a **pay raise** next year.
(Espero un aumento de sueldo el próximo año.)
`19` **Salary** (sáleri) → salario
☞ My **salary** is paid at the end of the month.
(Mi salario se paga al final del mes.)

`20` **Bonus** (bóunus) → bono
☞ Employees receive a **bonus** for good performance.
(Los empleados reciben un bono por buen desempeño.)
`21` **Interview** (íntervi-u) → entrevista
☞ I have a job **interview** tomorrow.
(Tengo una entrevista de trabajo mañana.)
`22` **Resume** (résium) → currículum
☞ I updated my **resume** before applying for the job.

(Actualicé mi currículum antes de postularme para el trabajo.)

2 3 Contract (kóntrakt) → contrato

I signed a one-year **contract** with the company.

(Firmé un contrato de un año con la empresa.)

2 4 Freelancer (fríilanser) → trabajador independiente

I work as a **freelancer** in graphic design.

(Trabajo como freelancer en diseño gráfico.)

2 5 Overtime (óuvertaim) → horas extra

I had to work **overtime** this weekend.

(Tuve que trabajar horas extra este fin de semana.)

2 6 Networking (nétuórking) → hacer contactos profesionales

Networking is essential for career growth.

(Hacer contactos es esencial para el crecimiento profesional.)

2 7 Client (cláient) → cliente

We have a meeting with an important **client** tomorrow.

(Tenemos una reunión con un cliente importante mañana.)

2 8 Invoice (ínvois) → factura

Please send me the **invoice** for the services provided.

(Por favor, envíame la factura por los servicios prestados.)

2 9 Business trip (bísnes trip) → viaje de negocios

I have a **business trip** next week.

(Tengo un viaje de negocios la próxima semana.)

3 0 Company (kómpani) → empresa

She works for a multinational **company**.

(Ella trabaja para una empresa multinacional.)

3 1 Work from home (wérk from jóum) → trabajar desde casa

Since the pandemic, many people **work from home**.

(Desde la pandemia, muchas personas trabajan desde casa.)

3 2 HR (Human Resources) (éich ár) → Recursos Humanos

HR is responsible for hiring new employees.

(Recursos Humanos es responsable de contratar nuevos empleados.)

3 3 CEO (Chief Executive Officer) (sí i ou) → director ejecutivo

The **CEO** will announce the new company policy.

(El director ejecutivo anunciará la nueva política de la empresa.)

3 4 Job offer (yób ófer) → oferta de trabajo

I just received a **job offer** from a great company!

(¡Acabo de recibir una oferta de trabajo de una gran empresa!)

3 5 Task force (tásk fors) → equipo de trabajo especial

A **task force** was created to solve the issue.

(Se creó un equipo de trabajo especial para resolver el problema.)

3 6 Career (karrír) → carrera profesional

She is focusing on her **career** in finance.

(Ella se está enfocando en su carrera en finanzas.)

3 7 Workplace (wérkpleis) → lugar de trabajo

A positive **workplace** increases productivity.

(Un lugar de trabajo positivo aumenta la productividad.)

3 8 *Report* (ripórt) → informe

☞ *I need to submit my **report** by Friday.*

(Necesito entregar mi informe antes del viernes.)

3 9 *Deadline extension* (dédlain eksténshon) → extensión de plazo

☞ *We requested a **deadline extension** for the project.*

(Solicitamos una extensión del plazo para el proyecto.)

4 0 *Internship* (ínturnship) → pasantía

☞ *She is doing an **internship** at a law firm.*

(Ella está haciendo una pasantía en un bufete de abogados.)

¡Ahora practica usándolas en frases propias!

30 PALABRAS EN INGLÉS PARA DESCRIBIR UN TRABAJO

Cuando hablamos de un trabajo, no solo nos referimos a su título o función, sino también a sus características. Aquí tienes **30 palabras clave** que te ayudarán a describir un trabajo en inglés, junto con su pronunciación y un ejemplo en contexto.

1 *Full-time* (fúl taim) → Tiempo completo

☞ *I have a **full-time** job from Monday to Friday.*

(Tengo un trabajo de tiempo completo de lunes a viernes.)

2 *Part-time* (párt taim) → Medio tiempo

☞ *She works **part-time** at a bookstore.*

(Ella trabaja medio tiempo en una librería.)

3 *Temporary* (témporari) → Temporal

☞ *This is a **temporary** position for six months.*

(Este es un puesto temporal por seis meses.)

4 *Permanent* (pérmanent) → Permanente

☞ *He just got a **permanent** job at the company.*

(Acaba de conseguir un trabajo permanente en la empresa.)

5 *Remote* (rimóut) → Remoto

☞ *Many companies offer **remote** work options.*

(Muchas empresas ofrecen opciones de trabajo remoto.)

6 *On-site* (ón sait) → Presencial

☞ *This job requires you to work **on-site** five days a week.*

(Este trabajo requiere que trabajes de manera presencial cinco días a la semana.)

7 *Well-paid* (uél peid) → Bien pagado

☞ *Doctors usually have **well-paid** jobs.*

(Los médicos suelen tener trabajos bien pagados.)

8 *Low-paid* (lóu peid) → Mal pagado

☞ *Many entry-level jobs are **low-paid**.*

(Muchos trabajos de nivel inicial están mal pagados.)

9 *Stressful* (strésful) → Estresante

☞ *Being a surgeon is a very* **stressful** *job.*
(Ser cirujano es un trabajo muy estresante.)

10 **Relaxed** (riláksd) → Relajado
☞ *She prefers a* **relaxed** *job with flexible hours.*
(Ella prefiere un trabajo relajado con horarios flexibles.)
11 **Demanding** (dimánding) → Exigente
☞ *Being a lawyer is a very* **demanding** *profession.*
(Ser abogado es una profesión muy exigente.)
12 **Flexible** (fléksibol) → Flexible
☞ *My job has* **flexible** *working hours.*
(Mi trabajo tiene horarios flexibles.)
13 **Monotonous** (monótonous) → Monótono
☞ *Working in a factory can be very* **monotonous**.
(Trabajar en una fábrica puede ser muy monótono.)
14 **Challenging** (chálenching) → Desafiante
☞ *I love my job because it's very* **challenging**.
(Amo mi trabajo porque es muy desafiante.)
15 **Rewarding** (ri-uórding) → Gratificante
☞ *Helping people makes my job very* **rewarding**.
(Ayudar a las personas hace que mi trabajo sea muy gratificante.)
16 **Repetitive** (ripétitiv) → Repetitivo
☞ *Filling out reports every day is so* **repetitive**.
(Llenar informes todos los días es muy repetitivo.)
17 **Creative** (cri-éitiv) → Creativo
☞ *Being a graphic designer is a very* **creative** *job.*
(Ser diseñador gráfico es un trabajo muy creativo.)
18 **Independent** (indepéndent) → Independiente
☞ *Freelancers usually have* **independent** *jobs.*
(Los freelancers suelen tener trabajos independientes.)
19 **Corporate** (kórporet) → Corporativo
☞ *She works in a* **corporate** *environment.*
(Ella trabaja en un entorno corporativo.)

20 **Secure** (sikiúr) → Seguro
☞ *A government job is usually very* **secure**.
(Un trabajo en el gobierno suele ser muy seguro.)
21 **Unstable** (anstéibol) → Inestable
☞ *Freelance work can sometimes be* **unstable**.
(El trabajo independiente a veces puede ser inestable.)
22 **Motivating** (mótiveiting) → Motivador
☞ *Teaching is a very* **motivating** *job.*
(Enseñar es un trabajo muy motivador.)
23 **Boring** (bóring) → Aburrido
☞ *I quit my job because it was too* **boring**.

(Renuncié a mi trabajo porque era demasiado aburrido.)

2 4 *Exciting* (eksáiting) → Emocionante

☞ *Being a journalist is an exciting career.*

(Ser periodista es una carrera emocionante.)

2 5 *Innovative* (ínoveitiv) → Innovador

☞ *Tech companies offer very innovative jobs.*

(Las empresas tecnológicas ofrecen trabajos muy innovadores.)

2 6 *Specializd* (spéshalaizd) → Especializado

☞ *Engineering is a highly specialized field.*

(La ingeniería es un campo altamente especializado.)

2 7 *Stable* (stéibol) → Estable

☞ *He is looking for a more stable job.*

(Está buscando un trabajo más estable.)

2 8 *Supportive* (supórtiv) → De apoyo

☞ *My workplace is very supportive of new employees.*

(Mi lugar de trabajo apoya mucho a los empleados nuevos.)

2 9 *Physically demanding* (físicli dimánding) → Físicamente exigente

☞ *Construction work is very physically demanding.*

(El trabajo en construcción es muy físicamente exigente.)

3 0 *Mentally exhausting* (méntali egzósting) → Mentalmente agotador

☞ *Working as a surgeon is mentally exhausting.*

(Trabajar como cirujano es mentalmente agotador.)

Cómo usar estas palabras

Estas palabras te permitirán describir un trabajo con mayor precisión y expresarte con más confianza en inglés. **¡Practica formando frases con ellas para mejorar tu vocabulario laboral!**

40 PALABRAS EN INGLÉS SOBRE OBJETOS Y ELEMENTOS EN UNA OFICINA

Si trabajas en una oficina o necesitas hablar sobre el entorno laboral en inglés, es importante conocer el vocabulario relacionado con los objetos, herramientas y elementos del ambiente de trabajo. Aquí tienes **40 palabras esenciales** con su pronunciación y un ejemplo de uso en contexto.

1 *Desk* (déssk) → Escritorio

☞ *My desk is always organized.*

(Mi escritorio siempre está ordenado.)

2 *Chair* (chéer) → Silla

☞ *I need a comfortable chair for my office.*

(Necesito una silla cómoda para mi oficina.)

3 *Computer* (compiúter) → Computadora

☞ *I use my computer for work every day.*

(Uso mi computadora para trabajar todos los días.)

4 *Laptop* (láptop) → Portátil

☞ *I prefer working on a laptop instead of a desktop.*

(Prefiero trabajar en una laptop en lugar de una computadora de escritorio.)

`5` *Monitor* (mónitor) → Pantalla, monitor

☞ *I have a dual **monitor** setup at my office.*

(Tengo un sistema de doble pantalla en mi oficina.)

`6` *Keyboard* (kíi-bord) → Teclado

☞ *This **keyboard** is very comfortable to type on.*

(Este teclado es muy cómodo para escribir.)

`7` *Mouse* (máus) → Ratón

☞ *I need a wireless **mouse** for my laptop.*

(Necesito un ratón inalámbrico para mi laptop.)

`8` *Printer* (prínter) → Impresora

☞ *The **printer** is out of ink.*

(La impresora se quedó sin tinta.)

`9` *Scanner* (skáner) → Escáner

☞ *I need to scan these documents using the **scanner**.*

(Necesito escanear estos documentos usando el escáner.)

`10` *Photocopier* (fóutokopier) → Fotocopiadora

☞ *The **photocopier** is not working today.*

(La fotocopiadora no está funcionando hoy.)

`11` *Desk lamp* (déssk lám-p) → Lámpara de escritorio

☞ *I bought a new **desk lamp** for my office.*

(Compré una nueva lámpara de escritorio para mi oficina.)

`12` *Notepad* (nóut-pad) → Bloc de notas

☞ *I always carry a **notepad** to write down ideas.*

(Siempre llevo un bloc de notas para escribir ideas.)

`13` *Sticky notes* (stíki nóuts) → Notas adhesivas

☞ *I use **sticky notes** to remember important tasks.*

(Uso notas adhesivas para recordar tareas importantes.)

`14` *Paper* (péiper) → Papel

☞ *We need to buy more **paper** for the printer.*

(Necesitamos comprar más papel para la impresora.)

`15` *Envelope* (énveloup) → Sobre

☞ *Please put the document in an **envelope** before sending it.*

(Por favor, pon el documento en un sobre antes de enviarlo.)

`16` *Pen* (pen) → Bolígrafo

☞ *Can I borrow your **pen**?*

(¿Me prestas tu bolígrafo?)

`17` *Pencil* (pénsil) → Lápiz

☞ *I prefer writing with a **pencil** when taking notes.*

(Prefiero escribir con lápiz cuando tomo notas.)

`18` *Highlighter* (jáilaider) → Resaltador

☞ *Use a **highlighter** to mark the important sections.*

(Usa un resaltador para marcar las secciones importantes.)

`19` *Stapler* (stéipler) → Grapadora

☞ *I need a **stapler** to attach these pages together.*

(Necesito una grapadora para unir estas páginas.)

2 0 *Paper clips* (péiper klips) → Clips de papel

☞ There are **paper clips** in the drawer.

(Hay clips de papel en el cajón.)

2 1 *Binder* (báinder) → Carpeta de anillas

☞ I keep all my important documents in a **binder**.

(Guardo todos mis documentos importantes en una carpeta de anillas.)

2 2 *File folder* (fail fóulder) → Carpeta de archivos

☞ Please put the reports in the **file folder**.

(Por favor, pon los informes en la carpeta de archivos.)

2 3 *Whiteboard* (wáit-bord) → Pizarra blanca

☞ We use the **whiteboard** for brainstorming ideas.

(Usamos la pizarra blanca para hacer lluvias de ideas.)

2 4 *Marker* (márker) → Marcador

☞ Use a black **marker** to write on the board.

(Usa un marcador negro para escribir en la pizarra.)

2 5 *Trash bin* (trash bin) → Basurero

☞ Please throw the old documents in the **trash bin**.

(Por favor, tira los documentos viejos en el basurero.)

2 6 *Corkboard* (kórk-bord) → Tablón de corcho

☞ The announcements are posted on the **corkboard**.

(Los anuncios están publicados en el tablón de corcho.)

2 7 *Headphones* (jédfouns) → Auriculares

☞ I use **headphones** for online meetings.

(Uso auriculares para reuniones en línea.)

2 8 *Wi-Fi router* (wái-fái rúter) → Router Wi-Fi

☞ The **Wi-Fi router** is in the main office.

(El router Wi-Fi está en la oficina principal.)

2 9 *Conference table* (kónferens téibol) → Mesa de conferencias

☞ The team gathered around the **conference table**.

(El equipo se reunió alrededor de la mesa de conferencias.)

3 0 *Cubicle* (kiúbikol) → Cubículo

☞ Each employee has their own **cubicle** to work.

(Cada empleado tiene su propio cubículo para trabajar.)

3 1 *Reception desk* (risépshon déssk) → Mostrador de recepción

☞ Visitors must check in at the **reception desk**.

(Los visitantes deben registrarse en el mostrador de recepción.)

3 2 *Break room* (bréik rúum) → Sala de descanso

☞ Employees take their coffee in the **break room**.

(Los empleados toman su café en la sala de descanso.)

3 3 *Air conditioner* (ér kondíshoner) → Aire acondicionado

☞ The **air conditioner** keeps the office cool.

(El aire acondicionado mantiene la oficina fresca.)

3 4 *Filing cabinet* (fáilin kábinet) → Archivador

☞ *The contracts are in the **filing cabinet**.*
(Los contratos están en el archivador.)

3 5 ***Clock*** (klók) → Reloj

☞ *There is a wall **clock** in every room.*
(Hay un reloj de pared en cada habitación.)

3 6 ***ID badge*** (ai-di báyich) → Tarjeta de identificación

☞ *Employees need their **ID badge** to enter the office.*
(Los empleados necesitan su tarjeta de identificación para entrar a la oficina.)

3 7 ***Clipboard*** (klíp-bórd) → Portapapeles

☞ *The manager walked in with a **clipboard** in his hands.*
(El gerente entró con un portapapeles en sus manos.)

3 8 ***Coffee machine*** (kófi mashín) → Máquina de café

☞ *The **coffee machine** is in the break room.*
(La máquina de café está en la sala de descanso.)

3 9 ***Security camera*** (sikiúrity kámera) → Cámara de seguridad

☞ *There are **security cameras** in the main office.*
(Hay cámaras de seguridad en la oficina principal.)

4 0 ***Door sign*** (dór sáin) → Letrero de puerta

☞ *The **door sign** says "Meeting in Progress".*
(El letrero de la puerta dice "Reunión en progreso".)

¡Ahora practica usándolas en frases propias!

EJERCICIOS PRÁCTICOS: COMPLETA LAS ORACIONES CON UNA PALABRA O EXPRESIÓN DEL CAPÍTULO 8

A continuación, completa las siguientes oraciones con la palabra o expresión correcta que hemos aprendido en este capítulo sobre **el ambiente laboral, descripción de trabajos y objetos de oficina en inglés**. Recuerda que en algunos casos **puede haber más de una respuesta correcta**.

> ✎ ¡Ojo! (si estás en versión eBook) Como en el eBook no se puede escribir directamente, toma tu cuaderno favorito o una hoja suelta para apuntar tus respuestas. Así lo aprovechas al máximo y aprendes mucho más. ¡Manos a la obra!

1 I need a comfortable _____ to work at my desk all day.
(Necesito una _____ cómoda para trabajar en mi escritorio todo el día.)

2 Our boss scheduled a _____ for tomorrow morning at 9 a.m.
(Nuestro jefe programó una _____ para mañana a las 9 a.m.)

3 Can you print this document using the _____?
_*(¿Puedes imprimir este documento usando la _____?)*

4 My job is very _____, I have to use my imagination a lot.
_*(Mi trabajo es muy _____, tengo que usar mucho mi imaginación.)*

5 She just got a _____ and is now the team leader.
(Ella acaba de recibir un _____ y ahora es la líder del equipo.)

6 I always carry a _____ to write down important notes.
(Siempre llevo un _____ para escribir notas importantes.)

7 John works in the finance _____ of the company.

(John trabaja en el _____ de finanzas de la empresa.)

Instrucciones: Intenta completar cada oración con lo que has aprendido en este capítulo sobre **vocabulario laboral, descripción de trabajos y objetos de oficina en inglés.**

¡Practica y pon a prueba lo que has aprendido!

———

RESPUESTAS DE LOS EJERCICIOS

Aquí tienes las respuestas correctas para completar las oraciones del ejercicio anterior. Recuerda que en algunos casos, **puede haber más de una opción correcta.**

1 **I need a comfortable *chair* to work at my desk all day.**

*(Necesito una **silla** cómoda para trabajar en mi escritorio todo el día.)*

2 **Our boss scheduled a *meeting* for tomorrow morning at 9 a.m.**

*(Nuestro jefe programó una **reunión** para mañana a las 9 a.m.)*

3 **Can you print this document using the *printer*?**

*(¿Puedes imprimir este documento usando la **impresora**?)*

4 **My job is very *creative*, I have to use my imagination a lot.**

*(Mi trabajo es muy **creativo**, tengo que usar mucho mi imaginación.)*

5 **She just got a *promotion* and is now the team leader.**

*(Ella acaba de recibir un **ascenso** y ahora es la líder del equipo.)*

6 **I always carry a *notepad* to write down important notes.**

*(Siempre llevo un **bloc de notas** para escribir notas importantes.)*

7 **John works in the finance *department* of the company.**

*(John trabaja en el **departamento** de finanzas de la empresa.)*

Consejo: Si alguna respuesta te tomó por sorpresa, ¡repasa el capítulo y vuelve a intentarlo! **La práctica hace al maestro.**

———

AUDIOLIBRO DE PRONUNCIACIÓN BOOK 2- CHAPTER 2

Usa estos audios a tu favor. **Escucha, repite, imita la pronunciación y pierde el miedo a hablar.**

BOOK 2 - CHAPTER 2

CAPÍTULO 9
HELP! I NEED SOMEBODY

VOCABULARIO PARA SITUACIONES DE URGENCIA Y PELIGRO

Saber cómo comunicarte en inglés en situaciones de **emergencia o peligro** puede ser clave para pedir ayuda y mantenerte seguro. Aquí tienes **30 palabras esenciales** con su pronunciación y un ejemplo en contexto para que las aprendas y las pongas en práctica.

1. **Emergency** (imérllensi) → Emergencia
   *Call 911! This is an **emergency**!*
   (¡Llama al 911! ¡Esto es una emergencia!)

2. **Help** (jélp) → Ayuda
   *Please, **help** me! I can't move my leg!*
   (¡Por favor, ayúdame! ¡No puedo mover mi pierna!)

3. **Danger** (déin-yer) → Peligro
   *Stay away! There's a lot of **danger** ahead.*
   (¡Aléjate! Hay mucho **peligro** adelante.)

4. **Accident** (áksident) → Accidente
   *There was a car **accident** on the highway.*
   (Hubo un **accidente** de auto en la carretera.)

5. **Fire** (fáier) → Fuego, incendio
   *There's a **fire** in the building! Evacuate now!*
   (¡Hay un **incendio** en el edificio! ¡Evacuen ahora!)

6. **Smoke** (smóuk) → Humo
   *I see **smoke** coming from that house.*
   (Veo **humo** saliendo de esa casa.)

7. **Police** (polís) → Policía
   *We need to call the **police** right away.*
   (Necesitamos llamar a la **policía** de inmediato.)

8. **Ambulance** (ámbiulans) → Ambulancia

☞ *Call an **ambulance**! He's unconscious!*
*(¡Llama a una **ambulancia**! ¡Está inconsciente!)*

9 **Paramedic** (paramédic) → Paramédico

☞ *The **paramedics** arrived quickly to help the injured man.*
*(Los **paramédicos** llegaron rápido para ayudar al hombre herido.)*

10 **Doctor** (dóktor) → Doctor

☞ *I need a **doctor**! My friend is not breathing.*
*(¡Necesito un **doctor**! Mi amigo no está respirando.)*

11 **Hospital** (hóspital) → Hospital

☞ *She was taken to the **hospital** after the accident.*
*(La llevaron al **hospital** después del accidente.)*

12 **First aid** (férst eid) → Primeros auxilios

☞ *Do you know how to give **first aid**?*
*(¿Sabes cómo dar **primeros auxilios**?)*

13 **CPR (Cardiopulmonary Resuscitation)** (si-pi-ar) → RCP (Reanimación cardiopulmonar)

☞ *He performed **CPR** until the paramedics arrived.*
*(Realizó **RCP** hasta que llegaron los paramédicos.)*

14 **Bleeding** (blíiding) → Sangrado

☞ *He's **bleeding** a lot! We need to stop it!*
*(¡Está **sangrando** mucho! ¡Tenemos que detenerlo!)*

15 **Unconscious** (ankónshes) → Inconsciente

☞ *He hit his head and is now **unconscious**.*
*(Se golpeó la cabeza y ahora está **inconsciente**.)*

16 **Faint** (féint) → Desmayarse

☞ *She felt dizzy and **fainted** in the middle of the store.*
*(Se sintió mareada y **se desmayó** en medio de la tienda.)*

17 **Pain** (péin) → Dolor

☞ *I have a sharp **pain** in my chest.*
*(Tengo un **dolor** fuerte en el pecho.)*

18 **Burn** (bérn) → Quemadura

☞ *He got a **burn** from touching the hot pan.*
*(Se hizo una **quemadura** al tocar la sartén caliente.)*

19 **Fracture** (frákshur) → Fractura

☞ *The X-ray showed a **fracture** in his arm.*
*(La radiografía mostró una **fractura** en su brazo.)*

20 **Poison** (póison) → Veneno, intoxicación

☞ *He accidentally drank something with **poison**!*
*(¡Bebió algo con **veneno** por accidente!)*

21 **Allergy** (ál-erllii) → Alergia

☞ *I have a severe **allergy** to peanuts.*
*(Tengo una **alergia** severa a los cacahuates.)*

22 **Drowning** (dráuning) → Ahogamiento

☞ *Someone is **drowning** in the pool! Call for help!*

*(¡Alguien se está **ahogando** en la piscina! ¡Pide ayuda!)*

2 3 *Choking* (chóuking) → Asfixia, atragantamiento

*She started **choking** on a piece of food.*

*(Ella empezó a **atragantarse** con un pedazo de comida.)*

2 4 *Rescue* (réskiu) → Rescatar, rescate

*The firefighters came to **rescue** the trapped people.*

*(Los bomberos vinieron a **rescatar** a las personas atrapadas.)*

2 5 *Safe* (séif) → Seguro/a

*Are you **safe**? Where are you?*

*(¿Estás **seguro**? ¿Dónde estás?)*

2 6 *Evacuate* (ivákiueit) → Evacuar

*We have to **evacuate** the building immediately.*

*(Tenemos que **evacuar** el edificio inmediatamente.)*

2 7 *Alarm* (alárm) → Alarma

*The fire **alarm** went off at midnight.*

*(La **alarma** de incendios sonó a la medianoche.)*

2 8 *Explosion* (eksplóushon) → Explosión

*There was a gas **explosion** in the kitchen.*

*(Hubo una **explosión** de gas en la cocina.)*

2 9 *Shelter* (shélter) → Refugio

*We need to find a **shelter** before the storm gets worse.*

*(Necesitamos encontrar un **refugio** antes de que la tormenta empeore.)*

3 0 *Survive* (serváiv) → Sobrevivir

*He managed to **survive** the accident with minor injuries.*

*(Logró **sobrevivir** al accidente con heridas leves.)*

Notas importantes

☑ **Expresiones útiles en emergencias:**

◆ *I need help!* → (¡Necesito ayuda!)

◆ *Call an ambulance!* → (¡Llama una ambulancia!)

◆ *There's been an accident!* → (¡Ha habido un accidente!)

◆ *Stay calm, help is coming.* → (Mantente calmado, la ayuda está en camino.)

◆ *Is anyone hurt?* → (¿Alguien está herido?)

Estas palabras y frases te pueden ayudar **en situaciones de peligro o emergencia. Practícalas y úsalas en contextos reales para mejorar tu inglés!** 🚀 🔥

VOCABULARIO SOBRE PARTES DEL CUERPO EN INGLÉS

Conocer las partes del cuerpo en inglés es fundamental para describir síntomas, pedir ayuda médica o simplemente hablar sobre anatomía. Aquí tienes **30 palabras esenciales** con su pronunciación y un ejemplo en contexto.

1 *Head* (jéd) → Cabeza

*I have a headache. My **head** hurts.*

*(Tengo dolor de cabeza. Me duele la **cabeza**.)*

2 *Face* (féis) → Cara

*She has a beautiful **face**.*

*(Ella tiene una **cara** hermosa.)*

3 **Eye** (ai) → Ojo

*My left **eye** is irritated.*

*(Mi **ojo** izquierdo está irritado.)*

4 **Ear** (íir) → Oreja

*I can't hear well in my right **ear**.*

*(No puedo escuchar bien con mi **oreja** derecha.)*

5 **Nose** (nóus) → Nariz

*His **nose** is bleeding.*

*(Le sangra la **nariz**.)*

6 **Mouth** (máuth) → Boca

*Open your **mouth** and say "Ahh".*

*(Abre la **boca** y di "Ahh".)*

7 **Tooth** (túuth) → Diente

*I have a **tooth**ache.*

*(Tengo dolor de **diente**.)*

8 **Tongue** (táng) → Lengua

*He accidentally bit his **tongue**.*

*(Se mordió la **lengua** por accidente.)*

9 **Cheek** (chíik) → Mejilla

*She kissed me on the **cheek**.*

*(Me besó en la **mejilla**.)*

10 **Chin** (chín) → Barbilla

*He has a scar on his **chin**.*

*(Tiene una cicatriz en la **barbilla**.)*

11 **Neck** (nék) → Cuello

*I have a stiff **neck** from sleeping wrong.*

*(Tengo el **cuello** rígido por dormir mal.)*

12 **Shoulder** (shóulder) → Hombro

*I carry my bag on my right **shoulder**.*

*(Llevo mi bolso en mi **hombro** derecho.)*

13 **Arm** (árm) → Brazo

*He broke his **arm** while playing soccer.*

*(Se rompió el **brazo** mientras jugaba fútbol.)*

14 **Elbow** (élbou) → Codo

*I hit my **elbow** on the table.*

*(Me golpeé el **codo** con la mesa.)*

15 **Hand** (jánd) → Mano

*Shake my **hand**.*

*(Dame la **mano**.)*

16 **Finger** (fínger) → Dedo

*She cut her **finger** while cooking.*

*(Se cortó el **dedo** mientras cocinaba.)*

17 **Thumb** (zám) → Pulgar

*I hurt my **thumb** playing basketball.*

*(Me lastimé el **pulgar** jugando baloncesto.)*

18 *Chest* (chést) → Pecho

He has a pain in his chest.

(Tiene un dolor en el **pecho**.)

19 *Back* (bák) → Espalda

My back hurts from sitting too long.

(Me duele la **espalda** por estar sentado mucho tiempo.)

20 *Waist* (uéist) → Cintura

She has a slim waist.

(Ella tiene una **cintura** delgada.)

21 *Stomach* (stómak) → Estómago

I have a stomach ache.

(Tengo dolor de **estómago**.)

22 *Hip* (jip) → Cadera

He injured his hip while running.

(Se lastimó la **cadera** mientras corría.)

23 *Leg* (lég) → Pierna

She broke her leg skiing.

(Se rompió la **pierna** esquiando.)

24 *Knee* (ní) → Rodilla

I fell and hurt my knee.

(Me caí y me lastimé la **rodilla**.)

25 *Ankle* (ánkol) → Tobillo

I twisted my ankle during the game.

(Me torcí el **tobillo** durante el partido.)

26 *Foot* (fút) → Pie

My left foot is swollen.

(Mi **pie** izquierdo está hinchado.)

27 *Toe* (tóu) → Dedo del pie

She stubbed her toe on the table.

(Se golpeó el **dedo del pie** con la mesa.)

28 *Skin* (skín) → Piel

She has very sensitive skin.

(Ella tiene la **piel** muy sensible.)

29 *Bone* (bóun) → Hueso

He broke a bone in his hand.

(Se rompió un **hueso** en la mano.)

30 *Muscle* (másol) → Músculo

I need to stretch my muscles after working out.

(Necesito estirar mis **músculos** después de hacer ejercicio.)

Notas importantes

☑ **Expresiones útiles relacionadas con el cuerpo:**

◆ *I have a headache.* → (Tengo dolor de cabeza.)

◆ *My back hurts.* → (Me duele la espalda.)

◆ *She has a broken arm.* → (Ella tiene un brazo roto.)

◆ *He sprained his ankle.* → (Él se torció el tobillo.)

◆ *I cut my finger while cooking.* → (Me corté el dedo mientras cocinaba.)

Este vocabulario es **esencial para describir síntomas, expresar dolor o hablar sobre partes del cuerpo en inglés. Practica y pon a prueba lo que has aprendido!**

PROFESIONES A LAS QUE ACUDIR EN CASO DE EMERGENCIA

En situaciones de **urgencia o peligro**, es fundamental conocer las profesiones de las personas que pueden **brindar ayuda**. Aquí tienes **30 profesiones esenciales** con su **pronunciación** y un **ejemplo en contexto** para que puedas aprenderlas y usarlas correctamente.

1 *Doctor* (dóktor) → Doctor, médico
   *You should see a **doctor** if you feel sick.*
   *(Deberías ver a un **doctor** si te sientes enfermo.)*
   2 *Nurse* (nérs) → Enfermero/a
   *The **nurse** took my blood pressure.*
   *(La **enfermera** me tomó la presión.)*
   3 *Paramedic* (paramédic) → Paramédico
   *The **paramedics** arrived in less than five minutes.*
   *(Los **paramédicos** llegaron en menos de cinco minutos.)*
   4 *Surgeon* (sérllon) → Cirujano/a
   *The **surgeon** performed a complicated operation.*
   *(El **cirujano** realizó una operación complicada.)*
   5 *Firefighter* (fáier-faier) → Bombero/a
   *The **firefighters** put out the fire quickly.*
   *(Los **bomberos** apagaron el incendio rápidamente.)*
   6 *Police officer* (polís ófiser) → Oficial de policía
   *A **police officer** helped us find our lost child.*
   *(Un **oficial de policía** nos ayudó a encontrar a nuestro hijo perdido.)*
   7 *Detective* (ditéktiv) → Detective
   *The **detective** is investigating the case.*
   *(El **detective** está investigando el caso.)*
   8 *Security guard* (sikiúrity gard) → Guardia de seguridad
   *A **security guard** is always at the entrance.*
   *(Un **guardia de seguridad** está siempre en la entrada.)*
   9 *Lifeguard* (láif-gard) → Salvavidas
   *The **lifeguard** saved the drowning child.*
   *(El **salvavidas** rescató al niño que se estaba ahogando.)*
   10 *EMT (Emergency Medical Technician)* (í-em-tí) → Técnico en emergencias médicas
   *The **EMT** stabilized the patient before taking him to the hospital.*
   *(El **técnico en emergencias médicas** estabilizó al paciente antes de llevarlo al hospital.)*

11 *Pharmacist* (fármasist) → Farmacéutico/a
   *The **pharmacist** recommended a painkiller for my headache.*

*(El **farmacéutico** me recomendó un analgésico para mi dolor de cabeza.)*

1 2 *Psychologist* (saikólollist) → Psicólogo/a

☞ A **psychologist** can help you manage stress.

*(Un **psicólogo** puede ayudarte a manejar el estrés.)*

1 3 *Psychiatrist* (saikáiatríst) → Psiquiatra

☞ He sees a **psychiatrist** for anxiety treatment.

*(Él ve a un **psiquiatra** para tratar la ansiedad.)*

1 4 *Dentist* (déntist) → Dentista

☞ I have an appointment with the **dentist** tomorrow.

*(Tengo una cita con el **dentista** mañana.)*

1 5 *Ophthalmologist* (óftalmóllist) → Oftalmólogo/a

☞ The **ophthalmologist** checked my vision.

*(El **oftalmólogo** revisó mi visión.)*

1 6 *Optometrist* (optómetrist) → Optometrista

☞ An **optometrist** can prescribe glasses for you.

*(Un **optometrista** puede recetarte gafas.)*

1 7 *Cardiologist* (cardióllist) → Cardiólogo/a

☞ The **cardiologist** specializes in heart diseases.

*(El **cardiólogo** se especializa en enfermedades del corazón.)*

1 8 *Pediatrician* (pídiatrishan) → Pediatra

☞ The **pediatrician** checked my baby's health.

*(El **pediatra** revisó la salud de mi bebé.)*

1 9 *Neurologist* (niuróllist) → Neurólogo/a

☞ The **neurologist** diagnosed him with a nerve condition.

*(El **neurólogo** le diagnosticó una afección nerviosa.)*

2 0 *Orthopedic surgeon* (ortopídic sérllon) → Cirujano ortopédico

☞ He needed an **orthopedic surgeon** for his broken leg.

*(Necesitó un **cirujano ortopédico** para su pierna rota.)*

2 1 *Anesthesiologist* (anestisióllist) → Anestesiólogo/a

☞ The **anesthesiologist** administered the anesthesia before surgery.

*(El **anestesiólogo** administró la anestesia antes de la cirugía.)*

2 2 *Midwife* (míd-uáif) → Partera

☞ The **midwife** helped deliver the baby safely.

*(La **partera** ayudó a dar a luz al bebé de forma segura.)*

2 3 *Veterinarian* (vet-erinérrian) → Veterinario/a

☞ The **veterinarian** treated my sick dog.

*(El **veterinario** trató a mi perro enfermo.)*

2 4 *Social worker* (sóushal uórker) → Trabajador/a social

☞ A **social worker** helped the homeless family find shelter.

*(Un **trabajador social** ayudó a la familia sin hogar a encontrar refugio.)*

2 5 *Rescue worker* (réskiu uórker) → Rescatista

☞ The **rescue worker** saved people trapped under the rubble.

*(El **rescatista** salvó a personas atrapadas bajo los escombros.)*

2 6 *Disaster response team* (disáster rispóns tím) → Equipo de respuesta ante desastres

☞ The **disaster response team** arrived after the earthquake.

*(El **equipo de respuesta ante desastres** llegó después del terremoto.)*

27 *Helicopter pilot* (jélicópter páilot) → Piloto de helicóptero de rescate

*The **helicopter pilot** transported the injured man to the hospital.*

(El **piloto de helicóptero** transportó al hombre herido al hospital.)

28 *Emergency dispatcher* (imérllensi dispátcher) → Operador/a de emergencias

*The **dispatcher** sent an ambulance immediately.*

(El **operador de emergencias** envió una ambulancia de inmediato.)

29 *Forensic scientist* (forénsic sáientist) → Científico forense

*The **forensic scientist** analyzed the crime scene evidence.*

(El **científico forense** analizó las pruebas de la escena del crimen.)

30 *Coroner* (kóroner) → Médico forense

*The **coroner** confirmed the cause of death.*

(El **médico forense** confirmó la causa de la muerte.)

Frases útiles para emergencias con profesionales

◆ *Call an ambulance!* → (¡Llama una ambulancia!)

◆ *I need to see a doctor.* → (Necesito ver a un doctor.)

◆ *Where is the nearest hospital?* → (¿Dónde está el hospital más cercano?)

◆ *Is there a police officer nearby?* → (¿Hay un oficial de policía cerca?)

◆ *I need a firefighter, there's a fire!* → (¡Necesito un bombero, hay un incendio!)

Con este vocabulario podrás **describir situaciones de emergencia y pedir ayuda correctamente en inglés. Practica y pon a prueba lo que has aprendido!**

20 FRASES PARA PEDIR AYUDA EN INGLÉS

En situaciones de **emergencia o peligro**, es fundamental **saber cómo pedir ayuda en inglés** de manera clara y efectiva. Aquí tienes **20 frases esenciales**, con su **pronunciación**, su **traducción** y un **ejemplo en contexto** para que las aprendas y puedas utilizarlas en el momento adecuado.

1 *"Help!"* (jélp) → ¡Ayuda!

*"Someone, **help**! My friend just collapsed!"*

(¡Alguien, **ayuda**! ¡Mi amigo acaba de desmayarse!)

2 *"Call an ambulance!"* (kól an ámbiulans) → ¡Llama una ambulancia!

*"He's unconscious! **Call an ambulance** now!"*

(¡Está inconsciente! ¡**Llama una ambulancia** ahora!)

3 *"I need a doctor!"* (ai níid a dóktor) → ¡Necesito un doctor!

*"My son has a high fever! **I need a doctor** immediately!"*

(¡Mi hijo tiene fiebre alta! ¡**Necesito un doctor** de inmediato!)

4 *"Call the police!"* (kól de polís) → ¡Llama a la policía!

*"Someone stole my wallet! **Call the police**!"*

(¡Alguien me robó la billetera! ¡**Llama a la policía**!)

5 *"There's been an accident!"* (déers bin an áksident) → ¡Ha habido un accidente!

*"Stop the car! **There's been an accident** on the highway!"*

(¡Detén el auto! ¡**Ha habido un accidente** en la carretera!)

6 *"I'm lost!"* (aim lóst) → ¡Estoy perdido/a!

*"Excuse me, **I'm lost**. Can you help me find my hotel?"*

*(Disculpe, **estoy perdido**. ¿Puede ayudarme a encontrar mi hotel?)*

7 _"I don't feel well."** (ai dóunt ffil wél) → No me siento bien.

☞ *"I feel dizzy and my chest hurts. **I don't feel well.**"*

*(Me siento mareado y me duele el pecho. **No me siento bien.**)*

8 *"Can you help me?"* (kan iú jélp mi) → ¿Puedes ayudarme?

☞ *"My phone is dead. **Can you help me** find a taxi?"*

*(Mi teléfono está apagado. **¿Puedes ayudarme** a encontrar un taxi?)*

9 _"I need to go to the hospital."** (ai níid tu góu tu de hós-pital) → Necesito ir al hospital.

☞ *"I cut my hand badly. **I need to go to the hospital.**"*

*(Me corté la mano gravemente. **Necesito ir al hospital.**)*

10 _"My car broke down."** (mai kár bróuk dáun) → Mi auto se averió.

☞ *"I'm stuck on the highway. **My car broke down** and I need help."*

*(Estoy atrapado en la carretera. **Mi auto se averió** y necesito ayuda.)*

11 _"I think someone is following me."** (ai zink sámguán is fólo-uing mi) → Creo que alguien me está siguiendo.

☞ *"I feel unsafe. **I think someone is following me.**"*

*(Me siento inseguro. **Creo que alguien me está siguiendo.**)*

12 _"There's a fire!"** (déers a fáier) → ¡Hay un incendio!

☞ *"Evacuate the building! **There's a fire** in the kitchen!"*

*(¡Evacuen el edificio! **¡Hay un incendio** en la cocina!)*

13 _"Please hurry!"** (plís jórry) → ¡Por favor, rápido!

☞ *"She is having trouble breathing. **Please hurry!**"*

*(¡Ella tiene problemas para respirar! **¡Por favor, rápido!**)*

14 _"Does anyone speak Spanish?"** (dóz éni-uán spíik spánish?) → ¿Alguien habla español?

☞ *"I'm having trouble understanding. **Does anyone speak Spanish?**"*

*(Tengo problemas para entender. **¿Alguien habla español?**)*

15 _"Be careful!"** (bí kérful) → ¡Ten cuidado!

☞ *"That floor is wet! **Be careful** or you'll slip!"*

*(¡Ese piso está mojado! **¡Ten cuidado** o te resbalarás!)*

16 _"I have an emergency!"** (ai jáv an imérllensi) → ¡Tengo una emergencia!

☞ *"I need to use your phone, **I have an emergency!**"*

*(Necesito usar tu teléfono, **¡tengo una emergencia!**)*

17 _"Someone stole my bag!"** (sámguán stóul mai bág) → ¡Alguien robó mi bolso!

☞ *"Help! **Someone stole my bag** at the train station!"*

*(¡Ayuda! **Alguien robó mi bolso** en la estación de tren.)*

18 _"I was attacked!"** (ai uás atákt) → ¡Fui atacado/a!

☞ *"I need the police. **I was attacked** near my hotel."*

*(Necesito a la policía. **Fui atacado** cerca de mi hotel.)*

19 _"Can you call 911 for me?"** (kan iú kól náin-uán-uán for mi?) → ¿Puedes llamar al 911 por mí?

☞ *"I don't have my phone. **Can you call 911 for me?**"*

*(No tengo mi teléfono. **¿Puedes llamar al 911 por mí?**)*

20 _"Where is the nearest police station?"** (uér is de níarest polís stéishon?) → ¿Dónde está la estación de policía más cercana?

☞ *"I need to report a crime. **Where is the nearest police station?**"*

*(Necesito denunciar un delito. **¿Dónde está la estación de policía más cercana?**)*

. . .

Notas importantes

☑ **Expresiones útiles en emergencias:**

◆ *Call an ambulance!* → (¡Llama una ambulancia!)

◆ *There's been an accident!* → (¡Ha habido un accidente!)

◆ *Please help me!* → (¡Por favor, ayúdame!)

◆ *I don't feel well.* → (No me siento bien.)

◆ *Where is the hospital?* → (¿Dónde está el hospital?)

◆ *Can you call 911?* → (¿Puedes llamar al 911?)

Con estas frases, estarás preparado para pedir ayuda en **cualquier emergencia. ¡Practica y tenlas a la mano!**

———

EJERCICIOS PRÁCTICOS: COMPLETA LAS ORACIONES CON UNA PALABRA O EXPRESIÓN DEL CAPÍTULO 9

A continuación, completa las siguientes oraciones con la palabra o expresión correcta que hemos aprendido en este capítulo sobre **emergencias, profesiones de ayuda, partes del cuerpo y cómo pedir ayuda en inglés.** Recuerda que en algunos casos **puede haber más de una respuesta correcta.**

> ✎ ¡Ojo! (si estás en versión eBook) Como en el eBook no se puede escribir directamente, toma tu cuaderno favorito o una hoja suelta para apuntar tus respuestas. Así lo aprovechas al máximo y aprendes mucho más. ¡Manos a la obra!

1 **I need to go to the _____ because I have a serious injury.**

(*Necesito ir al _____ porque tengo una lesión grave.*)

2 **The _____ arrived quickly and helped the injured man.**

(*El _____ llegó rápidamente y ayudó al hombre herido.*)

3 **Call the _____! There's a fire in the building!**

_(¡Llama a los _____! ¡Hay un incendio en el edificio!)

4 **My _____ is swollen after I twisted it playing soccer.**

(*Mi _____ está hinchado después de torcérmelo jugando fútbol.*)

5 **Help! Someone _____ my phone while I was in the store!**

(*¡Ayuda! Alguien _____ mi teléfono mientras estaba en la tienda.*)

6 **My friend suddenly collapsed and is now _____.**

_(Mi amigo de repente se desmayó y ahora está _____.)

7 **I think I broke a _____ in my arm.**

(*Creo que me rompí un _____ en el brazo.*)

Instrucciones: Intenta completar cada oración con lo que has aprendido en este capítulo sobre **vocabulario de emergencias, profesiones de ayuda, partes del cuerpo y cómo pedir ayuda en inglés.**

¡Practica y pon a prueba lo que has aprendido!

———

RESPUESTAS DE LOS EJERCICIOS DEL CAPÍTULO 3

Aquí tienes las respuestas correctas para completar las oraciones del ejercicio anterior. Recuerda que en algunos casos, **puede haber más de una opción correcta.**

1 **I need to go to the *hospital* because I have a serious injury.**
   (*Necesito ir al **hospital** porque tengo una lesión grave.*)
   2 **The *paramedics* arrived quickly and helped the injured man.**
   (*Los **paramédicos** llegaron rápidamente y ayudaron al hombre herido.*)
   3 **Call the *firefighters* ! There's a fire in the building!**
   (*¡Llama a los **bomberos**! ¡Hay un incendio en el edificio!*)
   4 **My *ankle* is swollen after I twisted it playing soccer.**
   (*Mi **tobillo** está hinchado después de torcérmelo jugando fútbol.*)
   5 **Help! Someone *stole* my phone while I was in the store!**
   (*¡Ayuda! ¡Alguien **robó** mi teléfono mientras estaba en la tienda!*)
   6 **My friend suddenly collapsed and is now *unconscious* .**
   (*Mi amigo de repente se desmayó y ahora está **inconsciente**.*)
   7 **I think I broke a *bone* in my arm.**
   (*Creo que me rompí un **hueso** en el brazo.*)
   ¡Bien hecho!
   Si alguna respuesta te tomó por sorpresa, **repasa el capítulo y vuelve a intentarlo. La práctica te ayudará a dominar el inglés en situaciones de emergencia.**

AUDIOLIBRO DE PRONUNCIACIÓN BOOK 2- CHAPTER 3

Usa estos audios a tu favor. **Escucha, repite, imita la pronunciación y pierde el miedo a hablar.** Cuanto más te expongas al inglés, más rápido mejorarás. ¡Tu inglés fluido está a solo unos clics de distancia! 🚀📱

BOOK 2 - CHAPTER 3

CAPÍTULO 10
¿HACE FRÍO? ¿HACE CALOR?

LAS 4 ESTACIONES EN INGLÉS

El año está dividido en **cuatro estaciones**, cada una con sus propias características climáticas y eventos especiales. A continuación, aprenderemos sus nombres en inglés, cómo se pronuncian y ejemplos prácticos de uso en contexto.

1. *Spring* (spríng) → **Primavera**
   Spring is my favorite season because everything blooms.
   (La primavera es mi estación favorita porque todo florece.)
   In spring, the weather is warm and flowers start to grow.
   (En primavera, el clima es cálido y las flores comienzan a crecer.)
   Spring usually lasts from March to June in the Northern Hemisphere.
   (La primavera generalmente dura de marzo a junio en el hemisferio norte.)

2. *Summer* (sámer) → **Verano**
   Summer is the best time to go to the beach.
   (El verano es el mejor momento para ir a la playa.)
   During summer, the days are longer and the nights are shorter.
   (Durante el verano, los días son más largos y las noches más cortas.)
   In many countries, children have school vacations in summer.
   (En muchos países, los niños tienen vacaciones escolares en verano.)

3. *Autumn / Fall* (ótoom / fál) → **Otoño**
   Autumn is also called fall in the United States.
   (El otoño también se llama **fall** en Estados Unidos.)
   During autumn, leaves change colors and fall from the trees.

(Durante el otoño, las hojas cambian de color y caen de los árboles.)
☞ *Autumn is a season of cool weather and beautiful landscapes.*
(El otoño es una estación de clima fresco y paisajes hermosos.)

4 *Winter* **(uíntor)** → **Invierno**
☞ *Winter is the coldest season of the year.*
(El invierno es la estación más fría del año.)
☞ *In some countries, it snows a lot during winter.*
*(En algunos países, **nieva mucho** durante el invierno.)*
☞ *People usually wear coats and scarves in winter.*
(Las personas suelen usar abrigos y bufandas en invierno.)

Notas importantes
☑ En inglés, **las estaciones siempre se escriben con minúscula**, a menos que sean la primera palabra de una oración.
☑ **"Fall"** y **"Autumn"** significan lo mismo, pero **"Fall"** es más común en Estados Unidos, mientras que **"Autumn"** se usa más en Reino Unido.
☑ Cada estación tiene su propio clima y actividades típicas, que veremos más adelante en este capítulo.
¡Practica usando estas palabras en frases propias!

10 PREGUNTAS EN INGLÉS SOBRE EL CLIMA

Hablar sobre el **clima** es una excelente manera de iniciar una conversación. Aquí tienes **10 preguntas comunes** que puedes usar para preguntar sobre el tiempo, junto con su **pronunciación** y **traducción**.

1 *"How's the weather today?"* (jáus de uéder tudéi?)
🔊 *¿Cómo está el clima hoy?*
☞ *"How's the weather today?"*
"It's sunny and warm." (Hace sol y está cálido.)
2 *"What's the weather like in your country?"* (uáts de uéder láik in iór kántri?)
🔊 *¿Cómo es el clima en tu país?*
☞ *"What's the weather like in your country?"*
"It's mostly warm, but winters can be cold." (Generalmente es cálido, pero los inviernos pueden ser fríos.)
3 *"What's your favorite season?"* (uáts iór féivorit síson?)
🔊 *¿Cuál es tu estación favorita?*
☞ *"What's your favorite season?"*
"I love summer because I can go to the beach." (Me encanta el verano porque puedo ir a la playa.)
4 *"Does it snow in your city?"* (dóes it snóu in iór síti?)
🔊 *¿Nieva en tu ciudad?*
☞ *"Does it snow in your city?"*
"Yes, every winter we get a lot of snow." (Sí, cada invierno cae mucha nieve.)
5 *"What's the temperature today?"* (uáts de témpricher tudéi?)
🔊 *¿Cuál es la temperatura hoy?*
☞ *"What's the temperature today?"*
"It's 25 degrees Celsius." (Son 25 grados Celsius.)

6 ***"Is it raining outside?"*** (is it réinin áutsáid?)

🗨 *¿Está lloviendo afuera?*

👉 *"Is it raining outside?"*

"No, but it looks like it might rain later." *(No, pero parece que podría llover más tarde.)*

7 ***"How hot does it get in the summer?"*** (jáu jot dóes it guét in de sámer?)

🗨 *¿Qué tan caluroso se pone el verano?*

👉 *"How hot does it get in the summer?"*

"Sometimes it reaches 40 degrees Celsius!" *(¡A veces llega a los 40 grados Celsius!)*

8 ***"Do you like cold weather?"*** (dú iú láik cóuld uéder?)

🗨 *¿Te gusta el clima frío?*

👉 *"Do you like cold weather?"*

"Not really, I prefer warm and sunny days." *(No mucho, prefiero los días cálidos y soleados.)*

9 ***"What do you usually wear in winter?"*** (uát dú iú yúshuali uér in uíntor?)

🗨 *¿Qué sueles usar en invierno?*

👉 *"What do you usually wear in winter?"*

"I wear a coat, gloves, and a scarf." *(Uso un abrigo, guantes y una bufanda.)*

10 ***"Does it get very windy in your area?"*** (dóes it guét véri uíndi in iór éria?)

🗨 *¿Se pone muy ventoso en tu zona?*

👉 *"Does it get very windy in your area?"*

"Yes, especially in autumn." *(Sí, especialmente en otoño.)*

Practica estas preguntas y úsalas en conversaciones diarias

◆ Intenta responderlas con tu propia experiencia.
   ◆ Úsalas para hablar sobre el clima con nativos o compañeros de aprendizaje.
   ◆ ¡Aprender a hablar del clima te ayudará a mejorar tu fluidez!

20 PRENDAS DE ROPA PARA DIFERENTES CLIMAS

Dependiendo del clima, usamos diferentes tipos de ropa. Aquí tienes **20 palabras esenciales** para hablar de **prendas de vestir** en inglés, con su **pronunciación**, **traducción** y **ejemplo en contexto**.

😎 **Ropa para climas cálidos**

1 ***T-shirt*** (tí-shert) → Camiseta

👉 *I always wear a **T-shirt** in summer because it's too hot.*

*(Siempre uso una **camiseta** en verano porque hace demasiado calor.)*

2 ***Shorts*** (shórts) → Pantalones cortos

👉 *He packed three pairs of **shorts** for his trip to the beach.*

*(Empacó tres pares de **pantalones cortos** para su viaje a la playa.)*

3 ***Tank top*** (tánk top) → Camiseta sin mangas

👉 *A **tank top** is perfect for hot weather.*

*(Una **camiseta sin mangas** es perfecta para el clima caluroso.)*

4 ***Flip-flops*** (flíp-flops) → Sandalias / Chancletas

👉 *I always wear **flip-flops** at the beach.*

*(Siempre uso **sandalias** en la playa.)*

5 **Swimsuit** (suím-sút) → Traje de baño

*I bought a new **swimsuit** for summer vacation.*

*(Compré un nuevo **traje de baño** para las vacaciones de verano.)*

6 **Sunglasses** (sánglases) → Gafas de sol

*Don't forget your **sunglasses**! The sun is too bright.*

*(¡No olvides tus **gafas de sol**! El sol está muy fuerte.)*

7 **Hat** (hát) → Sombrero

*A **hat** helps protect your face from the sun.*

*(Un **sombrero** ayuda a proteger tu cara del sol.)*

8 **Light dress** (láit drés) → Vestido ligero

*She wore a **light dress** because it was very hot.*

*(Ella usó un **vestido ligero** porque hacía mucho calor.)*

Ropa para climas frescos (otoño/primavera)

9 **Jacket** (lláket) → Chaqueta

*I always bring a **jacket** in autumn because the weather changes a lot.*

*(Siempre llevo una **chaqueta** en otoño porque el clima cambia mucho.)*

10 **Sweater** (suéter) → Suéter

*A **sweater** keeps you warm when it's chilly outside.*

*(Un **suéter** te mantiene abrigado cuando hace fresco afuera.)*

11 **Scarf** (scárf) → Bufanda

*She wrapped a **scarf** around her neck to stay warm.*

*(Ella se envolvió una **bufanda** en el cuello para mantenerse caliente.)*

12 **Jeans** (llíns) → Jeans

Jeans are perfect for autumn because they are comfortable and warm.

*(Los **jeans** son perfectos para el otoño porque son cómodos y abrigados.)*

13 **Boots** (búts) → Botas

*I wear **boots** when it's raining.*

*(Uso **botas** cuando está lloviendo.)*

Ropa para climas fríos (invierno)

14 **Coat** (kóut) → Abrigo

*You need a **coat** in winter because it gets very cold.*

*(Necesitas un **abrigo** en invierno porque hace mucho frío.)*

15 **Gloves** (glóvs) → Guantes

*My hands get cold, so I always wear **gloves** in winter.*

*(Mis manos se enfrían, así que siempre uso **guantes** en invierno.)*

16 **Wool hat** (wúl hát) → Gorro de lana

*He wore a **wool hat** to protect his ears from the cold.*

*(Usó un **gorro de lana** para proteger sus orejas del frío.)*

17 **Thermal socks** (térmal sóks) → Calcetines térmicos

Thermal socks are great for freezing temperatures.

*(Los **calcetines térmicos** son ideales para temperaturas heladas.)*

18 **Heavy coat** (hévi kóut) → Abrigo grueso

*You need a **heavy coat** if you visit a snowy country.*

*(Necesitas un **abrigo grueso** si visitas un país con nieve.)*

1️⃣9️⃣ **Ear muffs** (ír mófs) → Orejeras

*She bought **ear muffs** to keep her ears warm.*

*(Compró **orejeras** para mantener sus orejas calientes.)*

2️⃣0️⃣ **Snow boots** (snóu búts) → Botas para la nieve

*He wore **snow boots** because it was icy outside.*

*(Usó **botas para la nieve** porque el suelo estaba helado.)*

Notas importantes

☑️ **En inglés, las prendas de ropa no llevan artículos definidos** ("the", "a") cuando se habla de ellas en general. Se dice:

◆ *I always wear **jeans** in winter. (Siempre uso jeans en invierno.)*

◆ *He bought **boots** for the trip. (Él compró botas para el viaje.)*

☑️ **"Pants"** en inglés americano se refiere a "pantalones", mientras que en inglés británico significa "ropa interior". Para evitar confusiones, en el Reino Unido es mejor decir **"trousers"**.

☑️ Muchas palabras para ropa en inglés son **incontables** (no tienen plural), como *clothing* o *footwear*. Sin embargo, algunas se usan solo en plural, como *jeans*, *shorts* o *glasses*.

¡Ahora intenta usar estas palabras en frases propias y practica describiendo la ropa que usas en cada estación!

15 PALABRAS SOBRE FESTIVIDADES EN INGLÉS

Las **festividades** son una parte importante de la cultura y el idioma. A continuación, aprenderás **15 palabras esenciales** relacionadas con celebraciones, con su **pronunciación**, **traducción** y **ejemplo práctico** en contexto.

🎄 **Festividades y celebraciones generales**

1️⃣ **Holiday** (jóli-dei) → Día festivo / Vacaciones

*Christmas is my favorite **holiday** of the year.*

*(Navidad es mi **día festivo** favorito del año.)*

2️⃣ **Celebration** (sélebreishon) → Celebración

*We had a big **celebration** for my dad's birthday.*

*(Hicimos una gran **celebración** para el cumpleaños de mi papá.)*

3️⃣ **Party** (párti) → Fiesta

*Are you coming to Sarah's birthday **party** tonight?*

*(¿Vas a venir a la **fiesta** de cumpleaños de Sarah esta noche?)*

4️⃣ **Tradition** (tradíshon) → Tradición

*One of our family **traditions** is eating turkey on Thanksgiving.*

*(Una de nuestras **tradiciones** familiares es comer pavo en Acción de Gracias.)*

5️⃣ **Fireworks** (fáier-uórks) → Fuegos artificiales

*There were amazing **fireworks** on New Year's Eve.*

*(Hubo increíbles **fuegos artificiales** en la víspera de Año Nuevo.)*

🎁 **Festividades específicas**

6️⃣ **Christmas** (krísmas) → Navidad

*We always decorate a tree for **Christmas**.*
*(Siempre decoramos un árbol para **Navidad**.)*

7 **New Year's Eve** (niú yíers íiv) → Víspera de Año Nuevo

*We celebrate **New Year's Eve** with family and friends.*
*(Celebramos la **Víspera de Año Nuevo** con familia y amigos.)*

8 **Halloween** (jálouín) → Halloween

*Kids love dressing up for **Halloween**.*
*(A los niños les encanta disfrazarse en **Halloween**.)*

9 **Thanksgiving** (zánk-sgíving) → Día de Acción de Gracias

*We had a big dinner for **Thanksgiving**.*
*(Tuvimos una gran cena para **Acción de Gracias**.)*

10 **Easter** (íster) → Pascua

*Children love the **Easter** egg hunt.*
*(A los niños les encanta la búsqueda de huevos de **Pascua**.)*

Elementos y objetos de las festividades

1 1 **Costume** (kóstium) → Disfraz

*He wore a pirate **costume** for the Halloween party.*
*(Él usó un **disfraz** de pirata para la fiesta de Halloween.)*

1 2 **Candle** (kándol) → Vela

*We lit a **candle** for the Christmas dinner.*
*(Encendimos una **vela** para la cena de Navidad.)*

1 3 **Gift / Present** (guíft / présent) → Regalo

*I got a beautiful **gift** for my birthday.*
*(Recibí un hermoso **regalo** por mi cumpleaños.)*

1 4 **Cake** (kéik) → Pastel / Torta

*We baked a chocolate **cake** for her birthday.*
*(Horneamos un **pastel** de chocolate para su cumpleaños.)*

1 5 **Decoration** (dekoreishon) → Decoración

*The house looked amazing with all the Christmas **decorations**.*
*(La casa se veía increíble con todas las **decoraciones** navideñas.)*

Notas importantes

☑ **"Holiday"** en inglés americano significa "día festivo", pero en inglés británico también puede referirse a "vacaciones".

☑ **"Gift"** y **"present"** son sinónimos y ambos significan "regalo".

☑ Muchas festividades tienen **elementos y costumbres únicas**, como **trajes típicos, comidas especiales y eventos familiares**.

¡Ahora intenta usar estas palabras en frases propias y practica hablando sobre tus festividades favoritas!

EJERCICIOS PRÁCTICOS – CAPÍTULO 10: TEMPORALIDADES, CLIMA Y FESTIVIDADES

A continuación, completa los siguientes **20 ejercicios** relacionados con **las estaciones, el clima, la ropa según el clima y las festividades.**

> ✎ ¡Ojo! (si estás en versión eBook) Como en el eBook no se puede escribir directamente, toma tu cuaderno favorito o una hoja suelta para apuntar tus respuestas. Así lo aprovechas al máximo y aprendes mucho más. ¡Manos a la obra!

Ejercicios sobre estaciones y clima

1 **Completa la oración con la estación correcta:**

- In _____, the leaves change colors and fall from the trees.
- _(En _____, *las hojas cambian de color y caen de los árboles.*)

2 **Relaciona la estación con su característica climática:**

- **Spring** → a) It's cold and snowy.
- **Summer** → b) The flowers bloom and the weather is warm.
- **Autumn/Fall** → c) It's very hot, and the days are longer.
- **Winter** → d) The leaves fall from the trees.

3 **Elige la opción correcta:**

- What's the weather like today?
- a) It's Monday.
- b) It's sunny and warm.
- c) It's a blue car.

4 **Ordena las palabras para formar una pregunta correcta sobre el clima:**

- today / the / how / weather / is / ?

5 **Completa con una palabra de clima adecuada:**

- I always take my umbrella because it's _____ a lot in my city.
- (*Siempre llevo mi paraguas porque en mi ciudad _____ mucho.*)

6 **Verdadero o falso:** En inglés, "fall" y "autumn" significan lo mismo.

7 **Elige la opción correcta:**

- If it's freezing outside, you should wear:
- a) A swimsuit
- b) A T-shirt
- c) A coat and gloves

Ejercicios sobre ropa según el clima

8 **Relaciona la prenda con la estación en la que es más común usarla:**

- **Swimsuit** → a) Winter
- **Sweater** → b) Summer
- **Scarf** → c) Spring
- **Shorts** → d) Autumn

9 **Completa la frase con una prenda adecuada:**

- In winter, I wear a _____ to keep my hands warm.
- *(En invierno, uso _____ para mantener mis manos calientes.)*

10 **Elige la opción correcta:**

- What do people usually wear in summer?
- a) Jackets and scarves
- b) Shorts and T-shirts
- c) Boots and gloves

Instrucciones: Intenta completar cada oración con lo que has aprendido en este capítulo sobre **las estaciones, el clima, la ropa y las festividades.**

¡Practica y pon a prueba lo que has aprendido!

———

RESPUESTAS DE LOS EJERCICIOS DEL CAPÍTULO 4

Aquí tienes las respuestas correctas para los **20 ejercicios** sobre **las estaciones, el clima, la ropa y las festividades.**

Respuestas sobre estaciones y clima

1 **Completa la oración con la estación correcta:**

- In **autumn/fall**, the leaves change colors and fall from the trees.
- *(En **otoño**, las hojas cambian de color y caen de los árboles.)*

2 **Relaciona la estación con su característica climática:**

- **Spring** → **b)** The flowers bloom and the weather is warm.
- **Summer** → **c)** It's very hot, and the days are longer.
- **Autumn/Fall** → **d)** The leaves fall from the trees.
- **Winter** → **a)** It's cold and snowy.

3 **Elige la opción correcta:**

- **b) It's sunny and warm.**

4 Ordena las palabras para formar una pregunta correcta sobre el clima:

- **How is the weather today?**

5 Completa con una palabra de clima adecuada:

- I always take my umbrella because it's **raining** a lot in my city.
- *(Siempre llevo mi paraguas porque en mi ciudad **llueve** mucho.)*

6 Verdadero o falso:

- **Verdadero** ☑ → En inglés, *fall* y *autumn* significan lo mismo.

7 Elige la opción correcta:

- If it's freezing outside, you should wear:
- **c) A coat and gloves.**

Respuestas sobre ropa según el clima
8 Relaciona la prenda con la estación en la que es más común usarla:

- **Swimsuit** → **b)** Summer
- **Sweater** → **d)** Autumn
- **Scarf** → **a)** Winter
- **Shorts** → **c)** Spring

9 Completa la frase con una prenda adecuada:

- In winter, I wear **gloves** to keep my hands warm.
- *(En invierno, uso **guantes** para mantener mis manos calientes.)*

10 Elige la opción correcta:

- What do people usually wear in summer?
- **b) Shorts and T-shirts**

¡Bien hecho!
Si alguna respuesta te tomó por sorpresa, **repasa el capítulo y vuelve a intentarlo. La práctica hace al maestro!**

———

AUDIOLIBRO DE PRONUNCIACIÓN BOOK 2- CHAPTER 4

Usa estos audios a tu favor. **Escucha, repite, imita la pronunciación y pierde el miedo a hablar**. Cuanto más te expongas al inglés, más rápido mejorarás. ¡Tu inglés fluido está a solo unos clics de distancia! 🚀👏

CAPÍTULO 11
¿ERES DEPORTISTA?

20 PALABRAS RELACIONADAS CON DEPORTES EN INGLÉS

E l **deporte** es un tema muy común en conversaciones cotidianas, por lo que es útil conocer el vocabulario relacionado. Aquí tienes **20 palabras esenciales**, con su **pronunciación, traducción** y un **ejemplo en contexto** para que amplíes tu vocabulario en inglés.

DEPORTES Y ACTIVIDADES DEPORTIVAS

1 *Soccer / Football (UK)* (sóker / fútbol) → Fútbol
- *I play **soccer** every Saturday with my friends.*
(Juego **fútbol** todos los sábados con mis amigos.)

2 *Basketball* (básketbol) → Baloncesto / Básquet
- *Michael Jordan is a **basketball** legend.*
(Michael Jordan es una leyenda del **baloncesto**.)

3 *Tennis* (ténis) → Tenis
- *She is taking **tennis** lessons at the sports club.*
(Ella está tomando clases de **tenis** en el club deportivo.)

4 *Swimming* (suíming) → Natación
- *I love **swimming** in the summer.*
(Me encanta la **natación** en verano.)

5 *Running* (róning) → Correr
- *He goes **running** every morning before work.*
(Él sale a **correr** todas las mañanas antes del trabajo.)

6 *Cycling* (sáikling) → Ciclismo
- *Professional **cycling** races are very intense.*
(Las carreras de **ciclismo** profesional son muy intensas.)

7 *Baseball* (béisbol) → Béisbol
- *The Yankees are a famous **baseball** team.*

*(Los Yankees son un equipo famoso de **béisbol**.)*

8 **Golf** (gólf) → Golf

☞ My grandfather plays **golf** every weekend.

*(Mi abuelo juega **golf** todos los fines de semana.)*

9 **Volleyball** (vólibol) → Voleibol

☞ We played **volleyball** on the beach yesterday.

*(Ayer jugamos **voleibol** en la playa.)*

10 **Martial arts** (márshal árts) → Artes marciales

☞ He has practiced **martial arts** since he was ten.

*(Ha practicado **artes marciales** desde que tenía diez años.)*

🏆 Equipamiento y términos deportivos

11 **Team** (tíim) → Equipo

☞ My **team** won the championship!

*(¡Mi **equipo** ganó el campeonato!)*

12 **Coach** (kóuch) → Entrenador/a

☞ Our **coach** motivates us before every game.

*(Nuestro **entrenador** nos motiva antes de cada partido.)*

13 **Referee** (réfarii) → Árbitro

☞ The **referee** made a fair decision.

*(El **árbitro** tomó una decisión justa.)*

14 **Score** (skór) → Puntuación / Marcador

☞ What's the **score** of the game?

*(¿Cuál es la **puntuación** del partido?)*

15 **Goal** (góul) → Gol / Meta

☞ He scored three **goals** in the final match!

*(¡Marcó tres **goles** en el partido final!)*

16 **Training** (tréining) → Entrenamiento

☞ We have **training** every afternoon.

*(Tenemos **entrenamiento** todas las tardes.)*

17 **Stadium** (stéidium) → Estadio

☞ The final will take place in the national **stadium**.

*(La final se jugará en el **estadio** nacional.)*

18 **Helmet** (jélmet) → Casco

☞ You need to wear a **helmet** when cycling.

*(Debes usar un **casco** cuando andes en bicicleta.)*

19 **Tournament** (tórnament) → Torneo

☞ The city is hosting an international **tournament**.

*(La ciudad está organizando un **torneo** internacional.)*

20 **Medal** (médal) → Medalla

☞ She won a gold **medal** in the Olympics.

*(Ganó una **medalla** de oro en los Juegos Olímpicos.)*

Notas importantes

☑ En **Estados Unidos**, el fútbol se llama *"soccer"*, mientras que en **Reino Unido** se usa la palabra *"football"*.

☑ *"Score"* se usa para hablar de la puntuación en cualquier deporte.

☑ *"Training"* se usa para describir sesiones de práctica en deportes y otras actividades.

30 PALABRAS SOBRE LUGARES PARA EJERCITARSE O HACER DEPORTE

Existen muchos lugares donde podemos practicar deportes o hacer ejercicio. A continuación, te presento **30 palabras esenciales** relacionadas con estos espacios, junto con su **pronunciación**, **traducción** y **ejemplo práctico** en contexto.

🏅 Lugares generales para hacer deporte y ejercicio

1 *Gym* (yím) → Gimnasio
I go to the gym three times a week.
(Voy al gimnasio tres veces a la semana.)

2 *Stadium* (stéidium) → Estadio
The football match will be in the national stadium.
(El partido de fútbol será en el estadio nacional.)

3 *Sports center* (spórts sénter) → Centro deportivo
The new sports center has a swimming pool and a gym.
(El nuevo centro deportivo tiene una piscina y un gimnasio.)

4 *Athletics track* (azlétiks trák) → Pista de atletismo
He trains every day on the athletics track.
(Él entrena todos los días en la pista de atletismo.)

5 *Swimming pool* (suíming púul) → Piscina
I love going to the swimming pool in summer.
(Me encanta ir a la piscina en verano.)

6 *Tennis court* (ténis kort) → Cancha de tenis
We played on a clay tennis court.
(Jugamos en una cancha de tenis de arcilla.)

7 *Football field / Soccer field* (fútbol fíld / sóker fíld) → Campo de fútbol
The school has a big football field for the students.
(La escuela tiene un gran campo de fútbol para los estudiantes.)

8 *Basketball court* (básketbol kort) → Cancha de baloncesto
There's a basketball court near my house.
(Hay una cancha de baloncesto cerca de mi casa.)

9 *Golf course* (gólf kórs) → Campo de golf
This is the best golf course in the country.
(Este es el mejor campo de golf del país.)

10 *Hiking trail* (jáiking tréil) → Sendero para caminatas
We took a beautiful hiking trail through the mountains.
(Tomamos un hermoso sendero para caminatas a través de las montañas.)

🏋️ Espacios y áreas dentro del gimnasio

11 *Weight room* (uéit rúm) → Sala de pesas
He spends most of his time in the weight room lifting weights.

*(Pasa la mayor parte del tiempo en la **sala de pesas** levantando pesas.)*

1 2 *Cardio area* (kárdio éria) → Área de cardio

☞ The **cardio area** has treadmills and exercise bikes.

*(El **área de cardio** tiene cintas de correr y bicicletas estáticas.)*

1 3 *Locker room* (lóker rúm) → Vestuario

☞ I left my bag in the **locker room** before my workout.

*(Dejé mi bolso en el **vestuario** antes de mi entrenamiento.)*

1 4 *Changing room* (chénllin rúm) → Vestidor

☞ The **changing room** is next to the showers.

*(El **vestidor** está al lado de las duchas.)*

1 5 *Sauna* (sána) → Sauna

☞ After exercising, I like to relax in the **sauna**.

*(Después de hacer ejercicio, me gusta relajarme en la **sauna**.)*

1 6 *Yoga studio* (ióga stúudio) → Estudio de yoga

☞ She practices meditation in the **yoga studio**.

*(Ella practica meditación en el **estudio de yoga**.)*

1 7 *Aerobics room* (eiróubiks rúm) → Sala de aeróbicos

☞ The **aerobics room** is used for Zumba classes.

*(La **sala de aeróbicos** se usa para clases de Zumba.)*

1 8 *Spin room* (spín rúm) → Sala de spinning

☞ There's a cycling class in the **spin room** at 6 PM.

*(Hay una clase de ciclismo en la **sala de spinning** a las 6 PM.)*

1 9 *Boxing ring* (bóksing ring) → Ring de boxeo

☞ The **boxing ring** is located in the basement of the gym.

*(El **ring de boxeo** está en el sótano del gimnasio.)*

2 0 *Climbing wall* (kláimbing uól) → Muro de escalada

☞ There is a new **climbing wall** at the sports center.

*(Hay un nuevo **muro de escalada** en el centro deportivo.)*

🚴 Lugares al aire libre para ejercitarse

2 1 *Running track* (róning trák) → Pista para correr

☞ The **running track** is open to the public.

*(La **pista para correr** está abierta al público.)*

2 2 *Outdoor gym* (áutdor yím) → Gimnasio al aire libre

☞ Many parks now have an **outdoor gym** with exercise machines.

*(Muchos parques ahora tienen un **gimnasio al aire libre** con máquinas de ejercicio.)*

2 3 *Bike path* (báik paz) → Ciclovía / Sendero para bicicletas

☞ I take the **bike path** to work every morning.

*(Uso la **ciclovía** para ir al trabajo todas las mañanas.)*

2 4 *Park* (párk) → Parque

☞ I like doing yoga in the **park** in the mornings.

*(Me gusta hacer yoga en el **parque** por las mañanas.)*

2 5 *Skate park* (skéit párk) → Parque de skate

☞ There's a new **skate park** downtown.

*(Hay un nuevo **parque de skate** en el centro.)*

2 6 *Football pitch (UK) / Soccer field (US)* (fútbol pích / sóker fíld) → Cancha de fútbol

☞ We played a match on the new **football pitch**.
(Jugamos un partido en la nueva **cancha de fútbol**.)

2 7 **Ice rink** (áis rink) → Pista de patinaje sobre hielo

☞ We went to the **ice rink** to practice skating.
(Fuimos a la **pista de patinaje sobre hielo** para practicar.)

2 8 **Bowling alley** (bóuling áli) → Bolera

☞ Let's go to the **bowling alley** this weekend!
(¡Vamos a la **bolera** este fin de semana!)

2 9 **Race track** (réis trák) → Pista de carreras

☞ The Formula 1 event will be at the **race track**.
(El evento de Fórmula 1 será en la **pista de carreras**.)

3 0 **Ski resort** (ski rizórt) → Estación de esquí

☞ We're going to a **ski resort** for the holidays.
(Vamos a una **estación de esquí** para las vacaciones.)

¡Ahora intenta usar estas palabras en frases propias y practica hablando sobre los lugares donde haces ejercicio!

20 PALABRAS RELACIONADAS CON EL GIMNASIO Y EL EJERCICIO

El gimnasio y el ejercicio tienen un vocabulario propio que es útil conocer si planeas entrenar o hablar sobre fitness en inglés. Aquí tienes **20 palabras esenciales**, con su **pronunciación**, **traducción** y un **ejemplo en contexto** para que amplíes tu vocabulario.

☠ **Equipamiento y accesorios de entrenamiento**

1 **Dumbbells** (dómbels) → Mancuernas

☞ I use **dumbbells** to strengthen my arms.
(Uso **mancuernas** para fortalecer mis brazos.)

2 **Barbell** (bárbel) → Barra de pesas

☞ He lifted a heavy **barbell** during his workout.
(Él levantó una **barra de pesas** durante su entrenamiento.)

3 **Treadmill** (trédmil) → Cinta de correr

☞ I run on the **treadmill** for 30 minutes every day.
(Corro en la **cinta de correr** durante 30 minutos todos los días.)

4 **Exercise bike** (éksersáis báik) → Bicicleta estática

☞ She prefers the **exercise bike** instead of running.
(Ella prefiere la **bicicleta estática** en lugar de correr.)

5 **Pull-up bar** (púl-ap bár) → Barra de dominadas

☞ I installed a **pull-up bar** at home for upper body exercises.
(Instalé una **barra de dominadas** en casa para ejercicios de la parte superior del cuerpo.)

6 **Kettlebell** (kételbel) → Pesa rusa

☞ Kettlebell exercises are great for strength training.
(Los ejercicios con **pesas rusas** son excelentes para el entrenamiento de fuerza.)

7 **Jump rope** (llómp róup) → Cuerda para saltar

☞ *I warm up with a **jump rope** before lifting weights.*
(*Caliento con una **cuerda para saltar** antes de levantar pesas.*)

8 **Resistance band** (risístens bánd) → Banda de resistencia

☞ *She uses a **resistance band** to improve flexibility.*
(*Ella usa una **banda de resistencia** para mejorar la flexibilidad.*)

Tipos de ejercicios y entrenamientos

9 **Reps (Repetitions)** (reps) → Repeticiones

☞ *Do 15 **reps** of this exercise for each set.*
(*Haz 15 **repeticiones** de este ejercicio en cada serie.*)

10 **Sets** (sets) → Series

☞ *I usually do 3 **sets** of each exercise.*
(*Normalmente hago 3 **series** de cada ejercicio.*)

11 **Warm-up** (uórm-ap) → Calentamiento

☞ *A proper **warm-up** prevents injuries.*
(*Un buen **calentamiento** previene lesiones.*)

12 **Cool down** (kúl dáun) → Enfriamiento

☞ *After running, I do a **cool down** to relax my muscles.*
(*Después de correr, hago un **enfriamiento** para relajar mis músculos.*)

13 **Stretching** (strétching) → Estiramiento

☞ *Stretching is important to avoid injuries.*
(*El **estiramiento** es importante para evitar lesiones.*)

14 **Cardio** (kárdio) → Ejercicio cardiovascular

☞ *I do **cardio** three times a week.*
(*Hago **ejercicio cardiovascular** tres veces a la semana.*)

15 **Strength training** (strénz tréining) → Entrenamiento de fuerza

☞ *He focuses on **strength training** to build muscle.*
(*Él se enfoca en el **entrenamiento de fuerza** para desarrollar músculo.*)

16 **HIIT (High-Intensity Interval Training)** (jít) → Entrenamiento de alta intensidad

☞ *HIIT workouts are short but very effective.*
(*Los entrenamientos **HIIT** son cortos pero muy efectivos.*)

Conceptos y hábitos en el gimnasio

17 **Muscle soreness** (mósl sórnes) → Dolor muscular

☞ *I have **muscle soreness** after yesterday's workout.*
(*Tengo **dolor muscular** después del entrenamiento de ayer.*)

18 **Personal trainer** (pérsonal tréiner) → Entrenador personal

☞ *A **personal trainer** can help you reach your fitness goals.*
(*Un **entrenador personal** puede ayudarte a alcanzar tus objetivos de acondicionamiento físico.*)

19 **Protein shake** (prótein shéik) → Batido de proteínas

☞ *I drink a **protein shake** after my workout.*
(*Tomo un **batido de proteínas** después de mi entrenamiento.*)

20 **Gym membership** (yím mémbership) → Membresía de gimnasio

☞ *I just renewed my **gym membership** for another year.*

*(Acabo de renovar mi **membresía de gimnasio** por otro año.)*

Notas importantes

☑ *"Reps"* se refiere a la cantidad de veces que repites un ejercicio en una serie.

☑ *"HIIT"* es un método de entrenamiento muy popular que combina periodos cortos de ejercicio intenso con descansos.

☑ *"Muscle soreness"* es el dolor que sientes después de hacer ejercicio, especialmente si es tu primera vez o cambiaste tu rutina.

¡Ahora intenta usar estas palabras en frases propias y practica hablando sobre entrenamientos y ejercicios!

———

EJERCICIOS SOBRE DEPORTES Y ACTIVIDADES DEPORTIVAS

✎ ¡Ojo! (si estás en versión eBook) Como en el eBook no se puede escribir directamente, toma tu cuaderno favorito o una hoja suelta para apuntar tus respuestas. Así lo aprovechas al máximo y aprendes mucho más. ¡Manos a la obra!

1 Completa la oración con el deporte correcto:

- _____ is played with a round ball and two goals.
- *(El _____ se juega con un balón redondo y dos porterías.)*

2 Relaciona el deporte con su equipo necesario:

- **Tennis** → a) Ball and basket
- **Basketball** → b) Bat and gloves
- **Baseball** → c) Racket and net

3 Elige la opción correcta:

- What is the main sport played in the NBA?
- a) Soccer
- b) Tennis
- c) Basketball

4 Ordena las palabras para formar una pregunta correcta sobre deportes:

- your / what / favorite / sport / is / ?

5 Completa la oración con una palabra adecuada:

- The referee showed a red _____ to the player.
- *(El árbitro mostró una _____ roja al jugador.)*

6 **Verdadero o falso:**

- The word "soccer" is commonly used in the UK.

7 **Elige la opción correcta:**

- If you win first place in a race, you receive:
- a) A ticket
- b) A medal
- c) A backpack

Ejercicios sobre gimnasios y entrenamiento
8 **Relaciona el equipo de gimnasio con su función:**

- **Dumbbells** → a) For leg exercises
- **Treadmill** → b) For cardio and running
- **Exercise bike** → c) For weightlifting

9 **Completa la frase con una palabra de gimnasio adecuada:**

- I always start my workout with a _____ to avoid injuries.
- *(Siempre comienzo mi entrenamiento con un _____ para evitar lesiones.)*

10 **Elige la opción correcta:**

- What do people usually do in the weight room?
- a) Swim
- b) Lift weights
- c) Play soccer

Instrucciones: Intenta completar cada oración con lo que has aprendido en este capítulo sobre **deportes, gimnasios, lugares para ejercitarse y vocabulario de entrenamiento.**
¡Practica y pon a prueba lo que has aprendido!

———

RESPUESTAS DE LOS EJERCICIOS DEL CAPÍTULO 5

Aquí tienes las respuestas correctas para los **20 ejercicios** sobre **deportes, gimnasios y entrenamiento**.

Respuestas sobre deportes y actividades deportivas
1 **Completa la oración con el deporte correcto:**

- **Soccer** is played with a round ball and two goals.

- *(El **fútbol** se juega con un balón redondo y dos porterías.)*

2 **Relaciona el deporte con su equipo necesario:**

- **Tennis** → **c)** Racket and net
- **Basketball** → **a)** Ball and basket
- **Baseball** → **b)** Bat and gloves

3 **Elige la opción correcta:**

- What is the main sport played in the NBA?
- ☑ **c) Basketball**

4 **Ordena las palabras para formar una pregunta correcta sobre deportes:**

- **What is your favorite sport?**

5 **Completa la oración con una palabra adecuada:**

- The referee showed a red **card** to the player.
- *(El árbitro mostró una **tarjeta** roja al jugador.)*

6 **Verdadero o falso:**

- **Falso** ✕ → La palabra "soccer" es comúnmente usada en EE.UU., no en el Reino Unido.

7 **Elige la opción correcta:**

- If you win first place in a race, you receive:
- ☑ **b) A medal**

Respuestas sobre gimnasios y entrenamiento

8 **Relaciona el equipo de gimnasio con su función:**

- **Dumbbells** → **c)** For weightlifting
- **Treadmill** → **b)** For cardio and running
- **Exercise bike** → **a)** For leg exercises

9 **Completa la frase con una palabra de gimnasio adecuada:**

- I always start my workout with a **warm-up** to avoid injuries.
- *(Siempre comienzo mi entrenamiento con un **calentamiento** para evitar lesiones.)*

10 **Elige la opción correcta:**

- What do people usually do in the weight room?

- ✅ **b) Lift weights**

¡Bien hecho!

Si alguna respuesta te tomó por sorpresa, **repasa el capítulo y vuelve a intentarlo. La práctica te ayudará a mejorar tu fluidez en inglés!**

AUDIOLIBRO DE PRONUNCIACIÓN BOOK 2- CHAPTER 5

Usa estos audios a tu favor. **Escucha, repite, imita la pronunciación y pierde el miedo a hablar.** Cuanto más te expongas al inglés, más rápido mejorarás. ¡Tu inglés fluido está a solo unos clics de distancia! 🚀👏

TU VIAJE AL INGLÉS FLUIDO ACABA DE COMENZAR

¡Y así, llegamos al final de este libro! Pero espera… ¿final? En realidad, **este es solo el comienzo de tu camino hacia el inglés fluido**. A lo largo de estos capítulos, hemos recorrido juntos un montón de situaciones de la vida real, aprendiendo palabras y frases esenciales que te ayudarán a sentirte más seguro y preparado en cualquier conversación.

Hemos hablado de **fechas, horarios, lugares, trabajo, emergencias, deportes, festividades y mucho más.** Ahora, no solo tienes una base sólida de vocabulario, sino también el conocimiento para aplicarlo en situaciones reales. **Y lo mejor de todo**: ¡lo hicimos de manera simple, sin estrés y con ejemplos que realmente puedes usar en tu día a día!

Pero aprender un idioma no se trata solo de memorizar palabras, **se trata de usarlo, vivirlo, disfrutarlo**. Y ahí está el verdadero secreto: **la práctica constante.** No tienes que hablar perfecto, ni saber todas las palabras del diccionario. Solo necesitas **dar un paso cada día** y confiar en que estás avanzando.

¿Y AHORA QUÉ?

Ahora es momento de que pongas en práctica todo lo aprendido. **Habla, escucha, escribe, repite.** Usa las palabras de este libro en conversaciones, en tus notas diarias o incluso en tus pensamientos. **Cuanto más lo uses, más natural se volverá.**

Recuerda: **cada palabra nueva que aprendes es una herramienta más en tu camino hacia la fluidez.** No te preocupes si a veces olvidas algo, **lo importante es seguir adelante.**

Sigue aprendiendo con nosotros

Si te ha gustado este libro, **tenemos más sorpresas para ti.** Este es solo uno de los muchos pasos que podemos dar juntos. **Sigue expandiendo tu vocabulario, perfecciona tu pronunciación y sigue practicando con nuestras próximas ediciones.**

El inglés ya es parte de tu vida. Ahora, sigue adelante y úsalo con confianza.

¡Nos vemos en el próximo libro!

Let's keep learning together!

LIBRO 3: APRENDER INGLÉS FÁCILMENTE PARA ADULTOS - NIVEL PRINCIPIANTES

CAPÍTULO 12

A STORY OF STRENGTH AND HEALING

THE HANDS THAT HEAL

Dr. Olivia Carter had spent years perfecting the art of healing. Her **hands** had saved lives, her **eyes** had seen both joy and despair, and her **heart** had never lost the passion for helping others.

One stormy night, as she was finishing her shift at the hospital, a young man was rushed into the emergency room. He was unconscious, his **head** bleeding from a deep cut, and his **legs** covered in bruises. The paramedics quickly explained, "He was in a terrible car accident. We need to act fast."

Dr. Carter took a deep **breath** and examined his **pulse**. It was weak, but steady. "We need to stop the bleeding immediately," she instructed her team. She put on her gloves, pressed a cloth against his **forehead**, and carefully checked for fractures.

Minutes felt like hours as they worked tirelessly. The nurses cleaned his wounds while Dr. Carter stitched the deep cut on his **arm**. Finally, his **eyes** fluttered open.

"Where am I?" he whispered, his **voice** weak.

"You're safe now," Dr. Carter said, giving him a reassuring **smile**. "You had a bad accident, but you're going to be okay."

He tried to sit up, but she gently placed her **hand** on his **shoulder**. "Not so fast. You need to rest."

Over the next few days, the young man—whose name was Alex—slowly recovered. Dr. Carter visited him daily, checking his **legs**, monitoring his **heart rate**, and making sure his **bones** were healing properly.

One morning, he looked at her with gratitude in his **eyes**. "Thank you, doctor. You saved my life."

Dr. Carter simply smiled. "I did my job. Now, promise me you'll take care of yourself."

Alex nodded, but then his **lips** curved into a mischievous grin. "Does that mean I don't have to go to physical therapy?"

She laughed. "Nice try, but no. You need to **move** your **muscles**, strengthen your **bones**, and regain your full mobility. You'll be running in no time."

A month later, Alex returned to the hospital—not as a patient, but as a visitor. With a bouquet of flowers in his **hands**, he thanked Dr. Carter once again.

"I came to show you something," he said. Then, taking a deep **breath**, he took a confident step forward.

Dr. Carter clapped her **hands** together. "I knew you could do it!"

As he left, she looked around the hospital, hearing the beeping monitors and the hurried footsteps of nurses. She knew that each day, she would continue using her **hands**, **eyes**, and **heart** to make a difference.

Because healing wasn't just about medicine—it was about **hope**.

COMPREHENSION QUESTIONS (PREGUNTAS DE COMPRENSIÓN)

> ✎ ¡Ojo! (si estás en versión eBook) Como en el eBook no se puede escribir directamente, toma tu cuaderno favorito o una hoja suelta para apuntar tus respuestas. Así lo aprovechas al máximo y aprendes mucho más. ¡Manos a la obra!

1. What was Dr. Olivia Carter's profession?
   (*¿Cuál era la profesión de la Dra. Olivia Carter?*)
   2. What happened to the young man who was brought to the hospital?
   (*¿Qué le pasó al joven que llevaron al hospital?*)
   3. How did Dr. Carter respond when Alex tried to sit up too quickly?
   (*¿Cómo reaccionó la Dra. Carter cuando Alex intentó sentarse demasiado rápido?*)
   4. What part of Alex's body was bleeding when he arrived at the hospital?
   (*¿Qué parte del cuerpo de Alex estaba sangrando cuando llegó al hospital?*)
   5. How did Alex thank Dr. Carter a month later?
   (*¿Cómo le agradeció Alex a la Dra. Carter un mes después?*)
   6. Why did Dr. Carter say that Alex needed physical therapy?
   (*¿Por qué la Dra. Carter dijo que Alex necesitaba terapia física?*)
   7. What was Dr. Carter doing when Alex took his first confident step?
   (*¿Qué estaba haciendo la Dra. Carter cuando Alex dio su primer paso con confianza?*)
   8. What did Dr. Carter believe healing was about?
   (*¿Sobre qué creía la Dra. Carter que trataba la curación?*)
   9. How did Alex feel when he first woke up?
   (*¿Cómo se sintió Alex cuando despertó por primera vez?*)
   10. Why do you think the story is called "The Hands That Heal"?
   (*¿Por qué crees que la historia se llama "Las manos que curan"?*)

☑ **True or False (Verdadero o Falso)**
   1. Dr. Carter was a firefighter. (*Falso*)
   2. The young man had a deep cut on his arm. (*Verdadero*)
   3. Dr. Carter ignored Alex when he woke up. (*Falso*)
   4. Alex tried to avoid physical therapy. (*Verdadero*)
   5. Dr. Carter only cared about medicine, not her patients. (*Falso*)
   6. Alex brought chocolates to Dr. Carter as a thank-you gift. (*Falso*)
   7. The nurses helped clean Alex's wounds. (*Verdadero*)
   8. Dr. Carter told Alex he didn't need to move his muscles to recover. (*Falso*)
   9. The story takes place during the summer. (*No se menciona, pero probablemente falso*)
   10. Alex fully recovered and was able to walk again. (*Verdadero*)

GRAMMAR AND VOCABULARY HIGHLIGHTS (PUNTOS CLAVES DE GRAMÁTICA Y VOCABULARIO)

☑ **Parts of the body (Partes del cuerpo):** hands, head, legs, pulse, forehead, shoulder, heart, etc.

☑ **Actions (Acciones médicas y físicas):** move, breathe, examine, monitor, recover, etc.

☑ **Medical Terms (Términos médicos básicos):** bleeding, fracture, wound, stitches, therapy, etc.

☑ **Expressions in medical context (Expresiones comunes en contextos médicos):**

- "You're safe now." *(Estás a salvo ahora.)*
- "Take a deep breath." *(Toma un respiro profundo.)*
- "We need to stop the bleeding immediately." *(Necesitamos detener el sangrado inmediatamente.)*

Now it's your turn!

- **Answer the comprehension questions in your own words.**
- **Try using some of the vocabulary words in sentences.**
- **Imagine how you would react in a similar situation.**

Keep reading, keep learning, and keep improving your fluency in English!

————

AUDIOLIBRO DE PRONUNCIACIÓN BOOK 3 - CHAPTER 1

Usa estos audios a tu favor. **Escucha, repite, imita la pronunciación y pierde el miedo a hablar.** Cuanto más te expongas al inglés, más rápido mejorarás. ¡Tu inglés fluido está a solo unos clics de distancia! 🚀

BOOK 3 - CHAPTER 1

CAPÍTULO 13
THE STORM THAT CHANGED EVERYTHING

LOST IN THE SNOW

Emma had always loved winter. The way the **snow** covered the streets like a soft, white blanket and the way the **wind** made the trees sway fascinated her. But on this particular evening, she realized that **cold weather** could be more dangerous than she had ever imagined.

She had been driving home from her grandmother's house when a sudden **snowstorm** hit. The **sky** turned dark, and thick **snowflakes** fell rapidly, covering the road. The visibility was terrible, and before she knew it, her car's tires skidded on the icy pavement.

"Oh no!" she gasped, gripping the steering wheel tightly. But it was too late—her car slid off the road and got stuck in a pile of **snow**.

Emma's **heart** pounded. She grabbed her **coat**, wrapped her **scarf** around her **neck**, and pulled on her thick **gloves**. She needed to find help, but the **wind** was howling, and the temperature was dropping fast.

Stepping out of the car, she realized the **snow** was deeper than she thought. Her **boots** sank with every step, making it difficult to walk. The **air** was freezing, and her **breath** came out in small white clouds.

After what felt like hours, she saw a small cabin with **smoke** rising from the **chimney**. She gathered all her strength and knocked on the wooden **door**.

An elderly man opened it, his **eyes** filled with concern. "Come in, dear! You must be freezing!"

Emma stepped inside, immediately feeling the warmth of the **fireplace**. She removed her wet **jacket** and held her **hands** close to the flames.

"Thank you so much," she said, her **voice** shaking. "My car is stuck in the **snow**, and I didn't know what to do."

"You were lucky to find my cabin," the old man said, handing her a **hot cup of tea**. "A **storm** like this can be dangerous if you're not dressed properly."

Emma nodded, realizing how important her **hat**, **gloves**, and **scarf** had been in keeping her warm.

As the **storm** raged outside, she listened to the old man's stories about the harsh **winters** he had survived. By morning, the **sky** was clear, the **sun** shining over the sparkling **snow**.

The old man helped her call for roadside assistance, and within an hour, help arrived. Before leaving, Emma smiled at her new friend.

"Thank you for everything. I'll never underestimate a **snowstorm** again."

The old man chuckled. "Always respect the **weather**, my dear. And always dress warmly!"

As Emma drove home, she looked at the white-covered world around her, grateful for the kindness of strangers and the importance of being prepared for any **season**.

COMPREHENSION QUESTIONS (PREGUNTAS DE COMPRENSIÓN)

> ✎ ¡Ojo! (si estás en versión eBook) Como en el eBook no se puede escribir directamente, toma tu cuaderno favorito o una hoja suelta para apuntar tus respuestas. Así lo aprovechas al máximo y aprendes mucho más. ¡Manos a la obra!

1. Where was Emma driving from when the storm hit?
(*¿De dónde venía Emma cuando comenzó la tormenta?*)
2. What happened to Emma's car during the snowstorm?
(*¿Qué le pasó al auto de Emma durante la tormenta de nieve?*)
3. What did Emma wear to protect herself from the cold?
(*¿Qué usó Emma para protegerse del frío?*)
4. What did Emma see in the distance that gave her hope?
(*¿Qué vio Emma a lo lejos que le dio esperanza?*)
5. How did the elderly man help Emma?
(*¿Cómo ayudó el anciano a Emma?*)
6. What did the old man say about storms?
(*¿Qué dijo el anciano sobre las tormentas?*)
7. What was Emma drinking while warming up?
(*¿Qué estaba bebiendo Emma mientras se calentaba?*)
8. How did the storm affect the visibility on the road?
(*¿Cómo afectó la tormenta la visibilidad en la carretera?*)
9. What lesson did Emma learn from this experience?
(*¿Qué lección aprendió Emma de esta experiencia?*)
10. Why do you think the title is "Lost in the Snow"?
(*¿Por qué crees que el título es "Perdida en la nieve"?*)

✅ True or False (Verdadero o Falso)
1. Emma was driving in the summer. (*Falso*)
2. The storm made it difficult for Emma to see the road. (*Verdadero*)
3. Emma was wearing sandals when she got out of the car. (*Falso*)
4. The old man had a warm fireplace inside his cabin. (*Verdadero*)
5. Emma knocked on the door of a supermarket. (*Falso*)
6. The old man gave Emma hot chocolate. (*Falso, le dio té*)
7. The next morning, the sun was shining. (*Verdadero*)
8. Emma realized she should always respect the weather. (*Verdadero*)
9. The storm lasted for only a few minutes. (*Falso*)
10. The story takes place in a desert. (*Falso*)

Grammar and Vocabulary Highlights (Puntos Claves de Gramática y Vocabulario)
✅ **Weather Vocabulary (Vocabulario sobre el clima):** snow, storm, wind, air, sun, fireplace, chimney, smoke, etc.

☑ **Clothing for cold weather (Ropa para el frío)**: coat, scarf, gloves, boots, hat, jacket, etc.

☑ **Actions related to weather and survival (Acciones relacionadas con el clima y la supervivencia)**: shiver, freeze, knock, warm up, sink, grip, slide, breathe, wrap, etc.

☑ **Common weather expressions (Expresiones comunes sobre el clima)**:

- "The sky turned dark." *(El cielo se oscureció.)*
- "Snow covered the streets like a white blanket." *(La nieve cubría las calles como una manta blanca.)*
- "The wind was howling." *(El viento aullaba.)*
- "She held her hands close to the flames." *(Acercó sus manos a las llamas.)*

Now it's your turn!

- **Answer the comprehension questions in your own words.**
- **Try using some of the vocabulary words in sentences.**
- **Describe a time when you experienced extreme weather.**

Keep reading, keep learning, and keep improving your fluency in English!

––––––

AUDIOLIBRO DE PRONUNCIACIÓN BOOK 3 - CHAPTER 2

Usa estos audios a tu favor. **Escucha, repite, imita la pronunciación y pierde el miedo a hablar**. Cuanto más te expongas al inglés, más rápido mejorarás. ¡Tu inglés fluido está a solo unos clics de distancia! 🚀📚

BOOK 3 - CHAPTER 2

CAPÍTULO 14
THE GREAT ADVENTURE

LOST IN THE FOREST

The sun was shining brightly as a group of young **scouts** hiked through the dense **forest**. It was their first time going on a **camping trip** without their parents, and excitement filled the **air**.

"Alright, everyone," said Mr. Johnson, their **camp leader**, "let's set up our **tents** before it gets dark."

The children eagerly grabbed their **sleeping bags**, unrolled them inside the **tents**, and helped gather **firewood**. Tim, the most adventurous of the group, decided to explore a bit while the others were busy.

"Don't go too far," warned his friend Sarah.

"I'll just check out that big **tree** over there," Tim said, pointing to a massive **oak tree** in the distance.

As he walked through the **tall grass**, he noticed a strange footprint near the **riverbank**. "Wow, this looks like an animal track!" he whispered. He followed the tracks deeper into the **woods**, unaware that he was moving far from the **campsite**.

Meanwhile, back at the **campfire**, the other kids were roasting **marshmallows** and telling **scary stories**.

"Where's Tim?" asked Sarah, looking around.

The kids exchanged worried **glances**. "I think he went towards the **river**," one of them said.

Mr. Johnson immediately grabbed a **flashlight**. "We need to find him before it gets completely dark."

Tim, realizing he had lost his way, felt his **heart** pound. The **forest** that had seemed so exciting now felt vast and unfamiliar. He tried to retrace his steps, but every **path** looked the same.

Just as he started to panic, he remembered his **compass**! "I just need to head west, back towards the **campfire**," he told himself. He took a deep **breath**, followed the **directions**, and within minutes, he saw the glow of the **fire**.

The group cheered when they saw him approaching. "Tim! You scared us!" Sarah exclaimed.

Tim sighed in relief. "I learned my lesson. Never go off alone!"

That night, under the twinkling **stars**, the kids shared stories inside their **tents**, feeling grateful for their friendship and their unforgettable adventure.

COMPREHENSION QUESTIONS (PREGUNTAS DE COMPRENSIÓN)

> ✎ ¡Ojo! (si estás en versión eBook) Como en el eBook no se puede escribir directamente, toma tu cuaderno favorito o una hoja suelta para apuntar tus respuestas. Así lo aprovechas al máximo y aprendes mucho más. ¡Manos a la obra!

1. Where were the children going in the story?
   (*¿A dónde iban los niños en la historia?*)
   2. What did Mr. Johnson ask the children to do before it got dark?
   (*¿Qué les pidió hacer el Sr. Johnson antes de que oscureciera?*)
   3. What did Tim decide to do while the others were setting up camp?
   (*¿Qué decidió hacer Tim mientras los demás montaban el campamento?*)
   4. What did Tim find near the riverbank?
   (*¿Qué encontró Tim cerca de la orilla del río?*)
   5. How did the other kids notice that Tim was missing?
   (*¿Cómo se dieron cuenta los otros niños de que Tim no estaba?*)
   6. What did Mr. Johnson do when he realized Tim was lost?
   (*¿Qué hizo el Sr. Johnson cuando se dio cuenta de que Tim estaba perdido?*)
   7. How did Tim find his way back to the camp?
   (*¿Cómo encontró Tim el camino de regreso al campamento?*)
   8. What lesson did Tim learn from this adventure?
   (*¿Qué lección aprendió Tim de esta aventura?*)
   9. What were the kids doing around the campfire before they realized Tim was missing?
   (*¿Qué estaban haciendo los niños alrededor de la fogata antes de darse cuenta de que Tim no estaba?*)
   10. Why do you think the story is called "Lost in the Forest"?
   (*¿Por qué crees que la historia se llama "Perdido en el bosque"?*)

☑ True or False (Verdadero o Falso)

1. The children were on a camping trip with their parents. (*Falso*)
2. Tim stayed with the group the entire time. (*Falso*)
3. Tim saw an animal footprint near the riverbank. (*Verdadero*)
4. The kids were roasting marshmallows around the campfire. (*Verdadero*)
5. Mr. Johnson didn't care that Tim was missing. (*Falso*)
6. Tim found his way back by following his compass. (*Verdadero*)
7. Tim learned that exploring alone can be dangerous. (*Verdadero*)
8. The group was upset when Tim returned. (*Falso*)
9. The story takes place in the city. (*Falso*)
10. The kids slept in cabins instead of tents. (*Falso*)

GRAMMAR AND VOCABULARY HIGHLIGHTS (PUNTOS CLAVES DE GRAMÁTICA Y VOCABULARIO)

☑ Camping Vocabulary (Vocabulario de campamento):

- tent (tienda de campaña)
- sleeping bag (saco de dormir)
- campfire (fogata)

- compass (brújula)
- firewood (leña)
- flashlight (linterna)

☑ **Nature Elements (Elementos de la naturaleza):**

- forest (bosque)
- riverbank (orilla del río)
- tall grass (pasto alto)
- stars (estrellas)
- tree (árbol)

☑ **Common camping expressions (Expresiones comunes en campamento):**

- "Let's set up the tents." (*Armemos las tiendas de campaña.*)
- "Always stay close to the group." (*Siempre mantente cerca del grupo.*)
- "Follow the compass to find your way back." (*Sigue la brújula para encontrar el camino de regreso.*)

☑ **True or False Answers (Respuestas de Verdadero o Falso)**
1. **Falso** – The children were with their camp leader, not their parents.
2. **Falso** – Tim wandered off alone.
3. **Verdadero** – Tim saw an animal footprint near the river.
4. **Verdadero** – The kids were roasting marshmallows around the fire.
5. **Falso** – Mr. Johnson was very worried and searched for Tim.
6. **Verdadero** – Tim used his compass to find his way back.
7. **Verdadero** – He realized that exploring alone can be dangerous.
8. **Falso** – The group was relieved and happy when Tim returned.
9. **Falso** – The story takes place in a forest, not a city.
10. **Falso** – The kids slept in tents, not cabins.

Now it's your turn!

- **Answer the comprehension questions in your own words.**
- **Try using some of the vocabulary words in sentences.**
- **Describe a camping experience you've had or would like to have.**

———

AUDIOLIBRO DE PRONUNCIACIÓN BOOK 3 - CHAPTER 3

Usa estos audios a tu favor. **Escucha, repite, imita la pronunciación y pierde el miedo a hablar.** Cuanto más te expongas al inglés, más rápido mejorarás.

CAPÍTULO 15

A JOURNEY THROUGH THE STARS

BEYOND THE TELESCOPE

Liam had always been fascinated by the **stars**. Every night, he would stare at the **sky**, wondering what lay beyond the twinkling lights. His dream was to become an **astronomer**, and tonight was his chance to learn from the best—Professor Harris, the school's most passionate **astronomy** teacher.

"Come closer, Liam," Professor Harris said, adjusting the large **telescope** on the rooftop observatory. "Tonight, I'm going to show you the wonders of the **universe**."

Liam's **eyes** widened with excitement as he peered through the **lens**. "Wow! I see a huge glowing circle. Is that the **Moon**?"

"Exactly," the professor nodded. "The **Moon** is Earth's only **natural satellite**. Its **surface** is covered in **craters**, formed by meteor impacts millions of years ago."

Liam adjusted the **focus** and gasped. "I can see shadows on it!"

"That's because the **Sun**'s light casts shadows on the **lunar surface**. The **Moon** doesn't shine by itself—it reflects sunlight."

Liam looked up at the night **sky**, his mind buzzing with curiosity. "What about those bright dots? Are they just **stars**?"

"Some are," the professor said, pointing to a particularly bright one. "But not all. That one, for example, is **Jupiter**—the largest **planet** in our **solar system**. It has at least 79 **moons**!"

"Seventy-nine?" Liam nearly dropped the **telescope** in surprise. "That's incredible!"

Professor Harris chuckled. "And look over here," he said, guiding the **telescope** to another glowing object. "That's **Saturn**, known for its beautiful **rings** made of **ice** and **rock**."

Liam could barely contain his excitement. "It looks so small from here!"

"That's because it's millions of miles away," the professor explained. "But in reality, **Saturn** is huge. If you could stand on it—which you can't, because it's a **gas giant**—you'd see those **rings** stretching thousands of miles wide."

Liam looked away from the **telescope**, his thoughts racing. "So, every point of light in the **sky** could be a **star**, a **planet**, or even a **galaxy**?"

"Exactly," the professor said. "Some of those **stars** have their own **solar systems**, with **planets** orbiting them, just like Earth orbits the **Sun**."

Liam smiled, feeling small yet full of wonder. "It's amazing to think that we're just a tiny part of something so big."

The professor patted him on the back. "That's the beauty of **astronomy**. The more you learn, the more you realize how much there is still to discover."

As Liam looked back up at the endless **universe**, he knew one thing for sure—his journey to the **stars** was only just beginning.

COMPREHENSION QUESTIONS (PREGUNTAS DE COMPRENSIÓN)

✎ ¡Ojo! (si estás en versión eBook) Como en el eBook no se puede escribir directamente, toma tu cuaderno favorito o una hoja suelta para apuntar tus respuestas. Así lo aprovechas al máximo y aprendes mucho más. ¡Manos a la obra!

1. Who is Liam learning from in the story?
   (*¿De quién está aprendiendo Liam en la historia?*)
2. What was the first thing Liam saw through the telescope?
   (*¿Qué fue lo primero que vio Liam a través del telescopio?*)
3. Why does the Moon have shadows on its surface?
   (*¿Por qué la Luna tiene sombras en su superficie?*)
4. What is the largest planet in the solar system?
   (*¿Cuál es el planeta más grande del sistema solar?*)
5. How many moons does Jupiter have?
   (*¿Cuántas lunas tiene Júpiter?*)
6. What makes Saturn unique?
   (*¿Qué hace a Saturno especial?*)
7. Why can't someone stand on Saturn?
   (*¿Por qué no se puede estar de pie en Saturno?*)
8. What are some things Liam learns about the universe?
   (*¿Cuáles son algunas cosas que Liam aprende sobre el universo?*)
9. How does Liam feel after his lesson with Professor Harris?
   (*¿Cómo se siente Liam después de su lección con el Profesor Harris?*)
10. Why do you think the story is called "Beyond the Telescope"?
    (*¿Por qué crees que la historia se llama "Más allá del telescopio"?*)

True or False (Verdadero o Falso)
1. Liam wasn't interested in astronomy. (*Falso*)
2. The professor showed Liam the Moon first. (*Verdadero*)
3. The Moon produces its own light. (*Falso*)
4. Jupiter is the biggest planet in the solar system. (*Verdadero*)
5. Saturn's rings are made of fire. (*Falso*)
6. The telescope allowed Liam to see the planets clearly. (*Verdadero*)
7. Saturn is a gas giant, meaning it has a solid surface. (*Falso*)
8. Every dot in the sky is a star. (*Falso*)
9. The professor told Liam that some stars have their own planets. (*Verdadero*)
10. Liam decided that he wanted to learn more about astronomy. (*Verdadero*)

GRAMMAR AND VOCABULARY HIGHLIGHTS (PUNTOS CLAVES DE GRAMÁTICA Y VOCABULARIO)

☑ **Astronomy Vocabulary (Vocabulario de astronomía):**

- **telescope** (telescopio)
- **planet** (planeta)
- **star** (estrella)
- **solar system** (sistema solar)
- **moon** (luna)
- **galaxy** (galaxia)
- **rings** (anillos)
- **meteor** (meteoro)

☑ **Common Astronomy Expressions (Expresiones comunes en astronomía):**

- "The Moon reflects sunlight." (*La Luna refleja la luz del Sol.*)
- "Jupiter has at least 79 moons." (*Júpiter tiene al menos 79 lunas.*)
- "Saturn's rings are made of ice and rock." (*Los anillos de Saturno están hechos de hielo y roca.*)
- "The universe is endless." (*El universo es infinito.*)

☑ **True or False Answers (Respuestas de Verdadero o Falso)**
1. **Falso** – Liam was very interested in astronomy.
2. **Verdadero** – The professor showed him the Moon first.
3. **Falso** – The Moon doesn't produce light; it reflects sunlight.
4. **Verdadero** – Jupiter is the biggest planet in the solar system.
5. **Falso** – Saturn's rings are made of ice and rock, not fire.
6. **Verdadero** – The telescope allowed Liam to see planets clearly.
7. **Falso** – Saturn is a gas giant, meaning it has no solid surface.
8. **Falso** – Not every dot in the sky is a star; some are planets or galaxies.
9. **Verdadero** – The professor explained that some stars have their own planets.
10. **Verdadero** – Liam became even more interested in astronomy.

Now it's your turn!

- Answer the comprehension questions in your own words.
- Try using some of the vocabulary words in sentences.
- Describe a time when you looked at the night sky and wondered about space.

Keep reaching for the stars!

———

AUDIOLIBRO DE PRONUNCIACIÓN BOOK 3 - CHAPTER 4

Usa estos audios a tu favor. **Escucha, repite, imita la pronunciación y pierde el miedo a hablar.** Cuanto más te expongas al inglés, más rápido mejorarás. ¡Tu inglés fluido está a solo unos clics de distancia! 🚀👏

CAPÍTULO 16
THE ROAD TO CONFIDENCE

LEARNING TO DRIVE

Sophie's hands trembled slightly as she gripped the **steering wheel** for the first time. Her father, Mr. Martinez, sat in the **passenger seat**, calm and smiling.

"Relax, Sophie," he said. "Driving is all about control and confidence. Just take a deep **breath**."

Sophie exhaled and nodded. "Okay, Dad. What do I do first?"

"First, check your **mirrors** and make sure your **seatbelt** is fastened," he instructed.

She adjusted the **rearview mirror**, tightened her **seatbelt**, and glanced at the **dashboard**.

"Good," her father said. "Now, press the **brake pedal** and shift the **gear** into 'Drive'."

Sophie's **foot** hovered over the **gas pedal** nervously. The car moved forward slowly as she pressed it gently.

"Nice and easy," her dad encouraged. "Now, let's go over some basic **traffic rules** while we drive around the neighborhood."

As they approached the first **intersection**, Sophie saw a bright red **STOP sign** ahead.

"Okay, what does that sign mean?" her father quizzed.

"That I have to **stop** completely before continuing," she replied, pressing the **brake pedal**.

"Exactly! And always look both ways before you move forward."

She carefully checked both sides and continued driving. A few blocks later, they reached a **traffic light** that turned **yellow**.

"What should you do now?" Mr. Martinez asked.

Sophie hesitated. "Slow down and prepare to **stop**, right?"

"That's correct! Many new drivers panic and speed up when they see a yellow light, but you should always be cautious."

They kept driving through quiet streets, passing different **road signs: speed limit signs, pedestrian crossings**, and **one-way streets**.

At one point, Sophie saw a **yield sign** and asked, "What does that one mean?"

"It means you must give way to other cars before merging," her dad explained.

Feeling more confident, Sophie drove towards a **roundabout**. "I enter on the right and yield to the cars already inside, correct?"

Her father beamed. "You've been paying attention!"

They turned onto a larger **roadway**, where the speed limit increased. Sophie felt the car accelerate as she pressed the **gas pedal**, but she remained steady.

"Look at you!" her dad laughed. "You're a natural!"

Just then, a cyclist appeared near the **bike lane**. Sophie immediately slowed down and gave him space.

"Good reflexes," Mr. Martinez said. "Always watch for **pedestrians, bicycles**, and other vehicles. Anticipate what's happening around you."

Finally, they pulled into their **driveway**, and Sophie put the **car** in 'Park' before turning off the **engine**.

Her father clapped his **hands**. "That was an excellent first lesson!"

Sophie sighed in relief and smiled. "That wasn't as bad as I thought!"

"Driving is about practice and patience," Mr. Martinez said. "You'll get better each time. And soon, you'll be ready for the highway!"

She laughed. "Let's not rush it, Dad!"

As she stepped out of the **car**, she looked back at the **steering wheel** and felt a new sense of independence. She had taken her first step towards the open road.

COMPREHENSION QUESTIONS (PREGUNTAS DE COMPRENSIÓN)

> ✎ ¡Ojo! (si estás en versión eBook) Como en el eBook no se puede escribir directamente, toma tu cuaderno favorito o una hoja suelta para apuntar tus respuestas. Así lo aprovechas al máximo y aprendes mucho más. ¡Manos a la obra!

1. What is Sophie doing for the first time in the story?
   (*¿Qué está haciendo Sophie por primera vez en la historia?*)
2. What does Sophie's father tell her to check before starting the car?
   (*¿Qué le dice su padre que revise antes de arrancar el auto?*)
3. What does the STOP sign mean?
   (*¿Qué significa la señal de STOP?*)
4. What should a driver do when approaching a yellow traffic light?
   (*¿Qué debe hacer un conductor al acercarse a un semáforo amarillo?*)
5. What is a yield sign, and what does it tell drivers to do?
   (*¿Qué es una señal de "YIELD" y qué indica a los conductores?*)
6. What does Sophie do when she sees a cyclist on the road?
   (*¿Qué hace Sophie cuando ve un ciclista en la carretera?*)
7. What part of driving does Sophie find easier than expected?
   (*¿Qué parte de conducir le pareció más fácil de lo que esperaba?*)
8. How does Sophie feel at the end of her first driving lesson?
   (*¿Cómo se siente Sophie al final de su primera clase de manejo?*)
9. Why does Mr. Martinez tell Sophie that she will soon be ready for the highway?
   (*¿Por qué le dice el Sr. Martinez a Sophie que pronto estará lista para la autopista?*)
10. What does Sophie realize about driving by the end of the story?
    (*¿Qué se da cuenta Sophie sobre conducir al final de la historia?*)

✅ True or False (Verdadero o Falso)
1. Sophie had driven a car many times before. (*Falso*)
2. Sophie adjusted the rearview mirror before starting to drive. (*Verdadero*)
3. Sophie ignored the STOP sign at the intersection. (*Falso*)
4. Mr. Martinez taught Sophie to speed up when the light turned yellow. (*Falso*)

5. Sophie correctly identified a yield sign. *(Verdadero)*
6. Sophie did not know how to use the gas pedal. *(Falso)*
7. Sophie gave space to a cyclist on the road. *(Verdadero)*
8. Sophie panicked when she entered the roundabout. *(Falso)*
9. Sophie was excited to drive on the highway right away. *(Falso)*
10. By the end of the lesson, Sophie felt more confident about driving. *(Verdadero)*

GRAMMAR AND VOCABULARY HIGHLIGHTS (PUNTOS CLAVES DE GRAMÁTICA Y VOCABULARIO)

☑ **Driving and Car Vocabulary (Vocabulario de manejo y automóviles):**

- **steering wheel** (volante)
- **gas pedal** (pedal del acelerador)
- **brake pedal** (pedal de freno)
- **gear shift** (palanca de cambios)
- **rearview mirror** (espejo retrovisor)
- **seatbelt** (cinturón de seguridad)
- **dashboard** (tablero)

☑ **Traffic Signs (Señales de tránsito):**

- **STOP sign** (señal de alto)
- **Yield sign** (señal de ceder el paso)
- **Traffic light** (semáforo)
- **Speed limit sign** (señal de límite de velocidad)
- **Pedestrian crossing** (cruce peatonal)
- **One-way street** (calle de un solo sentido)

☑ **Common Driving Instructions (Instrucciones comunes al conducir):**

- "Check your mirrors before starting." *(Revisa los espejos antes de arrancar.)*
- "Always slow down at a yellow light." *(Siempre disminuye la velocidad con la luz amarilla.)*
- "Look both ways before continuing." *(Mira en ambas direcciones antes de continuar.)*

☑ **True or False Answers (Respuestas de Verdadero o Falso)**
1. **Falso** – Sophie was driving for the first time.
2. **Verdadero** – She adjusted the mirror before driving.
3. **Falso** – She stopped at the STOP sign.
4. **Falso** – Mr. Martinez taught her to slow down at a yellow light.
5. **Verdadero** – She correctly identified the yield sign.
6. **Falso** – She knew how to use the gas pedal.
7. **Verdadero** – She slowed down for the cyclist.
8. **Falso** – She handled the roundabout correctly.
9. **Falso** – She wasn't ready for the highway yet.

10 **Verdadero** – Sophie felt more confident by the end.

Now it's your turn!

- **Answer the comprehension questions in your own words.**
- **Try using some of the vocabulary words in sentences.**
- **Describe a time when you learned something new and gained confidence.**

Keep driving forward in your English learning journey!

———

AUDIOLIBRO DE PRONUNCIACIÓN BOOK 3 - CHAPTER 5

Usa estos audios a tu favor. **Escucha, repite, imita la pronunciación y pierde el miedo a hablar**. Cuanto más te expongas al inglés, más rápido mejorarás. ¡Tu inglés fluido está a solo unos clics de distancia! 🚀👇

BOOK 3 - CHAPTER 5

TU AVENTURA CON EL INGLÉS A TRAVÉS DE HISTORIAS APENAS COMIENZA

¡LLEGASTE AL FINAL DEL LIBRO! PERO, SEAMOS SINCEROS... ESTO NO ES REALMENTE EL FINAL, ¿VERDAD?

A lo largo de estas páginas, viajaste por **universidades, carreteras, campamentos, el espacio y más**, aprendiendo inglés de una manera diferente: **a través de historias reales, emocionantes y memorables**. Y eso es exactamente lo que hace que aprender un idioma sea más efectivo y divertido.

Cada historia no solo te enseñó nuevas palabras y estructuras gramaticales, sino que **te hizo sentir el idioma**. No solo leíste sobre Margaret volviendo a la universidad, **viviste su emoción y su desafío**. No solo aprendiste sobre señales de tránsito, **estuviste en el asiento del conductor con Sophie**.

¿Y AHORA QUÉ?

Vuelve a leer las historias. Ahora que las conoces, intenta comprenderlas mejor. Verás que cada vez notarás nuevas expresiones, frases y estructuras que antes no habías notado.

Léelas en voz alta. No basta con entenderlas, también necesitas entrenar tu pronunciación. Imagina que estás actuando los diálogos, repite las frases en voz alta y escucha cómo suenan.

Ponlas en práctica. Intenta escribir un pequeño resumen de cada historia usando tus propias palabras en inglés. O mejor aún, inventa un final alternativo para alguna de ellas.

No te detengas aquí. Este libro es solo una parte de tu camino. Sigue aprendiendo, sigue leyendo, sigue sumergiéndote en el inglés. **Cada palabra nueva que aprendes es un paso más hacia la fluidez.**

Porque aprender un idioma **no es solo memorizar reglas**—es hacerlo parte de tu vida.

Así que dime... ¿estás listo para la siguiente historia?

Nos vemos en el próximo libro. ¡Sigue avanzando!

LIBRO 4: APRENDER INGLÉS FÁCILMENTE PARA ADULTOS - NIVEL INTERMEDIO

TU INGLÉS ESTÁ A PUNTO DE DESPEGAR

¡SIGUE ASÍ!

¿Alguna vez has sentido que sabes algunas palabras en inglés, pero al momento de hablar te cuesta formar frases más complejas? ¿O que entiendes lo que dicen en una conversación, pero cuando te toca responder, **las palabras no salen como quisieras?** Si te has sentido así, **no estás solo.** Aprender un nuevo idioma es un viaje, y cada paso que das te acerca más a la fluidez.

Este libro está diseñado para ayudarte a **dar ese gran salto** en tu aprendizaje. Si ya tienes una base en inglés y buscas mejorar tu capacidad de expresarte con confianza, **estás en el lugar correcto.**

Aquí no solo vas a aprender más vocabulario o a mejorar tu gramática, sino que vas a aprender **cómo hablar inglés de verdad,** como lo hacen los hablantes nativos. A lo largo de estas páginas, te ayudaremos a:

☑ **Desenvolverte en situaciones cotidianas:** Podrás ir a un restaurante y hacer un pedido sin dudar, preguntar direcciones en la calle sin miedo, comprar en una tienda sin trabarte y, en general, comunicarte con más seguridad en tu día a día.

☑ **Expresar ideas más complejas:** No se trata solo de saber palabras sueltas, sino de **saber combinarlas para formar ideas claras y fluidas.** Aprenderás a describir experiencias, hacer comparaciones, dar opiniones y explicar tus pensamientos en inglés.

☑ **Participar en intercambios con otras personas:** El inglés no es solo un idioma para estudiar en un libro, **es un idioma para usarlo en la vida real.** Te enseñaremos a mejorar tu comprensión auditiva y a responder con frases que suenan naturales.

☑ **Aplicar la gramática sin complicaciones:** ¿Te imaginas poder usar estructuras gramaticales sin memorizar largas listas de reglas aburridas? En este libro, la gramática se aprende **haciéndola parte de la conversación,** con ejemplos prácticos que puedes aplicar de inmediato.

¿POR QUÉ ESTE LIBRO ES DIFERENTE?

Porque aquí **no solo vas a leer sobre inglés, vas a vivirlo.** Cada capítulo está diseñado con ejemplos, situaciones reales y ejercicios que te harán **poner en práctica lo que aprendes. Olvídate del inglés aburrido y lleno de reglas sin sentido**—aquí aprenderás de forma dinámica, con explicaciones claras y divertidas.

Si alguna vez pensaste: *"Nunca podré hablar inglés con fluidez"*, te digo algo: **sí puedes**. La clave está en la práctica y en tener una guía que te ayude a mejorar paso a paso. Y para eso, este libro será tu mejor compañero.

Lo único que necesitas es **compromiso, paciencia y ganas de aprender. En los próximos 30 días, notarás un cambio real en tu inglés.** Con cada ejercicio, cada frase y cada conversación, estarás más cerca de hablar con confianza.

Así que ponte cómodo, relájate y prepárate. ¡Porque en este mes, tu inglés va a mejorar más de lo que imaginas!

¿Listo para empezar? Let's go!

CAPÍTULO 17
EL PRESENTE PERFECTO

HABLANDO DE EXPERIENCIAS Y CONEXIONES CON EL PRESENTE

E l **presente perfecto** (*present perfect*) es uno de los tiempos verbales más útiles en inglés, pero también puede ser un poco confuso para los hablantes de español. Esto se debe a que **no tiene una traducción exacta en nuestro idioma** y su uso no sigue las mismas reglas del español. Sin embargo, una vez que entiendas **cómo y cuándo usarlo**, se convertirá en una herramienta poderosa para comunicarte de manera más natural y fluida en inglés.

El **presente perfecto** se usa para hablar de **acciones que ocurrieron en el pasado, pero que tienen una conexión con el presente**. No estamos simplemente diciendo que algo pasó, sino que de alguna manera, ese evento sigue siendo relevante o tiene un impacto en el momento actual.

¿Cómo se forma el Presente Perfecto?

Para formar el presente perfecto en inglés, utilizamos **el verbo auxiliar "have" o "has"** seguido del **participio pasado** del verbo principal. La estructura es la siguiente:

Sujeto + have/has + participio pasado + complemento

- **I have visited New York.** *(He visitado Nueva York.)*
- **She has studied English for five years.** *(Ella ha estudiado inglés por cinco años.)*
- **They have never eaten sushi before.** *(Nunca han comido sushi antes.)*

Observa que en español solemos traducir este tiempo con "he", "has", "ha", "hemos", "han", lo que lo hace parecerse un poco al **pretérito perfecto** en nuestro idioma.

"Have" o "Has"?

La elección entre "have" y "has" depende del **sujeto** de la oración:

☑ **Usamos "have" con:**

- I, you, we, they
- Ejemplo: **"We have finished the project."** *(Hemos terminado el proyecto.)*

☑ **Usamos "has" con:**

- He, she, it
- Ejemplo: **"She has learned a lot this year."** (*Ella ha aprendido mucho este año.*)

EL PARTICIPIO PASADO

El tercer elemento clave en el presente perfecto es el **participio pasado** del verbo principal. Para los verbos regulares, el participio pasado se forma **agregando "-ed"** al verbo en infinitivo:

- **Play → played** (*jugar → jugado*)
- **Work → worked** (*trabajar → trabajado*)

Sin embargo, los **verbos irregulares** tienen formas únicas que deben memorizarse. Algunos ejemplos comunes son:

- **Go → gone** (*ir → ido*)
- **See → seen** (*ver → visto*)
- **Eat → eaten** (*comer → comido*)
- **Write → written** (*escribir → escrito*)

Por eso, es importante familiarizarse con **la lista de verbos irregulares en inglés** y practicar su uso en diferentes contextos.

Cuándo Usamos el Presente Perfecto en Inglés

El presente perfecto tiene varios usos principales que lo diferencian del pasado simple. Veamos los más importantes:

☑️ **Para hablar de experiencias sin especificar cuándo ocurrieron**

Cuando queremos decir que hemos hecho algo en nuestra vida sin mencionar un momento exacto, usamos el presente perfecto.

- **I have traveled to Spain.** (*He viajado a España.*)
- **She has never tried sushi.** (*Ella nunca ha probado sushi.*)
- **Have you ever seen a ghost?** (*¿Alguna vez has visto un fantasma?*)

En estos casos, lo que importa es **la experiencia en sí misma**, no el momento exacto en que sucedió.

☑️ **Para hablar de acciones que empezaron en el pasado y siguen en el presente**

Cuando algo comenzó en el pasado y todavía continúa en la actualidad, usamos el presente perfecto, generalmente acompañado de **for** (por) o **since** (desde).

- **I have lived in this city for ten years.** (*He vivido en esta ciudad por diez años.*)
- **She has worked at this company since 2015.** (*Ella ha trabajado en esta empresa desde 2015.*)

Aquí es clave recordar que el **presente perfecto enfatiza la duración de la acción** hasta el momento actual.

☑️ **Para hablar de cambios o logros recientes**

Muchas veces, usamos el presente perfecto para señalar que algo ha cambiado recientemente o que algo ha sido alcanzado.

- **I have just finished my homework.** (*Acabo de terminar mi tarea.*)
- **Scientists have discovered a new planet.** (*Los científicos han descubierto un nuevo planeta.*)
- **She has lost a lot of weight.** (*Ella ha perdido mucho peso.*)

Aquí, las palabras **"just"**, **"recently"**, **"already"** y **"yet"** son comunes con este uso.

Diferencia entre el Presente Perfecto y el Pasado Simple

Uno de los errores más comunes entre los hispanohablantes es confundir el presente perfecto con el pasado simple.

Usamos el pasado simple cuando nos importa el "cuándo" de la acción:

- **I visited Paris in 2018.** *(Visité París en 2018.)* → Se menciona un momento específico, por lo que usamos el **pasado simple**.

Usamos el presente perfecto cuando no especificamos el momento exacto, sino la experiencia en sí:

- **I have visited Paris.** *(He visitado París.)* → No decimos cuándo, solo mencionamos la experiencia.

PREGUNTAS Y RESPUESTAS CON EL PRESENTE PERFECTO

Para hacer preguntas en presente perfecto, colocamos **"have" o "has"** antes del sujeto.

- **Have you ever traveled to another country?** *(¿Alguna vez has viajado a otro país?)*
- **Has she finished her work?** *(¿Ha terminado su trabajo?)*

Las respuestas pueden ser cortas o largas:

- **Yes, I have. / No, I haven't.**
- **Yes, she has finished it. / No, she hasn't finished yet.**

NEGACIONES EN EL PRESENTE PERFECTO

Para formar una negación, simplemente agregamos **"not"** después de "have" o "has":

- **I have not seen that movie.** *(No he visto esa película.)*
- **He has not finished his project.** *(Él no ha terminado su proyecto.)*

También podemos usar **contracciones**:

- **I haven't seen that movie.**
- **She hasn't called me today.**

Ejemplos en Contexto

Conversación 1:

Ana: Have you ever been to London?
(¿Alguna vez has estado en Londres?)
Carlos: No, I haven't. But I have visited Madrid.
(No, no he estado. Pero he visitado Madrid.)

Conversación 2:

Emma: Where is John?
(¿Dónde está John?)

Lucas: He has gone to the supermarket.
(Se ha ido al supermercado.)

El **presente perfecto** es un tiempo verbal esencial en inglés para hablar de **experiencias, cambios recientes y situaciones que aún tienen conexión con el presente**. Aunque puede parecer difícil al principio, con la práctica se vuelve más natural.

Ahora que has visto su estructura y usos, **practica con tus propias oraciones**. ¡Cuanto más lo uses, más fácil será incorporarlo en tu inglés diario!

1. **Hablar de acciones del pasado reciente que son importantes en el presente**

El **presente perfecto** es ideal para hablar de acciones que han ocurrido **recientemente** y que **aún tienen un impacto en el presente**. En español, muchas veces usamos expresiones como *"acabo de..."* o *"hace poco..."*, pero en inglés, este tipo de acciones se expresan con el **presente perfecto** acompañado de palabras como:

- **Just** (acabar de)
- **Already** (ya)
- **Yet** (aún, todavía)
- **Recently** (recientemente)
- **Lately** (últimamente)

Este tiempo verbal nos ayuda a conectar el pasado con el presente de una manera más natural. **No estamos diciendo exactamente cuándo ocurrió la acción, sino que estamos resaltando su relevancia ahora.**

Por ejemplo, si decimos:

"I have just finished my homework." *(Acabo de terminar mi tarea.)*
"She has already left the office." *(Ella ya se ha ido de la oficina.)*
Estamos hablando de algo que **sucedió hace muy poco y que sigue siendo relevante** en este momento.

10 EJEMPLOS PRÁCTICOS CON TRADUCCIÓN Y PRONUNCIACIÓN

1. **I have just eaten lunch.** *(Acabo de almorzar.)* 🔊 *(Ai jæv yast í-ten lanch.)*

2. **She has already finished her book.** *(Ella ya ha terminado su libro.)* 🔊 *(Shi jæs ol-ré-di fí-nisht jer buk.)*

3. **They have recently moved to a new house.** *(Ellos se han mudado recientemente a una nueva casa.)* 🔊 *(Déi jæv rí-sent-li muvd tu a niu jáus.)*

4. **We have just arrived at the airport.** *(Acabamos de llegar al aeropuerto.)* 🔊 *(Wi jæv yast a-ráivd æt di ér-port.)*

5. **Has he called you yet?** *(¿Te ha llamado ya?)* 🔊 *(Jas ji kold yiu yet?)*

6. **I haven't seen that movie yet.** *(Todavía no he visto esa película.)* 🔊 *(Ai já-vent siin dat mú-vi yet.)*

7. **My parents have just bought a new car.** *(Mis padres acaban de comprar un auto nuevo.)* 🔊 *(Mai pé-rents jæv yast bot a niu kar.)*

8. **The teacher has already explained the lesson.** *(El profesor ya ha explicado la lección.)* 🔊 *(De tí-cher jæs ol-ré-di eks-pléind de lé-son.)*

9. **We have lately been very busy at work.** *(Últimamente hemos estado muy ocupados en el trabajo.)* 🔊 *(Wi jæv léit-li bin vé-ri bí-si æt werk.)*

10. **Has she told you about the trip yet?** *(¿Ella ya te ha contado sobre el viaje?)* 🔊 *(Jas shi tould yiu a-baut de trip yet?)*

. . .

El presente perfecto es fundamental cuando queremos hablar de **acciones que ocurrieron hace poco y siguen teniendo relevancia ahora**. Palabras clave como **just, already, yet, recently** y **lately** ayudan a reforzar esta conexión entre el pasado y el presente.

Ahora que conoces esta estructura, **practica creando tus propias oraciones** y usándolas en conversaciones. ¡Verás lo útil que es en la vida real!

2. **Hablar de situaciones que comenzaron en el pasado y continúan en el presente**

El **presente perfecto** es ideal para describir **acciones o situaciones que comenzaron en el pasado y que aún están en curso en el presente**. En español, muchas veces utilizamos el **presente simple** para este tipo de expresiones, pero en inglés se usa el **presente perfecto** junto con las palabras clave **"for"** (por) y **"since"** (desde).

- **For** se usa para indicar una duración de tiempo.
- **"I have lived here for five years."** *(He vivido aquí por cinco años.)*
- **Since** se usa para indicar un punto específico en el tiempo cuando la acción comenzó.
- **"She has worked here since 2010."** *(Ella ha trabajado aquí desde 2010.)*

Es importante recordar que el **presente perfecto NO se usa con fechas específicas** como "yesterday" o "last year". Para esos casos, usamos el **pasado simple**.

10 EJEMPLOS PRÁCTICOS CON TRADUCCIÓN Y PRONUNCIACIÓN

1. **I have worked in this company for ten years.** *(He trabajado en esta empresa por diez años.)* 🔊 *(Ai jæv werkt in dis kám-pa-ni for ten yirs.)*

2. **She has studied English since she was a child.** *(Ella ha estudiado inglés desde que era niña.)* 🔊 *(Shi jæs stá-diid ínglish sins shi woz a chaild.)*

3. **We have known each other for a long time.** *(Nos conocemos desde hace mucho tiempo.)* 🔊 *(Wi jæv noun ich ó-der for a long taim.)*

4. **They have lived in New York since 2015.** *(Han vivido en Nueva York desde 2015.)* 🔊 *(Déi jæv livd in Niu York sins tu-zau-sand en fif-tiin.)*

5. **My sister has played the piano for five years.** *(Mi hermana ha tocado el piano por cinco años.)* 🔊 *(Mai sí-ster jæs pleid de piá-nou for faiv yirs.)*

6. **I have been a teacher since 2018.** *(He sido profesor desde 2018.)* 🔊 *(Ai jæv bin a tí-cher sins tu-zau-sand en eit-tiin.)*

7. **She has worked in this hospital for seven months.** *(Ella ha trabajado en este hospital por siete meses.)* 🔊 *(Shi jæs werkt in dis jós-pi-tal for sé-ven manz.)*

8. **We have been best friends since high school.** *(Hemos sido mejores amigos desde la secundaria.)* 🔊 *(Wi jæv bin best frends sins jai skuul.)*

9. **He has had that car for three years.** *(Él ha tenido ese auto por tres años.)* 🔊 *(Ji jæs jad dat kar for thrii yirs.)*

10. **I have lived in this house since I was a kid.** *(He vivido en esta casa desde que era niño.)* 🔊 *(Ai jæv livd in dis jáus sins ai woz a kid.)*

El presente perfecto es muy útil para hablar de **situaciones que empezaron en el pasado y aún continúan**. La clave está en recordar el uso de **"for"** para duraciones de tiempo y **"since"** para puntos específicos en el tiempo.

Ahora que has visto estos ejemplos, **practica creando tus propias frases** sobre cosas que has estado haciendo por mucho tiempo. ¡Verás cómo te ayuda a hablar inglés con más naturalidad!

3. **Hablar de experiencias de vida del pasado**

El **presente perfecto** es muy útil cuando queremos hablar de experiencias de vida sin decir exactamente cuándo ocurrieron. En español, solemos usar expresiones como *"alguna vez"*, *"nunca"*, *"ya"*, o *"hasta ahora"*, y en inglés utilizamos palabras clave como:

- **Ever** (alguna vez) → Para preguntar sobre experiencias.
- **"Have you ever traveled to Japan?"** *(¿Alguna vez has viajado a Japón?)*
- **Never** (nunca) → Para decir que algo no ha sucedido en la vida de alguien.
- **"I have never tried sushi."** *(Nunca he probado sushi.)*
- **Already** (ya) → Para hablar de experiencias que han ocurrido antes de lo esperado.
- **"She has already seen that movie."** *(Ella ya ha visto esa película.)*
- **Yet** (aún, todavía) → Se usa en preguntas o negaciones para referirse a experiencias pendientes.
- **"Have you finished your homework yet?"** *(¿Ya terminaste tu tarea?)*
- **So far** (hasta ahora) → Para hablar de experiencias acumuladas hasta el presente.
- **"I have visited five countries so far."** *(He visitado cinco países hasta ahora.)*

Es importante notar que en el **presente perfecto, no mencionamos fechas específicas.** Si queremos decir cuándo ocurrió la experiencia, usamos el **pasado simple.**

Por ejemplo:

✅ **"I have traveled to Paris."** *(He viajado a París.)* → **Correcto en presente perfecto, porque no especifica cuándo ocurrió.**

❌ **"I have traveled to Paris in 2019."** *(He viajado a París en 2019.)* → **Incorrecto en presente perfecto. Se debe usar el pasado simple:** *"I traveled to Paris in 2019."*

10 EJEMPLOS PRÁCTICOS CON TRADUCCIÓN Y PRONUNCIACIÓN

1️⃣ **Have you ever climbed a mountain?** *(¿Alguna vez has escalado una montaña?)* 🔊 *(Jav yiu é-ver klaimd a maun-ten?)*

2️⃣ **I have never eaten Indian food.** *(Nunca he comido comida india.)* 🔊 *(Ai jæv né-ver í-ten ín-dian fud.)*

3️⃣ **She has already visited three countries.** *(Ella ya ha visitado tres países.)* 🔊 *(Shi jæs ol-ré-di ví-si-tid thrii kán-tris.)*

4️⃣ **We have met many interesting people so far.** *(Hasta ahora hemos conocido a muchas personas interesantes.)* 🔊 *(Wi jæv met mé-ni ín-te-res-ting pí-pl so far.)*

5️⃣ **Have you ever gone scuba diving?** *(¿Alguna vez has hecho buceo?)* 🔊 *(Jav yiu é-ver gon sku-ba dai-ving?)*

6️⃣ **My brother has never been on an airplane.** *(Mi hermano nunca ha estado en un avión.)* 🔊 *(Mai bró-der jæs né-ver bin on an ér-plein.)*

7️⃣ **I have watched that movie three times.** *(He visto esa película tres veces.)* 🔊 *(Ai jæv wotcht dat mú-vi thrii taims.)*

8️⃣ **They have traveled to Spain many times.** *(Han viajado a España muchas veces.)* 🔊 *(Déi jæv trá-veled tu spein mé-ni taims.)*

9️⃣ **Has he ever tried skydiving?** *(¿Alguna vez ha probado el paracaidismo?)* 🔊 *(Jas ji é-ver traid skai-dai-ving?)*

🔟 **We haven't visited that museum yet.** *(Todavía no hemos visitado ese museo.)* 🔊 *(Wi já-vent ví-si-tid dat miu-sí-em yet.)*

El presente perfecto es clave para hablar de **experiencias de vida** porque nos permite compartir lo que hemos hecho sin enfocarnos en el "cuándo". Es importante recordar que usamos **"ever"** para preguntas, **"never"** para decir que algo nunca ha sucedido, y palabras como **"already"**, **"yet"** y **"so far"** para referirnos a experiencias acumuladas hasta el presente.

Ahora te toca a ti: **¿Qué experiencias has tenido en tu vida? ¿Y cuáles todavía te quedan por vivir?** ¡Practica con tus propias frases y sigue avanzando en tu inglés!

HABLAR DE EVENTOS RECIENTES CON EL PRESENTE PERFECTO

El **presente perfecto** también se usa para hablar de **eventos recientes**, es decir, cosas que han sucedido **hace poco** y que son relevantes en el presente. En español, muchas veces usamos expresiones como *"recién"*, *"hace poco"*, o *"acabo de..."*.

En inglés, usamos palabras clave para señalar que un evento ocurrió recientemente:

- **Just** (acabar de) → Se usa para indicar que algo sucedió hace muy poco tiempo.
- **"I have just finished my work."** *(Acabo de terminar mi trabajo.)*
- **Recently** (recientemente) → Se usa para eventos que han pasado en un tiempo cercano al presente.
- **"She has recently moved to a new house."** *(Ella se ha mudado recientemente a una nueva casa.)*
- **Lately** (últimamente) → Para hablar de eventos que han ocurrido varias veces en el pasado reciente.
- **"We have been very busy lately."** *(Hemos estado muy ocupados últimamente.)*
- **Already** (ya) → Se usa para indicar que algo ha ocurrido antes de lo esperado.
- **"He has already eaten dinner."** *(Él ya ha cenado.)*
- **Yet** (aún, todavía) → Se usa en preguntas o frases negativas para eventos que se esperan que ocurran pronto.
- **"Have you seen the new movie yet?"** *(¿Ya has visto la nueva película?)*

Este uso del **presente perfecto** es muy común en conversaciones cotidianas, especialmente cuando hablamos sobre **noticias, cambios recientes o cosas que acabamos de hacer.**

10 EJEMPLOS PRÁCTICOS CON TRADUCCIÓN Y PRONUNCIACIÓN

1 **I have just finished my homework.** *(Acabo de terminar mi tarea.)* 🔊 *(Ai jæv yast fí-nisht mai jóm-werk.)*

2 **She has already called the doctor.** *(Ella ya ha llamado al doctor.)* 🔊 *(Shi jæs ol-ré-di kold de dák-ter.)*

3 **We have recently bought a new car.** *(Recientemente hemos comprado un auto nuevo.)* 🔊 *(Wi jæv rí-sent-li bot a niu kar.)*

4 **Has he left the office yet?** *(¿Él ya se ha ido de la oficina?)* 🔊 *(Jas ji left di ó-fis yet?)*

5 **I haven't seen that movie yet.** *(Todavía no he visto esa película.)* 🔊 *(Ai já-vent siin dat mú-vi yet.)*

6 **My parents have just arrived home.** *(Mis padres acaban de llegar a casa.)* 🔊 *(Mai pé-rents jæv yast a-ráivd jom.)*

7 **The teacher has already explained the lesson.** *(El profesor ya ha explicado la lección.)* 🔊 *(De tí-cher jæs ol-ré-di eks-pléind de lé-son.)*

8 **We have recently changed our internet provider.** *(Recientemente hemos cambiado nuestro proveedor de internet.)* 🔊 *(Wi jæv rí-sent-li cheinjd aur ín-ter-net pro-vai-der.)*

9 **They have been very busy lately.** *(Han estado muy ocupados últimamente.)* 🔊 *(Déi jæv bin vé-ri bí-si léit-li.)*

10 **Has she told you about the new job yet?** *(¿Ella ya te ha contado sobre el nuevo trabajo?)* 🔊 *(Jas shi tould yiu a-baut de niu yob yet?)*

El **presente perfecto** nos permite hablar sobre **eventos recientes** sin mencionar una fecha específica, solo resaltando que ocurrieron hace poco y aún tienen importancia.

Las palabras clave como **just, recently, lately, already y yet** ayudan a marcar **el tiempo en el que ocurrió la acción.**

Ahora, intenta hacer tus propias frases con estos términos. **¿Qué ha pasado en tu vida recientemente? ¡Practica escribiendo sobre ello y verás cómo este tiempo verbal se vuelve más fácil!**

CÓMO SE FORMAN LAS CONTRACCIONES EN PRESENTE PERFECTO

1 Contracciones con "have"

Cuando usamos el presente perfecto con los sujetos I, you, we, they, podemos contraer "have" de la siguiente manera:

Forma Completa	Forma Contraída	Ejemplo	Traducción
I have	I've	I've been to London.	*(He estado en Londres.)*
You have	You've	You've finished your work.	*(Has terminado tu trabajo.)*
We have	We've	We've lived here for years.	*(Hemos vivido aquí por años.)*
They have	They've	They've just arrived.	*(Ellos acaban de llegar.)*

Pronunciación Clave:

- **I've** *(aiv)*
- **You've** *(yuv)*
- **We've** *(wiv)*
- **They've** *(deiv)*

2 Contracciones con "has"

Cuando el sujeto es **he, she o it**, podemos contraer **"has"** de esta manera:

Forma Completa	Forma Contraída	Ejemplo	Traducción
He has	He's	He's studied a lot.	*(Él ha estudiado mucho.)*
She has	She's	She's already left.	*(Ella ya se ha ido.)*
It has	It's	It's been a long day.	*(Ha sido un día largo.)*

Pronunciación Clave:

- **He's** *(jis)*
- **She's** *(shis)*
- **It's** *(its)*

! Ojo con "It's":

"It's" en presente perfecto **NO significa "es" o "está"**, sino "ha sido" o "ha estado".

- **"It's been great!"** *(¡Ha sido genial!)*

- **"It's rained all day."** *(Ha llovido todo el día.)*

3 Contracciones en negativo

Cuando queremos hacer una oración negativa en **presente perfecto**, podemos contraer **"have not"** y **"has not"**.

Forma Completa	Forma Contraída	Ejemplo	Traducción
I have not	I haven't	I haven't seen that movie.	*(No he visto esa película.)*
You have not	You haven't	You haven't finished yet.	*(Todavía no has terminado.)*
We have not	We haven't	We haven't traveled much.	*(No hemos viajado mucho.)*
They have not	They haven't	They haven't arrived.	*(Ellos no han llegado.)*
He has not	He hasn't	He hasn't called me.	*(Él no me ha llamado.)*
She has not	She hasn't	She hasn't visited Paris.	*(Ella no ha visitado París.)*
It has not	It hasn't	It hasn't rained all week.	*(No ha llovido en toda la semana.)*

Pronunciación Clave:

- **Haven't** *(já-vent)*
- **Hasn't** *(já-sent)*

10 EJEMPLOS DE USO CON CONTRACCIONES EN PRESENTE PERFECTO

1. **I've never been to Japan.** *(Nunca he estado en Japón.)* 🔊 *(Aiv né-ver bin tu ya-pán.)*
2. **You've just finished your assignment.** *(Acabas de terminar tu tarea.)* 🔊 *(Yuv yast fí-nisht yior a-sain-ment.)*
3. **We've lived here since 2015.** *(Hemos vivido aquí desde 2015.)* 🔊 *(Wiv livd jir sins tu-zau-sand en fif-tiin.)*
4. **They've already bought their tickets.** *(Ellos ya han comprado sus boletos.)* 🔊 *(Deiv ol-ré-di bot der tí-kets.)*
5. **He's studied English for five years.** *(Él ha estudiado inglés por cinco años.)* 🔊 *(Jis stá-diid ínglish for faiv yirs.)*
6. **She's never tried sushi before.** *(Ella nunca ha probado sushi antes.)* 🔊 *(Shis né-ver traid sú-shi bi-for.)*
7. **It's been a long time since we last talked.** *(Ha pasado mucho tiempo desde la última vez que hablamos.)* 🔊 *(Its bin a long taim sins wi last tokt.)*
8. **I haven't seen him in months.** *(No lo he visto en meses.)* 🔊 *(Ai já-vent siin jim in manz.)*
9. **She hasn't decided yet.** *(Ella no ha decidido aún.)* 🔊 *(Shi já-sent di-sai-did yet.)*
10. **They haven't finished their work.** *(Ellos no han terminado su trabajo.)* 🔊 *(Déi já-vent fí-nisht der werk.)*

Conclusión

Usar contracciones en el **presente perfecto** te hará sonar más **natural y fluido** cuando hablas inglés.

Recuerda:

☑ **"I've, you've, we've, they've"** para los sujetos con "have".

☑ **"He's, she's, it's"** para los sujetos con "has".

☑ **"Haven't" y "hasn't"** para las negaciones.

Ahora que conoces las contracciones, **practica pronunciándolas y usándolas en conversaciones**. Notarás que los hablantes nativos las usan todo el tiempo, ¡y tú también deberías hacerlo!

Los Verbos Modales en Inglés: La Clave para Expresarte con Más Precisión

Los **verbos modales** (*modal verbs*) son fundamentales para comunicar ideas con **más matices** en inglés. Son pequeños auxiliares que modifican el significado del verbo principal y nos permiten expresar **habilidad, posibilidad, obligación, permiso y necesidad.**

En español, a menudo usamos frases como **"puedo hacer algo"**, **"debería ir"**, **"tengo que hacerlo"**, pero en inglés **estos conceptos se expresan con un solo verbo modal.**

Por ejemplo:

- **"I can swim."** (*Puedo nadar.*)
- **"You must wear a seatbelt."** (*Debes usar el cinturón de seguridad.*)
- **"She should call her mom."** (*Ella debería llamar a su mamá.*)

Los **modal verbs** no se conjugan como otros verbos; no necesitan el verbo "do" para preguntas o negaciones, y siempre van seguidos de un **verbo en infinitivo sin "to"** (excepto con "ought to").

PRINCIPALES VERBOS MODALES Y SUS USOS

1 CAN / COULD – Poder, ser capaz de, posibilidad

"Can" se usa para expresar **habilidad**, **posibilidad** o **permiso** en el presente.

📌 **"I can speak English."** (*Puedo hablar inglés.*)

"Could" es el pasado de "can" y también se usa para hacer peticiones más formales o hablar de posibilidades.

📌 **"Could you help me?"** (*¿Podrías ayudarme?*)

2 MAY / MIGHT – Posibilidad y permiso

"May" se usa para pedir o dar permiso de manera más formal.

📌 **"You may leave early today."** (*Puedes irte temprano hoy.*)

"Might" se usa para expresar una **posibilidad más incierta** que "may".

📌 **"It might rain later."** (*Podría llover más tarde.*)

3 MUST / HAVE TO – Obligación y necesidad

"Must" expresa **una obligación fuerte o una regla**.

📌 **"You must wear a mask."** (*Debes usar una mascarilla.*)

"Have to" también expresa obligación, pero más como una necesidad externa impuesta por una situación.

📌 **"I have to wake up early."** (*Tengo que despertarme temprano.*)

! **Diferencia clave:** "Must" suele ser más personal o una norma general, mientras que "have to" se usa más en obligaciones impuestas.

4 SHOULD / OUGHT TO – Consejos y sugerencias

Ambos verbos modales se usan para **dar consejos** o expresar lo que es correcto.

📌 **"You should study more."** (*Deberías estudiar más.*)

📌 **"You ought to apologize."** (*Deberías disculparte.*)

! "Ought to" no es tan común en inglés hablado, pero tiene el mismo significado que "should".

5 WOULD – Condicional y cortesía

Se usa para expresar situaciones hipotéticas, deseos y cortesía en peticiones.

🖋 **"I would travel the world if I had money."** *(Viajaría por el mundo si tuviera dinero.)*

🖋 **"Would you like some coffee?"** *(¿Te gustaría un café?)*

NEGACIONES CON VERBOS MODALES

Para hacer una negación, simplemente agregamos **"not"** después del modal:

- **I can't swim.** *(No puedo nadar.)*
- **You must not touch that!** *(¡No debes tocar eso!)*
- **She shouldn't eat too much sugar.** *(No debería comer mucho azúcar.)*

! Excepción: "Have to" en negativo cambia su significado:

🖋 **"You don't have to go."** *(No tienes que ir.)* → **Significa que no es necesario, pero puedes hacerlo si quieres.**

🖊 10 EJEMPLOS PRÁCTICOS CON TRADUCCIÓN Y PRONUNCIACIÓN

1 **Can you drive a car?** *(¿Puedes conducir un coche?)* 🔊 *(Can yiu draiv a kar?)*

2 **You must wear a helmet when riding a bike.** *(Debes usar casco al andar en bicicleta.)* 🔊 *(Yiu mast wer a jél-met wen rái-ding a baik.)*

3 **She might be late for the meeting.** *(Ella podría llegar tarde a la reunión.)* 🔊 *(Shi mait bi leit for de mí-ting.)*

4 **We should call her to check if she's okay.** *(Deberíamos llamarla para ver si está bien.)* 🔊 *(Wi shud kol jer tu chek if shis o-kéi.)*

5 **You don't have to come if you don't want to.** *(No tienes que venir si no quieres.)* 🔊 *(Yiu dount jæv tu kam if yiu dount wánt tu.)*

6 **Could you lend me a pen, please?** *(¿Podrías prestarme un bolígrafo, por favor?)* 🔊 *(Cud yiu lend mi a pen, plís?)*

7 **He would buy a house if he had more money.** *(Él compraría una casa si tuviera más dinero.)* 🔊 *(Ji wud bai a jáus if ji jad mor má-ni.)*

8 **May I sit here?** *(¿Puedo sentarme aquí?)* 🔊 *(Mei ai sit jir?)*

9 **They ought to be more respectful.** *(Deberían ser más respetuosos.)* 🔊 *(Déi ót tu bi mor ris-pék-tful.)*

10 **You shouldn't talk to strangers.** *(No deberías hablar con extraños.)* 🔊 *(Yiu shudnt tok tu stréin-yers.)*

Los **verbos modales** son esenciales para enriquecer tu inglés, ya que permiten expresar **habilidad, posibilidad, obligación, permiso y necesidad** de forma precisa.

La clave para dominarlos es **usarlos en conversaciones y escribir ejemplos con ellos**. ¡Practica creando tus propias frases y verás cómo tu inglés se vuelve más natural y fluido! 🖋 🔥

EJEMPLO PRÁCTICO

Muy bien ahora veamos un ejemplo de la vida cotidiana que pueda ayudarte para asimilar todos los conocimientos adquiridos anteriormente:

SHORT STORY: THE JOB INTERVIEW

English Version

Alex was feeling nervous. He **had never had** an important job interview before, and today, he **was going to meet** the manager of a big company. He **had prepared** for weeks, but still, he wasn't sure what to expect.

As he **entered** the office, a friendly woman greeted him.

Interviewer: Good morning, Alex. Please, take a seat. How are you today?

Alex: Good morning! I **am feeling** a little nervous, but I **am excited** about this opportunity.

Interviewer: That's completely normal. Don't worry! So, let's start. **Have you ever worked** in this field before?

Alex: Yes, I **have worked** as a marketing assistant for the past three years. I **have learned** a lot during that time.

Interviewer: That's great! What **can you tell me** about your experience in digital marketing?

Alex: Well, I **have managed** social media campaigns, and I **have worked** with different advertising tools. I **can create** engaging content and analyze marketing data.

The interviewer **nodded** and **smiled**.

Interviewer: It seems like you **have done** a lot in three years! What would you say **is** your biggest strength?

Alex: I think my biggest strength **is** creativity. I **am always looking** for new ways to make campaigns more interesting.

Interviewer: That's good to hear! And what about weaknesses?

Alex: Well, I **sometimes get** too focused on small details. But I **have been working** on improving my time management skills.

The interviewer **looked** at his resume and **continued** asking questions.

Interviewer: We **must hire** someone who **can work** under pressure. **Have you ever had** to deal with stressful situations?

Alex: Yes, I **have handled** high-pressure projects before. I **had to complete** an urgent campaign in just three days, and I **was able to deliver** great results.

Interviewer: That's impressive! One last question: why **should we choose** you for this position?

Alex: I believe I **have the skills** and passion for this job. I **love working** in marketing, and I **am confident** that I **can contribute** to your team's success.

The interviewer **smiled again**.

Interviewer: Well, Alex, thank you for your time. We **will let you know** our decision soon.

Alex: Thank you! I **am looking forward** to hearing from you.

Alex **left** the office feeling relieved. No matter what happened, he **had done** his best.

HISTORIA EN ESPAÑOL: LA ENTREVISTA DE TRABAJO

Alex **se sentía** nervioso. **Nunca había tenido** una entrevista de trabajo importante antes, y hoy **iba a conocer** al gerente de una gran empresa. **Se había preparado** durante semanas, pero aún no estaba seguro de qué esperar.

Cuando **entró** a la oficina, una mujer amable lo saludó.

Entrevistadora: Buenos días, Alex. Por favor, toma asiento. ¿Cómo estás hoy?

Alex: ¡Buenos días! **Me siento** un poco nervioso, pero **estoy emocionado** por esta oportunidad.

Entrevistadora: Eso es completamente normal. ¡No te preocupes! Bueno, empecemos. **¿Has trabajado** antes en este campo?

Alex: Sí, **he trabajado** como asistente de marketing durante los últimos tres años. **He aprendido** mucho en ese tiempo.

Entrevistadora: ¡Eso es genial! ¿Qué **puedes decirme** sobre tu experiencia en marketing digital?

Alex: Bueno, **he gestionado** campañas en redes sociales y **he trabajado** con diferentes herramientas de publicidad. **Puedo crear** contenido atractivo y analizar datos de marketing.

La entrevistadora **asintió** y **sonrió**.

Entrevistadora: ¡Parece que **has hecho** mucho en tres años! ¿Cuál dirías que **es** tu mayor fortaleza?

Alex: Creo que mi mayor fortaleza **es** la creatividad. **Siempre estoy buscando** nuevas formas de hacer las campañas más interesantes.

Entrevistadora: ¡Es bueno escuchar eso! ¿Y qué hay de tus debilidades?

Alex: Bueno, **a veces me concentro** demasiado en los pequeños detalles. Pero **he estado trabajando** en mejorar mis habilidades de gestión del tiempo.

La entrevistadora **miró** su currículum y **continuó** haciendo preguntas.

Entrevistadora: Debemos contratar a alguien que **pueda trabajar** bajo presión. **¿Alguna vez has tenido** que lidiar con situaciones estresantes?

Alex: Sí, **he manejado** proyectos de alta presión antes. **Tuve que completar** una campaña urgente en solo tres días y **logré entregar** excelentes resultados.

Entrevistadora: ¡Eso es impresionante! Una última pregunta: ¿por qué **deberíamos elegirte** para este puesto?

Alex: Creo que **tengo las habilidades** y la pasión para este trabajo. **Me encanta trabajar** en marketing y **confío en que puedo contribuir** al éxito de su equipo.

La entrevistadora **sonrió de nuevo**.

Entrevistadora: Bueno, Alex, gracias por tu tiempo. **Te haremos saber** nuestra decisión pronto.

Alex: ¡Gracias! **Estoy esperando** con ansias su respuesta.

Alex **salió** de la oficina sintiéndose aliviado. Pasara lo que pasara, **había dado** lo mejor de sí.

Análisis de los tiempos verbales en la historia

En esta historia, hemos resaltado en **negrita** los diferentes tiempos verbales para que puedas identificar cómo funcionan en un contexto real.

Presente Perfecto: Se usa para hablar de experiencias pasadas sin especificar cuándo ocurrieron. Ejemplo:

- **"I have worked as a marketing assistant for three years."** *(He trabajado como asistente de marketing por tres años.)*

Pasado Simple: Se usa para narrar acciones que ocurrieron en un momento específico en el pasado. Ejemplo:

- **"Alex entered the office."** *(Alex entró a la oficina.)*

Presente Continuo: Se usa para hablar de situaciones en el presente en desarrollo o para mostrar emociones. Ejemplo:

- **"I am feeling nervous."** *(Me siento nervioso.)*

Modal Verbs: Se usan para expresar habilidad, posibilidad, necesidad y obligación. Ejemplo:

- **"You must wear a helmet."** *(Debes usar un casco.)*

Esta historia muestra **cómo se usan estos tiempos verbales en una conversación real**. Ahora, intenta leerla en voz alta, fijarte en las estructuras y, si puedes, **trata de escribir tu propia historia basada en una entrevista de trabajo**. ¡Verás lo útil que es practicar de esta manera!

VOCABULARIO CLAVE DE LA HISTORIA

Aquí tienes un cuadro con el vocabulario más relevante de la historia. Esto te ayudará a familiarizarte con las palabras utilizadas y a mejorar tu pronunciación.

Palabra en Inglés	Pronunciación	Traducción
Interview	(ín-ter-viu)	Entrevista
Job	(yob)	Trabajo
Nervous	(nér-vos)	Nervioso/a
Excited	(eks-áitid)	Emocionado/a
Experience	(eks-pí-riens)	Experiencia
Marketing	(már-ke-ting)	Mercadotecnia / Marketing
Skills	(skils)	Habilidades
Strength	(strénz)	Fortaleza
Weakness	(wík-nes)	Debilidad
Improve	(im-prúv)	Mejorar
Confidence	(kón-fi-dens)	Confianza
Manager	(má-na-yer)	Gerente
Company	(kám-pa-ni)	Empresa
Salary	(sá-la-ri)	Salario
Hire	(jáir)	Contratar

Responsibilities	(ris-pon-si-bí-li-tis)	Responsabilidades
Work under pressure	(werk án-der pré-sher)	Trabajar bajo presión
Resume	(ré-su-mei)	Currículum
Position	(po-zí-shon)	Puesto
Candidate	(kán-di-deit)	Candidato/a
Apply for	(a-plái for)	Postularse para
Training	(tréi-ning)	Capacitación
Availability	(a-vei-la-bi-li-ti)	Disponibilidad
Expectations	(eks-pek-téi-shons)	Expectativas
Work environment	(werk en-vái-ro-ment)	Ambiente laboral
Tasks	(tas-ks)	Tareas
Handle	(hán-del)	Manejar / Gestionar
Teamwork	(tím-wuork)	Trabajo en equipo
Career growth	(ka-rír gróuz)	Crecimiento profesional
Feedback	(fíd-bak)	Retroalimentación

CÓMO USAR ESTE VOCABULARIO

- Lee cada palabra en voz alta junto con su pronunciación.
- Intenta hacer frases con las palabras nuevas para memorizarlas mejor.
- Usa estas palabras en conversaciones o escríbelas en un párrafo relacionado con entrevistas de trabajo.

EJEMPLOS DE USO CON ALGUNAS PALABRAS DEL VOCABULARIO

"I have applied for a new position at a big company."
(Me he postulado para un nuevo puesto en una gran empresa.)

"She has great teamwork skills."
(Ella tiene grandes habilidades para el trabajo en equipo.)

"My manager gave me positive feedback on my performance."
(Mi gerente me dio una retroalimentación positiva sobre mi desempeño.)

"We need someone who can handle stress well."
(Necesitamos a alguien que pueda manejar bien el estrés.)

"His experience in marketing helped him get the job."
(Su experiencia en marketing lo ayudó a conseguir el trabajo.)

CONCLUSIÓN

Este vocabulario **te será muy útil no solo para entrevistas de trabajo, sino también para cualquier conversación relacionada con el mundo laboral.** Ahora que ya conoces estas palabras, **intenta usarlas en tus propias frases o conversaciones.** ¡Practicar es la clave para recordarlas y mejorar tu inglés!

———

EJERCICIOS DEL CAPÍTULO 18: PRESENTE PERFECTO Y VERBOS MODALES

> ✏️ ¡Ojo! (si estás en versión eBook) Como en el eBook no se puede escribir directamente, toma tu cuaderno favorito o una hoja suelta para apuntar tus respuestas. Así lo aprovechas al máximo y aprendes mucho más. ¡Manos a la obra!

1 **Indicar si las siguientes afirmaciones son verdaderas o falsas. Corrige las falsas.**

1. El presente perfecto se usa para hablar de eventos pasados sin especificar cuándo ocurrieron.
2. "He has went to the store." es una oración correcta.
3. "For" se usa para indicar un punto específico en el tiempo.
4. "Since" se usa con duraciones de tiempo.
5. En inglés, "yet" se usa solo en oraciones afirmativas.
6. "Have" se usa con "he, she, it" en presente perfecto.
7. "I have been working here since five years." es una oración correcta.
8. "Must" se usa para expresar posibilidad.
9. Los verbos modales pueden conjugarse en pasado simple.
10. "They haven't finished their work yet." es una oración correcta.

2 **Elegir el auxiliar que corresponda en cada oración (have/has, do/does, must/can, etc.)**

1. She ____ worked here for five years.
2. ____ you ever tried sushi before?
3. He ____ not finished his project yet.
4. We ____ traveled to Spain many times.

5. ____ you help me with this report?
6. He ____ drive a car very well.
7. They ____ to complete the project before the deadline.
8. You ____ be at the office at 8 a.m. sharp.
9. She ____ already sent the email.
10. ____ I ask you a question?

3 Completar las oraciones usando alguno de estos adverbios: for, since, already o yet.

1. I have lived in this city ____ ten years.
2. She has worked at this hospital ____ 2012.
3. Have you finished your homework ____?
4. They have ____ visited that museum.
5. We haven't seen each other ____ months.
6. He has studied English ____ three years.
7. She hasn't called me ____.
8. My parents have ____ moved to a new house.
9. We have known each other ____ childhood.
10. Have they left the office ____?

4 ¿Cuáles de las siguientes oraciones son correctas? Corrige las incorrectas.

1. I have saw that movie already.
2. She has never been to London.
3. Have you ever went to Paris?
4. We have lived in this house since 10 years.
5. He has just finished his work.
6. I has spoken to my boss today.
7. They has traveled to three different countries.
8. You have completed your project on time.
9. She have studied a lot for this exam.
10. It has rained all week.

5 Ordenar las siguientes palabras para formar oraciones.

1. has / she / finished / already / her / homework.
2. since / known / have / other / childhood / they / each.
3. I / before / have / tried / never / sushi.
4. has / he / called / yet / not / me.
5. the / has / job / gotten / she.
6. haven't / yet / seen / that / I / movie.
7. you / ever / have / traveled / to / Italy?

8. just / arrived / the / airport / at / we / have.
9. for / has / she / been / years / a / teacher / five.
10. the / finished / report / they / already / have.

6 **Indicar si las siguientes afirmaciones son verdaderas o falsas.**

1. "I have wrote a book." es una oración correcta.
2. "She has worked at this company for five years." es una oración correcta.
3. En presente perfecto, los verbos modales siempre se usan.
4. "Have you seen that movie yet?" es una pregunta en presente perfecto.
5. En inglés, "must" se usa para expresar obligación.
6. "He can drives very well." es una oración correcta.
7. El presente perfecto se usa para hablar de experiencias pasadas sin un tiempo específico.
8. "I has traveled to Spain" es una oración correcta.
9. "Since" se usa para indicar duraciones de tiempo.
10. "They have lived here for a long time." es una oración correcta.

7 **¿Cuáles de las siguientes oraciones son correctas? Corrige las incorrectas.**

1. We have went to the park.
2. She has studied all night for the exam.
3. I have finish my work.
4. He has never eat sushi before.
5. They have bought a new car.
6. Have you ever see a shooting star?
7. We has been waiting for hours.
8. You have just arrived.
9. He have lived in Canada for ten years.
10. She has written a great article.

———

RESPUESTAS DE LOS EJERCICIOS DEL CAPÍTULO 1

1 **Indicar si las siguientes afirmaciones son verdaderas o falsas. Corrige las falsas.**

1. ☑ **Verdadero** – El presente perfecto se usa para hablar de eventos pasados sin especificar cuándo ocurrieron.
2. ✗ **Falso** – Debe ser: **"He has gone to the store."**
3. ✗ **Falso** – "For" se usa para indicar una **duración** de tiempo, no un punto específico.
4. ✗ **Falso** – "Since" se usa con puntos específicos en el tiempo, no con duraciones.
5. ✗ **Falso** – "Yet" se usa en preguntas y oraciones negativas.
6. ✗ **Falso** – "Has" se usa con "he, she, it". "Have" se usa con "I, you, we, they".
7. ✗ **Falso** – Debe ser: **"I have been working here for five years."**

8. ✖ **Falso** – "Must" expresa obligación, no posibilidad.
9. ✖ **Falso** – Los verbos modales no se conjugan en pasado simple.
10. ☑ **Verdadero** – "They haven't finished their work yet." es correcta.

2 Elegir el auxiliar que corresponda en cada oración.

1. has
2. Have
3. has
4. have
5. Can
6. can
7. must
8. must
9. has
10. May

3 Completar las oraciones usando alguno de estos adverbios: for, since, already o yet.

1. for
2. since
3. yet
4. already
5. for
6. for
7. yet
8. already
9. since
10. yet

4 ¿Cuáles de las siguientes oraciones son correctas? Corrige las incorrectas.

1. ✖ **I have seen that movie already.** (*I have saw → I have seen*)
2. ☑ **She has never been to London.**
3. ✖ **Have you ever gone to Paris?** (*Have you ever went → Have you ever gone*)
4. ✖ **We have lived in this house for 10 years.** (*since 10 years → for 10 years*)
5. ☑ **He has just finished his work.**
6. ✖ **I have spoken to my boss today.** (*I has → I have*)
7. ✖ **They have traveled to three different countries.** (*They has → They have*)
8. ☑ **You have completed your project on time.**
9. ✖ **She has studied a lot for this exam.** (*She have → She has*)

10. ☑ **It has rained all week.**

---

5 **Ordenar las siguientes palabras para formar oraciones.**

1. **She has already finished her homework.**
2. **They have known each other since childhood.**
3. **I have never tried sushi before.**
4. **He has not called me yet.**
5. **She has gotten the job.**
6. **I haven't seen that movie yet.**
7. **Have you ever traveled to Italy?**
8. **We have just arrived at the airport.**
9. **She has been a teacher for five years.**
10. **They have already finished the report.**

---

6 **Indicar si las siguientes afirmaciones son verdaderas o falsas.**

1. ✘ **Falso** – Debe ser: **"I have written a book."** *(I have wrote → I have written)*
2. ☑ **Verdadero** – "She has worked at this company for five years." es correcta.
3. ✘ **Falso** – En presente perfecto, los verbos modales no siempre se usan.
4. ☑ **Verdadero** – "Have you seen that movie yet?" es una pregunta en presente perfecto.
5. ☑ **Verdadero** – "Must" se usa para expresar obligación.
6. ✘ **Falso** – "He can drive very well." es la forma correcta. *(He can drives → He can drive)*
7. ☑ **Verdadero** – El presente perfecto se usa para hablar de experiencias pasadas sin un tiempo específico.
8. ✘ **Falso** – "I have traveled to Spain." es la forma correcta. *(I has traveled → I have traveled)*
9. ✘ **Falso** – "Since" se usa para puntos específicos en el tiempo, no para duraciones.
10. ☑ **Verdadero** – "They have lived here for a long time." es correcta.

---

7 **¿Cuáles de las siguientes oraciones son correctas? Corrige las incorrectas.**

1. ✘ **We have gone to the park.** *(We have went → We have gone)*
2. ☑ **She has studied all night for the exam.**
3. ✘ **I have finished my work.** *(I have finish → I have finished)*
4. ✘ **He has never eaten sushi before.** *(He has never eat → He has never eaten)*
5. ☑ **They have bought a new car.**
6. ✘ **Have you ever seen a shooting star?** *(Have you ever see → Have you ever seen)*
7. ✘ **We have been waiting for hours.** *(We has → We have)*
8. ☑ **You have just arrived.**
9. ✘ **He has lived in Canada for ten years.** *(He have → He has)*
10. ☑ **She has written a great article.**

Conclusión

¡Felicidades por completar los ejercicios! Estos te ayudarán a afianzar tu conocimiento sobre el **presente perfecto, los verbos modales y el vocabulario clave para entrevistas de trabajo y el mundo laboral.**

Practica estas estructuras en tus propias oraciones y trata de usarlas en conversaciones reales. ¡Mientras más las uses, más fácil será hablar inglés con confianza!

———

AUDIOLIBRO DE PRONUNCIACIÓN BOOK 4 - CHAPTER 1

Usa estos audios a tu favor. **Escucha, repite, imita la pronunciación y pierde el miedo a hablar.** Cuanto más te expongas al inglés, más rápido mejorarás. ¡Tu inglés fluido está a solo unos clics de distancia!

BOOK 4 - CHAPTER 1

CAPÍTULO 18
INTRODUCCIÓN AL FUTURO EN INGLÉS

HABLANDO DE LO QUE VENDRÁ

El futuro es una parte esencial del lenguaje porque nos permite hablar sobre **planes, predicciones, intenciones y decisiones espontáneas**. En español, muchas veces usamos frases como *"Voy a viajar a Londres el próximo año"* o *"Mañana haré ejercicio"*. En inglés, hay varias formas de hablar del futuro, dependiendo de la situación y el grado de certeza.

En este capítulo, exploraremos **los tiempos futuros en inglés** y aprenderemos cuándo y cómo usarlos correctamente. Veremos:

☑ **Will** – Para decisiones espontáneas, predicciones y promesas.

☑ **Be going to** – Para planes y predicciones basadas en evidencia.

☑ **Present Continuous con sentido de futuro** – Para planes fijos o eventos organizados.

☑ **Future Continuous** – Para hablar de algo que estará ocurriendo en un momento específico del futuro.

☑ **Future Perfect** – Para hablar de acciones que habrán terminado en un punto determinado del futuro.

Saber **cuándo usar cada forma** te ayudará a expresarte con más claridad y fluidez cuando hables sobre el futuro en inglés.

¡Así que prepárate! En este capítulo, te daremos todas las herramientas para que puedas **hablar con confianza sobre el futuro** en inglés.

"WILL": EL FUTURO SIMPLE

El **futuro simple** en inglés se forma con el auxiliar **"will"** seguido del **verbo en su forma base**. Se usa para hablar de decisiones espontáneas, predicciones, promesas, ofertas y situaciones futuras inciertas.

◆ **Estructura gramatical del futuro con "will"**

La estructura de las oraciones con **"will"** es muy sencilla:

☑ **Afirmativa:**

Sujeto + will + verbo en infinitivo + complemento.

"I will travel to Spain next summer." (Viajaré a España el próximo verano.)

✖ **Negativa:**

Sujeto + will not (won't) + verbo en infinitivo + complemento.

"She won't buy that dress." (Ella no comprará ese vestido.)

? **Interrogativa:**

Will + sujeto + verbo en infinitivo + complemento?

🪁 *"Will they arrive on time?"* (¿Llegarán a tiempo?)

5 Ejemplos Prácticos con Traducción y Pronunciación

1. **I will call you tomorrow.** (*Te llamaré mañana.*) 🔊 (*Ai wil kol yiu tu-mó-rou.*)
2. **She will help you with your homework.** (*Ella te ayudará con tu tarea.*) 🔊 (*Shi wil jelp yiu wit yior jóm-werk.*)
3. **They will travel to Italy next year.** (*Ellos viajarán a Italia el próximo año.*) 🔊 (*Déi wil trá-vel tu Í-ta-li next yir.*)
4. **We will go to the beach if it's sunny.** (*Iremos a la playa si está soleado.*) 🔊 (*Wi wil gou tu de bich if its só-ni.*)
5. **It will be a great day!** (*¡Será un gran día!*) 🔊 (*It wil bi a greit dei!*)

ORACIONES AFIRMATIVAS CON "WILL"

Las oraciones afirmativas con **"will"** simplemente siguen la estructura básica. Se usan para hablar de hechos futuros, predicciones o promesas.

Ejemplos de oraciones afirmativas:

1. **I will study harder for the next exam.** (*Estudiaré más para el próximo examen.*) 🔊 (*Ai wil stá-di jár-der for de next iksám.*)
2. **She will cook dinner for everyone.** (*Ella cocinará la cena para todos.*) 🔊 (*Shi wil kuk dí-ner for é-vri-wan.*)
3. **They will move to a new house next month.** (*Se mudarán a una nueva casa el próximo mes.*) 🔊 (*Déi wil muv tu a niu jáus next manz.*)
4. **We will have a party on Saturday.** (*Tendremos una fiesta el sábado.*) 🔊 (*Wi wil jav a pár-ti on sá-tu-dei.*)
5. **You will love this movie.** (*Te encantará esta película.*) 🔊 (*Yiu wil lov dis mú-vi.*)

ORACIONES NEGATIVAS CON "WILL NOT" (WON'T)

Para hacer una oración negativa en futuro, simplemente agregamos **"will not"** o su contracción **"won't"** antes del verbo.

Ejemplos de oraciones negativas:

1. **I won't go to the party tonight.** (*No iré a la fiesta esta noche.*) 🔊 (*Ai wount gou tu de pár-ti tu-náit.*)
2. **She won't tell you the secret.** (*Ella no te dirá el secreto.*) 🔊 (*Shi wount tel yiu de sí-kret.*)
3. **They won't buy a new car this year.** (*Ellos no comprarán un auto nuevo este año.*) 🔊 (*Déi wount bai a niu kar dis yir.*)
4. **He won't accept the job offer.** (*Él no aceptará la oferta de trabajo.*) 🔊 (*Ji wount ak-sépt de yob ó-fer.*)
5. **We won't travel abroad this summer.** (*No viajaremos al extranjero este verano.*) 🔊 (*Wi wount trá-vel a-bród dis sá-mer.*)

ORACIONES INTERROGATIVAS CON "WILL"

Para formar preguntas en futuro, simplemente ponemos **"will"** al inicio de la oración antes del sujeto.

Ejemplos de oraciones interrogativas:

1. **Will you help me with this?** (*¿Me ayudarás con esto?*) 🔊 (*Wil yiu jelp mi wit dis?*)
2. **Will she arrive on time?** (*¿Llegará ella a tiempo?*) 🔊 (*Wil shi a-ráiv on taim?*)
3. **Will they call us later?** (*¿Nos llamarán más tarde?*) 🔊 (*Wil déi kol as léi-ter?*)
4. **Will we have good weather tomorrow?** (*¿Tendremos buen clima mañana?*) 🔊 (*Wil wi jav gud wé-der tu-mó-ro?*)

5 **Will he pass the exam?** (*¿Él aprobará el examen?*) (*Wil ji pás de ik-sám?*)

TIP IMPORTANTE:

! **No uses "will" para hablar de planes fijos en el futuro.** Para eso, se usa **"going to"** o el **presente continuo con sentido de futuro.**

✗ **"I will go to the doctor tomorrow."** (*Incorrecto para un plan fijo.*)

☑ **"I am going to the doctor tomorrow."** (*Correcto: "Voy al doctor mañana."*)

Recuerda que "will" se usa más para decisiones espontáneas, predicciones y promesas.

◆ **Ejemplo de decisión espontánea:**

"Oh no! We forgot the milk! I will buy it now!" (*¡Oh no! ¡Olvidamos la leche! La compraré ahora.*)

◆ **Ejemplo de predicción:**

"It will rain later." (*Lloverá más tarde.*)

◆ **Ejemplo de promesa:**

"I will always support you." (*Siempre te apoyaré.*)

RESUMEN FINAL

En esta sección aprendimos:

✓ Cómo formar el futuro con **"will"**.

✓ Su uso en **oraciones afirmativas, negativas e interrogativas.**

✓ La diferencia entre **"will"** y otras formas del futuro.

Ahora que conoces esta estructura, **practica usando "will" en tus propias frases**. ¡Esto te ayudará a hablar sobre el futuro con más seguridad y fluidez en inglés!

"BE GOING TO": EL FUTURO

El futuro con **"be going to"** es una de las formas más usadas en inglés para hablar sobre el futuro. Se emplea cuando queremos referirnos a **planes definidos** o a **predicciones basadas en evidencia.**

A diferencia de **"will"**, que se usa para decisiones espontáneas y promesas, **"be going to"** indica algo que ya hemos decidido hacer o algo que claramente va a suceder.

ESTRUCTURA GRAMATICAL DEL FUTURO CON "BE GOING TO"

☑ **Afirmativa:**

Sujeto + verbo "to be" (am/is/are) + going to + verbo en infinitivo + complemento.

"She is going to study medicine." (*Ella va a estudiar medicina.*)

✗ **Negativa:**

Sujeto + verbo "to be" (am/is/are) + not + going to + verbo en infinitivo + complemento.

"They are not going to travel this summer." (*Ellos no van a viajar este verano.*)

? **Interrogativa:**

Verbo "to be" (am/is/are) + sujeto + going to + verbo en infinitivo + complemento?

"Are you going to visit your grandparents?" (*¿Vas a visitar a tus abuelos?*)

5 EJEMPLOS PRÁCTICOS CON TRADUCCIÓN Y PRONUNCIACIÓN

1. **I am going to buy a new phone.** *(Voy a comprar un teléfono nuevo.)* 🔊 *(Ai am gó-ing tu bai a niu foun.)*

2. **She is going to have a baby.** *(Ella va a tener un bebé.)* 🔊 *(Shi is gó-ing tu jav a béi-bi.)*

3. **They are going to move to another city.** *(Ellos se van a mudar a otra ciudad.)* 🔊 *(Déi ar gó-ing tu muv tu a-nó-der sí-ti.)*

4. **We are going to watch a movie tonight.** *(Vamos a ver una película esta noche.)* 🔊 *(Wi ar gó-ing tu wóch a mú-vi tu-náit.)*

5. **He is going to start a new job next week.** *(Él va a empezar un nuevo trabajo la próxima semana.)* 🔊 *(Ji is gó-ing tu start a niu yob next wiik.)*

ORACIONES AFIRMATIVAS CON "BE GOING TO"

Las oraciones afirmativas con **"be going to"** se usan principalmente para **planes ya decididos o situaciones futuras muy probables.**

✅ **Ejemplos de oraciones afirmativas:**

1. **I am going to study English every day.** *(Voy a estudiar inglés todos los días.)* 🔊 *(Ai am gó-ing tu stá-di ínglish é-vri dei.)*

2. **She is going to travel to Japan next summer.** *(Ella va a viajar a Japón el próximo verano.)* 🔊 *(Shi is gó-ing tu trá-vel tu Ya-pán next sá-mer.)*

3. **They are going to buy a house soon.** *(Ellos van a comprar una casa pronto.)* 🔊 *(Déi ar gó-ing tu bai a jáus suun.)*

4. **We are going to have a party for your birthday.** *(Vamos a hacer una fiesta para tu cumpleaños.)* 🔊 *(Wi ar gó-ing tu jav a pár-ti for yior bérz-dei.)*

5. **You are going to love this book!** *(¡Te va a encantar este libro!)* 🔊 *(Yiu ar gó-ing tu lov dis buk!)*

ORACIONES NEGATIVAS CON "BE GOING TO"

Para hacer una oración negativa, solo agregamos **"not"** después del verbo "to be".

✅ **Ejemplos de oraciones negativas:**

1. **I am not going to eat fast food anymore.** *(No voy a comer más comida rápida.)* 🔊 *(Ai am not gó-ing tu iit fast fud éni-mor.)*

2. **She is not going to come to the meeting.** *(Ella no va a venir a la reunión.)* 🔊 *(Shi is not gó-ing tu kam tu de mí-ting.)*

3. **They are not going to play soccer today.** *(Ellos no van a jugar fútbol hoy.)* 🔊 *(Déi ar not gó-ing tu plei sá-ker tu-dei.)*

4. **We are not going to buy that expensive car.** *(No vamos a comprar ese auto caro.)* 🔊 *(Wi ar not gó-ing tu bai dat iks-pén-siv kar.)*

5. **You are not going to like this movie.** *(No te va a gustar esta película.)* 🔊 *(Yiu ar not gó-ing tu laik dis mú-vi.)*

ORACIONES INTERROGATIVAS CON "BE GOING TO"

Para formar preguntas, simplemente colocamos el verbo **"to be"** al inicio de la oración.

Ejemplos de oraciones interrogativas:

1. **Are you going to call me later?** *(¿Vas a llamarme más tarde?)* 🔊 *(Ar yiu gó-ing tu kol mi léi-ter?)*

2. **Is she going to study for the exam?** *(¿Va ella a estudiar para el examen?)* 🔊 *(Is shi gó-ing tu stá-di for de iksám?)*

3. **Are they going to travel next week?** *(¿Van a viajar la próxima semana?)* 🔊 *(Ar déi gó-ing tu trá-vel next wiik?)*

4. **Is he going to buy a new laptop?** *(¿Va él a comprar una nueva laptop?)* 🔊 *(Is ji gó-ing tu bai a niu láp-top?)*

⑤ **Are we going to visit grandma on Sunday?** *(¿Vamos a visitar a la abuela el domingo?)* 🔊 *(Ar wi gó-ing tu ví-sit grán-ma on sán-dei?)*

TIP IMPORTANTE:

! **No uses "will" cuando hablas de planes ya decididos. Usa "be going to".**

❌ **"I will study for the exam tomorrow."** *(Incorrecto para planes.)*

✅ **"I am going to study for the exam tomorrow."** *(Correcto: "Voy a estudiar para el examen mañana.")*

💡 **Diferencias clave entre "will" y "be going to":**

Situación	Usamos "Will"	Usamos "Be Going To"
Decisión espontánea	"I will answer the phone!"	❌
Plan definido	❌	"I am going to visit my mom this weekend."
Predicción sin evidencia	"It will rain tomorrow."	❌
Predicción con evidencia	❌	"Look at the clouds! It is going to rain."

◆ **Ejemplo de predicción con "going to" basada en evidencia:**
"Look at those dark clouds! It is going to rain." *(¡Mira esas nubes oscuras! Va a llover.)*

◆ **Ejemplo de predicción con "will" sin evidencia concreta:**
"I think it will rain tomorrow." *(Creo que lloverá mañana.)*

RESUMEN FINAL

En esta sección aprendimos:

✔ Cómo formar el futuro con **"be going to"**.

✔ Su uso en **oraciones afirmativas, negativas e interrogativas**.

✔ La diferencia entre **"will"** y **"be going to"**.

Ahora que conoces esta estructura, **practica usándola en tus propias frases**. ¡Esto te ayudará a hablar sobre el futuro con más naturalidad y confianza en inglés!

EL PRESENTE SIMPLE CON VALOR DE FUTURO

El **presente simple** no solo se usa para hablar de hábitos o hechos generales, sino que también puede expresar **acciones futuras**. Sin embargo, su uso con sentido de futuro es más específico y se aplica en situaciones concretas.

¿CUÁNDO USAMOS EL PRESENTE SIMPLE PARA HABLAR DEL FUTURO?

Usamos el **presente simple con valor de futuro** en dos situaciones principales:

① **Para hablar de horarios y eventos programados**

◆ **Lo usamos para hablar de horarios fijos, como los de transportes, eventos o instituciones.**

◆ **Suelen ir acompañados de una referencia de tiempo en el futuro.**

Ejemplos:

① **The train leaves at 8 p.m.** *(El tren sale a las 8 p.m.)* 🔊 *(De trein lívs at eit pi-em.)*

② **The concert starts at 9 o'clock.** *(El concierto empieza a las 9 en punto.)* 🔊 *(De kón-sert starts at náin o-klók.)*

③ **The bank opens at 9 a.m. tomorrow.** *(El banco abre a las 9 a.m. mañana.)* 🔊 *(De bank óu-pens at náin ei-em tu-mó-ro.)*

4️⃣ **The flight departs at noon.** (*El vuelo sale al mediodía.*) 🔊 (*De fláit di-parts at nuun.*)

5️⃣ **My class begins at 10 a.m. on Monday.** (*Mi clase comienza a las 10 a.m. el lunes.*) 🔊 (*Mai klas bi-gíns at ten ei-em on món-dei.*)

💡 **Regla clave:** Si algo está programado y no depende de una decisión personal, podemos usar el **presente simple** en lugar de "will" o "be going to".

❌ **Incorrecto:** *"The bus will leave at 7 a.m."* (*El bus saldrá a las 7 a.m.*)

✅ **Correcto:** *"The bus leaves at 7 a.m."* (*El bus sale a las 7 a.m.*)

2️⃣ **Para hablar de eventos en el futuro con cláusulas de tiempo (when, before, after, as soon as, until, etc.)**

Cuando usamos conectores como **when, before, after, as soon as, until** para referirnos a eventos en el futuro, la oración subordinada debe ir en presente simple, aunque se refiera a algo futuro.

Ejemplos:

1️⃣ **I'll call you when I arrive.** (*Te llamaré cuando llegue.*) 🔊 (*Ai'l kol yiu wen ai a-ráiv.*)

2️⃣ **She won't leave until he gets here.** (*Ella no se irá hasta que él llegue.*) 🔊 (*Shi wount liv an-til ji gets jir.*)

3️⃣ **We'll have dinner after the movie ends.** (*Cenaremos después de que termine la película.*) 🔊 (*Wi'l jav dí-ner áf-ter de mú-vi ends.*)

4️⃣ **As soon as the meeting finishes, I'll call you.** (*Tan pronto como termine la reunión, te llamaré.*) 🔊 (*As sun as de mí-ting fí-ni-shes, ai'l kol yiu.*)

5️⃣ **Before he goes to bed, he always brushes his teeth.** (*Antes de irse a la cama, siempre se cepilla los dientes.*) 🔊 (*Bi-for ji gous tu bed, ji ól-weiz brá-shes jis tit.*)

💡 **Regla clave:** Después de "when, before, after, until, as soon as", el verbo va en presente simple, aunque se refiera a algo en el futuro.

❌ **Incorrecto:** *"I'll call you when I will arrive."*

✅ **Correcto:** *"I'll call you when I arrive."*

ORACIONES AFIRMATIVAS CON EL PRESENTE SIMPLE PARA FUTURO

Ejemplos de oraciones afirmativas:

1️⃣ **The train leaves at 6 a.m. tomorrow.** (*El tren sale a las 6 a.m. mañana.*) 🔊 (*De trein lívs at siks ei-em tu-mó-ro.*)

2️⃣ **The meeting starts at 3 p.m. on Friday.** (*La reunión empieza a las 3 p.m. el viernes.*) 🔊 (*De mí-ting starts at tri pi-em on frái-dei.*)

3️⃣ **Our flight departs at 10:30 next Monday.** (*Nuestro vuelo sale a las 10:30 el próximo lunes.*) 🔊 (*Auer fláit di-parts at ten ter-ti next món-dei.*)

4️⃣ **The store closes at 8 p.m. tonight.** (*La tienda cierra a las 8 p.m. esta noche.*) 🔊 (*De stor klóu-ses at eit pi-em tu-náit.*)

5️⃣ **The bus arrives at the station at noon.** (*El autobús llega a la estación al mediodía.*) 🔊 (*De bas a-ráivs at de stéishon at nuun.*)

ORACIONES NEGATIVAS CON EL PRESENTE SIMPLE PARA FUTURO

✅ **Ejemplos de oraciones negativas:**

1️⃣ **The flight doesn't leave until midnight.** (*El vuelo no sale hasta la medianoche.*) 🔊 (*De fláit dáznt liv an-til míd-nait.*)

2️⃣ **The museum doesn't open on Mondays.** (*El museo no abre los lunes.*) 🔊 (*De miu-sí-em dáznt óu-pen on món-deis.*)

3 **The train doesn't stop at this station.** *(El tren no se detiene en esta estación.)* (De trein dáznt stop at dis stéishon.)

4 **The movie doesn't start until 9 p.m.** *(La película no empieza hasta las 9 p.m.)* (De mú-vi dáznt start an-til náin pi-em.)

5 **The bank doesn't open on Sundays.** *(El banco no abre los domingos.)* (De bank dáznt óu-pen on sán-deis.)

ORACIONES INTERROGATIVAS CON EL PRESENTE SIMPLE PARA FUTURO

Ejemplos de oraciones interrogativas:

1 **What time does the train leave?** *(¿A qué hora sale el tren?)* (Wat taim daz de trein liv?)

2 **When does the movie start?** *(¿Cuándo empieza la película?)* (Wen daz de mú-vi start?)

3 **Does the bus arrive at 8 p.m.?** *(¿El autobús llega a las 8 p.m.?)* (Daz de bas a-ráiv at eit pi-em?)

4 **Does the museum open every day?** *(¿El museo abre todos los días?)* (Daz de miu-sí-em óu-pen é-vri dei?)

5 **What time does the concert begin?** *(¿A qué hora comienza el concierto?)* (Wat taim daz de kón-sert bi-gín?)

TIP IMPORTANTE:

! El presente simple con valor de futuro se usa **SOLO** cuando hay un horario o programa establecido. No lo uses para planes personales.

✗ **Incorrecto:** *"I go to the doctor tomorrow."* *(No suena natural en inglés.)*

✓ **Correcto:** *"I am going to the doctor tomorrow."* *(Voy a ir al doctor mañana.)*

Diferencias clave:

Situación	Usamos Presente Simple	Usamos Be Going To
Horario fijo	"The train leaves at 7 a.m."	✗
Plan personal	✗	"I am going to visit my mom."

Ahora que conoces esta estructura, **practica haciendo frases con eventos programados o usando cláusulas de tiempo**. ¡Tu inglés sonará mucho más natural!

CONTRACCIONES DE LOS TIEMPOS FUTUROS EN INGLÉS

En inglés, las contracciones se usan de manera frecuente para hacer el lenguaje más fluido y natural. En los **tiempos futuros**, encontramos contracciones especialmente en:

☑ **El futuro simple con "will"**

☑ **El futuro con "be going to"**

A continuación, veremos las contracciones más importantes para cada caso y cómo usarlas correctamente.

◆ CONTRACCIONES DEL FUTURO SIMPLE CON "WILL"

El auxiliar **"will"** se contrae con el sujeto, formando una palabra más corta.

☑ **Estructura:**

Sujeto + 'll + verbo en infinitivo

☑ **Lista de contracciones:**

Forma Completa	Contracción
I will	I'll
You will	You'll
He will	He'll
She will	She'll
It will	It'll
We will	We'll
They will	They'll

Ejemplos con Pronunciación y Traducción:

1. **I'll call you later.** *(Te llamaré más tarde.)* 🔊 *(Ail kol yiu léi-ter.)*
2. **She'll help you with your homework.** *(Ella te ayudará con tu tarea.)* 🔊 *(Shil jelp yiu wit yior jóm-werk.)*
3. **They'll arrive at 7 p.m.** *(Ellos llegarán a las 7 p.m.)* 🔊 *(Deil a-ráiv at sé-ven pi-em.)*
4. **We'll have dinner together.** *(Cenaremos juntos.)* 🔊 *(Wil jav dí-ner tu-gué-der.)*
5. **He'll be very happy with the news.** *(Él estará muy feliz con la noticia.)* 🔊 *(Jil bi vé-ri já-pi wit de nius.)*

Contracción Negativa: "Will not" → "Won't"

Para la forma negativa, **"will not"** se contrae en **"won't"**.

✅ **Ejemplos:**

1. **I won't go to the party.** *(No iré a la fiesta.)* 🔊 *(Ai wount gou tu de pár-ti.)*
2. **She won't like this movie.** *(A ella no le gustará esta película.)* 🔊 *(Shi wount laik dis mú-vi.)*
3. **They won't finish on time.** *(Ellos no terminarán a tiempo.)* 🔊 *(Déi wount fí-nish on taim.)*
4. **We won't buy that expensive car.** *(No compraremos ese auto caro.)* 🔊 *(Wi wount bai dat iks-pén-siv kar.)*
5. **He won't be able to come.** *(Él no podrá venir.)* 🔊 *(Ji wount bi éi-bl tu kam.)*

◆ CONTRACCIONES DEL FUTURO CON "BE GOING TO"

En el caso de **"be going to"**, la contracción se produce en el verbo **"to be"** (am, is, are).

✅ **Lista de contracciones:**

Forma Completa	Contracción
I am going to	I'm gonna
You are going to	You're gonna
He is going to	He's gonna
She is going to	She's gonna
It is going to	It's gonna
We are going to	We're gonna
They are going to	They're gonna

"Going to" → "Gonna": En inglés hablado, es muy común usar **"gonna"** en lugar de "going to".

. . .

Ejemplos con Pronunciación y Traducción:

1. **I'm gonna buy a new phone.** *(Voy a comprar un teléfono nuevo.)* 🔊 *(Aim gó-na bai a niu foun.)*
2. **She's gonna have a baby.** *(Ella va a tener un bebé.)* 🔊 *(Shis gó-na jav a béi-bi.)*
3. **They're gonna move to another city.** *(Ellos se van a mudar a otra ciudad.)* 🔊 *(Deir gó-na muv tu a-nó-der sí-ti.)*
4. **We're gonna watch a movie tonight.** *(Vamos a ver una película esta noche.)* 🔊 *(Wir gó-na wóch a mú-vi tu-náit.)*
5. **He's gonna start a new job next week.** *(Él va a empezar un nuevo trabajo la próxima semana.)* 🔊 *(Jis gó-na start a niu yob next wiik.)*

Contracción Negativa: "Be not going to"

Para hacer la forma negativa, se contrae el verbo **"to be"**, pero **"going to"** no se contrae en "gonna" en estos casos formales.

☑ **Ejemplos:**

1. **I'm not going to eat fast food.** *(No voy a comer comida rápida.)* 🔊 *(Aim not gó-ing tu iit fast fud.)*
2. **She's not going to come to the meeting.** *(Ella no va a venir a la reunión.)* 🔊 *(Shis not gó-ing tu kam tu de mí-ting.)*
3. **They're not going to travel next summer.** *(Ellos no van a viajar el próximo verano.)* 🔊 *(Deir not gó-ing tu trá-vel next sá-mer.)*
4. **We're not going to buy that house.** *(No vamos a comprar esa casa.)* 🔊 *(Wir not gó-ing tu bai dat jáus.)*
5. **He's not going to study engineering.** *(Él no va a estudiar ingeniería.)* 🔊 *(Jis not gó-ing tu stá-di en-yi-nír-ing.)*

TIP IMPORTANTE:

"Gonna" es informal y solo se usa en conversaciones habladas. En inglés escrito formal, se debe usar **"going to"** en su forma completa.

❌ **Incorrecto en escritura formal:** *"I'm gonna send you the email soon."*

☑ **Correcto en escritura formal:** *"I'm going to send you the email soon."*

◆ **Ejemplo en conversación informal:**

"Hey, are you gonna watch the game tonight?" *(Oye, ¿vas a ver el partido esta noche?)*

◆ **Ejemplo en escritura formal:**

"Are you going to attend the meeting?" *(¿Vas a asistir a la reunión?)*

RESUMEN FINAL

✓ **"Will"** se contrae con los sujetos: *I'll, You'll, He'll, She'll, We'll, They'll.*

✓ **"Will not"** se contrae como **"won't"**.

✓ **"Be going to"** se contrae con el verbo **"to be"**: *I'm going to → I'm gonna.*

✓ **"Gonna"** es una contracción informal y no se usa en escritura formal.

Ahora que conoces estas contracciones, **practica usándolas en conversaciones y frases escritas**. ¡Te ayudarán a sonar más natural y fluido en inglés!

———

EJEMPLO PRÁCTICO: SHORT STORY

SHORT STORY: "A NEW ADVENTURE AWAITS"

Lucy had always dreamed of traveling the world, but she never had the time or the courage to do it. One day, as she was scrolling through social media, she saw a post about a group of travelers who shared their experiences. She thought to herself, **"I will travel next year."** It was a promise she made to herself.

A week later, she sat down with her best friend, Emma, to talk about her plan.

"I'm going to visit Europe next summer!" Lucy announced excitedly.

"That's amazing! When are you leaving?" Emma asked.

"The flight leaves on June 15th at 8 a.m." Lucy replied, checking her phone for the details.

Emma smiled and said, **"I'll help you plan your itinerary!"**

Lucy was thrilled. She had already started saving money, but she knew she had to prepare herself more. **She's going to take English classes before her trip.** She wanted to make sure she could communicate well while traveling.

One evening, while they were having coffee, Lucy told Emma, **"I won't travel alone. My cousin is joining me!"**

Emma clapped her hands. **"That's great! Have you decided which cities you're visiting?"**

Lucy nodded. **"Yes, we are going to visit Paris, Rome, and Barcelona."**

Emma, who had already traveled before, advised her, **"Make sure you check the schedules for the trains and flights. The train to Rome leaves at 7 p.m. every day."**

Lucy made a note of that. She felt both nervous and excited. She looked at Emma and said, **"I'll buy my plane ticket this weekend."**

Emma raised an eyebrow and grinned. **"Are you sure? Because the prices might change. You should book it as soon as possible!"**

Lucy laughed. **"You're right. I'll book it today."**

As Lucy walked home, she thought about everything she had learned in the past few weeks. **"This is really happening. I am going to explore the world."**

Historia en Español: "Una Nueva Aventura Espera"

Lucy siempre había soñado con viajar por el mundo, pero nunca tuvo el tiempo ni el valor para hacerlo. Un día, mientras navegaba en las redes sociales, vio una publicación sobre un grupo de viajeros que compartían sus experiencias. Pensó para sí misma: **"Viajaré el próximo año."** Era una promesa que se hacía a sí misma.

Una semana después, se sentó con su mejor amiga, Emma, para hablar sobre su plan.

—**"¡Voy a visitar Europa el próximo verano!"** —anunció Lucy emocionada.

—**"¡Eso es increíble! ¿Cuándo te vas?"** —preguntó Emma.

—**"El vuelo sale el 15 de junio a las 8 a.m."** —respondió Lucy, revisando los detalles en su teléfono.

Emma sonrió y dijo: **"¡Te ayudaré a planear tu itinerario!"**

Lucy estaba encantada. Ya había empezado a ahorrar dinero, pero sabía que tenía que prepararse más. **Ella va a tomar clases de inglés antes de su viaje.** Quería asegurarse de que pudiera comunicarse bien mientras viajaba.

Una tarde, mientras tomaban café, Lucy le dijo a Emma: **"No viajaré sola. ¡Mi prima se unirá a mí!"**

Emma aplaudió con entusiasmo. **"¡Eso es genial! ¿Ya decidiste qué ciudades visitarás?"**

Lucy asintió. **"Sí, vamos a visitar París, Roma y Barcelona."**

Emma, que ya había viajado antes, le aconsejó: **"Asegúrate de revisar los horarios de los trenes y vuelos. El tren a Roma sale todos los días a las 7 p.m."**

Lucy tomó nota de eso. Se sentía nerviosa y emocionada al mismo tiempo. Miró a Emma y dijo: **"Compraré mi boleto de avión este fin de semana."**

Emma levantó una ceja y sonrió. "**¿Estás segura? Porque los precios pueden cambiar. ¡Deberías reservarlo lo antes posible!**"

Lucy se rió. "**Tienes razón. Lo reservaré hoy.**"

Mientras caminaba a casa, pensó en todo lo que había aprendido en las últimas semanas. "**Esto realmente está pasando. Voy a explorar el mundo.**"

ANÁLISIS DE LA HISTORIA

Esta historia incorpora varios elementos del **futuro en inglés** que aprendimos en este capítulo.

☑ **Futuro con "will"**

- "**I will travel next year.**" (*Decisión espontánea.*)
- "**I'll help you plan your itinerary!**" (*Oferta o promesa.*)
- "**I'll buy my plane ticket this weekend.**" (*Decisión tomada en el momento.*)

☑ **Futuro con "be going to"**

- "**I'm going to visit Europe next summer!**" (*Plan definido.*)
- "**She's going to take English classes before her trip.**" (*Acción planeada.*)
- "**We are going to visit Paris, Rome, and Barcelona.**" (*Plan fijo.*)

☑ **Presente simple con valor de futuro**

- "**The flight leaves on June 15th at 8 a.m.**" (*Horario establecido.*)
- "**The train to Rome leaves at 7 p.m. every day.**" (*Horario fijo.*)

☑ **Contracciones comunes**

- "**I'll**" = "**I will**"
- "**She's**" = "**She is**"
- "**I'm**" = "**I am**"

MENSAJE DE LA HISTORIA

Esta historia refleja cómo el uso de los **tiempos futuros** es esencial para hacer planes, expresar decisiones y hablar sobre lo que va a suceder. Además, tiene un mensaje motivador: **el futuro está en nuestras manos, y con buena planificación y determinación, podemos lograr lo que queremos.**

Ahora que has visto estos tiempos verbales en acción, **intenta escribir tu propia historia sobre algo que estás planeando hacer en el futuro.** ¡Practicar es la clave para mejorar tu inglés!

Cuadro de Vocabulario Relevante

Palabra en Inglés	Pronunciación	Traducción
Travel	(trá-vel)	Viajar
Flight	(fláit)	Vuelo
Itinerary	(ai-tí-ne-ra-ri)	Itinerario
Book (a ticket)	(buk a tí-ket)	Reservar (un boleto)
Schedule	(ské-dyul)	Horario
Plane ticket	(plein tí-ket)	Boleto de avión
Luggage	(lágach)	Equipaje
Airport	(ér-port)	Aeropuerto
To pack	(tu pák)	Empacar
Excited	(ik-sái-ted)	Emocionado/a
Destination	(dés-ti-nei-shon)	Destino
Reservation	(re-ser-véi-shon)	Reserva
Backpack	(bák-pak)	Mochila
Train station	(trein stéishon)	Estación de tren
Boarding pass	(bór-ding pás)	Tarjeta de embarque

Depart	(di-párt)	Partir
Arrive	(a-ráiv)	Llegar
Hotel	(jou-tél)	Hotel
Tourist	(tú-rist)	Turista
Explore	(eks-plór)	Explorar

RESUMEN FINAL

Esta historia ayuda a reforzar los tiempos verbales futuros que aprendimos en este capítulo y muestra cómo se usan en una situación real. Además, con el cuadro de vocabulario relevante, ahora tienes nuevas palabras que te ayudarán a expresarte mejor al hablar sobre viajes.

¡Ahora intenta escribir tu propia historia sobre un viaje que te gustaría hacer en el futuro! Practicar con situaciones reales es la mejor manera de aprender inglés.

EJERCICIOS DEL CAPÍTULO 19 - FUTURO EN INGLÉS

✎ ¡Ojo! (si estás en versión eBook) Como en el eBook no se puede escribir directamente, toma tu cuaderno favorito o una hoja suelta para apuntar tus respuestas. Así lo aprovechas al máximo y aprendes mucho más. ¡Manos a la obra!

1 **Indicar si las siguientes afirmaciones son verdaderas o falsas. Corrige las falsas.**

1. "Will" se usa para hablar de planes ya organizados.
2. "Be going to" se usa para predicciones basadas en evidencia.
3. "The train will leave at 6 a.m. tomorrow." es correcto para un horario fijo.
4. "Be going to" se usa para decisiones espontáneas en el momento.
5. "I'm going to study English." indica un plan definido.
6. "The movie will start at 8 p.m." es una forma correcta para hablar de un evento programado.
7. "Gonna" es una forma formal de escribir "going to".
8. "The store opens at 9 a.m. tomorrow." usa el presente simple con valor de futuro.
9. "She is going to buy a new car because she just got a raise." es un uso correcto de "be going to".
10. "I am not going to visit my grandparents next week." es una negación correcta en futuro.

2 **Completa las oraciones usando "am going to" o "will".**

1. Look at those clouds! It _____ rain.
2. I think he _____ win the competition.
3. We _____ visit Paris next summer. We already booked the tickets.
4. Don't worry! I _____ help you with your homework.
5. She _____ call you as soon as she arrives.
6. They _____ adopt a puppy. They found the perfect one!
7. I _____ go to the store. Do you need anything?
8. He _____ start a new job next Monday. It's already confirmed.
9. If you study hard, you _____ pass the exam.
10. We _____ have dinner at that new restaurant tomorrow night.

3 **Conjuga correctamente las siguientes oraciones en el futuro con "be going to".**

1. I _____ (visit) my grandmother this weekend.
2. They _____ (buy) a new house next year.
3. We _____ (watch) a movie tonight.
4. She _____ (start) university in September.
5. He _____ (not / attend) the meeting tomorrow.
6. What _____ (you / do) after work?
7. My friends _____ (come) to my birthday party.
8. The company _____ (launch) a new product next month.
9. The teacher _____ (explain) the new topic tomorrow.
10. You _____ (not / believe) what just happened!

11. The sun _____ (set) at 7 p.m. today.
12. The children _____ (go) to the park after school.
13. She _____ (learn) to play the piano next year.
14. We _____ (not / travel) abroad this summer.
15. The dog _____ (not / eat) that food.

4 **Escribe la conjugación correcta de los verbos en el presente simple con valor de futuro.**

1. The train _____ (leave) at 7 a.m. every day.
2. The class _____ (start) at 9 o'clock.
3. The museum _____ (open) at 10 a.m. on Sundays.
4. The bus _____ (arrive) at 6 p.m. every afternoon.
5. The concert _____ (begin) at 8 p.m. on Friday.
6. My flight _____ (depart) at 3:30 p.m. tomorrow.
7. The store _____ (close) at 10 p.m. on weekdays.
8. The football match _____ (kick off) at noon.
9. The train _____ (stop) in Madrid before reaching Barcelona.
10. The library _____ (shut) at 5 p.m. every Saturday.

5 **Ordena las siguientes palabras para formar oraciones.**

1. is / she / study / going to / English / next year.
2. leaves / The / station / train / at / 10 a.m.
3. will / the / tomorrow / rain / it.
4. to / He / going / not / is / move / next year.
5. at / conference / begin / the / will / 3 p.m.
6. open / store / at / 8 a.m. / The / tomorrow.
7. They / a / new / car / buy / going / to / are.
8. play / going / We / basketball / tonight / are / to.
9. what / are / going / you / do / tomorrow / to?
10. won't / she / be / home / later.

6 **Reescribe estas oraciones formando todas las contracciones posibles.**

1. I will buy a new phone next month.
2. She is going to visit her parents this weekend.
3. They will not go to the concert.
4. We are going to have dinner at a fancy restaurant.
5. You will love this book.
6. He is not going to work tomorrow.
7. The bus will not stop in this town.
8. She is going to study hard for the exam.

9. They are not going to move to a new house.
10. I will call you later.

7 **Completa las siguientes oraciones con la traducción al inglés.**

1. Mañana vamos a visitar el museo. → Tomorrow, we _____ visit the museum.
2. Ella comprará un coche nuevo. → She _____ buy a new car.
3. ¿A qué hora sale el tren? → What time _____ the train leave?
4. No iré a la fiesta. → I _____ go to the party.
5. ¿Vas a estudiar inglés el próximo año? → _____ you going to study English next year?
6. Él va a empezar un nuevo trabajo. → He _____ start a new job.
7. El banco abre a las 9 a.m. → The bank _____ at 9 a.m.
8. No viajarán a Italia este verano. → They _____ travel to Italy this summer.
9. ¿A qué hora empieza el concierto? → What time _____ the concert start?
10. Yo no voy a ver la película. → I _____ watch the movie.

_____

RESPUESTAS DEL CAPÍTULO 2 - FUTURO EN INGLÉS

1 **Indicar si las siguientes afirmaciones son verdaderas o falsas. Corrige las falsas.**

1. ✗ **Falso** – "Will" se usa para decisiones espontáneas, predicciones y promesas, no para planes organizados.
2. ✓ **Verdadero**
3. ✗ **Falso** – Para horarios fijos se usa el **presente simple**, por lo que la oración correcta sería: *"The train leaves at 6 a.m. tomorrow."*
4. ✗ **Falso** – "Be going to" se usa para **planes ya decididos**, no para decisiones espontáneas.
5. ✓ **Verdadero**
6. ✗ **Falso** – Para eventos programados se usa el presente simple: *"The movie starts at 8 p.m.".*
7. ✗ **Falso** – "Gonna" es **informal** y no se usa en escritura formal.
8. ✓ **Verdadero**
9. ✓ **Verdadero**
10. ✓ **Verdadero**

2 **Completa las oraciones usando "am going to" o "will".**

1. **is going to**
2. **will**
3. **are going to**
4. **will**
5. **will**
6. **are going to**
7. **will**
8. **is going to**
9. **will**

10. are going to

3 Conjuga correctamente las siguientes oraciones en el futuro con "be going to".

1. am going to visit
2. are going to buy
3. are going to watch
4. is going to start
5. is not going to attend
6. are you going to do
7. are going to come
8. is going to launch
9. is going to explain
10. are not going to believe
11. is going to set
12. are going to go
13. is going to learn
14. are not going to travel
15. is not going to eat

4 Escribe la conjugación correcta de los verbos en el presente simple con valor de futuro.

1. leaves
2. starts
3. opens
4. arrives
5. begins
6. departs
7. closes
8. kicks off
9. stops
10. shuts

5 Ordena las siguientes palabras para formar oraciones.

1. She is going to study English next year.
2. The train leaves the station at 10 a.m.
3. It will rain tomorrow.
4. He is not going to move next year.
5. The conference will begin at 3 p.m.
6. The store opens at 8 a.m. tomorrow.
7. They are going to buy a new car.
8. We are going to play basketball tonight.
9. What are you going to do tomorrow?
10. She won't be home later.

6 Reescribe estas oraciones formando todas las contracciones posibles.

1. I'll buy a new phone next month.
2. She's gonna visit her parents this weekend.
3. They won't go to the concert.
4. We're gonna have dinner at a fancy restaurant.
5. You'll love this book.
6. He's not gonna work tomorrow.
7. The bus won't stop in this town.
8. She's gonna study hard for the exam.
9. They're not gonna move to a new house.
10. I'll call you later.

7 Completa las siguientes oraciones con la traducción al inglés.

1. are going to
2. will
3. does
4. won't
5. Are
6. is going to
7. opens
8. won't
9. does
10. am not going to

¡Ejercicios resueltos! Ahora puedes comparar tus respuestas con estas y revisar cualquier error. **¡Sigue practicando para mejorar tu inglés!**

AUDIOLIBRO DE PRONUNCIACIÓN BOOK 4 - CHAPTER 2

Usa estos audios a tu favor. **Escucha, repite, imita la pronunciación y pierde el miedo a hablar.** Cuanto más te expongas al inglés, más rápido mejorarás. ¡Tu inglés fluido está a solo unos clics de distancia! 🚀👍

BOOK 4 - CHAPTER 2

CAPÍTULO 19
¿CUANTO?

CONTABLE Y NO CONTABLE EN INGLÉS

Seguro te has preguntado por qué en inglés decimos **"a few apples"** pero **"a little water"** O ¿por qué podemos contar **books** pero no podemos contar **sugar** ? La respuesta está en un concepto fundamental del idioma: los **sustantivos contables y no contables**.

En este capítulo, vamos a aprender cómo hablar de cantidades en inglés de manera correcta. Saber la diferencia entre los sustantivos **contables** (*countable nouns*) y los **no contables** (*uncountable nouns*) es clave para expresarnos mejor y evitar errores comunes.

◆ **Los sustantivos contables** son aquellos que podemos contar individualmente, como "chairs" (sillas) o "cars" (autos).

◆ **Los sustantivos no contables** son aquellos que no podemos contar de manera individual porque son sustancias o conceptos, como "milk" (leche) o "happiness" (felicidad).

Y aquí viene lo interesante: en inglés, la gramática cambia dependiendo de si un sustantivo es contable o no contable. No podemos decir **"two milks"**, pero sí podemos decir **"two bottles of milk"**. Tampoco podemos decir **"a sugar"**, pero sí **"a bag of sugar"**.

A lo largo de este capítulo, aprenderás:

☑ **Cómo identificar los sustantivos contables y no contables.**

☑ **Las reglas gramaticales para usarlos correctamente.**

☑ **Expresiones comunes con cantidades, como "a few", "some", "a lot of", etc.**

☑ **Errores típicos que debemos evitar.**

No te preocupes si al principio parece confuso. Con práctica y ejemplos reales, pronto te sentirás mucho más seguro usando estos conceptos en inglés. **Así que, prepárate, porque estamos a punto de hacer que hablar de cantidades sea pan comido... o mejor dicho, "a piece of cake"!**

ESTRUCTURA GRAMATICAL DE LOS COUNTABLE NOUNS

1 Singular:

Se usa con **"a"** o **"an"** para referirse a un solo objeto.

◆ **"a"** → Se usa antes de palabras que empiezan con sonido consonante.

◆ **"an"** → Se usa antes de palabras que empiezan con sonido vocal.

☑ **Ejemplo:**

- *"I have **a book**." (Tengo un libro.)*
- *"She bought **an apple**." (Ella compró una manzana.)*

2 Plural:

Se forma generalmente añadiendo **"-s"** o **"-es"** al final de la palabra.

☑ **Ejemplo:**

- *"There are **three chairs** in the room." (Hay tres sillas en la habitación.)*
- *"I need **two tomatoes** for the salad." (Necesito dos tomates para la ensalada.)*

3 Uso con "some", "many" y "few":

Para hablar de cantidades indeterminadas en plural, usamos:

◆ **Some** (algunos/as) → Se usa en afirmaciones.

◆ **Many** (muchos/as) → Se usa en preguntas y negaciones.

◆ **Few** (pocos/as) → Se usa cuando hay una cantidad pequeña.

☑ **Ejemplo:**

- *"I have **some books** on my desk." (Tengo algunos libros en mi escritorio.)*
- *"Are there **many chairs** in the room?" (¿Hay muchas sillas en la habitación?)*
- *"There are **few oranges** left." (Quedan pocas naranjas.)*

NOTAS IMPORTANTES SOBRE LOS COUNTABLE NOUNS

◆ **Los sustantivos contables pueden usarse en singular o plural.**

   ◆ **Siempre llevan "a" o "an" en singular, a menos que haya otro determinante (my, this, that, etc.).**

   ◆ **Pueden combinarse con números específicos (one, two, three…).**

   ◆ **Usamos "some" y "many" para hablar de cantidades indeterminadas.**

5 EJEMPLOS PRÁCTICOS CON TRADUCCIÓN Y PRONUNCIACIÓN

1 **I have a dog.** *(Tengo un perro.)* 🔊 *(Ai jav a dog.)*

2 **She bought three dresses.** *(Ella compró tres vestidos.)* 🔊 *(Shi bót thrii dré-ses.)*

3 **There are many apples in the basket.** *(Hay muchas manzanas en la canasta.)* 🔊 *(Der ar mé-ni a-pols in de bás-ket.)*

4 **He has a few pencils in his backpack.** *(Él tiene unos pocos lápices en su mochila.)* 🔊 *(Ji jas a fiu pén-sils in jis bák-pak.)*

5 **We saw some birds in the park.** *(Vimos algunos pájaros en el parque.)* 🔊 *(Wi so som bérds in de park.)*

RESUMEN FINAL

✓ Los **countable nouns** son sustantivos que podemos contar.
  ✓ Usamos **"a/an"** en singular y **"some/many/few"** en plural.
  ✓ Pueden cambiar entre singular y plural.
  ✓ Se pueden usar con números específicos.
  Ahora que conoces cómo funcionan, **practica escribiendo frases con sustantivos contables en inglés.** 🚀 🔥

Tips para Usar los Countable Nouns Correctamente

1. **Usa "a" o "an" en singular, pero no en plural.**
  ✗ Incorrecto: *"I have **a** apples."*
  ✓ Correcto: *"I have **an** apple."*
2. **Usa números solo con sustantivos contables.**
  ✗ Incorrecto: *"I have **two waters**."* (Agua es incontable)
  ✓ Correcto: *"I have **two bottles of water**."*
3. **Recuerda que algunos sustantivos cambian su forma en plural.**
  ◆ **Man → Men** (*Hombre → Hombres*)
  ◆ **Woman → Women** (*Mujer → Mujeres*)
  ◆ **Child → Children** (*Niño → Niños*)
  ◆ **Tooth → Teeth** (*Diente → Dientes*)
  ◆ **Foot → Feet** (*Pie → Pies*)
4. **Usa "some" en afirmaciones y "any" en preguntas y negativas.**
  ✓ *"There are **some** books on the table."* (Afirmación)
  ✓ *"Are there **any** books on the table?"* (Pregunta)
  ✓ *"There aren't **any** books on the table."* (Negación)
5. **"Many" se usa con contables y "much" con incontables.**
  ✓ *"There are **many** students in the classroom."*
  ✓ *"There is **much** water in the bottle."*
6. **"Few" y "a few" NO significan lo mismo.**
  ◆ *"I have **a few** friends."* (*Tengo algunos amigos, suficiente cantidad.*) 😊
  ◆ *"I have **few** friends."* (*Tengo pocos amigos, menos de lo que quisiera.*) 😟
7. **No olvides los plurales irregulares.**
  ✗ Incorrecto: *"She has three **mouses**."* 😆
  ✓ Correcto: *"She has three **mice**."* 🐭

TIP EXTRA:
  Algunas palabras pueden ser contables o no contables dependiendo del contexto.
  ✓ **"Chicken"** (contable) → *"I ate **a chicken**."* (*Me comí un pollo entero.*) 🐔
  ✓ **"Chicken"** (incontable) → *"I ate **some chicken**."* (*Comí un poco de pollo.*) 🍗

UNCOUNTABLE NOUNS (SUSTANTIVOS NO CONTABLES EN INGLÉS)

Los **sustantivos no contables** (*uncountable nouns*) son aquellos que **no se pueden contar individualmente**. En inglés, estos sustantivos no tienen una forma plural y siempre se usan en **singular**. Para hablar de cantidades de estos sustantivos, utilizamos medidas o palabras específicas como *"a bottle of"*, *"a piece of"*, *"some"*, *"much"*, etc.

ESTRUCTURA GRAMATICAL DE LOS UNCOUNTABLE NOUNS

1 Siempre en singular:

Los sustantivos no contables **nunca llevan "a" o "an"** porque no pueden contarse como unidades individuales.

X Incorrecto: *"I have a water."*

✓ Correcto: *"I have some water."*

2 No tienen forma plural:

Nunca se dice "waters", "rices" o "sugars" para referirse a estas sustancias.

X Incorrecto: *"She bought two milks."*

✓ Correcto: *"She bought two bottles of milk."*

3 Uso con "some", "much", "a lot of" y "a little":

Como no podemos contarlos con números, usamos palabras que indican cantidad.

◆ **Some** (algo de, un poco de) → Se usa en afirmaciones.

◆ **Much** (mucho/a) → Se usa en preguntas y negaciones.

◆ **A lot of** (mucho/a) → Se usa en afirmaciones.

◆ **A little** (un poco de) → Se usa cuando hay una cantidad pequeña.

Ejemplo:

- *"I have some sugar."* (Tengo algo de azúcar.)
- *"Do you have much money?"* (¿Tienes mucho dinero?)
- *"She has a lot of water in her glass."* (Ella tiene mucha agua en su vaso.)
- *"We have a little rice left."* (Nos queda un poco de arroz.)

TIPOS DE UNCOUNTABLE NOUNS

◆ **Líquidos y sustancias** → *Water, milk, coffee, juice, oil, honey, sugar, salt, rice, flour*

◆ **Materiales y elementos naturales** → *Gold, silver, wood, air, fire, ice, sand*

◆ **Conceptos abstractos** → *Love, happiness, information, knowledge, advice, news*

◆ **Idiomas y materias académicas** → *English, math, history, science*

NOTAS IMPORTANTES SOBRE LOS UNCOUNTABLE NOUNS

◆ **Se usan en singular y con verbos en singular.**

✓ *"The information is very useful."* X *"The information are very useful."*

◆ **No llevan "a" o "an", pero pueden llevar "some" o "a lot of".**

✓ *"I need some water."* X *"I need a water."*

◆ **Para contar cantidades específicas, usamos unidades de medida.**

✓ *"A glass of milk"* (Un vaso de leche).

✓ *"A piece of cake"* (Un pedazo de pastel).

5 EJEMPLOS PRÁCTICOS CON TRADUCCIÓN Y PRONUNCIACIÓN

1 There is some water in the bottle. (Hay algo de agua en la botella.) 🔊 (Der is som wó-ter in de bátel.)

2 **I need a little salt for the soup.** *(Necesito un poco de sal para la sopa.)* ✑ *(Ai nid a lí-rol solt for de sup.)*

3 **She has a lot of knowledge about history.** *(Ella tiene mucho conocimiento sobre historia.)* ✑ *(Shi jas a lot of ná-liyich a-baut jís-to-ri.)*

4 **Do you have much money with you?** *(¿Tienes mucho dinero contigo?)* ✑ *(Du yiu jav mach má-ni wit yiu?)*

5 **I gave him some advice on how to study.** *(Le di algunos consejos sobre cómo estudiar.)* ✑ *(Ai geiv jim som ad-váis on jau tu stá-di.)*

RESUMEN FINAL

✓ **Los uncountable nouns NO pueden contarse individualmente.**

   ✓ **No tienen plural y siempre se usan en singular.**

   ✓ **No llevan "a" o "an", pero sí "some", "much", "a lot of", "a little".**

   ✓ **Para indicar cantidades específicas, usamos "a bottle of", "a piece of", etc.**

Ahora que conoces las reglas, **practica escribiendo oraciones con uncountable nouns y compara con los countable nouns.**

Tips para Usar los Uncountable Nouns Correctamente

1. **No uses "a" o "an" con uncountable nouns.**

✗ Incorrecto: *"I need **a water**."*

☑ Correcto: *"I need **some water**."*

2. **Usa "some" en afirmaciones y "any" en preguntas o negaciones.**

☑ *"I have **some** sugar." (Tengo algo de azúcar.)*

☑ *"Do you have **any** milk?" (¿Tienes algo de leche?)*

☑ *"We don't have **any** rice." (No tenemos arroz.)*

3. **Usa "a lot of" en afirmaciones y "much" en preguntas y negaciones.**

☑ *"She has **a lot of** patience." (Ella tiene mucha paciencia.)*

☑ *"Do you have **much** homework?" (¿Tienes mucha tarea?)*

☑ *"He doesn't have **much** time." (Él no tiene mucho tiempo.)*

4. **Si quieres contar uncountable nouns, usa una unidad de medida.**

☑ *"**A cup of coffee**"* → *Una taza de café.*

☑ *"**A piece of information**"* → *Un dato de información.*

☑ *"**A bottle of water**"* → *Una botella de agua.*

5. **Algunas palabras pueden ser contables o no contables según el contexto.**

☑ *"Chicken" (contable)* → *"I bought **a chicken**." (Compré un pollo entero.)*

☑ *"Chicken" (incontable)* → *"I ate **some chicken**." (Comí un poco de pollo.)*

6. **"Few" y "little" NO significan lo mismo.**

◆ *"I have **a little** money." (Tengo un poco de dinero.)*

◆ *"I have **little** money." (Tengo poco dinero, no suficiente.)*

7. **Algunos sustantivos que son contables en español son no contables en inglés.**

✗ Incorrecto: *"I have **an advice** for you."*

☑ Correcto: *"I have **some advice** for you." (Tengo un consejo para ti.)*

8. **"News" e "Information" son SIEMPRE incontables.**

✗ Incorrecto: *"I heard **a news**."*

☑ Correcto: *"I heard **some news**." (Escuché algunas noticias.)*

. . .

TIP EXTRA:

Recuerda que "hair" en inglés es incontable.

☑ *"She has **beautiful hair**."* *(Ella tiene un cabello hermoso.)*

✖ Incorrecto: *"She has a hair beautiful."* *(Suena raro en inglés.)*

Si quieres referirte a un cabello individual, debes decir **"a strand of hair"**.

CUÁNDO USAR UN COUNTABLE NOUN VS. UNCOUNTABLE NOUN

En inglés, hay ciertas palabras que pueden ser **contables o no contables dependiendo del contexto**. La diferencia clave es **si el sustantivo se puede contar como unidades individuales o si se percibe como una sustancia o concepto general**.

A continuación, veremos **7 ejemplos** y luego un cuadro comparativo para entender mejor estas diferencias.

Ejemplos Explicados

1 **"Chicken" (pollo)**

☑ **Contable**: *"I bought **a chicken**."* *(Compré un pollo entero.)*

☑ **No contable**: *"I ate **some chicken**."* *(Comí un poco de pollo.)*

2 **"Hair" (cabello/pelo)**

☑ **Contable**: *"I found **a hair** in my soup!"* *(¡Encontré un cabello en mi sopa!)*

☑ **No contable**: *"She has **beautiful hair**."* *(Ella tiene un cabello hermoso.)*

3 **"Coffee" (café)**

☑ **Contable**: *"Can I have **two coffees**, please?"* *(¿Puedo tener dos cafés, por favor?)* (Refiriéndose a tazas de café.)

☑ **No contable**: *"I love **coffee**."* *(Me encanta el café.)* (Hablando de la sustancia en general.)

4 **"Paper" (papel/periódico)**

☑ **Contable**: *"I bought **a paper**."* *(Compré un periódico.)*

☑ **No contable**: *"I need **some paper** to write on."* *(Necesito algo de papel para escribir.)*

5 **"Glass" (vaso/vidrio)**

☑ **Contable**: *"I broke **a glass**."* *(Rompí un vaso.)*

☑ **No contable**: *"This window is made of **glass**."* *(Esta ventana está hecha de vidrio.)*

6 **"Time" (vez/tiempo)**

☑ **Contable**: *"I've been to Paris **three times**."* *(He estado en París tres veces.)*

☑ **No contable**: *"I don't have **much time**."* *(No tengo mucho tiempo.)*

7 **"Work" (trabajo/obra de arte)**

☑ **Contable**: *"He painted **a beautiful work** of art."* *(Él pintó una hermosa obra de arte.)*

☑ **No contable**: *"She has too much **work** to do."* *(Ella tiene demasiado trabajo que hacer.)*

CUADRO COMPARATIVO – COUNTABLE VS. UNCOUNTABLE NOUNS

Palabra	Uso como Contable	Uso como No Contable
Chicken	"I bought **a chicken**." *(Compré un pollo.)*	"I ate **some chicken**." *(Comí un poco de pollo.)*
Hair	"There's **a hair** on my shirt." *(Hay un cabello en mi camisa.)*	"She has **long hair**." *(Ella tiene el cabello largo.)*
Coffee	"I ordered **two coffees**." *(Pedí dos cafés.)*	"I love **coffee**." *(Me encanta el café.)*
Paper	"He bought **a paper** (newspaper)." *(Él compró un periódico.)*	"I need **some paper** to write on." *(Necesito papel para escribir.)*
Glass	"She broke **a glass**." *(Ella rompió un vaso.)*	"This window is made of **glass**." *(Esta ventana está hecha de vidrio.)*
Time	"I've seen this movie **three times**." *(He visto esta película tres veces.)*	"We don't have **much time**." *(No tenemos mucho tiempo.)*
Work	"This is **a great work** of literature." *(Esta es una gran obra de literatura.)*	"She has **a lot of work** to do." *(Ella tiene mucho trabajo que hacer.)*

RESUMEN FINAL

✓ Algunas palabras pueden ser **contables o no contables** dependiendo de cómo las usemos.

  ✓ Si hablamos de **unidades individuales**, usamos **a/an o números**.

  ✓ Si hablamos de **una sustancia o concepto en general**, usamos **some, much, a lot of.**

  ✓ **Aprender estas diferencias te ayudará a expresarte con más claridad en inglés.**

  Ahora intenta hacer tus propias frases con estas palabras y decide si son contables o no contables. ¡Practica para mejorar tu inglés!

QUANTIFIERS EN INGLÉS: TODO LO QUE NECESITAS SABER

Los **quantifiers** *(cuantificadores)* son palabras que usamos para indicar **cantidad** en inglés. Nos ayudan a expresar **cuánto** hay de algo, ya sea **mucho, poco, todo o nada.** Dependiendo del sustantivo al que acompañan, algunos cuantificadores se usan solo con **sustantivos contables**, otros con **incontables** y algunos con **ambos**.

REGLAS GRAMATICALES DE LOS QUANTIFIERS

☑ **1. Algunos cuantificadores se usan solo con sustantivos contables.**

Ejemplos:

- **Each** *(cada uno/a)*
- **Every** *(todos/as)*
- **Both** *(ambos/as)*
- **Few** *(pocos/as)*

☑ **2. Otros cuantificadores se usan solo con sustantivos no contables.**

Ejemplos:

- **Much** *(mucho/a)*

- **Little** (*poco/a*)

☑ **3. Algunos cuantificadores pueden usarse con ambos tipos de sustantivos.**
Ejemplos:

- **All** (*todo/as*)
- **Some** (*algunos/as*)
- **A lot of** (*muchos/as, mucho de*)
- **Any** (*cualquiera, algo de*)

☑ **4. Algunos cuantificadores cambian su significado según el contexto.**
Ejemplo:

- *"I have **few** friends."* (*Tengo pocos amigos.*) ✖ (Cantidad insuficiente, con connotación negativa.)
- *"I have **a few** friends."* (*Tengo algunos amigos.*) ☑ (Cantidad suficiente, con connotación positiva.)

EXPLICACIÓN DE ALGUNOS QUANTIFIERS CLAVES

◆ **All** → Se usa para referirse a **todo** un grupo.
  ☑ *"All students passed the exam."* (*Todos los estudiantes aprobaron el examen.*)
  ☑ *"All the water has spilled."* (*Toda el agua se ha derramado.*)
◆ **Each** → Se usa cuando hablamos de **cada** elemento de un grupo **de manera individual**.
  ☑ *"Each student received a certificate."* (*Cada estudiante recibió un certificado.*)
◆ **Every** → Se usa cuando hablamos de **todos los elementos de un grupo, en general**.
  ☑ *"Every house on this street has a garden."* (*Todas las casas en esta calle tienen jardín.*)
◆ **Both** → Se usa cuando nos referimos a **dos cosas o personas**.
  ☑ *"Both my parents are doctors."* (*Ambos de mis padres son médicos.*)
◆ **Either** → Se usa para referirse a **una opción entre dos**.
  ☑ *"You can take **either** bus to the station."* (*Puedes tomar **cualquiera de los dos** autobuses para llegar a la estación.*)
◆ **Neither** → Se usa para decir que **ninguna de las dos opciones** es correcta o posible.
  ☑ *"Neither of my friends likes sushi."* (*Ninguno de mis dos amigos gusta del sushi.*)

5 EJEMPLOS PRÁCTICOS CON TRADUCCIÓN Y PRONUNCIACIÓN

1. **All** the students **have** arrived.
  (*Todos los estudiantes han llegado.*) 🔊 (*Ol de stú-dents jav a-ráivd.*)
2. **Each** child **gets** a gift.
  (*Cada niño recibe un regalo.*) 🔊 (*Ich cháild gets a gift.*)
3. **Both** cars **are** expensive.
  (*Ambos autos son caros.*) 🔊 (*Bóuth kars ar iks-pén-siv.*)
4. **Either** restaurant **is** fine for me.
  (*Cualquiera de los dos restaurantes está bien para mí.*) 🔊 (*Í-der rés-to-rant is fáin for mi.*)
5. **Neither** of them **wants** to go.
  (*Ninguno de ellos quiere ir.*) 🔊 (*Ní-der of dem wánts tu gou.*)

USO DE LOS QUANTIFIERS ANTES DE UN SUSTANTIVO

Cuando un **quantifier precede un sustantivo**, debe concordar en número y tipo con ese sustantivo.

Quantifier	Usado con...	Ejemplo Correcto	Ejemplo Incorrecto
All	Contables e incontables	**All books** are interesting.	✕ All book is interesting.
Each	Contables (singular)	**Each student** has a book.	✕ Each students have a book.
Every	Contables (singular)	**Every house** has a door.	✕ Every houses have doors.
Both	Contables (plural)	**Both cars** are red.	✕ Both car is red.
Either	Contables (singular)	**Either bus** goes to the airport.	✕ Either buses go to the airport.
Neither	Contables (singular)	**Neither hotel** is expensive.	✕ Neither hotels are expensive.

RESUMEN FINAL

✓ **All, each, every, both, either y neither** son quantifiers muy usados.
  ✓ Algunos solo se usan con sustantivos contables, otros con incontables y algunos con ambos.
  ✓ "Each" se usa para elementos individuales, mientras que "every" para un grupo en general.
  ✓ "Both" habla de dos elementos, "either" de uno entre dos opciones y "neither" de ninguno de los dos.
  ✓ Debemos respetar si el sustantivo que sigue es singular o plural.

ACTIVE & PASSIVE VOICE (VOZ ACTIVA Y VOZ PASIVA EN INGLÉS)

Cuando formamos oraciones en inglés, podemos hacerlo en **voz activa** (*active voice*) o en **voz pasiva** (*passive voice*). La diferencia principal es **dónde ponemos el foco en la oración**:
  ☑ **En la voz activa**, el sujeto realiza la acción.
  ☑ **En la voz pasiva**, el foco está en el objeto que recibe la acción.
  Ejemplo:

- **Voz Activa:** *"The chef cooks the meal."* (El chef cocina la comida.)
- **Voz Pasiva:** *"The meal is cooked by the chef."* (La comida es cocinada por el chef.)

La voz pasiva se usa cuando **no sabemos quién hizo la acción o cuando la acción es más importante que el sujeto**. Es común en **noticias, informes y textos formales**.

ESTRUCTURA GRAMATICAL

1 **Voz Activa (Active Voice)**
  Sujeto + Verbo + Objeto
  ☑ *"The teacher explains the lesson."*
  (El profesor explica la lección.)
2 **Voz Pasiva (Passive Voice)**
  Objeto + Verbo "to be" + Verbo en participio + (by + Sujeto, opcional)
  ☑ *"The lesson **is explained** by the teacher."*
  (La lección es explicada por el profesor.)

IMPORTANTE: Para transformar una oración de **voz activa** a **voz pasiva**, seguimos estos pasos:

◆ 1. **Mover el objeto al principio de la oración.**
◆ 2. **Usar el verbo "to be" en el mismo tiempo verbal que el verbo principal de la activa.**
◆ 3. **Usar el participio pasado del verbo principal.**
◆ 4. **Añadir "by" si es necesario mencionar quién hizo la acción.**

NOTAS IMPORTANTES SOBRE LA VOZ PASIVA

☑ **Se usa en situaciones formales o cuando el sujeto no es relevante.**
　☑ **El verbo "to be" cambia dependiendo del tiempo verbal.**
　☑ **Si no sabemos quién hizo la acción, podemos omitir "by + sujeto".**
Ejemplo sin "by":

- *"A new law was passed."* (*Se aprobó una nueva ley.*)

Ejemplo con "by":

- *"The book was written by J.K. Rowling."* (*El libro fue escrito por J.K. Rowling.*)

5 EJEMPLOS PRÁCTICOS CON TRADUCCIÓN Y PRONUNCIACIÓN

1 **Active:** *"They make the best coffee in town."*
Passive: *"The best coffee in town **is made** by them."*
(*El mejor café de la ciudad es hecho por ellos.*) 🔊 (*De best có-fi in taun is meid bai dem.*)

2 **Active:** *"The police arrested the thief."*
Passive: *"The thief **was arrested** by the police."*
(*El ladrón fue arrestado por la policía.*) 🔊 (*De tif wos a-rés-ted bai de po-lís.*)

3 **Active:** *"Someone stole my car!"*
Passive: *"My car **was stolen**!"*
(*¡Mi auto fue robado!*) 🔊 (*Mai kar wos stó-len!*)

4 **Active:** *"They will announce the results tomorrow."*
Passive: *"The results **will be announced** tomorrow."*
(*Los resultados serán anunciados mañana.*) 🔊 (*De ri-sólts wil bi a-náunst tu-mó-ro.*)

5 **Active:** *"Scientists have discovered a new planet."*
Passive: *"A new planet **has been discovered**."*
(*Un nuevo planeta ha sido descubierto.*) 🔊 (*A niu plá-net has bin dis-kó-verd.*)

USO DE LA VOZ PASIVA EN DIFERENTES TIEMPOS VERBALES

Tiempo Verbal	Voz Activa	Voz Pasiva
Present Simple	They sell houses.	Houses **are sold**.
Past Simple	They built a bridge.	A bridge **was built**.
Future Simple	They will finish the project.	The project **will be finished**.
Present Continuous	They are painting the house.	The house **is being painted**.
Present Perfect	They have written a book.	A book **has been written**.
Modal Verbs	They must fix the car.	The car **must be fixed**.

CUÁNDO USAR ACTIVA VS. PASIVA

◆ **Usamos la voz activa cuando el sujeto es importante y relevante.**
  ☑ *"Shakespeare wrote this play." (Shakespeare escribió esta obra.)*
  ◆ **Usamos la voz pasiva cuando la acción es más importante que el sujeto.**
  ☑ *"This play was written in the 16th century." (Esta obra fue escrita en el siglo XVI.)*
  ◆ **Usamos la pasiva cuando no sabemos quién hizo la acción.**
  ☑ *"The window was broken last night." (La ventana fue rota anoche.)*

RESUMEN FINAL

✓ **La voz activa** se usa cuando el sujeto es importante y realiza la acción.
  ✓ **La voz pasiva** se usa cuando el objeto es más importante que el sujeto o cuando no sabemos quién hizo la acción.
  ✓ Se forma con el verbo **"to be"** + **participio pasado** del verbo principal.
  ✓ Se usa en reportes, noticias y lenguaje formal.

———

EJERCICIOS DEL CAPÍTULO 20 - CANTIDADES Y VOZ PASIVA

✎ ¡Ojo! (si estás en versión eBook) Como en el eBook no se puede escribir directamente, toma tu cuaderno favorito o una hoja suelta para apuntar tus respuestas. Así lo aprovechas al máximo y aprendes mucho más. ¡Manos a la obra!

1 **¿Cuáles de las siguientes oraciones son correctas? Corrige las incorrectas.**

1. I have **a water** in my glass.
2. The teacher gave us **some advices**.
3. There is **many** sugar in my coffee.
4. I need **a few informations** about the trip.
5. We bought **some furniture** for the new apartment.
6. Can you lend me **an euro**?
7. She gave me **a piece of advice** about my job.
8. They made **lots of progress** on the project.

9. I need **an information** about your company.
10. We have **some pieces of luggage** to check in.

2 **Agrupa los siguientes sustantivos en contables o incontables.**
Palabras:

1. Money
2. Bottle
3. Chair
4. Advice
5. Coffee
6. Book
7. Rice
8. Student
9. Water
10. Tomato

Instrucciones: Escribe "C" si es contable y "U" si es incontable.

3 **Completa con "a" o "an" cuando sea necesario.**

1. She bought ___ apple.
2. I saw ___ elephant at the zoo.
3. We need ___ hour to finish the project.
4. They live in ___ house near the park.
5. He has ___ orange backpack.
6. There was ___ university in that city.
7. She is ___ honest person.
8. We saw ___ UFO in the sky!
9. I ate ___ sandwich for lunch.
10. It was ___ amazing experience.

4 **Completa las siguientes oraciones con el verbo "to be" conjugado en pasado simple.**

1. The weather ___ really cold last night.
2. They ___ happy to see us.
3. The test ___ very difficult.
4. I ___ late for the meeting.
5. We ___ at the park all afternoon.
6. He ___ a great teacher.
7. The hotel ___ very expensive.
8. She ___ at the library all morning.
9. The flight ___ delayed for two hours.

10. The movie ___ really interesting.

5 **Completa las oraciones con alguno de estos sustantivos partitivos en plural o singular, según corresponda:** **slice, item, spoonful, piece.**

1. I ate a ___ of pizza for lunch.
2. Can I have a ___ of cake, please?
3. She took a ___ of sugar for her tea.
4. There was only one ___ of clothing on sale.
5. He gave me a ___ of advice.
6. We bought several ___ of furniture for the new apartment.
7. She needs a ___ of bread for the sandwich.
8. I need two ___ of cheese for my burger.
9. There are many ___ of evidence in this case.
10. He always eats a ___ of toast in the morning.
11. She brought three ___ of luggage to the airport.
12. Can I have a ___ of chocolate?
13. I wrote a ___ of music last night.
14. There are several ___ of news in today's newspaper.
15. He took a ___ of medicine before sleeping.

_____

RESPUESTAS DEL CAPÍTULO 20 - CANTIDADES Y VOZ PASIVA

1 **¿Cuáles de las siguientes oraciones son correctas? Corrige las incorrectas.**

1. ✗ *I have **a water** in my glass.*
2. ✓ *I have **some water** in my glass.*
3. ✗ *The teacher gave us **some advices**.*
4. ✓ *The teacher gave us **some advice**.*
5. ✗ *There is **many sugar** in my coffee.*
6. ✓ *There is **much sugar** in my coffee.*
7. ✗ *I need **a few informations** about the trip.*
8. ✓ *I need **some information** about the trip.*
9. ✓ *We bought **some furniture** for the new apartment.*
10. ✗ *Can you lend me **an euro**?*
11. ✓ *Can you lend me **a euro**?*
12. ✓ *She gave me **a piece of advice** about my job.*
13. ✓ *They made **lots of progress** on the project.*
14. ✗ *I need **an information** about your company.*
15. ✓ *I need **some information** about your company.*
16. ✓ *We have **some pieces of luggage** to check in.*

2 **Agrupa los siguientes sustantivos en contables (C) o incontables (U).**

1. **Money** → U
2. **Bottle** → C
3. **Chair** → C
4. **Advice** → U
5. **Coffee** → U
6. **Book** → C
7. **Rice** → U
8. **Student** → C
9. **Water** → U
10. **Tomato** → C

3 **Completa con "a" o "an" cuando sea necesario.**

1. She bought **an** apple.
2. I saw **an** elephant at the zoo.
3. We need **an** hour to finish the project.
4. They live in **a** house near the park.
5. He has **an** orange backpack.
6. There was **a** university in that city.
7. She is **an** honest person.
8. We saw **a** UFO in the sky!
9. I ate **a** sandwich for lunch.
10. It was **an** amazing experience.

4 **Completa con el verbo "to be" en pasado simple.**

1. The weather **was** really cold last night.
2. They **were** happy to see us.
3. The test **was** very difficult.
4. I **was** late for the meeting.
5. We **were** at the park all afternoon.
6. He **was** a great teacher.
7. The hotel **was** very expensive.
8. She **was** at the library all morning.
9. The flight **was** delayed for two hours.
10. The movie **was** really interesting.

5 **Completa con un sustantivo partitivo en plural o singular.**

1. I ate a **slice** of pizza for lunch.
2. Can I have a **piece** of cake, please?
3. She took a **spoonful** of sugar for her tea.
4. There was only one **item** of clothing on sale.
5. He gave me a **piece** of advice.
6. We bought several **pieces** of furniture for the new apartment.
7. She needs a **slice** of bread for the sandwich.
8. I need two **slices** of cheese for my burger.
9. There are many **pieces** of evidence in this case.
10. He always eats a **slice** of toast in the morning.
11. She brought three **pieces** of luggage to the airport.
12. Can I have a **piece** of chocolate?
13. I wrote a **piece** of music last night.
14. There are several **pieces** of news in today's newspaper.
15. He took a **spoonful** of medicine before sleeping.

¡Ejercicios resueltos! Ahora revisa tus respuestas y sigue practicando para mejorar tu inglés.

———

AUDIOLIBRO DE PRONUNCIACIÓN BOOK 4 - CHAPTER 3

Usa estos audios a tu favor. **Escucha, repite, imita la pronunciación y pierde el miedo a hablar**. Cuanto más te expongas al inglés, más rápido mejorarás. ¡Tu inglés fluido está a solo unos clics de distancia! 🚀🦢

BOOK 4 - CHAPTER 3

CAPÍTULO 20
¡DOMINA LA CLAVE DE LA COMUNICACIÓN HIPOTÉTICA!

LOS CONDICIONALES EN INGLÉS

Seguramente te has preguntado cómo decir cosas como *"Si estudiara más, hablaría inglés mejor"* o *"Si tuviera más tiempo, viajaría por el mundo"*. Estas frases expresan situaciones hipotéticas, deseos, o consecuencias que dependen de ciertas condiciones... ¡Y para eso existen los **condicionales** en inglés!

Los condicionales son una herramienta **súper poderosa** en el idioma, porque te permiten hablar sobre **posibilidades, deseos, situaciones imaginarias y hasta hechos que podrían haber cambiado el pasado**. En español también usamos condicionales, pero en inglés tienen reglas muy específicas que necesitamos aprender.

En este capítulo, vamos a descubrir **cuatro tipos de condicionales principales** y cómo usarlos de manera sencilla y natural. Aprenderás a hablar sobre **posibilidades reales, situaciones hipotéticas y hasta escenarios alternativos** que te ayudarán a expresarte con fluidez y precisión.

¿Por qué es importante aprender los condicionales?

☑ Porque te permiten **expresar posibilidades y consecuencias**.

☑ Porque los nativos los usan TODO EL TIEMPO en conversaciones cotidianas.

☑ Porque te ayudarán a **pensar en inglés** de manera más natural y estructurada.

☑ Porque aprenderlos **es más fácil de lo que piensas** si sigues la lógica detrás de cada uno.

Así que prepárate, porque a lo largo de este capítulo **vamos a hacer que los condicionales sean pan comido** 🍞, con ejemplos claros, situaciones de la vida real y consejos prácticos que te ayudarán a usarlos sin esfuerzo.

¿Listo para desbloquear un nuevo nivel en tu inglés? ¡Vamos allá!

ZERO CONDITIONAL EN INGLÉS

El **Zero Conditional** se usa para hablar de **hechos universales, verdades generales y situaciones en las que una acción siempre resulta en una consecuencia lógica**. Es el condicional más simple y se basa en situaciones que son siempre ciertas.

ESTRUCTURA GRAMATICAL DEL ZERO CONDITIONAL

Estructura básica:

☑ **If + Present Simple, Present Simple**

Ejemplo base:

☞ **If you heat water to 100°C, it boils.**

(Si calientas el agua a 100°C, hierve.)

Ambas partes de la oración usan el **presente simple** porque estamos hablando de **hechos que siempre ocurren de la misma manera.**

NOTAS IMPORTANTES SOBRE EL ZERO CONDITIONAL

☑ **Se usa para hechos científicos, reglas y situaciones invariables.**

☑ **La palabra "if" en este caso significa "cuando" o "cada vez que".**

☑ **También podemos usar "when" en lugar de "if".**

☑ **Se puede intercambiar el orden de la oración sin cambiar el significado.**

Ejemplo con "when":

☑ *"When the sun sets, it gets dark."*

(Cuando el sol se pone, oscurece.)

Ejemplo con el orden invertido:

☑ *"It gets dark when the sun sets."*

(Oscurece cuando el sol se pone.)

! **Regla clave:**

Si "if" está al inicio de la oración, debemos usar una coma (",") antes de la segunda parte.

Si "if" está en el medio de la oración, NO necesitamos la coma.

5 EJEMPLOS PRÁCTICOS CON TRADUCCIÓN Y PRONUNCIACIÓN

1 **If you mix blue and yellow, you get green.**

(Si mezclas azul y amarillo, obtienes verde.)

🔊 *(If yiu miks blu and yélou, yiu guet grín.)*

2 **If the temperature drops below zero, water freezes.**

(Si la temperatura baja de cero, el agua se congela.)

🔊 *(If de tém-pri-chur drops bi-lóu sí-ro, wó-ter frí-zes.)*

3 **If you eat too much sugar, you gain weight.**

(Si comes demasiado azúcar, subes de peso.)

🔊 *(If yiu it tu mach shú-gar, yiu guein weigt.)*

4 **When the sun shines, the snow melts.**

(Cuando brilla el sol, la nieve se derrite.)

🔊 *(Wen de san sháins, de es-nóu melts.)*

5 **If you don't water the plants, they die.**

(Si no riegas las plantas, se mueren.)

🔊 *(If yiu dont wó-ter de plánts, dey dái.)*

RESUMEN FINAL

✓ El Zero Conditional se usa para hechos generales y verdades universales.
  ✓ Ambas partes de la oración están en presente simple.
  ✓ Se puede usar "if" o "when" sin cambiar el significado.
  ✓ No expresa posibilidades, solo hechos que son siempre ciertos.
  Ahora intenta escribir tus propias frases usando el Zero Conditional. ¡Es más fácil de lo que parece!

FIRST CONDITIONAL EN INGLÉS

El **First Conditional** se usa para hablar de **situaciones reales o probables en el futuro**. Este condicional expresa lo que **podría suceder si una condición se cumple**, es decir, acciones que dependen de algo para ocurrir.

ESTRUCTURA GRAMATICAL DEL FIRST CONDITIONAL

Estructura básica:
☑ **If + Present Simple, Will + Infinitive**
Ejemplo base:
☞ **If you study hard, you will pass the exam.**
(Si estudias mucho, aprobarás el examen.)
También podemos usar "when" en lugar de "if" cuando estamos seguros de que la acción ocurrirá.
☑ *"When I get home, I will call you."*
(Cuando llegue a casa, te llamaré.)

NOTAS IMPORTANTES SOBRE EL FIRST CONDITIONAL

☑ **Se usa para hablar de posibilidades y consecuencias futuras.**
  ☑ **La condición está en presente simple, pero el resultado usa "will".**
  ☑ **Expresa algo que es realista o probable.**
  ☑ **También se pueden usar otros verbos modales en lugar de "will" como "may", "might" o "can".**
  Ejemplo con "may" o "might" (posibilidades en lugar de certezas):
  ☑ *"If you don't eat, you might feel sick."*
  (Si no comes, podrías sentirte mal.)
  Ejemplo con "can" (habilidad o permiso):
  ☑ *"If you finish your work early, you can go out."*
  (Si terminas tu trabajo temprano, puedes salir.)

  ! **Regla clave:**
  Si "if" está al inicio de la oración, usamos una coma (",") antes de la segunda parte.
  Si "if" está en el medio, NO usamos coma.
  ☑ *"If it rains, we will stay home."*
  ☑ *"We will stay home if it rains."*

5 EJEMPLOS PRÁCTICOS CON TRADUCCIÓN Y PRONUNCIACIÓN

1 **If you wake up late, you will miss the bus.**
  (Si te despiertas tarde, perderás el autobús.)

(If yiu wéik ap leit, yiu wil mis de bas.)

2 **If she studies, she will pass the test.**

(Si ella estudia, aprobará el examen.)

(If shi stádis, shi wil pas de test.)

3 **If we don't hurry, we will be late.**

(Si no nos apuramos, llegaremos tarde.)

(If wi dont jó-ri, wi wil bi leit.)

4 **If you invite her, she might come.**

(Si la invitas, quizá venga.)

(If yiu in-váit jer, shi mait com.)

5 **If they don't water the flowers, they will die.**

(Si no riegan las flores, se morirán.)

(If dey dont wó-ter de fláu-ers, dey wil dái.)

RESUMEN FINAL

✓ El First Conditional se usa para hablar de situaciones probables en el futuro.

  ✓ La estructura es "If + Present Simple, Will + Infinitive".

  ✓ Se pueden usar otros verbos modales como "may", "might" o "can".

  ✓ La oración expresa una condición realista con una posible consecuencia futura.

Ahora intenta escribir tus propias frases con el First Conditional. ¡Es un gran paso para hablar con fluidez en inglés!

SECOND CONDITIONAL EN INGLÉS

El **Second Conditional** se usa para hablar de **situaciones hipotéticas o imaginarias en el presente o futuro**. Se utiliza para expresar cosas que **son poco probables o imposibles** en la realidad, como sueños, deseos o escenarios ficticios.

ESTRUCTURA GRAMATICAL DEL SECOND CONDITIONAL

Estructura básica:

  ☑ **If + Past Simple, Would + Infinitive**

  Ejemplo base:

  ☞ **If I won the lottery, I would travel the world.**

  (Si ganara la lotería, viajaría por el mundo.)

  IMPORTANTE: Aunque usamos el **pasado simple**, NO estamos hablando del pasado.

  El uso del pasado aquí indica **una situación irreal o hipotética.**

NOTAS IMPORTANTES SOBRE EL SECOND CONDITIONAL

☑ **Se usa para expresar hipótesis y situaciones imaginarias.**

  ☑ **La condición está en pasado simple, pero el resultado usa "would" + verbo en infinitivo.**

  ☑ **Expresa situaciones poco probables o imposibles en el presente o futuro.**

  ☑ **También podemos usar "could" o "might" en lugar de "would".**

  Ejemplo con "could" (habilidad o posibilidad):

  ☑ *"If I were taller, I could play basketball."*

(Si fuera más alto, podría jugar baloncesto.)

Ejemplo con "might" (posibilidad remota):

☑ *"If she studied more, she might pass the test."*

(Si ella estudiara más, podría aprobar el examen.)

"Were" en lugar de "was":

En inglés formal, se usa **"were"** en todas las personas en el **Second Conditional**, en lugar de "was".

☑ *"If I were you, I would take the job."* (Si yo fuera tú, tomaría el trabajo.)

☑ *"If he were rich, he would buy a mansion."* (Si él fuera rico, compraría una mansión.)

! **Regla clave:**

Si "if" está al inicio de la oración, usamos una coma (",") antes de la segunda parte.

Si "if" está en el medio, NO usamos coma.

☑ *"If I had a car, I would drive to work."*

☑ *"I would drive to work if I had a car."*

5 EJEMPLOS PRÁCTICOS CON TRADUCCIÓN Y PRONUNCIACIÓN

1 **If I had more money, I would buy a house.**

(Si tuviera más dinero, compraría una casa.)

🔊 *(If ai jad mor má-ni, ai wud bai a jáus.)*

2 **If she were a doctor, she would help more people.**

(Si ella fuera doctora, ayudaría a más personas.)

🔊 *(If shi wér a dók-tor, shi wud jelp mor pí-pol.)*

3 **If we lived near the beach, we would go swimming every day.**

(Si viviéramos cerca de la playa, iríamos a nadar todos los días.)

🔊 *(If wi lívd nir de bich, wi wud gou suí-ming é-vri dei.)*

4 **If he had a superpower, he could fly.**

(Si él tuviera un superpoder, podría volar.)

🔊 *(If ji jad a sú-per-páu-er, ji cud flái.)*

5 **If they spoke Spanish, they would understand me.**

(Si ellos hablaran español, me entenderían.)

🔊 *(If dey spók spá-nish, dey wud an-der-stánd mi.)*

RESUMEN FINAL

✓ El Second Conditional se usa para hablar de situaciones hipotéticas en el presente o futuro.

   ✓ La estructura es "If + Past Simple, Would + Infinitive".

   ✓ Se pueden usar "could" o "might" en lugar de "would".

   ✓ Usamos "were" en todas las personas para situaciones formales.

   ✓ Se usa para expresar deseos, fantasías y situaciones poco probables.

   Ahora intenta escribir tus propias frases con el Second Conditional. ¡Es clave para sonar más natural en inglés!

CUADRO COMPARATIVO: ZERO, FIRST Y SECOND CONDITIONAL

Para que el lector pueda comprender y diferenciar fácilmente estos tres tipos de condicionales, aquí tienes un cuadro que resume sus **usos, estructuras y ejemplos clave.**

Tipo de Condicional	Uso	Estructura	Ejemplo	Traducción
Zero Conditional	Se usa para hechos generales, reglas y verdades universales.	If + Present Simple, Present Simple	If you heat water to 100°C, it boils.	*(Si calientas el agua a 100°C, hierve.)*
First Conditional	Se usa para hablar de posibilidades reales en el futuro si se cumple una condición.	If + Present Simple, Will + Infinitive	If you study, you will pass the exam.	*(Si estudias, aprobarás el examen.)*
Second Conditional	Se usa para hablar de situaciones hipotéticas o poco probables en el presente o futuro.	If + Past Simple, Would + Infinitive	If I won the lottery, I would travel the world.	*(Si ganara la lotería, viajaría por el mundo.)*

¿CÓMO DIFERENCIARLOS?

◆ **El Zero Conditional** habla de **hechos siempre verdaderos** (ciencia, leyes naturales, reglas generales).
   ✅ *"If you touch fire, you get burned."*
   (Si tocas el fuego, te quemas.)
   ◆ **El First Conditional** habla de **cosas probables que pueden pasar en el futuro** si se cumple una condición.
   ✅ *"If it rains, we will stay home."*
   (Si llueve, nos quedaremos en casa.)
   ◆ **El Second Conditional** habla de **situaciones hipotéticas o imaginarias** que no son probables o son imposibles en el presente o futuro.
   ✅ *"If I were a millionaire, I would buy a mansion."*
   (Si fuera millonario, compraría una mansión.)

RESUMEN VISUAL

- ¿Es un hecho universal? → **Zero Conditional**
- ¿Es una posibilidad futura? → **First Conditional**
- ¿Es una situación imaginaria? → **Second Conditional**

Reported Speech

SHORT STORY: REPORTED SPEECH IN ACTION

Story in English

Emma and Jake are sitting in a café, catching up on their lives.

Emma: Hi Jake! It's been ages since we last met. How have you been?

Jake: I've been great! I got a promotion at work.

Emma: Wow! That's amazing. Congratulations! What did your boss say?

Jake: She said that I had been doing an excellent job and that I deserved it.

Emma: That's fantastic! And what about Anna? Last time we talked, you mentioned she was thinking about moving abroad.

Jake: Yeah, she told me **she was considering moving to Spain** but **she hadn't made a final decision yet.**

Emma: Oh, Spain sounds exciting! I hope she goes for it.

Jake: Me too! Oh, and do you remember Alex?

Emma: Of course! What's up with him?

Jake: Well, he told me **he had started his own business** and **he was feeling really happy about it.**

Emma: No way! That's incredible. What kind of business?

Jake: He said **he was running a coffee shop downtown.**

Emma: That's amazing! I need to visit his place.

Jake: Definitely. He also mentioned **he had hired some friends to help him.**

Emma: That's so cool! It sounds like everyone is doing really well.

Jake: Yeah! By the way, do you remember Sarah?

Emma: Of course! What about her?

Jake: She told me **she had been traveling a lot recently** and **she had just come back from Japan.**

Emma: Wow, I bet she has amazing stories to tell!

Jake: Definitely. She also said **she wanted to invite us to dinner to tell us all about her trip.**

Emma: That sounds great! Let's plan something soon.

HISTORIA EN ESPAÑOL

Emma y Jake están sentados en un café, poniéndose al día sobre sus vidas.

Emma: ¡Hola Jake! Hace mucho que no nos vemos. ¿Cómo has estado?

Jake: ¡He estado genial! Me dieron un ascenso en el trabajo.

Emma: ¡Wow! Eso es increíble. ¡Felicidades! ¿Qué te dijo tu jefe?

Jake: Dijo que había estado haciendo un excelente trabajo y que me lo merecía.

Emma: ¡Eso es fantástico! ¿Y qué hay de Anna? La última vez que hablamos, mencionaste que estaba pensando en mudarse al extranjero.

Jake: Sí, me dijo **que estaba considerando mudarse a España** pero **que aún no había tomado una decisión final.**

Emma: ¡Oh, España suena emocionante! Espero que lo haga.

Jake: ¡Yo también! Ah, ¿y recuerdas a Alex?

Emma: ¡Por supuesto! ¿Qué ha sido de él?

Jake: Bueno, me dijo **que había comenzado su propio negocio** y **que se sentía realmente feliz por ello.**

Emma: ¡No puede ser! Eso es increíble. ¿De qué tipo de negocio se trata?

Jake: Dijo **que estaba administrando una cafetería en el centro.**

Emma: ¡Eso es genial! Necesito visitar su lugar.

Jake: Definitivamente. También mencionó **que había contratado a algunos amigos para que lo ayudaran.**

Emma: ¡Eso es muy bueno! Parece que a todos les está yendo muy bien.

Jake: ¡Sí! Por cierto, ¿recuerdas a Sarah?

Emma: ¡Por supuesto! ¿Qué hay de ella?

Jake: Me dijo **que había estado viajando mucho recientemente** y **que acababa de regresar de Japón.**

Emma: Wow, ¡apuesto a que tiene historias increíbles para contar!

Jake: Definitivamente. También dijo **que quería invitarnos a cenar para contarnos todo sobre su viaje.**

Emma: ¡Eso suena genial! Organicemos algo pronto.

ANÁLISIS DEL REPORTED SPEECH EN LA HISTORIA

En esta historia, podemos ver cómo se transforma el discurso directo en **reported speech** cuando Jake comparte lo que otras personas le han dicho.

Reglas en acción:

- **Cambio de tiempo verbal:**
    - "I have been doing an excellent job" → "She said I had been doing an excellent job."
    - "She is considering moving" → "She told me she was considering moving."
    - "I just came back from Japan" → "She said she had just come back from Japan."
- **Cambio de pronombres y posesivos:**
    - "I" → "He/She"
    - "My" → "His/Her"
    - "We" → "They"

DIRECT SPEECH VS. INDIRECT SPEECH (REPORTED SPEECH)

El **Direct Speech** (discurso directo) y el **Indirect Speech** (discurso indirecto o reported speech) son dos formas de **expresar lo que alguien dijo** en inglés. La diferencia clave es **cómo se presenta la información.**

DIRECT SPEECH (DISCURSO DIRECTO)

¿Qué es?

El **discurso directo** repite las palabras exactas que alguien dijo, usando comillas.

Ejemplo:

She said, "I am tired."

(Ella dijo: "Estoy cansada.")

¿Cuándo se usa?

- Para citar palabras exactas.
- En diálogos y narraciones.
- Para expresar con precisión lo que alguien dijo.

INDIRECT SPEECH (DISCURSO INDIRECTO O REPORTED SPEECH)

¿Qué es?

El **discurso indirecto** transmite lo que alguien dijo sin usar sus palabras exactas. Se eliminan las comillas y se hacen cambios en los **tiempos verbales, pronombres y adverbios de tiempo/lugar.**

Ejemplo:

She said that she was tired.

(Ella dijo que estaba cansada.)
¿Cuándo se usa?

- Para contar lo que alguien dijo en otro momento.
- En reportes de noticias, resúmenes y conversaciones formales.
- Cuando no es necesario repetir exactamente las palabras originales.

DIFERENCIAS CLAVES ENTRE DIRECT SPEECH E INDIRECT SPEECH

Aspecto	Direct Speech	Indirect Speech (Reported Speech)
Uso de comillas	☑ Usa comillas ("...")	✖ No usa comillas
Tiempo verbal	Se mantiene igual	Puede cambiar según la regla de "backshift"
Pronombres	Se mantienen	Cambian según el contexto
Adverbios de tiempo/lugar	Se mantienen	Se modifican según el momento
Ejemplo	She said, "I am happy."	She said that she was happy.
Ejemplo	He said, "I will call you tomorrow."	He said that he would call me the next day.
Ejemplo	She said, "I love this book."	She said that she loved that book.
Ejemplo	John said, "I can swim."	John said that he could swim.
Ejemplo	He said, "I saw her yesterday."	He said that he had seen her the day before.
Ejemplo	Anna said, "We are going to the park now."	Anna said that they were going to the park then.
Ejemplo	Mark said, "I have finished my homework."	Mark said that he had finished his homework.
Ejemplo	She said, "I must leave."	She said that she had to leave.
Ejemplo	Paul said, "I will travel next week."	Paul said that he would travel the following week.
Ejemplo	They said, "We are watching a movie."	They said that they were watching a movie.

REGLAS CLAVES PARA TRANSFORMAR DIRECT SPEECH EN INDIRECT SPEECH

1. Cambio de tiempos verbales (Backshift)

Cuando pasamos de discurso directo a indirecto, **los tiempos verbales generalmente retroceden un tiempo:**

Direct Speech	Indirect Speech
Present Simple → Past Simple	*"I am tired."* → She said she **was** tired.
Present Continuous → Past Continuous	*"They are working."* → He said they **were** working.
Past Simple → Past Perfect	*"I saw a movie."* → He said he **had seen** a movie.
Present Perfect → Past Perfect	*"She has finished."* → He said she **had finished**.
Future (will) → Would	*"I will call you."* → She said she **would** call me.

2. Cambio de pronombres y posesivos

Los pronombres cambian según el **contexto y la persona que habla**.

Direct Speech	Indirect Speech
"I am busy," she said.	She said **she** was busy.
"You should rest," he told me.	He told **me** that **I** should rest.
"We have a meeting," they said.	They said **they** had a meeting.

3. Cambio de adverbios de tiempo y lugar

Las referencias temporales y espaciales pueden cambiar si el tiempo verbal lo requiere.

Direct Speech	Indirect Speech
*"I will visit you **tomorrow**."*	He said he would visit me **the next day**.
*"She left **yesterday**."*	He said she had left **the day before**.
*"We are meeting **now**."*	They said they were meeting **then**.
"This book is great!"	She said **that** book was great.

RESUMEN FINAL

✓ **Direct Speech** usa comillas y repite exactamente las palabras de alguien.

   ✓ **Indirect Speech (Reported Speech)** cambia los tiempos verbales, pronombres y adverbios de tiempo/lugar.

      ✓ **El tiempo verbal en Reported Speech retrocede (backshift).**

      ✓ **Se usa "that" en Indirect Speech, pero es opcional.**

   Ahora intenta convertir algunas oraciones de Direct Speech a Indirect Speech. ¡Es un gran paso para mejorar tu fluidez en inglés!

EJERCICIOS DEL CAPÍTULO 21 - CONDICIONALES Y REPORTED SPEECH

✎ ¡Ojo! (si estás en versión eBook) Como en el eBook no se puede escribir directamente, toma tu cuaderno favorito o una hoja suelta para apuntar tus respuestas. Así lo aprovechas al máximo y aprendes mucho más. ¡Manos a la obra!

1 **Decide a qué condicional pertenecen las siguientes oraciones: Zero, First o Second Conditional.**

1. If you touch fire, you get burned.
2. If I had more money, I would buy a car.
3. If it rains tomorrow, we will stay home.
4. If you heat ice, it melts.
5. If she studied more, she would pass the test.
6. If you eat too much, you feel sick.
7. If we win the lottery, we will travel the world.
8. If I were a millionaire, I would help charities.
9. If you mix red and yellow, you get orange.
10. If he doesn't hurry, he will miss the train.

2 **Conjuga correctamente los verbos entre paréntesis para formar oraciones con Zero Conditional.**

1. If you (boil) _____ water, it (evaporate) _____.
2. If the sun (shine) _____, ice (melt) _____.
3. If you (not water) _____ plants, they (die) _____.
4. If people (eat) _____ too much sugar, they (get) _____ cavities.
5. If you (not exercise) _____, you (gain) _____ weight.
6. If a dog (be) _____ hungry, it (bark) _____.
7. If the temperature (drop) _____, water (freeze) _____.
8. If I (drink) _____ coffee at night, I (not sleep) _____ well.
9. If the phone (ring) _____, someone (answer) _____.
10. If she (touch) _____ the stove, she (burn) _____ her hand.

3 **Conjuga correctamente los verbos entre paréntesis para formar oraciones con First Conditional.**

1. If you (study) _____, you (pass) _____ the exam.
2. If she (eat) _____ too much, she (feel) _____ sick.
3. If we (not hurry) _____, we (be) _____ late.
4. If the weather (be) _____ nice, we (go) _____ for a walk.
5. If they (not call) _____, we (not go) _____ to the party.
6. If it (rain) _____, I (stay) _____ at home.
7. If she (invite) _____ me, I (go) _____ to her wedding.
8. If you (not wear) _____ a coat, you (get) _____ cold.
9. If he (work) _____ harder, he (get) _____ a promotion.
10. If you (ask) _____, they (help) _____ you.

· · ·

4 **Conjuga correctamente los verbos entre paréntesis para formar oraciones con Second Conditional.**

1. If I (have) _____ a million dollars, I (travel) _____ the world.
2. If she (be) _____ taller, she (play) _____ basketball.
3. If we (live) _____ near the beach, we (go) _____ swimming every day.
4. If he (not be) _____ afraid, he (try) _____ skydiving.
5. If they (speak) _____ Spanish, they (understand) _____ us.
6. If you (win) _____ the lottery, what (you/do) _____?
7. If I (know) _____ how to cook, I (make) _____ dinner.
8. If she (not be) _____ so shy, she (make) _____ more friends.
9. If I (find) _____ a magic lamp, I (make) _____ three wishes.
10. If he (not spend) _____ all his money, he (save) _____ some.

5 **Ordena las siguientes palabras para formar oraciones.**

1. call / me / you / if / need / help.
2. were / I / you / I / take / would / the job.
3. you / study / fail / don't / if / the test.
4. raining / it / if / I / bring / will / an umbrella.
5. be / you / what / do / would / rich / if / ?
6. gets / sick / she / if / takes / medicine.
7. the / will / miss / train / if / hurry / we / don't.
8. see / I / if / her / I / tell / her / the news.
9. work / hard / you / if / get / a raise / you / will.
10. go / she / would / if / had / money / she.

—————

RESPUESTAS DEL CAPÍTULO 21 - CONDICIONALES Y REPORTED SPEECH

1 **Decide a qué condicional pertenecen las siguientes oraciones: Zero, First o Second Conditional.**

1. **Zero** - If you touch fire, you get burned.
2. **Second** - If I had more money, I would buy a car.
3. **First** - If it rains tomorrow, we will stay home.
4. **Zero** - If you heat ice, it melts.
5. **Second** - If she studied more, she would pass the test.
6. **Zero** - If you eat too much, you feel sick.
7. **First** - If we win the lottery, we will travel the world.
8. **Second** - If I were a millionaire, I would help charities.
9. **Zero** - If you mix red and yellow, you get orange.
10. **First** - If he doesn't hurry, he will miss the train.

2 **Conjuga correctamente los verbos entre paréntesis para formar oraciones con Zero Conditional.**

1. If you **boil** water, it **evaporates**.
2. If the sun **shines**, ice **melts**.
3. If you **don't water** plants, they **die**.
4. If people **eat** too much sugar, they **get** cavities.
5. If you **don't exercise**, you **gain** weight.
6. If a dog **is** hungry, it **barks**.
7. If the temperature **drops**, water **freezes**.
8. If I **drink** coffee at night, I **don't sleep** well.
9. If the phone **rings**, someone **answers**.
10. If she **touches** the stove, she **burns** her hand.

3 **Conjuga correctamente los verbos entre paréntesis para formar oraciones con First Conditional.**

1. If you **study**, you **will pass** the exam.
2. If she **eats** too much, she **will feel** sick.
3. If we **don't hurry**, we **will be** late.
4. If the weather **is** nice, we **will go** for a walk.
5. If they **don't call**, we **won't go** to the party.
6. If it **rains**, I **will stay** at home.
7. If she **invites** me, I **will go** to her wedding.
8. If you **don't wear** a coat, you **will get** cold.
9. If he **works** harder, he **will get** a promotion.
10. If you **ask**, they **will help** you.

4 **Conjuga correctamente los verbos entre paréntesis para formar oraciones con Second Conditional.**

1. If I **had** a million dollars, I **would travel** the world.
2. If she **were** taller, she **would play** basketball.
3. If we **lived** near the beach, we **would go** swimming every day.
4. If he **weren't** afraid, he **would try** skydiving.
5. If they **spoke** Spanish, they **would understand** us.
6. If you **won** the lottery, what **would you do**?
7. If I **knew** how to cook, I **would make** dinner.
8. If she **weren't** so shy, she **would make** more friends.
9. If I **found** a magic lamp, I **would make** three wishes.
10. If he **didn't spend** all his money, he **would save** some.

5 **Ordena las siguientes palabras para formar oraciones.**

1. If you need help, call me.
2. If I were you, I would take the job.
3. If you don't study, you will fail the test.
4. If it is raining, I will bring an umbrella.
5. What would you do if you were rich?
6. If she gets sick, she takes medicine.
7. If we don't hurry, we will miss the train.
8. If I see her, I will tell her the news.
9. If you work hard, you will get a raise.
10. She would go if she had money.

¡Ejercicios resueltos! Ahora revisa tus respuestas y sigue practicando para mejorar tu inglés.

AUDIOLIBRO DE PRONUNCIACIÓN BOOK 4 - CHAPTER 4

Usa estos audios a tu favor. **Escucha, repite, imita la pronunciación y pierde el miedo a hablar**. Cuanto más te expongas al inglés, más rápido mejorarás. ¡Tu inglés fluido está a solo unos clics de distancia!

¡TU VIAJE EN INGLÉS APENAS COMIENZA!

¡FELICIDADES!

Llegaste hasta el final de este libro, y eso dice mucho sobre ti. No solo has aprendido un montón de nuevas estructuras gramaticales, tiempos verbales y vocabulario útil, sino que también has demostrado algo mucho más importante: **compromiso, perseverancia y ganas de superarte.**

Aprender un nuevo idioma es como construir una casa. 🏠 Primero colocamos los cimientos (gramática y vocabulario básico), luego levantamos las paredes (tiempos verbales, estructuras más complejas) y, finalmente, decoramos el interior con todos esos detalles que hacen que la casa se sienta acogedora (expresiones naturales, fluidez, confianza).

Este libro ha sido una herramienta para ayudarte a levantar esas paredes, dándote las bases necesarias para que te sientas más seguro al hablar inglés. Ahora, el siguiente paso es **seguir practicando**, seguir sumando ladrillos a tu conocimiento y, sobre todo, **¡seguir usando el idioma en tu vida diaria!**

¿Y AHORA QUÉ SIGUE?

Sigue practicando: No dejes que lo aprendido se quede en el papel. Usa el inglés en tu día a día. Piensa en inglés, mira series en inglés, cámbiale el idioma a tu teléfono.

No temas cometer errores: Los errores son parte del proceso. Cada vez que te equivoques y alguien te corrija, estás un paso más cerca de la fluidez.

Habla sin miedo: La clave para aprender un idioma no está en la perfección, sino en la práctica constante. ¡Atrévete a hablar, aunque al principio te sientas inseguro!

Sumérgete en el idioma: Escucha música, ve películas, encuentra amigos que hablen inglés, ¡haz del inglés parte de tu rutina!

Aprender inglés es una maratón, no una carrera de velocidad: Cada día que estudias, que practicas, que aprendes una nueva palabra, te acercas un poco más a la meta.

Ahora dime… ¿cuál será tu próximo paso?

No te detengas aquí. Sigue adelante, sigue aprendiendo y sigue creciendo. ¡Nos vemos en el próximo libro!

LIBRO 5: APRENDER INGLÉS FÁCILMENTE PARA ADULTOS - NIVEL INTERMEDIO

¡APRENDE INGLÉS DISFRUTANDO DE INCREÍBLES HISTORIAS!

Aprender inglés no tiene por qué ser aburrido ni complicado. Si alguna vez sentiste que estudiar listas interminables de vocabulario o memorizar reglas gramaticales era una tortura… ¡relájate! 😌 Este libro está aquí para demostrarte que hay una manera mucho más divertida, efectiva y natural de mejorar tu inglés: **¡leyendo historias!** 📚

¿CÓMO FUNCIONA?

En este libro, encontrarás **seis historias originales y entretenidas**, diseñadas especialmente para ayudarte a mejorar tu comprensión del inglés, ampliar tu vocabulario y acostumbrarte a estructuras gramaticales de forma natural. Pero no te preocupes, **no te dejaremos solo en el proceso**: cada historia viene acompañada de herramientas que harán que aprender sea **pan comido**:

- ☑ **Un resumen en inglés y español** para que siempre tengas claro de qué trata la historia.
- ☑ **Glosarios bilingües** con las palabras más complejas explicadas de forma clara y sencilla.
- ☑ **Glosarios temáticos** con vocabulario relevante para cada capítulo.
- ☑ **Ejercicios de comprensión** para asegurarte de que entendiste lo que leíste.
- ☑ **Explicaciones gramaticales** de los puntos clave que aparecen en la historia.
- ☑ **Cada historia aborda un tiempo verbal** del presente, al pasado al futuro, las historias abarcan los tiempo verbales mas relevantes.

En otras palabras, no solo vas a **leer en inglés**, sino que realmente **vas a entenderlo, disfrutarlo y asimilarlo de manera natural**.

¿POR QUÉ APRENDER INGLÉS CON HISTORIAS?

📖 **El aprendizaje es natural**: Cuando lees, **no solo memorizas palabras, sino que las ves en acción**, dentro de un contexto real. Así es como los nativos aprenden su idioma… ¡y así es como tú también puedes hacerlo!

🧠 **Las historias generan emociones**: ¿Sabías que cuando sientes algo (sorpresa, emoción, curiosidad), tu cerebro **recuerda mejor** la información? Pues bien, aquí no encontrarás textos aburridos. Estas historias están diseñadas para **engancharte y hacerte olvidar que estás estudiando**.

Te acostumbras al inglés real: Aprenderás frases, expresiones y estructuras que realmente se usan en conversaciones diarias. Así, la próxima vez que hables en inglés, sonará **natural y fluido**.

Ganarás confianza al leer y comprender inglés: Si entiendes una historia entera en inglés, **ganarás confianza para enfrentarte a cualquier texto, conversación o situación en la vida real**.

¿ESTÁS LISTO PARA EMPEZAR?

Aquí no hay reglas estrictas ni presión. Puedes leer a tu ritmo, detenerte a revisar los glosarios cuando lo necesites y disfrutar cada historia sin estrés. Lo importante es que **te diviertas mientras aprendes** y que, cuando llegues al final del libro, **te sorprendas con cuánto inglés has mejorado**.

Así que, encuentra un lugar cómodo, prepárate un café o un té, y sumérgete en estas historias que no solo te entretendrán, sino que te acercarán cada vez más a hablar inglés con seguridad y naturalidad.

El viaje comienza ahora… ¡Disfruta de la lectura y el aprendizaje!

CAPÍTULO 21
LIFE ON THE FARM: JOHN'S DAILY ADVENTURES

John **lives** on a beautiful farm in the countryside. Every day, he **wakes up** early, just before the sun **rises**, because there is always a lot of work to do. He **loves** his farm and **enjoys** taking care of his animals and crops.

At 5:00 AM, John **gets out of bed**, **puts on** his boots, and **walks outside** to start his morning routine. The first thing he **does** is **feed** the animals. He **has** many animals on his farm: cows, chickens, pigs, and sheep. The cows **need** fresh hay, the chickens **peck** at their corn, and the pigs **splash** in the muddy water while waiting for their food.

After feeding the animals, John **cleans** the barn. He **removes** the old hay, **sweeps** the floor, and **brings** fresh straw for the animals. Then, he **checks** the fences to make sure everything is secure. Sometimes, his dog, Max, **follows** him around, wagging his tail and barking happily. Max **loves** running through the fields and **chasing** birds.

At 7:00 AM, John **takes a break** for breakfast. He **sits** on his porch and **drinks** a big cup of coffee. His wife, Mary, **prepares** fresh bread and eggs. She **always makes** delicious food using ingredients from their farm. The eggs **come** from their chickens, the milk **comes** from their cows, and the vegetables **come** from their garden.

After breakfast, John **works** on the fields. He **grows** corn, wheat, and vegetables like tomatoes and carrots. He **uses** a tractor to plow the soil and **plants** seeds with great care. The sun **shines** brightly, and sometimes the weather **gets** very hot, but John **doesn't complain**. He **knows** that hard work **makes** the farm successful.

At noon, John **takes** a short nap before continuing his work. In the afternoon, he **fixes** broken fences, **repairs** tools, and **checks** on the animals again. His farm **requires** constant attention, but he **enjoys** his work because he **loves** nature and animals.

In the evening, after a long day, John **spends** time with his family. They **sit** together outside and **watch** the sunset. Mary **brings** lemonade, and they **talk** about their day. Their children **play** in the fields, running and laughing.

At night, before going to bed, John **walks** around the farm one last time. He **makes sure** the animals **are safe** and the barn **is locked**. Then, he **takes off** his boots, **washes** his hands, and **rests**.

Life on the farm **is not easy**, but John **wouldn't trade it for anything**. He **loves** his farm, his animals, and his family. He **knows** that every day **brings** new challenges, but also great rewards.

🐔 🐑 **Living on a farm is a lot of work, but for John, it is a dream come true.** 🚜🐖🐑

. . .

Vocabulary from the Story

Word	Pronunciation	Translation
Farm	*Farm*	Granja
Farmer	*Far-mer*	Granjero
Tractor	*Trak-tor*	Tractor
Barn	*Barn*	Granero
Hay	*Jéi*	Heno
Crops	*Krops*	Cultivos
Fence	*Fens*	Cerca
Chicken	*Chí-ken*	Gallina
Cow	*Ka-u*	Vaca
Pig	*Pig*	Cerdo
Sheep	*Shiip*	Oveja
Wheat	*Wuit*	Trigo
Field	*Fiild*	Campo
Plow	*Plau*	Arar
Harvest	*Jár-vest*	Cosecha
Porch	*Pórch*	Porche
Tools	*Tuuls*	Herramientas
Soil	*Soil*	Suelo
Nap	*Nap*	Siesta
Sunset	*Sán-set*	Puesta de sol

SUMMARY OF THE STORY: LIFE ON THE FARM

John **lives** on a farm and **starts** his day early, waking up at 5:00 AM. He **feeds** his animals, including cows, chickens, pigs, and sheep, before **cleaning** the barn and **checking** the fences. His dog, Max, **follows** him around as he works.

After breakfast, John **works** in the fields, where he **grows** corn, wheat, and vegetables. He **uses** a tractor to **plow** the soil and **plants** seeds. The weather **can be** hot, but John **enjoys** his work.

In the afternoon, he **repairs** fences and **takes care** of the farm. In the evening, he **spends** time with his family, **watching** the sunset and **talking** about their day. Before bed, he **checks** on the animals one last time.

Even though farm life **is hard**, John **loves** his work and **wouldn't change it** for anything. He **feels grateful** to live in the countryside, surrounded by nature, his animals, and his family.

RESUMEN EN ESPAÑOL: LA VIDA EN LA GRANJA

John **vive** en una granja y **comienza** su día temprano, despertándose a las 5:00 AM. Él **alimenta** a sus animales, incluyendo vacas, gallinas, cerdos y ovejas, antes de **limpiar** el granero y **revisar** las cercas. Su perro, Max, **lo sigue** mientras trabaja.

Después del desayuno, John **trabaja** en los campos, donde **cultiva** maíz, trigo y vegetales. **Usa** un tractor para **arar** la tierra y **siembra** semillas. El clima **puede ser** caluroso, pero John **disfruta** su trabajo.

Por la tarde, **repara** cercas y **cuida** la granja. Por la noche, **pasa** tiempo con su familia, **viendo** la puesta de sol y **hablando** sobre su día. Antes de dormir, **revisa** a los animales una última vez.

Aunque la vida en la granja **es dura**, John **ama** su trabajo y **no lo cambiaría** por nada. **Se siente agradecido** de vivir en el campo, rodeado de naturaleza, sus animales y su familia.

John's farm life may be challenging, but for him, it is a dream come true!

READING COMPREHENSION QUESTIONS: LIFE ON THE FARM

Answer the following questions based on the story. Try to answer in complete sentences!

> ✎ ¡Ojo! (si estás en versión eBook) Como en el eBook no se puede escribir directamente, toma tu cuaderno favorito o una hoja suelta para apuntar tus respuestas. Así lo aprovechas al máximo y aprendes mucho más. ¡Manos a la obra!

1. Where does John live?
2. What time does John wake up every day?
3. What animals does John have on his farm? Name at least three.
4. What does John do after feeding the animals?
5. What does John eat for breakfast, and where does the food come from?
6. What crops does John grow on his farm?
7. What does John do in the afternoon?
8. How does John spend time with his family in the evening?
9. What does John do before going to bed?
10. Why does John love his farm life despite the hard work?

RESPUESTAS: COMPRENSIÓN LECTORA - LA VIDA EN LA GRANJA

1. **Where does John live?**
   - **John lives on a farm in the countryside.**
   - John vive en una granja en el campo.
2. **What time does John wake up every day?**
   - **John wakes up at 5:00 AM every day.**
   - John se despierta a las 5:00 AM todos los días.
3. **What animals does John have on his farm? Name at least three.**
   - **John has cows, chickens, pigs, and sheep on his farm.**
   - John tiene vacas, gallinas, cerdos y ovejas en su granja.
4. **What does John do after feeding the animals?**
   - **After feeding the animals, John cleans the barn, removes the old hay, sweeps the floor, and checks the fences.**
   - Después de alimentar a los animales, John limpia el granero, retira el heno viejo, barre el piso y revisa las cercas.
5. **What does John eat for breakfast, and where does the food come from?**
   - **John eats fresh bread and eggs for breakfast. The eggs come from his chickens, the milk comes from his cows, and the vegetables come from his garden.**
   - John come pan fresco y huevos en el desayuno. Los huevos provienen de sus gallinas, la leche proviene de sus vacas y las verduras provienen de su huerto.

6 **What crops does John grow on his farm?**

John grows corn, wheat, tomatoes, and carrots on his farm.

John cultiva maíz, trigo, tomates y zanahorias en su granja.

7 **What does John do in the afternoon?**

In the afternoon, John repairs fences, checks on the animals, and takes care of the farm.

Por la tarde, John repara cercas, revisa a los animales y cuida la granja.

8 **How does John spend time with his family in the evening?**

In the evening, John spends time with his family watching the sunset, drinking lemonade, and talking about their day.

Por la tarde, John pasa tiempo con su familia viendo la puesta de sol, bebiendo limonada y hablando sobre su día.

9 **What does John do before going to bed?**

Before going to bed, John walks around the farm, checks on the animals, and makes sure everything is secure.

Antes de irse a la cama, John camina por la granja, revisa a los animales y se asegura de que todo esté seguro.

10 **Why does John love his farm life despite the hard work?**

John loves his farm life because he enjoys nature, animals, and spending time with his family. He feels grateful and wouldn't trade it for anything.

John ama su vida en la granja porque disfruta de la naturaleza, los animales y pasar tiempo con su familia. Se siente agradecido y no lo cambiaría por nada.

Ahora revisa tus respuestas y sigue practicando para mejorar tu comprensión en inglés. ¡Cada día avanzas más!

AUDIOLIBRO DE PRONUNCIACIÓN BOOK 5 - CHAPTER 1

Usa estos audios a tu favor. **Escucha, repite, imita la pronunciación y pierde el miedo a hablar.** Cuanto más te expongas al inglés, más rápido mejorarás. ¡Tu inglés fluido está a solo unos clics de distancia! 🚀

BOOK 5 - CHAPTER 1

CAPÍTULO 22
CARMEN'S FIRST JOB INTERVIEW

Carmen **is getting ready** for the most important day of her life. Today, she **is going** to her first job interview at an international company. She **is feeling** both excited and nervous because this opportunity **is very important** for her career.

At 7:00 AM, she **is standing** in front of the mirror, **checking** her outfit. She **is wearing** a white blouse, a navy blue blazer, and elegant black pants. She **is trying** to stay calm, but her hands **are shaking** a little.

Her best friend, Laura, **is calling** her on the phone.

📞 **Laura:** "Carmen, how are you feeling?"

📞 **Carmen:** "I **am feeling** nervous, but I **am also trying** to stay positive."

📞 **Laura:** "That's normal! Right now, the interviewers **are preparing** their questions, and you **are preparing** your confidence. Everything **is going** to be fine!"

📞 **Carmen:** "Thank you, Laura! You always know how to calm me down."

At 8:00 AM, Carmen **is walking** to the subway station. The city **is waking up**, and people **are rushing** to work. Some commuters **are drinking** coffee, others **are checking** their phones, and a few **are reading** newspapers.

At 8:30 AM, she **is arriving** at the company's headquarters. The receptionist **is smiling** at her and **is handing** her a visitor's badge.

🤵 **Receptionist:** "Good morning! You must be Carmen. The hiring manager **is waiting** for you in the conference room."

🤵 **Carmen:** "Yes! Thank you. I **am feeling** a little nervous, but I **am ready**!"

As she **is walking** through the office, she **is observing** the employees. Some **are typing** on their computers, others **are attending** meetings, and a few **are discussing** ideas in small groups.

Finally, she **is sitting** in front of the interviewer, Mr. Johnson. He **is reviewing** her resume while she **is taking** a deep breath.

🤵 **Mr. Johnson:** "Carmen, welcome! We **are excited** to meet you. Right now, our marketing team **is working** on a big campaign, and we **are looking** for fresh ideas. Tell me, why do you want to work with us?"

Carmen **is smiling** and **is answering** confidently.

🤵 **Carmen:** "I **am passionate** about marketing, and I **am looking** for a company where I can grow. I know your company **is creating** amazing campaigns, and I would love to be part of that!"

As the interview **is progressing**, Carmen **is feeling** more comfortable. She **is explaining** her experience, and Mr. Johnson **is listening** attentively.

After an hour, the interview **is finishing**, and Mr. Johnson **is standing up** to shake Carmen's hand.

Mr. Johnson: "Thank you for coming, Carmen. We **are considering** several candidates, but we **are really liking** your energy and enthusiasm."

Carmen: "Thank you! I **am hoping** to hear from you soon."

As she **is leaving** the office, Carmen **is feeling** proud of herself. She **is walking** back to the subway, **smiling** because she **knows** she **did her best**.

One week later, she **is receiving** a call from the company… **She got the job!**

Carmen's story teaches us that confidence and preparation can help us succeed in any challenge. Are you ready for your next opportunity?

VOCABULARY FROM THE STORY

Word	Pronunciation	Translation
Interview	*In-ter-víu*	Entrevista
Marketing	*Már-ke-ting*	Mercadotecnia
Nervous	*Nér-vos*	Nerviosa/o
Headquarters	*Jéd-kuór-ters*	Sede central
Resume	*Ré-su-méi*	Currículum
Hiring manager	*Jái-ring má-na-yer*	Gerente de contratación
Campaign	*Cam-péin*	Campaña
Candidate	*Cán-di-deit*	Candidato/a
Attending	*A-tén-ding*	Asistiendo
Observing	*Ob-sér-ving*	Observando
Confident	*Cón-fi-dent*	Seguro/a de sí mismo/a
Passionate	*Pá-sho-nit*	Apasionado/a
Opportunity	*O-por-tiú-ni-ti*	Oportunidad
Typing	*Tái-ping*	Tecleando
Listening	*Lí-se-ning*	Escuchando

SUMMARY OF THE STORY: CARMEN'S FIRST JOB INTERVIEW

Carmen **is preparing** for her first job interview at an international marketing company. She **is feeling** both nervous and excited as she **is getting dressed** and **is reviewing** her resume. Her best friend, Laura, **is calling** her to give her encouragement.

On her way to the company, the city **is waking up**—people **are rushing** to work, **drinking** coffee, and **reading** newspapers. When she arrives, the receptionist **is welcoming** her, and she **is walking** through the office, observing the employees. Some **are working** on their computers, others **are discussing** ideas.

During the interview, Mr. Johnson **is reviewing** her resume and **is asking** about her experience. Carmen **is answering** with confidence, explaining why she **is excited** to join the company. As the interview **is progressing**, she **is feeling** more comfortable.

After the interview, she **is leaving** the office feeling proud. A week later, she **is receiving** a call… **She got the job!**

Carmen's story shows us that with preparation and confidence, we can overcome challenges and reach our goals!

RESUMEN EN ESPAÑOL: LA PRIMERA ENTREVISTA DE TRABAJO DE CARMEN

Carmen **se está preparando** para su primera entrevista de trabajo en una empresa internacional de marketing. **Se siente** nerviosa y emocionada mientras **se viste** y **revisa** su currículum. Su mejor amiga, Laura, **la está llamando** para darle ánimo.

De camino a la empresa, la ciudad **se está despertando**: la gente **se apresura** al trabajo, **bebe** café y **lee** el periódico. Cuando llega, la recepcionista **la recibe**, y ella **camina** por la oficina, observando a los empleados. Algunos **trabajan** en sus computadoras, otros **discuten** ideas.

Durante la entrevista, el Sr. Johnson **revisa** su currículum y **pregunta** sobre su experiencia. Carmen **responde** con confianza, explicando por qué **está emocionada** por unirse a la empresa. A medida que la entrevista **progresa**, ella **se siente** más cómoda.

Después de la entrevista, **sale** de la oficina sintiéndose orgullosa. Una semana después, **recibe** una llamada... **¡Obtuvo el trabajo!**

La historia de Carmen nos enseña que, con preparación y confianza, podemos superar los desafíos y alcanzar nuestras metas.

READING COMPREHENSION QUESTIONS: CARMEN'S FIRST JOB INTERVIEW

Answer the following questions based on the story. Try to answer in complete sentences!

> ✎ ¡Ojo! (si estás en versión eBook) Como en el eBook no se puede escribir directamente, toma tu cuaderno favorito o una hoja suelta para apuntar tus respuestas. Así lo aprovechas al máximo y aprendes mucho más. ¡Manos a la obra!

1. **Why is Carmen feeling nervous and excited at the same time?**
2. **What time does Carmen wake up, and what is the first thing she does?**
3. **What is Carmen wearing for her interview?**
4. **How does Laura help Carmen before the interview?**
5. **What does Carmen see when she walks through the office?**
6. **How does Mr. Johnson react to Carmen's answers during the interview?**
7. **What are some of the actions happening in the office while Carmen is there?**
8. **How does Carmen feel after the interview?**
9. **What happens one week after the interview?**
10. **What lesson can we learn from Carmen's experience?**

Take your time, answer the questions, and check your understanding of the story!

Answers: Reading Comprehension - Carmen's First Job Interview

1. **Why is Carmen feeling nervous and excited at the same time?**

   Carmen is feeling nervous because it is her first job interview, and she really wants the job. She is also excited because it is a great opportunity for her career.

   Carmen se siente nerviosa porque es su primera entrevista de trabajo y realmente quiere el puesto. También está emocionada porque es una gran oportunidad para su carrera.

2. **What time does Carmen wake up, and what is the first thing she does?**

   Carmen wakes up at 7:00 AM. The first thing she does is check her outfit in the mirror.

   Carmen se despierta a las 7:00 AM. Lo primero que hace es revisar su atuendo en el espejo.

3. **What is Carmen wearing for her interview?**

   She is wearing a white blouse, a navy blue blazer, and elegant black pants.

Está usando una blusa blanca, un blazer azul marino y pantalones negros elegantes.

4 How does Laura help Carmen before the interview?

Laura calls Carmen and encourages her, telling her to stay positive and confident.

Laura llama a Carmen y la anima, diciéndole que se mantenga positiva y segura de sí misma.

5 What does Carmen see when she walks through the office?

She sees employees working on their computers, discussing ideas, and attending meetings.

Ella ve empleados trabajando en sus computadoras, discutiendo ideas y asistiendo a reuniones.

6 How does Mr. Johnson react to Carmen's answers during the interview?

Mr. Johnson listens attentively and seems to like Carmen's enthusiasm and energy.

El Sr. Johnson escucha atentamente y parece gustarle el entusiasmo y la energía de Carmen.

7 What are some of the actions happening in the office while Carmen is there?

Employees are typing on computers, attending meetings, discussing projects, and answering phone calls.

Los empleados están escribiendo en las computadoras, asistiendo a reuniones, discutiendo proyectos y respondiendo llamadas telefónicas.

8 How does Carmen feel after the interview?

She feels proud of herself because she knows she did her best.

Se siente orgullosa de sí misma porque sabe que hizo lo mejor que pudo.

9 What happens one week after the interview?

Carmen receives a phone call from the company, and she gets the job!

Carmen recibe una llamada de la empresa, ¡y consigue el trabajo!

10 What lesson can we learn from Carmen's experience?

We learn that preparation and confidence are key to overcoming challenges and achieving success.

Aprendemos que la preparación y la confianza son clave para superar desafíos y alcanzar el éxito.

Now, check your answers and keep practicing to improve your reading skills!

———

AUDIOLIBRO DE PRONUNCIACIÓN BOOK 5 - CHAPTER 2

Usa estos audios a tu favor. **Escucha, repite, imita la pronunciación y pierde el miedo a hablar.** Cuanto más te expongas al inglés, más rápido mejorarás. ¡Tu inglés fluido está a solo unos clics de distancia!

BOOK 5 - CHAPTER 2

CAPÍTULO 23
GRANDMA'S PHOTO ALBUM

Emma **sat** on the couch next to her grandmother, holding a heavy, old photo album. The golden edges of the pages **shined** under the living room light, and the pictures inside **showed** a lifetime of memories.

"Grandma, when **did you take** all these photos?" Emma **asked**, flipping through the first few pages.

Her grandmother, Mrs. Thompson, **smiled** and **adjusted** her glasses. "Oh, sweetie, I **took** these pictures many years ago. Each one **tells** a story."

Emma **stopped** at a black-and-white photo of a young woman in a beautiful dress. "Who is this?" she **asked**, pointing at the picture.

Mrs. Thompson **laughed** softly. "That is me, on my wedding day! Your grandfather and I **got married** in the summer of 1965. It **was** the happiest day of my life."

Emma **giggled**. "Grandpa **looked** so young!"

"Oh, he **was** young," Mrs. Thompson **said**, chuckling. "And so was I! We **danced** all night, and our friends **celebrated** with us."

Emma **turned** the page and **found** a picture of a tiny baby wrapped in a blanket. "And who is this?"

Mrs. Thompson **sighed** happily. "That is your mother when she **was born**. She **arrived** on a cold winter morning. Your grandfather and I **cried** when we **held** her for the first time."

Emma **looked** at the next picture. It **showed** a group of children playing outside. "Mom **played** outside a lot?"

"Oh yes," Mrs. Thompson **nodded**. "She **climbed** trees, **ran** through the fields, and **made** flower crowns. We **didn't have** tablets or smartphones, so we **spent** most of our time outside."

Emma **kept turning** the pages, discovering photos of summer vacations, birthday parties, and Christmas mornings. "Grandma, what was life like when you were young?"

Mrs. Thompson **smiled**. "Life **was** different, but wonderful. We **wrote** letters instead of sending texts. We **played** in the streets until the sun **set**. People **visited** each other without sending messages first."

Emma **listened** carefully, imagining a world without phones and the internet. "That sounds fun."

"It **was**," Mrs. Thompson **agreed**. She **picked up** a photo of a young girl in a red dress. "And look, here you are! This **was** your first birthday."

Emma **laughed**. "I **looked** so cute!"

Mrs. Thompson **hugged** her. "You **were** the cutest baby ever."

As they **closed** the album, Emma **felt** warm inside. She **learned** so much about her family and **understood** that every picture **held** a special story.

"Grandma, can we do this again tomorrow?" she **asked**.

Mrs. Thompson **smiled**. "Of course, my dear. Memories never fade when we share them."

Every family photo holds a story, just like every memory stays alive when we tell it. What special memories do you keep in your heart?

Vocabulary from the Story

Word	Pronunciation	Translation
Photo album	*Fóu-tou ál-bum*	Álbum de fotos
Wedding	*Wé-ding*	Boda
Childhood	*Cháild-jud*	Infancia
Memories	*Mém-o-ris*	Recuerdos
Blanket	*Blán-kit*	Manta
Birthday	*Bérth-dei*	Cumpleaños
Hug	*Jág*	Abrazo
Letter	*Lé-ter*	Carta
Visit	*Ví-zit*	Visitar
Cry	*Krái*	Llorar
Laugh	*Láf*	Reír
Climb	*Cláim*	Trepar
Hold	*Jóuld*	Sostener
Arrive	*A-ráiv*	Llegar
Spend time	*Espénd táim*	Pasar tiempo

Different	*Dí-fe-rent*	Diferente
First	*Férst*	Primero
Past	*Pást*	Pasado
Together	*Tu-gé-der*	Juntos
Special	*Spé-shal*	Especial

SUMMARY OF THE STORY: GRANDMA'S PHOTO ALBUM

Emma **sat** on the couch with her grandmother, looking through an old photo album. As they **turned** the pages, Grandma **shared** stories about the past. She **told** Emma about her wedding day, how she **danced** all night, and how happy she **felt** when Emma's mother **was born**.

As Emma **looked** at each picture, she **learned** more about how life **was** different in the past. Grandma **explained** that people **played** outside more, **wrote** letters instead of sending texts, and **visited** each other without calling first.

Emma **loved** hearing about the past and **felt** connected to her family history. In the last photo, she **saw** herself as a baby, and her grandma **hugged** her, saying she **was** the cutest baby ever.

At the end of the story, Emma **asked** her grandma if they could do it again the next day. Grandma **smiled** and **said** that memories **never fade** when we share them.

Family stories keep the past alive! What stories do you have to share?

RESUMEN EN ESPAÑOL: EL ÁLBUM DE FOTOS DE LA ABUELA

Emma **se sentó** en el sofá con su abuela, mirando un viejo álbum de fotos. Mientras **pasaban** las páginas, la abuela **compartió** historias sobre el pasado. Le **contó** a Emma sobre el día de su boda, cómo **bailó** toda la noche y lo feliz que **se sintió** cuando **nació** la madre de Emma.

Mientras Emma **miraba** cada foto, **aprendió** más sobre cómo **era** la vida en el pasado. La abuela **explicó** que la gente **jugaba** más afuera, **escribía** cartas en lugar de enviar mensajes de texto y **visitaba** a los demás sin avisar antes.

A Emma le **encantó** escuchar sobre el pasado y **se sintió** conectada con la historia de su familia. En la última foto, **se vio** a sí misma de bebé, y su abuela la **abrazó**, diciéndole que **fue** el bebé más lindo de todos.

Al final de la historia, Emma le **preguntó** a su abuela si podían hacerlo de nuevo al día siguiente. La abuela **sonrió** y **dijo** que los recuerdos **nunca desaparecen** cuando los compartimos.

¡Las historias familiares mantienen vivo el pasado! ¿Qué historias tienes para compartir?

READING COMPREHENSION QUESTIONS: GRANDMA'S PHOTO ALBUM

Answer the following questions based on the story. Try to answer in complete sentences!

> ✎ ¡Ojo! (si estás en versión eBook) Como en el eBook no se puede escribir directamente, toma tu cuaderno favorito o una hoja suelta para apuntar tus respuestas. Así lo aprovechas al máximo y aprendes mucho más. ¡Manos a la obra!

1. **What are Emma and her grandmother doing at the beginning of the story?**
2. **Who is the woman in the black-and-white wedding photo?**
3. **How did Grandma and Grandpa feel on their wedding day?**
4. **What season was it when Emma's mother was born?**
5. **How did children spend their time in the past, according to Grandma?**
6. **What did people do before texting and smartphones existed?**
7. **What does Grandma say about the way people visited each other in the past?**
8. **What does Emma feel as she looks through the album with her grandma?**
9. **What photo do they find at the end of the story?**
10. **What lesson does Grandma share with Emma at the end of the story?**

🚀 🔥 Take your time, answer the questions, and check your understanding of the story! 🚀 🔥

🖋 **Answers: Reading Comprehension - Grandma's Photo Album**

1. **What are Emma and her grandmother doing at the beginning of the story?**
   They are looking through an old family photo album and talking about memories.
   Están mirando un viejo álbum de fotos familiares y hablando sobre recuerdos.
2. **Who is the woman in the black-and-white wedding photo?**
   The woman in the photo is Grandma on her wedding day.
   La mujer en la foto es la abuela el día de su boda.
3. **How did Grandma and Grandpa feel on their wedding day?**
   They felt very happy and excited because it was a special day for them.

Se sintieron muy felices y emocionados porque era un día especial para ellos.

4 **What season was it when Emma's mother was born?**

Emma's mother was born in the winter.

La madre de Emma nació en invierno.

5 **How did children spend their time in the past, according to Grandma?**

Children played outside, climbed trees, ran in fields, and made flower crowns.

Los niños jugaban afuera, trepaban árboles, corrían en los campos y hacían coronas de flores.

6 **What did people do before texting and smartphones existed?**

People wrote letters to communicate with each other.

Las personas escribían cartas para comunicarse entre sí.

7 **What does Grandma say about the way people visited each other in the past?**

She says that people visited each other without calling first or making plans.

Ella dice que las personas se visitaban sin llamar antes ni hacer planes previos.

8 **What does Emma feel as she looks through the album with her grandma?**

She feels happy and connected to her family's history.

Se siente feliz y conectada con la historia de su familia.

9 **What photo do they find at the end of the story?**

They find a picture of Emma as a baby on her first birthday.

Encuentran una foto de Emma cuando era bebé en su primer cumpleaños.

10 **What lesson does Grandma share with Emma at the end of the story?**

She teaches Emma that memories never fade when we share them with others.

Le enseña a Emma que los recuerdos nunca desaparecen cuando los compartimos con los demás.

🚀 🔥 **Now, check your answers and keep practicing! What memories from your past would you share with someone?** 🚀 🔥

———

AUDIOLIBRO DE PRONUNCIACIÓN BOOK 5 - CHAPTER 3

Usa estos audios a tu favor. **Escucha, repite, imita la pronunciación y pierde el miedo a hablar.** Cuanto más te expongas al inglés, más rápido mejorarás. ¡Tu inglés fluido está a solo unos clics de distancia! 🚀 👍

BOOK 5 - CHAPTER 3

CAPÍTULO 24
MARK'S FIRST JOB: A NEW BEGINNING

Mark **was sitting** at his desk on a Sunday evening, **staring** at his laptop screen. Tomorrow **will be** his first day at his new job, and he **will start** working as a junior marketing assistant at a big company. He **is feeling** excited but also a little nervous.

"Alright, I **will plan** everything carefully," he **murmurs** to himself, **writing** down his ideas in his notebook.

Sunday Night: The Planning

Mark **will wake up** early to have plenty of time to get ready. He **will wear** his best shirt and dress professionally. He **will arrive** at the office at least 15 minutes early to make a good impression.

"I **will introduce** myself to everyone and try to remember their names," he **thinks** as he **scribbles** in his notebook.

During his first week, he **will learn** about the company's projects and marketing strategies. He **will meet** his new manager, who **will explain** his responsibilities. Mark **will take** notes and **will ask** questions to show his enthusiasm.

"I **will listen** carefully in every meeting and **will take** detailed notes," he **reminds** himself.

At lunch, he **will sit** with his colleagues and **will try** to make new friends. He **will ask** them about their experiences and **will learn** from them.

"If I don't understand something, I **will ask** for help. I **will not be** afraid to make mistakes," he **promises** himself.

Monday Morning: The Big Day

Mark **wakes up** before his alarm. He **takes a deep breath** and **gets ready** quickly. He **puts on** his best shirt and blazer and **leaves** the house with his bag.

As he **arrives** at the office, his heart **is pounding**. He **steps into** the building, and the receptionist **greets** him warmly.

🙎 **Receptionist:** "Good morning! You must be Mark. Welcome to the company!"

🙎 **Mark:** "Yes, thank you! I'm really excited to start today."

His manager, Mr. Roberts, **walks in** and **shakes hands** with him.

🙎 **Mr. Roberts:** "Mark, welcome! We **will have** a great time working together. I **will introduce** you to the team now."

As Mark **walks into** the office, he **sees** a group of friendly colleagues. They **smile** at him, and he **feels** a little more relaxed.

Sarah: "Hey, Mark! Welcome! I **will show** you where everything is."

Mark: "Thank you! I **will need** all the help I can get."

Throughout the morning, he **meets** his new coworkers and **attends** his first meeting. His manager **explains** the company's goals and upcoming projects.

Mr. Roberts: "Mark, you **will help** us with our social media strategy. We **will have** a meeting later to discuss your ideas."

Mark **smiles** and nods. "That sounds great! I **will prepare** some suggestions before the meeting."

Looking Ahead: The First Week

Mark **knows** this week **will be** full of learning experiences. He **will face** new challenges, but he **will give** his best. He **will improve** his skills, and by the end of the week, he **will feel** more confident.

"If I work hard, I **will grow** in this company. This **will be** the start of an amazing journey," he **thinks**, feeling proud of himself.

As he **leaves** the office at the end of the day, he **smiles**. Tomorrow **will be** another exciting day.

🕊 💧 **The future is full of possibilities! What are your plans for the upcoming week? Try using the future simple to describe them!** 🚀 💧

Vocabulary from the Story

Word	Pronunciation	Translation
Job interview	Dchób ín-ter-viu	Entrevista de trabajo
First day	Férst déi	Primer día
Nervous	Nér-vos	Nervioso/a
Plan	Plán	Planear
Strategy	Strá-te-yi	Estrategia
Social media	Sóu-shal mí-dia	Redes sociales
Manager	Má-na-yer	Gerente
Meeting	Mí-ting	Reunión
Colleagues	Có-ligs	Colegas
Impression	Im-pré-shon	Impresión
Grow	Gróu	Crecer
Introduce	In-tro-dius	Presentar
Prepare	Pri-pér	Preparar
Challenge	Chá-len-y	Desafío
Improve	Im-prúv	Mejorar
Exciting	Ik-sái-ting	Emocionante
Success	Suk-sés	Éxito
Responsibility	Ris-pon-si-bi-li-ti	Responsabilidad
Confident	Cón-fi-dent	Seguro/a de sí mismo/a
Future	Fíu-cher	Futuro

Summary of the Story: Mark's First Job

Mark **is preparing** for his first day at a new job as a junior marketing assistant. On Sunday night, he **plans** his entire first week, deciding what he **will do** to make a great impression. He **will wake up** early, **will dress** professionally, **will introduce** himself to his coworkers, and **will take** detailed notes in meetings. He also **plans** to ask questions and **will try** to make friends at lunch.

On Monday morning, he **wakes up** early, **puts on** his best clothes, and **arrives** at the office feeling nervous but excited. The receptionist **greets** him warmly, and his manager, Mr. Roberts, **introduces** him to the team. His coworkers **welcome** him, and he quickly **starts learning** about the company's projects.

Throughout the day, he **meets** his colleagues, **attends** meetings, and **begins** working on social media strategies. His manager **assigns** him tasks, and he **feels** motivated to prove himself. Mark **knows** that his first week **will be** full of challenges, but he **will work** hard to grow and improve.

At the end of the day, Mark **leaves** the office feeling proud. He **looks forward** to the future, knowing that he **will learn**, **will adapt**, and **will succeed** in his new role.

The future is full of opportunities! What are your plans for the next week?

Resumen en Español: El Primer Trabajo de Mark

Mark **se está preparando** para su primer día en un nuevo trabajo como asistente de marketing junior. El domingo por la noche, **planifica** toda su primera semana, decidiendo qué **hará** para causar una buena impresión. **Se despertará** temprano, **se vestirá** profesionalmente, **se presentará** a sus compañeros de trabajo y **tomará** notas detalladas en las reuniones. También **planea** hacer preguntas y **intentará** hacer amigos en el almuerzo.

El lunes por la mañana, **se despierta** temprano, **se pone** su mejor ropa y **llega** a la oficina sintiéndose nervioso pero emocionado. La recepcionista **lo recibe** con amabilidad, y su gerente, el Sr. Roberts, **lo presenta** al equipo. Sus compañeros **le dan la bienvenida**, y rápidamente **comienza a aprender** sobre los proyectos de la empresa.

Durante el día, **conoce** a sus colegas, **asiste** a reuniones y **empieza** a trabajar en estrategias de redes sociales. Su gerente **le asigna** tareas, y él **se siente** motivado para demostrar su capacidad. Mark **sabe** que su primera semana **estará** llena de desafíos, pero **trabajará** duro para crecer y mejorar.

Al final del día, Mark **sale** de la oficina sintiéndose orgulloso. **Espera con ansias** el futuro, sabiendo que **aprenderá**, **se adaptará** y **tendrá éxito** en su nuevo puesto.

¡El futuro está lleno de oportunidades! ¿Cuáles son tus planes para la próxima semana?

Reading Comprehension Questions: Mark's First Job

Answer the following questions based on the story. Try to answer in complete sentences!

> ✎ ¡Ojo! (si estás en versión eBook) Como en el eBook no se puede escribir directamente, toma tu cuaderno favorito o una hoja suelta para apuntar tus respuestas. Así lo aprovechas al máximo y aprendes mucho más. ¡Manos a la obra!

1. **What is Mark's new job position?**
2. **What does Mark do on Sunday night before his first day at work?**
3. **What are some things Mark plans to do on his first day to make a good impression?**
4. **Why does Mark decide to wake up early on Monday?**
5. **How does Mark feel when he arrives at the office?**
6. **Who welcomes Mark when he enters the company?**
7. **What tasks does Mark's manager assign him?**
8. **How does Mark feel at the end of his first day at work?**
9. **What does Mark hope to achieve in his first week at work?**
10. **What lesson can we learn from Mark's story?**

. . .

Take your time, answer the questions, and check your understanding of the story!

Answers: Reading Comprehension - Mark's First Job

1 What is Mark's new job position?

Mark is starting a new job as a junior marketing assistant.

Mark está comenzando un nuevo trabajo como asistente de marketing junior.

2 What does Mark do on Sunday night before his first day at work?

Mark plans his entire week, thinking about what he will do to make a good impression.

Mark planifica toda su semana, pensando en qué hará para causar una buena impresión.

3 What are some things Mark plans to do on his first day to make a good impression?

He plans to wake up early, dress professionally, introduce himself to his colleagues, take notes in meetings, and ask questions.

Planea despertarse temprano, vestirse profesionalmente, presentarse a sus colegas, tomar notas en las reuniones y hacer preguntas.

4 Why does Mark decide to wake up early on Monday?

He wants to have enough time to get ready and arrive early at the office.

Quiere tener suficiente tiempo para prepararse y llegar temprano a la oficina.

5 How does Mark feel when he arrives at the office?

Mark feels nervous but also excited.

Mark se siente nervioso pero también emocionado.

6 Who welcomes Mark when he enters the company?

The receptionist greets him first, and then his manager, Mr. Roberts, introduces him to the team.

La recepcionista lo saluda primero, y luego su gerente, el Sr. Roberts, lo presenta al equipo.

7 What tasks does Mark's manager assign him?

His manager assigns him tasks related to social media strategy.

Su gerente le asigna tareas relacionadas con la estrategia de redes sociales.

8 How does Mark feel at the end of his first day at work?

Mark feels proud and motivated to keep learning.

Mark se siente orgulloso y motivado para seguir aprendiendo.

9 What does Mark hope to achieve in his first week at work?

He hopes to learn new skills, adapt to the company, and make a good impression.

Espera aprender nuevas habilidades, adaptarse a la empresa y causar una buena impresión.

10 What lesson can we learn from Mark's story?

We learn that preparation and confidence can help us succeed in new challenges.

Aprendemos que la preparación y la confianza pueden ayudarnos a tener éxito en nuevos desafíos.

Now, check your answers and keep practicing! What will you do next week? Try using the future simple!

___

AUDIOLIBRO DE PRONUNCIACIÓN BOOK 5 - CHAPTER 5

Usa estos audios a tu favor. **Escucha, repite, imita la pronunciación y pierde el miedo a hablar**. Cuanto más te expongas al inglés, más rápido mejorarás. ¡Tu inglés fluido está a solo unos clics de distancia!

CAPÍTULO 25
THE PERFECT HONEYMOON: PLANNING THE TRIP OF A LIFETIME

Emma **was sitting** on the couch, her laptop open on the coffee table, and a huge smile on her face. Her husband, Daniel, **was walking** into the living room, holding two cups of coffee.

🧔 **Daniel:** "Alright, my love, tell me everything. What are you planning?"

👰 **Emma:** "Oh, I have the entire honeymoon schedule ready! We **will be doing** so many amazing things!"

Daniel **laughed** and sat beside her, curious about what his wife had planned.

Day 1: Arrival in Greece

👰 **Emma:** "On the first day, we **will be arriving** in Santorini early in the morning. By the time we land, the sun **will be rising**, and we **will be feeling** the warm Mediterranean breeze."

🧔 **Daniel:** "That sounds amazing! What's next?"

👰 **Emma:** "After checking into our hotel, we **will be exploring** the beautiful white streets and blue-domed churches. We **will be taking** tons of pictures!"

🧔 **Daniel:** "Of course, and I **will be carrying** your camera bag all day, won't I?"

👰 **Emma:** "Exactly! And in the evening, we **will be having** dinner at a restaurant with an ocean view while the sun **will be setting** over the water."

Day 2: Adventures and Relaxation

👰 **Emma:** "On the second day, we **will be sailing** around the island. We **will be swimming** in crystal-clear waters and **will be visiting** hidden beaches that only boats can reach."

🧔 **Daniel:** "And I suppose we **will be drinking** a lot of fresh fruit cocktails?"

👰 **Emma:** "Exactly! While we **will be relaxing** on the boat, the captain **will be telling** us stories about the history of the island."

Day 3: A Day of Culture

👰 **Emma:** "The third day **will be all about history**. We **will be visiting** the ancient ruins of Akrotiri, one of the most important archaeological sites in Greece. While we **will be walking** through the ruins, our guide **will be explaining** how the city was buried by a volcanic eruption thousands of years ago."

🧔 **Daniel:** "That sounds incredible! I love ancient history."

👰 **Emma:** "And in the evening, we **will be attending** a traditional Greek music and dance show. People **will be singing**, **will be dancing**, and we **will be having** the best time!"

Day 4: Sunset Hike and Surprise Dinner

👰 **Emma:** "On the fourth day, we **will be hiking** up to a special viewpoint to watch the sunset. It **will be breathtaking**! While we **will be enjoying** the view, the hotel staff **will be setting up** a romantic candlelight dinner for us."

🤵 **Daniel:** "Wait, you arranged a private dinner for us?"

👰 **Emma:** "Yes! We **will be having** our own little private paradise."

Final Day: Relaxation Before Heading Home

👰 **Emma:** "On our last day, we **will be relaxing** at the beach, just lying in the sun and enjoying the sound of the waves. By the afternoon, we **will be packing** our bags, and by evening, we **will be heading** back to the airport."

🤵 **Daniel:** "Wow, this honeymoon sounds perfect! You thought of everything."

👰 **Emma:** "Of course! We **will be creating** the most amazing memories together!"

Daniel **smiled**, kissed his wife, and felt incredibly lucky. Their honeymoon **would be unforgettable**, and they **would be spending** the most beautiful days of their lives together.

What dream vacation will you be planning? Try using the future continuous to describe it!

Vocabulary from the Story

Word	Pronunciation	Translation
Honeymoon	*Hóu-ni-mun*	Luna de miel
Arrival	*A-ráival*	Llegada
Sunset	*Sán-set*	Atardecer
Sail	*Séil*	Navegar
Hidden	*Jí-den*	Escondido
Ruins	*Rú-ins*	Ruinas
Archaeological	*Ar-kee-o-ló-yi-kal*	Arqueológico
Breathtaking	*Bréth-tei-king*	Impresionante
Candlelight	*Kán-dl-lait*	Luz de vela
Unforgettable	*An-for-gué-ta-bl*	Inolvidable
Viewpoint	*Víu-point*	Mirador
Pack bags	*Pák bágs*	Empacar maletas
Airport	*Ér-port*	Aeropuerto
Create memories	*Kri-éit mé-mo-ris*	Crear recuerdos
Explore	*Eks-plór*	Explorar

Word	Pronunciation	Translation
Relax	*Ri-láks*	Relajarse
Enjoy	*En-yói*	Disfrutar
Attend	*A-ténd*	Asistir
Experience	*Eks-pí-ri-ens*	Experiencia
Adventure	*Ad-vén-tchu-r*	Aventura

Summary of the Story: The Perfect Honeymoon

Emma **is planning** the perfect honeymoon for herself and her husband, Daniel. On Sunday evening, she excitedly **explains** all the amazing things they **will be doing** during their trip to Santorini, Greece.

On the first day, they **will be arriving** early in the morning, **will be exploring** the beautiful white streets, and **will be having** dinner while the sun **is setting**. The second day **will be full of adventure** as they **will be sailing** around the island, **swimming** in clear waters, and **relaxing** on a boat while the captain **tells** stories about the island.

The third day **will be focused** on culture. They **will be visiting** ancient ruins and **learning** about the history of Akrotiri. In the evening, they **will be enjoying** a traditional Greek music and dance show.

On the fourth day, they **will be hiking** to a special viewpoint to watch the sunset. While they **are enjoying** the view, hotel staff **will be preparing** a private candlelight dinner for them.

Finally, on their last day, they **will be relaxing** on the beach before **packing** their bags and **heading** back home. Daniel **is amazed** by how perfectly Emma **has planned** the trip, and they both **look forward** to creating unforgettable memories together.

What will you be doing on your next vacation? Try describing it using the future continuous!

Resumen en Español: La Luna de Miel Perfecta

Emma **está planeando** la luna de miel perfecta para ella y su esposo, Daniel. El domingo por la noche, ella le **explica** emocionada todas las increíbles cosas que **harán** durante su viaje a Santorini, Grecia.

El primer día, **llegarán** temprano en la mañana, **explorarán** las hermosas calles blancas y **cenarán** mientras el sol **se pone**. El segundo día **estará lleno de aventura**, ya que **navegarán** alrededor de la isla, **nadarán** en aguas cristalinas y **se relajarán** en un bote mientras el capitán **cuenta** historias sobre la isla.

El tercer día **estará dedicado** a la cultura. **Visitarán** antiguas ruinas y **aprenderán** sobre la historia de Akrotiri. Por la noche, **disfrutarán** de un espectáculo de música y danza griega tradicional.

En el cuarto día, **harán una caminata** hasta un mirador especial para ver el atardecer. Mientras **disfrutan** de la vista, el personal del hotel **preparará** una cena privada a la luz de las velas para ellos.

Finalmente, en su último día, **se relajarán** en la playa antes de **empacar** sus maletas y **regresar** a casa. Daniel **está asombrado** por lo perfectamente que Emma **ha planificado** el viaje, y ambos **esperan con ansias** crear recuerdos inolvidables juntos.

¿Qué estarás haciendo en tus próximas vacaciones? Intenta describirlo usando el futuro continuo.

Reading Comprehension Questions: The Perfect Honeymoon

Answer the following questions based on the story. Try to answer in complete sentences!

> ✎ ¡Ojo! (si estás en versión eBook) Como en el eBook no se puede escribir directamente, toma tu cuaderno favorito o una hoja suelta para apuntar tus respuestas. Así lo aprovechas al máximo y aprendes mucho más. ¡Manos a la obra!

1. **Where are Emma and Daniel going for their honeymoon?**
2. **What will Emma and Daniel be doing when they first arrive in Santorini?**
3. **How will they be spending their first evening on the island?**
4. **What activities will they be doing on the second day of their honeymoon?**
5. **What will the captain be doing while Emma and Daniel are relaxing on the boat?**

6 Where will they be going on the third day, and what will they be learning about?
7 What special event will they be attending in the evening of the third day?
8 What surprise has Emma planned for Daniel on the fourth day?
9 How will they be spending their last day before returning home?
10 How does Daniel feel about Emma's honeymoon plan at the end of the story?
Take your time, answer the questions, and check your understanding of the story!

Answers: Reading Comprehension - The Perfect Honeymoon

1 **Where are Emma and Daniel going for their honeymoon?**
They are going to Santorini, Greece, for their honeymoon.
Van a Santorini, Grecia, para su luna de miel.

2 **What will Emma and Daniel be doing when they first arrive in Santorini?**
They will be arriving early in the morning, and the sun will be rising as they feel the Mediterranean breeze.
Llegarán temprano en la mañana, y el sol estará saliendo mientras sienten la brisa mediterránea.

3 **How will they be spending their first evening on the island?**
They will be having dinner at a restaurant with an ocean view while the sun is setting.
Cenarán en un restaurante con vista al océano mientras el sol se pone.

4 **What activities will they be doing on the second day of their honeymoon?**
They will be sailing around the island, swimming in clear waters, and visiting hidden beaches.
Navegarán alrededor de la isla, nadarán en aguas cristalinas y visitarán playas escondidas.

5 **What will the captain be doing while Emma and Daniel are relaxing on the boat?**
The captain will be telling them stories about the history of the island.
El capitán les estará contando historias sobre la historia de la isla.

6 **Where will they be going on the third day, and what will they be learning about?**
They will be visiting the ancient ruins of Akrotiri and learning about how the city was buried by a volcanic eruption.
Visitarán las antiguas ruinas de Akrotiri y aprenderán cómo la ciudad fue sepultada por una erupción volcánica.

7 **What special event will they be attending in the evening of the third day?**
They will be attending a traditional Greek music and dance show.
Asistirán a un espectáculo tradicional de música y danza griega.

8 **What surprise has Emma planned for Daniel on the fourth day?**
She has planned a private candlelight dinner at a special viewpoint after their sunset hike.
Ha planeado una cena privada a la luz de las velas en un mirador especial después de su caminata al atardecer.

9 **How will they be spending their last day before returning home?**
They will be relaxing at the beach, enjoying the sound of the waves, before packing their bags.
Se relajarán en la playa, disfrutando del sonido de las olas, antes de empacar sus maletas.

10 **How does Daniel feel about Emma's honeymoon plan at the end of the story?**
He feels amazed and grateful that Emma has planned the perfect honeymoon.
Se siente asombrado y agradecido de que Emma haya planeado la luna de miel perfecta.

Now, check your answers and keep practicing! What will you be doing on your next vacation?

_____

AUDIOLIBRO DE PRONUNCIACIÓN BOOK 5 - CHAPTER 6

Usa estos audios a tu favor. **Escucha, repite, imita la pronunciación y pierde el miedo a hablar**. Cuanto más te expongas al inglés, más rápido mejorarás. ¡Tu inglés fluido está a solo unos clics de distancia! 🚀

BOOK 5 - CHAPTER 6

TU CAMINO HACIA EL INGLÉS FLUIDO A TRAVÉS DE HISTORIAS

¡Felicidades! Has llegado al final de este libro, pero no al final de tu camino en el aprendizaje del inglés. A lo largo de estas seis historias, no solo has disfrutado de relatos interesantes y motivadores, sino que también has aprendido y aplicado estructuras gramaticales clave, desde el presente simple hasta el futuro continuo. ¡Eso es un gran avance!

¿CÓMO SEGUIR SACÁNDOLE PROVECHO A ESTAS HISTORIAS?

Las historias son una de las mejores formas de aprender un idioma porque te muestran la gramática y el vocabulario en acción, en situaciones reales y de una manera que es fácil de recordar. Pero este libro no se trata solo de leer, sino de practicar, interiorizar y aplicar lo que has aprendido.

Vuelve a leer las historias: Ahora que ya las conoces, intenta identificar los tiempos verbales y estructuras gramaticales en cada relato.

Haz los ejercicios: Son una excelente manera de medir cuánto has aprendido y reforzar cualquier punto que necesite más atención.

Escucha el audiolibro: La pronunciación es clave para mejorar tu comprensión y fluidez. Con el audiolibro incluido, puedes escuchar cómo suenan las palabras en inglés y mejorar tu acento.

Lee en voz alta: Esto te ayudará a ganar confianza al hablar y a mejorar tu fluidez de manera natural.

TU APRENDIZAJE NO TERMINA AQUÍ

Piensa en todo lo que has logrado hasta ahora. Al comenzar este libro, tal vez te sentías inseguro con la gramática o tenías dudas sobre cómo usar ciertos tiempos verbales. Pero ahora, has leído y entendido seis historias completas en inglés, has trabajado con ejercicios prácticos y has aprendido nuevo vocabulario de una manera entretenida.

Sin embargo, aprender un idioma es un viaje, no un destino. Cada nueva palabra que aprendes, cada historia que lees y cada conversación que intentas en inglés te acercan más a la fluidez. La clave es la práctica constante y, sobre todo, ¡disfrutar del proceso!

Si te gustó aprender a través de historias, en esta colección hay más libros esperando por ti. Cada uno está diseñado para llevarte un paso más allá, con nuevos desafíos y más oportunidades para seguir mejorando.

LIBRO 6: APRENDER INGLÉS FÁCILMENTE PARA ADULTOS - NIVEL INTERMEDIO AVANZADO

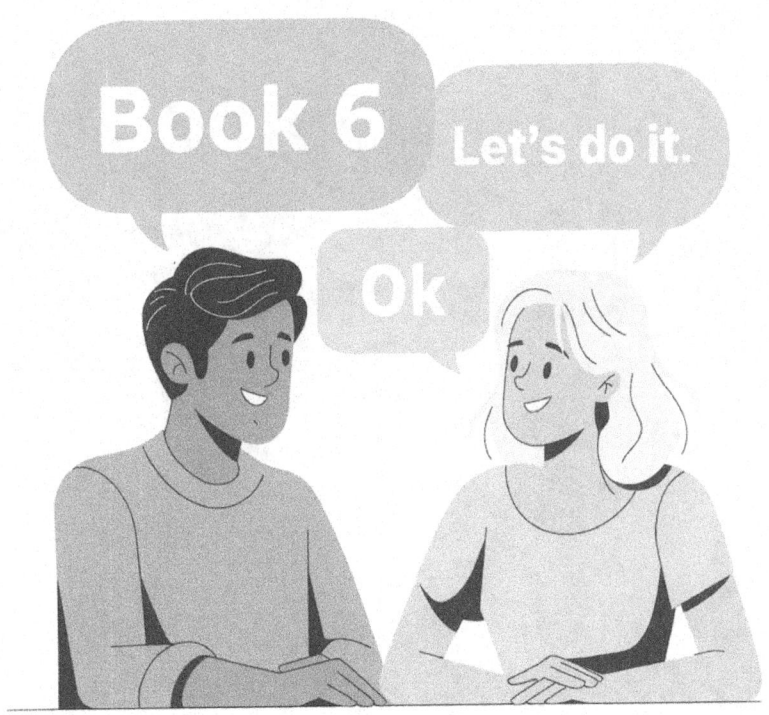

TU ANTE-ÚLTIMO PASO HACIA LA FLUIDEZ EN INGLÉS

Si has llegado hasta aquí, significa que ya has recorrido un largo camino en tu aprendizaje del inglés. Has pasado por lo esencial, has aprendido a desenvolverte en distintas situaciones, y ahora estás listo para dar el gran salto: **dominar el inglés avanzado y expresarte con total confianza.**

Este libro es para aquellos que ya han construido una base sólida y quieren llevar su inglés al siguiente nivel. Es para quienes no solo quieren hablar inglés, sino **pensar en inglés, comprender matices, jugar con las estructuras y comunicarse como lo haría un nativo.**

Aquí no encontrarás reglas gramaticales básicas que ya conoces, sino **herramientas avanzadas** que te permitirán hablar con mayor naturalidad y precisión. Aprenderás a manejar con soltura los **tiempos perfectos**, a expresar situaciones hipotéticas con **condicionales avanzados**, a usar **would** de formas que quizás nunca antes habías explorado, y hasta a quejarte y desear que las cosas fueran diferentes, como lo haría cualquier hablante nativo.

Pero esto no es solo teoría. Este libro está diseñado para que **practiques y apliques** cada concepto a través de ejemplos reales, situaciones del día a día y ejercicios prácticos que harán que cada estructura se quede contigo de manera natural. Porque aprender inglés no es solo memorizar reglas, es vivir el idioma.

LO QUE APRENDERÁS EN ESTE LIBRO

A lo largo de estas páginas, descubrirás herramientas clave que llevarán tu inglés al siguiente nivel:

- **El uso de los tiempos perfectos,** para hablar sobre eventos que han sucedido en diferentes momentos y comprender con exactitud cuándo y cómo utilizarlos.
- **Los condicionales avanzados,** con los que podrás describir situaciones hipotéticas o incluso imposibles con total precisión.
- **Todas las funciones de "would",** que van mucho más allá del condicional. Aprenderás a emplearlo para hablar de costumbres, hacer sugerencias y expresar ideas con mayor naturalidad.
- **Cómo expresar quejas y deseos,** utilizando las mismas estructuras que los hablantes nativos emplean en su vida cotidiana.
- **La forma correcta de referirse a hábitos del pasado,** para que puedas relatar experiencias, contar historias y recordar momentos con fluidez y confianza.

- **Las diferencias entre el inglés formal e informal**, para que sepas cuándo utilizar cada estilo según el contexto y puedas comunicarte con mayor precisión.
- **Cómo mejorar tu entonación y pronunciación**, aprendiendo los patrones de acentuación y ritmo que harán que tu inglés suene más natural y auténtico.

Este libro no solo es un manual, sino una guía práctica que te ayudará a **pensar en inglés sin esfuerzo**. A medida que avances, notarás cómo tu forma de expresarte se vuelve más natural, más precisa y más parecida a la de un hablante nativo.

Así que prepárate. **Estás a un paso de convertirte en un hablante avanzado de inglés.** Y lo mejor de todo es que no estarás solo en este camino. Con cada capítulo, con cada ejercicio, con cada estructura que incorpores, te acercarás más y más a la fluidez real.

¡Es hora de dar el siguiente paso!

CAPÍTULO 26
EL SECRETO DE UN INGLÉS MÁS NATURAL

LOS TIEMPOS PERFECTOS EN INGLÉS

Si has llegado hasta aquí, es porque ya tienes una buena base de inglés y estás listo para dar un paso más en tu camino hacia la fluidez. Y si hay algo que realmente hace que un hablante de inglés suene más natural y preciso, es el uso correcto de los **tiempos perfectos**.

Los tiempos perfectos pueden parecer complicados al principio, pero en realidad son una herramienta poderosa que te permitirá hablar con mayor claridad y expresar ideas con más precisión. Son esenciales para indicar **cuándo** ocurrió algo en relación con otro evento, lo que te ayudará a comunicarte con más confianza y fluidez.

Imagina que quieres contarle a alguien sobre una experiencia pasada, explicar lo que has hecho hasta ahora en tu día, o hablar de planes que habrás terminado en el futuro. Para eso, los tiempos perfectos son indispensables. Por ejemplo, en lugar de decir:

☑ *"I finished my work."* (*Terminé mi trabajo.*)

Podrías decir:

☑ *"I have finished my work."* (*He terminado mi trabajo.*)

Aunque la diferencia puede parecer mínima, el uso del **presente perfecto** en la segunda oración deja claro que la acción tiene una conexión con el presente. Y esto es solo el comienzo.

A lo largo de este capítulo, vamos a explorar los distintos tiempos perfectos y cómo usarlos correctamente. Aprenderás a hablar de experiencias de vida, eventos que ocurrieron antes de otros eventos, acciones que comenzaron en el pasado y siguen en el presente, y mucho más.

No te preocupes si al principio parece un poco enredado. **Te lo explicaremos todo paso a paso, con ejemplos claros y prácticos**, para que puedas aplicarlo en conversaciones reales sin esfuerzo.

Los tiempos perfectos son una de las claves para **pensar en inglés**, no solo traducir desde el español. Una vez que los domines, notarás cómo tu forma de expresarte se vuelve más natural y fluida.

Así que prepárate, porque en este capítulo descubrirás cómo usar los tiempos perfectos para comunicarte con más precisión y confianza.

EL PRESENTE PERFECTO EN INGLÉS: REGLAS, USOS Y EJEMPLOS

El **presente perfecto** (*present perfect*) es uno de los tiempos verbales más útiles en inglés. Se usa para hablar de experiencias, acciones que comenzaron en el pasado y aún tienen relevancia en el presente, o eventos recientes sin especificar cuándo ocurrieron.

A diferencia del español, donde solemos utilizar el **pretérito perfecto** (*he visto, has viajado, hemos comido*), en inglés su estructura es **fija** y siempre sigue la misma fórmula:

Sujeto + have/has + verbo en participio (past participle)

Reglas Gramaticales del Presente Perfecto

1. **Se forma con el verbo "have" en presente (have/has) + el participio del verbo principal.**

   - *I have traveled to Spain.* → (*He viajado a España.*)
   - *She has eaten sushi before.* → (*Ella ha comido sushi antes.*)

2. **"Has" se usa solo con la tercera persona del singular (he, she, it).**

   - *He has studied a lot this week.* → (*Él ha estudiado mucho esta semana.*)
   - *It has rained all day.* → (*Ha llovido todo el día.*)

3. **El participio pasado de los verbos regulares se forma agregando -ed.**

   - *I have finished my homework.* → (*He terminado mi tarea.*)
   - *She has worked here for five years.* → (*Ella ha trabajado aquí por cinco años.*)

4. **Los verbos irregulares tienen participios que deben memorizarse.**

   - *We have seen that movie before.* → (*Hemos visto esa película antes.*)
   - *They have gone to Paris twice.* → (*Han ido a París dos veces.*)

5. **No se usa con expresiones de tiempo específicas como "yesterday" o "last year".**

   - ✗ *I have gone to the park yesterday.* → (*Incorrecto*)
   - ✓ *I went to the park yesterday.* → (*Correcto, usando el pasado simple*)

CUÁNDO USAR EL PRESENTE PERFECTO

◆ **Para hablar de experiencias en la vida sin especificar cuándo ocurrieron.**

   - *I have visited New York.* → (*He visitado Nueva York.*)
   - *Have you ever eaten sushi?* → (*¿Alguna vez has comido sushi?*)

◆ **Para acciones que comenzaron en el pasado y siguen en el presente.**

   - *I have lived here since 2015.* → (*He vivido aquí desde 2015.*)
   - *She has worked at this company for ten years.* → (*Ella ha trabajado en esta empresa por diez años.*)

◆ **Para eventos recientes con impacto en el presente.**

- *I have just finished my work.* → (*Acabo de terminar mi trabajo.*)
- *She has lost her keys!* → (*¡Ella ha perdido sus llaves!*)

5 Ejemplos Prácticos

1. *I have never tried sushi before.* (*Nunca he probado sushi antes.*)
🗣 **Pronunciación:** *Ai jæv néver tráid sú-shi bifór.*
2. *She has lived in London for five years.* (*Ella ha vivido en Londres por cinco años.*)
🗣 **Pronunciación:** *Shi jæz lívd in Lón-don for faiv yírs.*
3. *Have you ever traveled to another country?* (*¿Alguna vez has viajado a otro país?*)
🗣 **Pronunciación:** *Jav yú éver trá-veled tu a-nó-der kán-tri?*
4. *We have just finished our project.* (*Acabamos de terminar nuestro proyecto.*)
🗣 **Pronunciación:** *Wi jæv yást fí-nisht aur pró-yect.*
5. *They have bought a new house!* (*¡Han comprado una nueva casa!*)
🗣 **Pronunciación:** *Dey jæv bót a nú jáus!*

Nota Importante

Muchos estudiantes confunden el **presente perfecto** con el **pasado simple**. Recuerda que si mencionas un momento específico en el pasado (*yesterday, last year, in 2010*), **debes usar el pasado simple**.

✅ *I saw that movie yesterday.* (*Vi esa película ayer.*)
❌ *I have seen that movie yesterday.* (*Incorrecto, porque "yesterday" especifica el tiempo.*)

EL PARTICIPIO PASADO EN INGLÉS: REGLAS, USOS Y EJEMPLOS

El **participio pasado** (*past participle*) es una forma verbal esencial en inglés. Se usa principalmente para formar tiempos perfectos (*present perfect, past perfect, future perfect*) y en la voz pasiva (*passive voice*). A diferencia del español, donde solemos añadir terminaciones como *-ado* o *-ido* (*comido, hablado, vivido*), en inglés hay **dos tipos de participios pasados**:

✅ **Regulares** → Se forman agregando **-ed** al verbo base.
✅ **Irregulares** → Tienen una forma única y deben memorizarse.

CÓMO FORMAR EL PARTICIPIO PASADO

1. **Verbos regulares**

Para los **verbos regulares**, el participio pasado se forma añadiendo **-ed** al verbo base.

- **Play** → **played** (*jugar* → *jugado*)
- **Work** → **worked** (*trabajar* → *trabajado*)
- **Start** → **started** (*comenzar* → *comenzado*)

🖌 **Reglas ortográficas especiales:**
◆ Si el verbo termina en **-e**, solo agregamos **-d**.

- **Love** → **loved** (*amar* → *amado*)
- **Change** → **changed** (*cambiar* → *cambiado*)

◈ Si el verbo termina en **consonante + y**, cambiamos la **y** por **i** y agregamos **-ed**.

- **Study** → **studied** (*estudiar* → *estudiado*)
- **Try** → **tried** (*intentar* → *intentado*)

◈ Si el verbo termina en **consonante-vocal-consonante y es corto**, doblamos la última consonante antes de agregar **-ed**.

- **Stop** → **stopped** (*detener* → *detenido*)
- **Plan** → **planned** (*planear* → *planeado*)

2 Verbos irregulares

Los **verbos irregulares** no siguen una regla específica, por lo que debes memorizarlos.

Verbo Base	Pasado Simple	Participio Pasado	Traducción
Go	Went	**Gone**	Ir
See	Saw	**Seen**	Ver
Eat	Ate	**Eaten**	Comer
Write	Wrote	**Written**	Escribir
Speak	Spoke	**Spoken**	Hablar
Break	Broke	**Broken**	Romper
Take	Took	**Taken**	Tomar
Drive	Drove	**Driven**	Conducir
Give	Gave	**Given**	Dar
Know	Knew	**Known**	Saber

Tip: Una forma práctica de aprender los verbos irregulares es **agrupándolos por patrones similares**. Por ejemplo:

◈ **Terminación -en:** *Written, spoken, broken, taken, driven*
◈ **Cambio de vocal:** *Eat → eaten, see → seen, give → given*

USOS DEL PARTICIPIO PASADO

1 Para formar tiempos perfectos

- *I have eaten sushi before.* → (*He comido sushi antes.*)
- *She has never seen that movie.* → (*Ella nunca ha visto esa película.*)

2 Para construir la voz pasiva

- *The cake was made by my grandmother.* → (*El pastel fue hecho por mi abuela.*)
- *The house has been sold.* → (*La casa ha sido vendida.*)

3 En algunas expresiones con "get" para describir estados

- *He got lost in the city.* → (*Se perdió en la ciudad.*)
- *I got tired after the workout.* → (*Me cansé después del entrenamiento.*)

5 EJEMPLOS PRÁCTICOS CON PRONUNCIACIÓN

1 *I have **written** three books in my life.* (*He escrito tres libros en mi vida.*)
- **Pronunciación:** *Ai jæv rí-ten thri búks in mai laif.*
2 *She has **driven** across the country twice.* (*Ella ha conducido por todo el país dos veces.*)
- **Pronunciación:** *Shi jæz drí-ven akróss de kán-tri tuáis.*
3 *The letter was **sent** yesterday.* (*La carta fue enviada ayer.*)
- **Pronunciación:** *De lé-ter wos sént yés-ter-dei.*
4 *Have you ever **eaten** Mexican food?* (*¿Alguna vez has comido comida mexicana?*)
- **Pronunciación:** *Jav yú é-ver í-ten méxican fud?*
5 *The window has been **broken**!* (*¡La ventana se ha roto!*)
- **Pronunciación:** *De wín-dou jæz bin bróu-ken!*

NOTA IMPORTANTE

El participio pasado NO se usa solo. Siempre necesita un verbo auxiliar ("have/has" o "to be")
- ✕ *I gone to the store.* (*Incorrecto*)
- ✓ *I have gone to the store.* (*Correcto*)
- ✒ **No confundas el pasado simple con el participio pasado.**

- *She **ate** an apple yesterday.* (*Ella comió una manzana ayer.*) → **Pasado simple**
- *She has **eaten** an apple today.* (*Ella ha comido una manzana hoy.*) → **Presente perfecto**

EL FUTURO PERFECTO EN INGLÉS: REGLAS, USOS Y EJEMPLOS

El **futuro perfecto** (*future perfect*) es un tiempo verbal que se usa para hablar de acciones que estarán **terminadas en un punto específico del futuro**. Es útil cuando queremos proyectarnos hacia adelante y describir algo que habrá sucedido en un determinado momento.

Por ejemplo:
☑ *By next year, I will have finished my degree.*
(*Para el próximo año, habré terminado mi carrera.*)
Este tiempo verbal es muy común en contextos profesionales, académicos y en la planificación de eventos.

REGLAS GRAMATICALES DEL FUTURO PERFECTO

Estructura básica:
☑ **Sujeto + will have + verbo en participio pasado**
Ejemplos:

- *By 2030, scientists **will have discovered** new planets.*

- (*Para el 2030, los científicos habrán descubierto nuevos planetas.*)
- She **will have finished** her project before the deadline.
- (*Ella habrá terminado su proyecto antes de la fecha límite.*)

Reglas importantes:

1 **Siempre usamos "will have" seguido del participio pasado del verbo principal.**

- He will have traveled to five countries by the end of the year.
- (*Él habrá viajado a cinco países para fin de año.*)

2 **Se usa con un punto de referencia en el futuro** para indicar cuándo la acción estará terminada.

- By next month, they will have launched the new product.
- (*Para el próximo mes, habrán lanzado el nuevo producto.*)

3 **Es compatible con expresiones de tiempo que marcan el punto de finalización de la acción.**

- By 8 PM, she will have cooked dinner.
- (*Para las 8 PM, ella habrá cocinado la cena.*)

CUÁNDO USAR EL FUTURO PERFECTO

☑ **Para hablar de acciones que estarán completas en un momento específico del futuro.**

- By the time you arrive, I **will have cleaned** the house.
- (*Para cuando llegues, habré limpiado la casa.*)

☑ **Para hacer predicciones sobre eventos finalizados en el futuro.**

- By next year, he **will have saved** enough money to buy a car.
- (*Para el próximo año, él habrá ahorrado suficiente dinero para comprar un auto.*)

☑ **Para referirse a logros o hitos futuros.**

- In ten years, she **will have written** five books.
- (*En diez años, ella habrá escrito cinco libros.*)

☑ **Para expresar expectativas sobre eventos que ya habrán sucedido en un momento determinado.**

- By the time the meeting starts, everyone **will have arrived**.
- (*Para cuando empiece la reunión, todos habrán llegado.*)

MARCADORES TEMPORALES DEL FUTURO PERFECTO

Los siguientes **marcadores temporales** nos ayudan a definir el punto en el futuro en el que la acción estará terminada:

Marcador Temporal	Ejemplo
By (Para, antes de)	By next year, I will have finished my studies. (Para el próximo año, habré terminado mis estudios.)
By the time (Para cuando)	By the time she arrives, we will have left. (Para cuando ella llegue, nosotros nos habremos ido.)
In [X] years/months/days (En [X] años/meses/días)	In two months, they will have moved to a new house. (En dos meses, se habrán mudado a una nueva casa.)
Before (Antes de)	Before Friday, he will have completed the project. (Antes del viernes, él habrá completado el proyecto.)
By then (Para entonces)	She will have learned French by then. (Para entonces, ella habrá aprendido francés.)

Nota: Sin un marcador temporal, el futuro perfecto pierde su sentido, ya que su propósito es indicar un momento futuro en el que la acción estará terminada.

5 EJEMPLOS PRÁCTICOS CON PRONUNCIACIÓN

1. *By next summer, I **will have traveled** to five different countries.*
   (Para el próximo verano, habré viajado a cinco países diferentes.)
   🔊 **Pronunciación:** *Bai nékst sá-mer, ai wil jæv trá-veled tu faiv dí-fe-rent kán-tris.*

2. *She **will have graduated** before her 25th birthday.*
   (Ella se habrá graduado antes de su cumpleaños número 25.)
   🔊 **Pronunciación:** *Shi wil jæv grá-du-ei-ted bifór jer tuen-ti-fífth bérz-dei.*

3. *By the time you wake up, I **will have prepared** breakfast.*
   (Para cuando despiertes, habré preparado el desayuno.)
   🔊 **Pronunciación:** *Bai de táim yú weik áp, ai wil jæv pri-pérd brék-fast.*

4. *In three years, they **will have built** a new hospital in the city.*
   (En tres años, habrán construido un nuevo hospital en la ciudad.)
   🔊 **Pronunciación:** *In thri yírs, dey wil jæv bílt a niú jós-pi-tal in de sí-ti.*

5. *By midnight, we **will have finished** the report.*
   (Para la medianoche, habremos terminado el informe.)
   🔊 **Pronunciación:** *Bai míd-nait, wi wil jæv fí-nisht de ri-pórt.*

NOTA IMPORTANTE

Diferencia entre futuro simple y futuro perfecto:

- *I will finish my work tomorrow.* (Terminaré mi trabajo mañana.) → **No indica si estará completamente terminado o no.**
- *By tomorrow, I will have finished my work.* (Para mañana, habré terminado mi trabajo.) → **Claramente indica que estará completo.**

El futuro perfecto rara vez se usa en preguntas.

- ✗ *Will you have finished the book?* (¿Habrás terminado el libro?) → **No es común en inglés hablado.**

- ✅ *Do you think you will have finished the book by Friday?* (*¿Crees que habrás terminado el libro para el viernes?*) → **Más natural.**

Ahora es tu turno: ¿Cómo usarías el futuro perfecto para hablar sobre tus planes o logros en el futuro? Practica con ejemplos y compártelos.

EL PASADO PERFECTO EN INGLÉS: REGLAS, USOS Y EJEMPLOS

El **pasado perfecto** (*past perfect*) es un tiempo verbal que se usa para hablar de acciones que ocurrieron **antes de otro evento en el pasado**. Es decir, nos permite narrar eventos en secuencia y destacar cuál ocurrió primero.

Por ejemplo:

✅ *When I arrived at the party, they **had already left.***

(*Cuando llegué a la fiesta, ellos ya se habían ido.*)

El pasado perfecto es clave cuando contamos historias o explicamos situaciones en las que hay **una acción anterior a otra acción pasada.**

REGLAS GRAMATICALES DEL PASADO PERFECTO

Estructura básica:

✅ **Sujeto + had + verbo en participio pasado**

Ejemplos:

- *I **had studied** before the exam.*
- (*Había estudiado antes del examen.*)
- *She **had never seen** a horror movie before.*
- (*Ella nunca había visto una película de terror antes.*)

Reglas importantes:

1️⃣ **Siempre usamos "had" con cualquier sujeto (I, you, he, she, it, we, they).**

- *They **had finished** dinner before I arrived.*
- (*Ellos habían terminado de cenar antes de que yo llegara.*)

2️⃣ **Se usa con otro evento en pasado simple para indicar cuál ocurrió primero.**

- *By the time I got home, my mom **had cooked** dinner.*
- (*Para cuando llegué a casa, mi mamá ya había cocinado la cena.*)

3️⃣ **Los verbos regulares forman su participio pasado agregando -ed, y los irregulares tienen una forma única.**

- *We **had worked** all day.* (*Habíamos trabajado todo el día.*)
- *She **had written** a book before turning 30.* (*Ella había escrito un libro antes de cumplir 30.*)

4️⃣ **Se puede usar con "already" para enfatizar que algo había sucedido antes de otro evento en el pasado.**

- He **had already left** when I called him.
- (*Él ya se había ido cuando lo llamé.*)

CUÁNDO USAR EL PASADO PERFECTO

☑ **Para expresar una acción que ocurrió antes de otra en el pasado.**

- By the time she called me, I **had finished** my work.
- (*Para cuando ella me llamó, yo ya había terminado mi trabajo.*)

☑ **Para describir experiencias pasadas que sucedieron antes de un momento específico.**

- She **had never traveled** alone before that trip.
- (*Ella nunca había viajado sola antes de ese viaje.*)

☑ **Para explicar la causa de algo en el pasado.**

- I was late because I **had forgotten** to set my alarm.
- (*Llegué tarde porque había olvidado poner mi alarma.*)

☑ **Para hablar de algo que NO había sucedido antes de otro evento en el pasado.**

- We **had not met** before the wedding.
- (*No nos habíamos conocido antes de la boda.*)

MARCADORES TEMPORALES DEL PASADO PERFECTO

Los siguientes **marcadores temporales** ayudan a definir la relación entre dos acciones pasadas:

Marcador Temporal	Ejemplo
Before (Antes de)	Before I arrived, they had eaten dinner. (*Antes de que yo llegara, ellos ya habían cenado.*)
After (Después de)	After she had finished her homework, she went out. (*Después de que terminó su tarea, salió.*)
By the time (Para cuando)	By the time we got there, the movie had already started. (*Para cuando llegamos, la película ya había empezado.*)
Just (Justo, recién)	I had just left when she called me. (*Recién me había ido cuando ella me llamó.*)
When (Cuando)	When I arrived, they had already left. (*Cuando llegué, ellos ya se habían ido.*)
Because (Porque)	I was late because I had forgotten my keys. (*Llegué tarde porque había olvidado mis llaves.*)

5 EJEMPLOS PRÁCTICOS CON PRONUNCIACIÓN

1. By the time the train arrived, we **had waited** for an hour.
   (*Para cuando llegó el tren, habíamos esperado una hora.*)
   🔊 **Pronunciación:** *Bai de táim de tréin arráivd, wi jæd wéited for an áu-er.*

2 She **had never seen** snow before moving to Canada.
(*Ella nunca había visto nieve antes de mudarse a Canadá.*)
🗣 **Pronunciación:** *Shi jæd né-ver sín snou bifór mú-ving tu Ká-na-da.*

3 I **had just finished** cooking when the guests arrived.
(*Acababa de terminar de cocinar cuando llegaron los invitados.*)
🗣 **Pronunciación:** *Ai jæd yást fí-nisht kú-king wen de guésts arráivd.*

4 After he **had studied**, he felt more confident for the test.
(*Después de que había estudiado, se sintió más seguro para el examen.*)
🗣 **Pronunciación:** *Áfter ji jæd stádied, ji felt mór kón-fi-dent for de tést.*

5 We were exhausted because we **had walked** all day.
(*Estábamos exhaustos porque habíamos caminado todo el día.*)
🗣 **Pronunciación:** *Wi wer ig-zó-stid bikóz wi jæd wókt ol déi.*

NOTA IMPORTANTE

Diferencia entre pasado simple y pasado perfecto:

- *I **woke up** and made breakfast.* (*Me desperté e hice el desayuno.*) → **Dos acciones en pasado simple sin relación de orden específica.**
- *I **had woken up** before making breakfast.* (*Me había despertado antes de hacer el desayuno.*) → **El pasado perfecto deja claro que despertarse ocurrió primero.**

El pasado perfecto no es obligatorio si la secuencia de eventos ya es obvia.

- *After I ate, I went to bed.* (*Después de comer, me fui a la cama.*) → No es necesario usar el pasado perfecto.
- *After I **had eaten**, I went to bed.* (*Después de que había comido, me fui a la cama.*) → **Más énfasis en el orden de los eventos.**

Cuando se usa en oraciones negativas o interrogativas, "had" se mantiene igual, pero usamos "not" o lo invertimos en preguntas.

- *She **had not** finished her work before the deadline.* (*Ella no había terminado su trabajo antes del plazo.*)
- *Had you ever traveled alone before?* (*¿Habías viajado solo antes?*)

Ahora intenta hacer tus propias oraciones con el pasado perfecto. ¿Puedes contar una historia breve usando este tiempo verbal?

RESUMEN DE LOS TIEMPOS PERFECTOS EN INGLÉS

En este capítulo, exploramos los tiempos perfectos en inglés, los cuales nos ayudan a conectar diferentes momentos en el tiempo y expresar relaciones entre acciones pasadas, presentes y futuras.

Presente Perfecto (*Present Perfect*)

☑ **Estructura:** Sujeto + **have/has** + participio pasado

☑ **Uso:** Se usa para hablar de experiencias, acciones pasadas con relevancia en el presente y eventos recientes sin especificar un momento exacto.

☑ **Ejemplo:** *I have visited Paris twice.* (*He visitado París dos veces.*)
Marcadores temporales comunes: already, yet, just, ever, never, for, since

Pasado Perfecto (*Past Perfect*)

☑ **Estructura:** Sujeto + **had** + participio pasado
☑ **Uso:** Indica una acción que ocurrió antes de otra acción en el pasado.
☑ **Ejemplo:** *By the time I arrived, they had left.* (*Para cuando llegué, ellos se habían ido.*)
Marcadores temporales comunes: before, after, by the time, when

Futuro Perfecto (*Future Perfect*)

☑ **Estructura:** Sujeto + **will have** + participio pasado
☑ **Uso:** Se emplea para hablar de acciones que estarán terminadas en un punto específico del futuro.
☑ **Ejemplo:** *By next year, I will have graduated.* (*Para el próximo año, habré terminado la universidad.*)
Marcadores temporales comunes: by, by the time, before, in (X) years

CUADRO COMPARATIVO DE LOS TIEMPOS PERFECTOS

Tiempo Verbal	Estructura	Cuándo se Usa	Ejemplo
Presente Perfecto (*Present Perfect*)	Sujeto + have/has + participio pasado	Para hablar de experiencias, acciones pasadas con impacto en el presente o eventos recientes sin especificar cuándo ocurrieron.	She **has lived** in Spain for five years. (*Ella ha vivido en España por cinco años.*)
Pasado Perfecto (*Past Perfect*)	Sujeto + had + participio pasado	Para indicar que una acción ocurrió antes de otra en el pasado.	I **had eaten** before he arrived. (*Había comido antes de que él llegara.*)
Futuro Perfecto (*Future Perfect*)	Sujeto + will have + participio pasado	Para hablar de acciones que estarán completas en un punto específico del futuro.	By 2025, they **will have finished** the project. (*Para 2025, habrán terminado el proyecto.*)

RESUMEN FINAL

Los tiempos perfectos nos permiten conectar diferentes momentos en el tiempo y dar más claridad a nuestras ideas.

- **Usamos el presente perfecto** cuando queremos hablar de experiencias o situaciones que tienen relevancia en el presente.
- **Usamos el pasado perfecto** cuando queremos indicar que un evento ocurrió antes que otro en el pasado.
- **Usamos el futuro perfecto** para proyectarnos en el tiempo y hablar de algo que habrá sucedido en un momento específico del futuro.

¿Cómo puedes aplicar estos tiempos en tu vida diaria? Piensa en experiencias que has tenido, eventos que sucedieron antes de otros, o cosas que habrás logrado en el futuro. ¡Practica con tus propias frases!

EJERCICIOS DEL CAPÍTULO 28: LOS TIEMPOS PERFECTOS EN INGLÉS

✎ ¡Ojo! (si estás en versión eBook) Como en el eBook no se puede escribir directamente, toma tu cuaderno favorito o una hoja suelta para apuntar tus respuestas. Así lo aprovechas al máximo y aprendes mucho más. ¡Manos a la obra!

1 **Verdadero o Falso: Identifica si las siguientes afirmaciones sobre los tiempos perfectos son correctas. Si es falso, corrige la oración.**

1. El presente perfecto se usa para hablar de acciones que comenzaron en el pasado y no tienen ninguna conexión con el presente. **(V/F)**
2. En el pasado perfecto, siempre usamos "have" + participio pasado. **(V/F)**
3. El futuro perfecto se usa para referirse a acciones que estarán completadas en un momento específico en el futuro. **(V/F)**
4. "I had studied before the test." es un ejemplo de pasado perfecto. **(V/F)**
5. "She has finished her project yesterday." es una oración correcta en presente perfecto. **(V/F)**
6. El pasado perfecto se usa para acciones que ocurrieron antes de otra acción en el pasado. **(V/F)**
7. El futuro perfecto nunca se usa con expresiones de tiempo como "by next year" o "by tomorrow". **(V/F)**

2 **Transforma las siguientes oraciones del presente perfecto afirmativo a negativo.**

1. *I have finished my homework.*
2. *She has traveled to Japan twice.*
3. *They have seen that movie before.*
4. *We have eaten at that restaurant many times.*
5. *Tom has bought a new car.*

3 **Escribe el participio pasado de los siguientes verbos.**

1. Go
2. Eat
3. Write
4. See
5. Take
6. Speak
7. Do
8. Break
9. Choose
10. Drive
11. Fly
12. Make
13. Run
14. Sleep
15. Stand

. . .

4 **Transforma las siguientes oraciones del futuro perfecto afirmativo a negativo.**

1. *By next year, I will have finished my degree.*
2. *She will have visited five countries before turning 30.*
3. *By 2025, they will have built a new school in the city.*
4. *We will have learned all the rules by then.*
5. *By the end of the month, he will have saved enough money to buy a car.*

5 **Ordena correctamente las siguientes oraciones en futuro perfecto.**

1. by / finished / next month / will / have / the book / she
2. by / built / new / the government / have / a / hospital / will
3. completed / the project / by / will / the end of the year / they / have
4. our exams / will / passed / we / have / next week / by
5. their flight / have / taken / will / by 10 PM / they
6. he / written / three novels / by the time / be / will / thirty
7. visited / have / 20 countries / by 2030 / she / will
8. they / have / will / their house / by next summer / sold
9. the marathon / I / will / have / run / by Sunday
10. finished / my work / I / have / will / by 5 PM

¡Ahora intenta resolver estos ejercicios y pon a prueba lo que has aprendido sobre los tiempos perfectos!

———

RESPUESTAS DEL CAPÍTULO 1: LOS TIEMPOS PERFECTOS EN INGLÉS

1 **Verdadero o Falso: Identifica si las siguientes afirmaciones sobre los tiempos perfectos son correctas.**

1. ✖ **Falso** → El presente perfecto se usa para acciones pasadas que aún tienen impacto en el presente.
2. ✔ **Corrección:** *El presente perfecto se usa para hablar de acciones pasadas con impacto en el presente o que continúan hasta ahora.*
3. ✖ **Falso** → En el pasado perfecto usamos **"had" + participio pasado.**
4. ✔ **Corrección:** *En el pasado perfecto, siempre usamos "had" + participio pasado.*
5. ✔ **Verdadero**
6. ✔ **Verdadero**
7. ✖ **Falso** → No se usa el presente perfecto con referencias de tiempo específicas como *yesterday.*
8. ✔ **Corrección:** *She finished her project yesterday.*
9. ✔ **Verdadero**
10. ✖ **Falso** → El futuro perfecto se usa **con expresiones de tiempo** como "by next year" o "by tomorrow".
11. ✔ **Corrección:** *El futuro perfecto se usa para indicar acciones que estarán completadas en un punto específico del futuro.*

2 **Transforma las siguientes oraciones del presente perfecto afirmativo a negativo.**

1. *I have not finished my homework.*
2. *She has not traveled to Japan twice.*
3. *They have not seen that movie before.*
4. *We have not eaten at that restaurant many times.*
5. *Tom has not bought a new car.*

3 **Escribe el participio pasado de los siguientes verbos.**

1. **Go → gone**
2. **Eat → eaten**
3. **Write → written**
4. **See → seen**
5. **Take → taken**
6. **Speak → spoken**
7. **Do → done**
8. **Break → broken**
9. **Choose → chosen**
10. **Drive → driven**
11. **Fly → flown**
12. **Make → made**
13. **Run → run**
14. **Sleep → slept**
15. **Stand → stood**

4 **Transforma las siguientes oraciones del futuro perfecto afirmativo a negativo.**

1. *By next year, I will not have finished my degree.*
2. *She will not have visited five countries before turning 30.*
3. *By 2025, they will not have built a new school in the city.*
4. *We will not have learned all the rules by then.*
5. *By the end of the month, he will not have saved enough money to buy a car.*

5 **Ordena correctamente las siguientes oraciones en futuro perfecto.**

1. *She will have finished the book by next month.*
2. *The government will have built a new hospital by next year.*
3. *They will have completed the project by the end of the year.*
4. *We will have passed our exams by next week.*
5. *They will have taken their flight by 10 PM.*

6. *He will have written three novels by the time he is thirty.*
7. *She will have visited 20 countries by 2030.*
8. *They will have sold their house by next summer.*
9. *I will have run the marathon by Sunday.*
10. *I will have finished my work by 5 PM.*

¡Felicidades! Si lograste completar estos ejercicios, significa que tienes un gran dominio de los tiempos perfectos. Ahora intenta aplicarlos en tu día a día y sigue practicando.

––––––

AUDIOLIBRO DE PRONUNCIACIÓN BOOK 6 - CHAPTER 1

Usa estos audios a tu favor. **Escucha, repite, imita la pronunciación y pierde el miedo a hablar**. Cuanto más te expongas al inglés, más rápido mejorarás. ¡Tu inglés fluido está a solo unos clics de distancia! 🚀📚

BOOK 6 - CHAPTER 1

CAPÍTULO 27
HABLANDO DE LO IMPOSIBLE

EL THIRD CONDITIONAL

A veces, queremos expresar situaciones que *podrían haber pasado*, pero que en realidad *nunca sucedieron*. O quizás queremos hablar de *errores* o *decisiones* que nos gustaría haber tomado de otra manera. En español, solemos decir cosas como *"Si hubiera estudiado más, habría aprobado el examen"*, o *"Si hubieras llegado temprano, no habríamos perdido el tren"*.

En inglés, para hablar de este tipo de situaciones irreales o imposibles en el pasado, utilizamos el **Third Conditional** (*tercer condicional*).

ESTRUCTURA GRAMATICAL DEL THIRD CONDITIONAL

El **Third Conditional** se usa para hablar de hipótesis en el **pasado**, situaciones que *no sucedieron*, pero imaginamos un resultado diferente.

Estructura:
- ✅ **If + sujeto + had + participio pasado, sujeto + would have + participio pasado**

Ejemplo:

- If I **had studied** more, I **would have passed** the test.
- (*Si hubiera estudiado más, habría aprobado el examen.*)

Nota Importante:

☞ En la primera parte de la oración (*If I had studied more*), usamos **had + participio pasado** para marcar la condición en el pasado.

☞ En la segunda parte (*I would have passed the test*), usamos **would have + participio pasado** para mostrar el resultado que *pudo haber ocurrido, pero no pasó.*

CUÁNDO USAMOS EL THIRD CONDITIONAL

1 **Para expresar arrepentimiento o pensar en cómo habrían sido las cosas si algo hubiera sucedido de otra manera.**

- *If I **had woken up** earlier, I **would not have been** late to work.*
- *(Si me hubiera despertado más temprano, no habría llegado tarde al trabajo.)*

2 **Para imaginar un pasado alternativo que nunca ocurrió.**

- *If they **had invited** me, I **would have gone** to the party.*
- *(Si me hubieran invitado, habría ido a la fiesta.)*

3 **Para hablar de oportunidades perdidas o consecuencias no realizadas.**

- *If she **had applied** for the job, she **would have gotten** it.*
- *(Si ella hubiera aplicado al trabajo, lo habría conseguido.)*

5 EJEMPLOS PRÁCTICOS CON PRONUNCIACIÓN

1 *If I **had studied** harder, I **would have gotten** better grades.*
  (Si hubiera estudiado más, habría sacado mejores notas.)
  Pronunciación: *If ai jæd stádied jár-der, ai wud hæv gót-en bé-ter greids.*
  2 *If we **had left** earlier, we **would have caught** the train.*
  (Si hubiéramos salido antes, habríamos tomado el tren.)
  Pronunciación: *If wi jæd léft ér-li-er, wi wud hæv kót de tréin.*
  3 *If she **had known** about the meeting, she **would have attended**.*
  (Si ella hubiera sabido sobre la reunión, habría asistido.)
  Pronunciación: *If shi jæd nóun abaút de mí-ting, shi wud hæv a-tén-ded.*
  4 *If I **had brought** an umbrella, I **would not have gotten** wet.*
  (Si hubiera traído un paraguas, no me habría mojado.)
  Pronunciación: *If ai jæd brót an am-bré-la, ai wud not hæv gót-en wet.*
  5 *If you **had told** me, I **would have helped** you.*
  (Si me lo hubieras dicho, te habría ayudado.)
  Pronunciación: *If yú jæd tóuld mi, ai wud hæv jelpt yú.*

CONTRACCIONES EN EL THIRD CONDITIONAL

Cuando hablamos en inglés, solemos usar **contracciones** para hacer que las frases sean más fluidas y naturales.
  Ejemplo sin contracción:

- *If I **had known**, I **would have helped** you.*

Ejemplo con contracción:

- *If I **'d known**, I **would've helped** you.*

Lista de contracciones comunes en el Third Conditional:

Forma Completa	Forma Contraída	Ejemplo
I had	**I'd**	*If I'd seen you, I would've said hello.*
You had	**You'd**	*If you'd told me, I would've helped.*
He had	**He'd**	*If he'd studied more, he would've passed.*
She had	**She'd**	*If she'd left earlier, she wouldn't have missed the bus.*
It had	**It'd**	*If it'd rained, we wouldn't have gone to the beach.*
We had	**We'd**	*If we'd known, we would've come earlier.*
They had	**They'd**	*If they'd invited me, I would've gone.*

Importante: La contracción de *would have* se pronuncia como **"would've"**, y en conversación rápida a menudo suena como *"wud-uh"*.

Ejemplo oral común:

- *"If I'd known, I would've helped you."*
- (*Si lo hubiera sabido, te habría ayudado.*)
- 🗣 **Pronunciación:** *If áid nóun, ai wúduv jelpt yú.*

RESUMEN DEL THIRD CONDITIONAL

Estructura	Uso	Ejemplo
If + had + participio pasado, would have + participio pasado	Para hablar de situaciones imposibles en el pasado, arrepentimientos o resultados alternativos.	*If I had woken up earlier, I wouldn't have been late.*

MIXED CONDITIONALS: EXPRESANDO CONSECUENCIAS EN DIFERENTES TIEMPOS

A veces, al hablar de situaciones hipotéticas, queremos combinar **diferentes tiempos verbales** en una misma oración condicional. Es decir, queremos decir que **algo que pasó en el pasado** tiene una consecuencia en el **presente** o que **una situación presente** habría cambiado un evento en el **pasado**. Para expresar estas ideas, usamos los **Mixed Conditionals** o **Condicionales Mixtos**.

Los condicionales mixtos nos permiten **romper la estructura rígida** de los condicionales tradicionales y adaptarlos para expresar **conexiones entre diferentes momentos del tiempo**. Los más comunes son dos:

1️⃣ **Third Conditional + Second Conditional** → Para hablar de cómo un evento pasado afectaría una situación en el presente.

2️⃣ **Second Conditional + Third Conditional** → Para imaginar cómo una situación presente habría cambiado algo en el pasado.

THIRD CONDITIONAL + SECOND CONDITIONAL

Esta estructura se usa cuando queremos decir que **algo que pasó en el pasado (o que no pasó)** tiene un impacto en el presente. En otras palabras, si algo hubiera sido diferente en el pasado, ahora la realidad sería diferente.

Estructura:
☑ *If + past perfect (had + participio pasado), sujeto + would + verbo en infinitivo*

Ejemplo:

- *If I **had studied** more, I **would be** a doctor now.*
- (*Si hubiera estudiado más, ahora sería doctor.*)

Explicación:

Aquí vemos claramente la conexión entre **un evento pasado y una consecuencia en el presente**. En la primera parte de la oración (*If I had studied more*), usamos el **pasado perfecto** para marcar el hecho que no ocurrió. En la segunda parte (*I would be a doctor now*), usamos el **condicional simple** para expresar cómo sería la realidad hoy.

Más ejemplos:

1. *If she **had saved** more money, she **would own** a house now.*
2. (*Si hubiera ahorrado más dinero, ahora sería dueña de una casa.*)
3. *If they **had moved** to New York, they **would have a better job now**.*
4. (*Si se hubieran mudado a Nueva York, ahora tendrían un mejor trabajo.*)
5. *If you **had listened** to me, we **wouldn't be** lost right now.*
6. (*Si me hubieras escuchado, ahora no estaríamos perdidos.*)
7. *If he **had taken** the job offer, he **would earn** more money today.*
8. (*Si hubiera aceptado la oferta de trabajo, hoy ganaría más dinero.*)
9. *If we **had gone** to the airport earlier, we **would be** on the plane right now.*
10. (*Si hubiéramos ido antes al aeropuerto, ahora estaríamos en el avión.*)

SECOND CONDITIONAL + THIRD CONDITIONAL

Este condicional mixto se usa cuando queremos decir que **una situación presente (o una cualidad personal)** habría cambiado algo en el pasado. En otras palabras, si **la realidad actual fuera diferente, entonces algo habría sucedido de otra manera en el pasado.**

Estructura:

☑ *If + past simple, sujeto + would have + participio pasado*

Ejemplo:

- *If I **were** taller, I **would have played** basketball in high school.*
- (*Si fuera más alto, habría jugado al baloncesto en la secundaria.*)

Explicación:

En la primera parte de la oración (*If I were taller*), usamos el **pasado simple** para describir **una condición actual irreal**. En la segunda parte (*I would have played basketball in high school*), usamos el **condicional perfecto** para referirnos a una **acción que podría haber ocurrido en el pasado** si la condición actual hubiera sido diferente.

Más ejemplos:

1. *If she **were** more confident, she **would have spoken** at the meeting yesterday.*
2. (*Si fuera más segura de sí misma, habría hablado en la reunión de ayer.*)
3. *If I **spoke** better French, I **would have understood** the movie.*
4. (*Si hablara mejor francés, habría entendido la película.*)
5. *If we **were** richer, we **would have traveled** around the world last year.*
6. (*Si fuéramos más ricos, habríamos viajado por el mundo el año pasado.*)
7. *If he **had more experience**, he **would have gotten** the job.*
8. (*Si tuviera más experiencia, habría conseguido el trabajo.*)
9. *If they **lived** closer, they **would have visited** us more often last summer.*
10. (*Si vivieran más cerca, nos habrían visitado más seguido el verano pasado.*)

DIFERENCIAS CLAVES Y CÓMO ELEGIR EL CONDICIONAL MIXTO CORRECTO

Condicional Mixto	Uso	Ejemplo
Third Conditional + Second Conditional	Para hablar de cómo un evento pasado afectaría una situación en el presente.	*If I had studied more, I would be a doctor now.* (*Si hubiera estudiado más, ahora sería doctor.*)
Second Conditional + Third Conditional	Para imaginar cómo una situación presente habría cambiado algo en el pasado.	*If I were taller, I would have played basketball in high school.* (*Si fuera más alto, habría jugado al baloncesto en la secundaria.*)

Consejo para elegir:

- Si quieres expresar **cómo algo en el pasado cambió tu realidad presente**, usa el **Third Conditional + Second Conditional**.
- Si quieres expresar **cómo algo en el presente habría cambiado un evento pasado**, usa el **Second Conditional + Third Conditional**.

NOTA SOBRE LAS CONTRACCIONES

Cuando usamos condicionales mixtos en una conversación natural, solemos contraer los auxiliares para que suenen más fluidos.

Ejemplo sin contracción:

- *If she had studied more, she would be a doctor now.*

Ejemplo con contracción:

- *If she'd studied more, she'd be a doctor now.*

Lista de contracciones comunes en los condicionales mixtos:

Forma Completa	Forma Contraída
I had	I'd
You had	You'd
She had	She'd
They had	They'd
I would	I'd
You would	You'd
He would	He'd

Ejemplo oral común:

- *If she'd studied harder, she'd have a better job now.*
- (*Si hubiera estudiado más, ahora tendría un mejor trabajo.*)

OTROS USOS DE "WOULD" EN INGLÉS

En capítulos anteriores, vimos que "would" se usa en los **condicionales**, especialmente en el **Second Conditional** (*If I were rich, I would buy a house*). Sin embargo, "would" **no solo sirve para hablar de situaciones hipotéticas**, sino que también tiene **varios usos adicionales** en inglés.

Este verbo modal es **clave** para lograr un inglés más fluido, natural y educado. En este capítulo, exploraremos cómo "would" se usa para expresar **deseos, intenciones en el pasado, promesas, preferencias, cortesía, peticiones y hábitos pasados.**

1 WOULD PARA EXPRESAR DESEOS: "I WOULD LIKE TO..."

Una de las formas más comunes de usar "would" es para **expresar deseos de forma educada**. En lugar de decir "I want" (*quiero*), lo cual puede sonar **demasiado directo**, en inglés es más común decir **"I would like"** (*Me gustaría*).
Estructura:
☑ **Sujeto + would like + verbo en infinitivo**
Ejemplo:

- *I **would like** to travel to Japan next year. (Me gustaría viajar a Japón el próximo año.)*
- *She **would like** to have dinner with us. (A ella le gustaría cenar con nosotros.)*

Diferencia con "want"

- ✖ **"I want a coffee."** (Suena más directo)
- ☑ **"I would like a coffee, please."** (Más educado)

Forma contraída:

- *I would like to visit Paris. → I'd like to visit Paris.*

2 WOULD PARA HABLAR DE INTENCIONES EN EL PASADO O PROMESAS FUTURAS

Cuando hablamos de **cosas que pensábamos hacer en el pasado, pero que al final no hicimos**, usamos "would" para expresar **intenciones pasadas**. También podemos usarlo para **promesas futuras hechas en el pasado**.
Estructura:
☑ **Sujeto + said (en pasado) + (that) + sujeto + would + verbo en infinitivo**
Ejemplo:

- *She said she **would call** me later. (Ella dijo que me llamaría más tarde.)*
- *He promised he **would help** with the project. (Él prometió que ayudaría con el proyecto.)*
- *I thought it **would rain**, but it didn't. (Pensé que llovería, pero no llovió.)*

Importante:
En este caso, "would" funciona como el pasado de "will".

3 WOULD PARA EXPRESAR PREFERENCIAS: "I WOULD RATHER"

Otra forma común de usar "would" es para expresar **preferencias**. En inglés, usamos **"would rather"** para decir lo que preferimos hacer en comparación con otra opción.

Estructura:

☑ **Sujeto + would rather + verbo en infinitivo**

Ejemplo:

- *I **would rather** stay home than go out. (Prefiero quedarme en casa que salir.)*
- *She **would rather** drink tea than coffee. (Ella prefiere tomar té en lugar de café.)*

En preguntas:

- *Would you rather go to the beach or the mountains?*
- *(¿Prefieres ir a la playa o a las montañas?)*

Forma contraída:

- *I would rather watch a movie. → I'd rather watch a movie.*

4 WOULD PARA SER MENOS DIRECTOS O MÁS EDUCADOS

En inglés, es común suavizar las afirmaciones para sonar **más amables y menos agresivos**. En lugar de usar frases directas como **"That is wrong!"**, podemos usar "would" para hacer una sugerencia más suave.

Ejemplo:

- *I **would say** this is a better option. (Yo diría que esta es una mejor opción.)*
- *I **would suggest** calling her first. (Yo sugeriría llamarla primero.)*

También se usa en frases como:

- *I **wouldn't** do that if I were you. (Yo no haría eso si fuera tú.)*
- *I **would appreciate** your help. (Agradecería tu ayuda.)*

Este uso es clave para sonar más profesional y cortés en el trabajo y en situaciones formales.

5 WOULD PARA PETICIONES EDUCADAS

Cuando queremos pedir algo de manera **más educada y formal**, usamos "would" en preguntas. Es mucho más cortés que simplemente decir **"Can you...?"**

Ejemplo:

- *Would you help me with this report? (¿Podrías ayudarme con este informe?)*
- *Would you mind opening the window? (¿Te importaría abrir la ventana?)*
- *Would it be possible to reschedule the meeting? (¿Sería posible reprogramar la reunión?)*

Este uso es especialmente importante en entornos de trabajo y situaciones formales.

6 WOULD PARA HABLAR DE HÁBITOS EN EL PASADO

Cuando queremos describir acciones que alguien **solía hacer repetidamente en el pasado**, usamos "would". Este uso es similar a **"used to"**, pero se usa más comúnmente cuando contamos historias.

Ejemplo:

- *When I was a child, my grandfather **would tell** me bedtime stories.*
- *(Cuando era niño, mi abuelo me contaba cuentos antes de dormir.)*
- *Every summer, we **would go** to the beach.*
- *(Cada verano, íbamos a la playa.)*

Diferencia con "used to"

Ambos se usan para hablar de hábitos pasados, pero:

☑ "Used to" se usa para acciones y estados:

- *I used to live in Spain. (Solía vivir en España.)*

☑ "Would" solo se usa para acciones repetidas, **no para estados**:

- *He **would play** soccer every day. (Él jugaba al fútbol todos los días.)*
- ✖ *He would be a teacher.* (Incorrecto, porque describe un estado, no una acción)

RESUMEN FINAL

Uso de "Would"	Ejemplo
Para expresar deseos (*I would like...*)	*I would like to visit Paris.*
Para hablar de intenciones en el pasado	*She said she would call me later.*
Para expresar preferencias (*Would rather...*)	*I would rather stay home than go out.*
Para ser más educado y menos directo	*I would say this is a better option.*
Para hacer peticiones formales	*Would you help me with this task?*
Para describir hábitos en el pasado	*When we were kids, we would play outside every day.*

Ahora que conoces todos estos usos de "would", intenta aplicarlos en conversaciones cotidianas para sonar más natural y fluido.

———

EJERCICIOS DEL CAPÍTULO 29: OTROS USOS DE "WOULD"

Ahora es el momento de poner en práctica todo lo aprendido sobre "would". Intenta completar estos ejercicios para reforzar tu comprensión de sus distintos usos.

> ✎ ¡Ojo! (si estás en versión eBook) Como en el eBook no se puede escribir directamente, toma tu cuaderno favorito o una hoja suelta para apuntar tus respuestas. Así lo aprovechas al máximo y aprendes mucho más. ¡Manos a la obra!

1️⃣ **Identifica el uso de "would" en las siguientes oraciones. ¿Se usa para deseos, intenciones en el pasado, preferencias, cortesía, peticiones o hábitos pasados?**

1 *When we were kids, we **would spend** summers at our grandmother's house.*
2 *She said she **would be** here by 3 PM.*

3 I **would like** a cup of coffee, please.

4 I **would rather** go to the movies than stay at home.

5 Would you **mind** closing the door?

6 If I were you, I **would take** that opportunity.

7 He promised he **would finish** the project on time.

8 When I was younger, I **would read** books every night before bed.

9 I **would suggest** checking the weather before going out.

10 Would you **help** me with my homework?

2 **Completa las siguientes oraciones con "would" en su forma afirmativa o negativa según corresponda.**

1 If I had more free time, I _____ (travel) more often.

2 When we were children, we _____ (play) soccer in the park every weekend.

3 He said he _____ (not be) able to attend the meeting.

4 I _____ (like) to order a pizza, please.

5 If I were rich, I _____ (buy) a house in the mountains.

6 Every summer, my grandparents _____ (take) us to the countryside.

7 She promised she _____ (call) me later.

8 I _____ (rather) go for a walk than watch TV.

9 He _____ (always tell) funny jokes when we were in high school.

10 _____ you help me carry these bags?

3 **Reescribe las siguientes oraciones usando "would" para hacerlas más educadas o menos directas.**

1 Open the window! →

2 I want some water. →

3 Help me with this report. →

4 Can you give me a ride? →

5 This is wrong! →

6 Tell me the truth. →

7 Let's go to the cinema. →

8 Do your homework now! →

9 I need your help with something. →

10 Bring me the bill. →

4 **Elige la opción correcta para completar la oración.**

1 If I had more time, I (would/wouldn't) go to the gym more often.

2 She promised she (would/will) meet us at the café.

3 When we were kids, we (would/will) play outside all day.

4 I (would/would rather) have tea instead of coffee.

5 If you had studied, you (would/wouldn't) have passed the test.

6 He (would/wouldn't) like to join us for dinner.

7 We (would/would rather) visit the mountains than the beach.

8 She (would/wouldn't) always bring cookies to school.

9 Would you (mind/minds) helping me with my homework?

10 He (would/would rather) stay home tonight.

. . .

5 Completa las siguientes oraciones con "would" y la forma correcta del verbo entre paréntesis.

1 If I were taller, I _____ (play) basketball.

2 My grandfather _____ (tell) me stories every night when I was a child.

3 She said she _____ (not come) to the party.

4 I _____ (like) a cup of tea, please.

5 _____ you (mind) helping me with this document?

6 If he had studied harder, he _____ (pass) the exam.

7 We _____ (rather) go to a restaurant than cook tonight.

8 When we were kids, we _____ (spend) hours playing outside.

9 I _____ (suggest) trying a different approach.

10 If she were here, she _____ (know) what to do.

_____

RESPUESTAS DEL CAPÍTULO 29: OTROS USOS DE "WOULD"

1 Identifica el uso de "would" en las siguientes oraciones.

1 When we were kids, we **would spend** summers at our grandmother's house. → **Hábito en el pasado**

2 She said she **would be** here by 3 PM. → **Intención en el pasado**

3 I **would like** a cup of coffee, please. → **Expresión de deseo (educado)**

4 I **would rather** go to the movies than stay at home. → **Expresión de preferencia**

5 Would you **mind** closing the door? → **Peticiones educadas**

6 If I were you, I **would take** that opportunity. → **Hipótesis en condicional**

7 He promised he **would finish** the project on time. → **Intención en el pasado**

8 When I was younger, I **would read** books every night before bed. → **Hábito en el pasado**

9 I **would suggest** checking the weather before going out. → **Expresión de cortesía**

10 Would you **help** me with my homework? → **Peticiones educadas**

2 Completa las siguientes oraciones con "would" en su forma afirmativa o negativa según corresponda.

1 If I had more free time, I **would travel** more often.

2 When we were children, we **would play** soccer in the park every weekend.

3 He said he **would not be** able to attend the meeting.

4 I **would like** to order a pizza, please.

5 If I were rich, I **would buy** a house in the mountains.

6 Every summer, my grandparents **would take** us to the countryside.

7 She promised she **would call** me later.

8 I **would rather** go for a walk than watch TV.

9 He **would always tell** funny jokes when we were in high school.

10 **Would** you help me carry these bags?

3 Reescribe las siguientes oraciones usando "would" para hacerlas más educadas o menos directas.

1 Open the window! → **Would you mind opening the window?**

2 I want some water. → **I would like some water, please.**

3 Help me with this report. → **Would you help me with this report?**

4 Can you give me a ride? → **Would you give me a ride?**

5 This is wrong! → **I would say this is incorrect.**

6 Tell me the truth. → **Would you tell me the truth?**

7 Let's go to the cinema. → **Would you like to go to the cinema?**

8 Do your homework now! → **Would you mind doing your homework?**

9 I need your help with something. → **I would appreciate your help with something.**

10 Bring me the bill. → **Would you bring me the bill, please?**

4 Elige la opción correcta para completar la oración.

1 *If I had more time, I **would** go to the gym more often.*

2 *She promised she **would** meet us at the café.*

3 *When we were kids, we **would** play outside all day.*

4 *I **would rather** have tea instead of coffee.*

5 *If you had studied, you **would** have passed the test.*

6 *He **would** like to join us for dinner.*

7 *We **would rather** visit the mountains than the beach.*

8 *She **would** always bring cookies to school.*

9 *Would you **mind** helping me with my homework?*

10 *He **would rather** stay home tonight.*

5 Completa las siguientes oraciones con "would" y la forma correcta del verbo entre paréntesis.

1 If I were taller, I **would play** basketball.

2 My grandfather **would tell** me stories every night when I was a child.

3 She said she **would not come** to the party.

4 I **would like** a cup of tea, please.

5 **Would** you **mind** helping me with this document?

6 If he had studied harder, he **would have passed** the exam.

7 We **would rather** go to a restaurant than cook tonight.

8 When we were kids, we **would spend** hours playing outside.

9 I **would suggest** trying a different approach.

10 If she were here, she **would know** what to do.

———

AUDIOLIBRO DE PRONUNCIACIÓN BOOK 6 - CHAPTER 2

Usa estos audios a tu favor. **Escucha, repite, imita la pronunciación y pierde el miedo a hablar.**

BOOK 6 - CHAPTER 2

CAPÍTULO 28
¡BASTA YA!

CÓMO HABLAR DE HÁBITOS MOLESTOS EN INGLÉS

Seguro que alguna vez has querido que alguien dejara de hacer algo que te irrita. Ya sea tu compañero de trabajo que **siempre está comiendo ruidosamente**, tu vecino que **pone música a todo volumen a las 3 a. m.**, o tu amigo que **nunca deja de revisar su teléfono cuando hablan**.

En inglés, existen maneras muy específicas para expresar estas situaciones sin parecer groseros o demasiado directos. En este capítulo, aprenderemos a:

☑ **Hablar de hábitos molestos en el presente** con *always + presente continuo*, porque hay gente que **siempre está haciendo lo mismo y nos vuelve locos**.

☑ **Hablar de cosas que solían suceder en el pasado** pero ya no, con *used to*. Así puedes decir cosas como *"Antes mi hermano me molestaba con sus bromas, pero ya no"*.

☑ **Expresar deseos y arrepentimientos** con *wish* e *if only*, para decir *"Ojalá mi vecino dejara de taladrar la pared los domingos"*.

Así que, si alguna vez has querido que alguien **cambie su mal hábito**, pero no sabías cómo expresarlo en inglés, **este capítulo te salvará la vida**. ¡Vamos a ello!

ALWAYS + PRESENTE CONTINUO: CÓMO HABLAR DE HÁBITOS MOLESTOS EN INGLÉS

En inglés, cuando queremos quejarnos de **hábitos molestos** o de cosas que alguien hace **constantemente y nos irritan**, usamos **"always"** + presente continuo (*always + present continuous*).

Normalmente, el presente continuo (*is/are + verbo en -ing*) se usa para hablar de **acciones que están ocurriendo en este momento** (*I am studying English*). Sin embargo, cuando añadimos **"always"**, cambia el significado: **expresamos frustración, irritación o que algo pasa con demasiada frecuencia**.

ESTRUCTURA GRAMATICAL

☑ **Sujeto + verbo "to be" + always + verbo en -ing + complemento**
   Ejemplos:

- *She **is always talking** on the phone during meetings.* 📞
- **(Siempre está hablando por teléfono durante las reuniones.)**
- *My neighbor **is always playing** loud music at night.* 🎵
- **(Mi vecino siempre está poniendo música alta en la noche.)**
- *You **are always interrupting** me when I speak!* 😒
- **(¡Siempre me interrumpes cuando hablo!)**
- *They **are always complaining** about the weather.* 🌧️
- **(Siempre están quejándose del clima.)**

Forma Negativa

Si queremos negar la acción, podemos hacerlo con "not" después del verbo "to be":

☑️ **Sujeto + verbo "to be" + not + always + verbo en -ing + complemento**

Ejemplo:

- *He **is not always making** mistakes, but when he does, they are big!*
- **(No siempre está cometiendo errores, pero cuando lo hace, son grandes.)**
- *She **isn't always arriving** late, just when there is traffic.*
- **(Ella no siempre llega tarde, solo cuando hay tráfico.)**

IMPORTANTE:

- Esta estructura **no se usa** para hábitos positivos. No decimos:
- ❌ *She is always helping others.* → (Mejor usar el presente simple: *She always helps others.*)

MÁS EJEMPLOS EN DIFERENTES CONTEXTOS

☑️ **Quejas sobre la familia:**

- *My brother **is always using** my things without asking!*
- **(¡Mi hermano siempre está usando mis cosas sin preguntar!)**
- *My mom **is always cleaning** the house, even when it's already clean!*
- **(¡Mi mamá siempre está limpiando la casa, incluso cuando ya está limpia!)**

☑️ **Quejas sobre compañeros de trabajo:**

- *My boss **is always sending** emails late at night!*
- **(¡Mi jefe siempre está enviando correos electrónicos tarde en la noche!)**
- *Sarah **is always talking** about her vacations instead of working!*
- **(¡Sarah siempre está hablando de sus vacaciones en lugar de trabajar!)**

☑️ **Quejas sobre amigos o pareja:**

- *My best friend **is always canceling** plans at the last minute!*
- **(¡Mi mejor amigo siempre está cancelando planes en el último minuto!)**
- *My boyfriend **is always watching** TV and never helping at home!*
- **(¡Mi novio siempre está viendo televisión y nunca ayuda en casa!)**

☑ **Quejas sobre situaciones generales:**

- *People* **are always driving** *too fast in this street!*
- **(¡Las personas siempre están conduciendo demasiado rápido en esta calle!)**
- *The baby* **is always crying** *at night!*
- **(¡El bebé siempre está llorando en la noche!)**

VOCABULARIO RELEVANTE CON PRONUNCIACIÓN

Palabra en Inglés	Pronunciación	Traducción
Always	[ól-weiz]	Siempre
Complaining	[kom-pléinin]	Quejándose
Interrupting	[in-te-rráp-tin]	Interrumpiendo
Using	[iú-sin]	Usando
Watching	[uát-chin]	Viendo
Talking	[tók-in]	Hablando
Cleaning	[klí-nin]	Limpiando
Driving	[drái-vin]	Conduciendo
Crying	[krái-in]	Llorando
Canceling	[kán-se-lin]	Cancelando

RESUMEN FINAL

◈ **"Always"** + **presente continuo** se usa para expresar **molestia** o **frustración** sobre hábitos irritantes que alguien repite constantemente.

  ◈ **Estructura:** *Sujeto + verbo "to be" + always + verbo en -ing*
  ◈ **Ejemplo clave:** *She* **is always talking** *loudly!* (**¡Siempre está hablando fuerte!**)

Ahora, intenta hacer tus propias oraciones sobre cosas que te molestan en el día a día. **¡Es un excelente ejercicio para mejorar tu fluidez y vocabulario en inglés!**

"USED TO" - HABLANDO DE HÁBITOS EN EL PASADO

Cuando queremos hablar de cosas que solíamos hacer en el pasado pero que **ya no hacemos**, usamos **"used to"**. Este tiempo verbal nos ayuda a describir hábitos, costumbres o estados que eran comunes antes, pero que ya no forman parte de nuestra vida actual.

Por ejemplo, si antes solías practicar un deporte pero ya no lo haces, puedes decir:

  I **used to play** *soccer when I was a child.*

  (Solía jugar fútbol cuando era niño.)

Es una excelente forma de **explicar cambios en nuestra vida** sin tener que dar demasiados detalles.

ESTRUCTURA GRAMATICAL

☑ **Oraciones Afirmativas:**
  Sujeto + used to + verbo en infinitivo + complemento
  Ejemplos:

- *I **used to drink** coffee every morning, but now I prefer tea.*
- **(Solía tomar café todas las mañanas, pero ahora prefiero té.)**
- *She **used to live** in Spain, but now she lives in Canada.*
- **(Ella solía vivir en España, pero ahora vive en Canadá.)**
- *They **used to go** to the beach every summer.*
- **(Solían ir a la playa todos los veranos.)**

IMPORTANTE:

- **"Used to" siempre va seguido de un verbo en su forma base (infinitivo sin "to").**
- **"Used to" solo se usa para hablar del pasado.** No lo confundas con *be used to*, que se usa para hablar de cosas a las que estamos acostumbrados (*I am used to waking up early* = Estoy acostumbrado a levantarme temprano).

ORACIONES NEGATIVAS CON "USED TO"

En la forma negativa, usamos el auxiliar **"didn't"**, lo que hace que "used to" cambie a **"use to"** (sin la "d").

✅ **Sujeto + didn't + use to + verbo en infinitivo**

Ejemplos:

- *I **didn't use to like** vegetables, but now I eat them every day.*
- **(No solía gustarme la verdura, pero ahora la como todos los días.)**
- *She **didn't use to wear** glasses, but now she does.*
- **(Ella no solía usar gafas, pero ahora sí.)**
- *They **didn't use to travel** so much, but now they are always on vacation.*
- **(No solían viajar tanto, pero ahora siempre están de vacaciones.)**

IMPORTANTE:

- En la forma negativa, "used to" pierde la "d" y se convierte en **"use to"** porque el auxiliar *didn't* ya marca el tiempo pasado.

ORACIONES INTERROGATIVAS CON "USED TO"

Para hacer preguntas, usamos **"Did"** al principio y cambiamos "used to" por **"use to"** (sin la "d").

✅ **Did + sujeto + use to + verbo en infinitivo + complemento?**

Ejemplos:

- *Did you **use to play** an instrument?*
- **(¿Solías tocar un instrumento?)**
- *Did she **use to work** here?*
- **(¿Solía trabajar aquí?)**
- *Did they **use to go** to the gym?*
- **(¿Solían ir al gimnasio?)**

IMPORTANTE:

- Al igual que en la negativa, en las preguntas **usamos "use to" sin la "d"**, porque el auxiliar *Did* ya indica el pasado.

MÁS EJEMPLOS EN DIFERENTES CONTEXTOS

☑ **Cosas que solíamos hacer en la infancia:**

- *I **used to believe** in Santa Claus when I was a kid.* 🎅
- **(Solía creer en Santa Claus cuando era niño.)**
- *My dad **used to read** me stories before bed.* 📖
- **(Mi papá solía leerme cuentos antes de dormir.)**

☑ **Cambios en los hábitos de vida:**

- *I **used to eat** a lot of junk food, but now I try to be healthier.* 🍔 → 🥗
- **(Solía comer mucha comida chatarra, pero ahora intento ser más saludable.)**
- *She **used to be** very shy, but now she is confident.* 😳 → 😎
- **(Solía ser muy tímida, pero ahora tiene confianza en sí misma.)**

☑ **Cambios en lugares o situaciones:**

- *They **used to live** in a small town, but now they live in a big city.* 🏙
- **(Solían vivir en un pueblo pequeño, pero ahora viven en una ciudad grande.)**
- *We **used to go** to the park every weekend.* 🌳
- **(Solíamos ir al parque todos los fines de semana.)**

VOCABULARIO RELEVANTE CON PRONUNCIACIÓN

Palabra en Inglés	Pronunciación	Traducción
Used to	[iúst tu]	Solía
Use to	[iús tu]	Solía (en negativo e interrogativo)
Believe	[bi-lív]	Creer
Read	[rid]	Leer
Travel	[trá-vol]	Viajar
Eat	[ít]	Comer
Work	[wérk]	Trabajar
Play	[pléi]	Jugar / Tocar (instrumento)
Live	[lív]	Vivir
Wear	[wér]	Usar (ropa, gafas, etc.)

RESUMEN FINAL

☑ **"Used to"** se usa para hablar de **hábitos o estados en el pasado que ya no ocurren en el presente**.
  ☑ En la **forma negativa**, usamos **"didn't use to"**, sin la "d".

☑ En la **forma interrogativa**, usamos **"Did + sujeto + use to"**, también sin la "d".

☑ Se usa solo para el pasado, **NO tiene una versión en presente o futuro.**

Ejemplo clave:

✖ *I use to drink coffee every day.* (INCORRECTO)

☑ *I **used to drink** coffee every day.* (CORRECTO)

Ahora es tu turno: **piensa en algo que solías hacer antes y ya no haces. ¡Intenta escribir tus propias oraciones usando "used to"!**

"WISH" E "IF ONLY" - EXPRESANDO DESEOS Y ARREPENTIMIENTOS EN INGLÉS

Cuando queremos hablar sobre **deseos, arrepentimientos o cosas que quisiéramos cambiar en nuestra vida,** usamos **"wish"** o **"if only"**. Ambas expresiones significan lo mismo, pero **"if only"** es un poco más fuerte y enfática.

Podemos usar estas estructuras para hablar de cosas que **no son realidad en el presente, que no pasaron en el pasado o que podrían suceder en el futuro.** Vamos a ver cómo se usan en cada caso.

1 "WISH" / "IF ONLY" PARA HABLAR DE DESEOS EN EL PRESENTE

☑ Se usa para expresar **algo que no es real ahora, pero que quisiéramos que fuera diferente.**

    ☑ **La estructura es:**

   ◆ Wish / If only + sujeto + pasado simple

Ejemplos:

- *I **wish** I **had** more free time.* ⏳
- **(Ojalá tuviera más tiempo libre.)**
- *If only she **spoke** Spanish.* 💬
- **(Si tan solo hablara español.)**
- *He **wishes** he **were** taller.* 🏀
- **(Él desearía ser más alto.)**
- *If only I **lived** closer to my job!* 🚗
- **(¡Si tan solo viviera más cerca de mi trabajo!)**

NOTA:

- **En inglés, siempre usamos "were" en lugar de "was" después de "wish" o "if only".**
- ✖ *I wish I was taller.* → **INCORRECTO**
- ☑ *I wish I were taller.* → **CORRECTO**

2 "WISH" / "IF ONLY" PARA HABLAR DE COSAS QUE NO SUCEDIERON EN EL PASADO (ARREPENTIMIENTOS)

☑ Se usa para expresar **arrepentimientos o cosas que nos hubiera gustado que fueran diferentes en el pasado.**

    ☑ **La estructura es:**

   ◆ Wish / If only + sujeto + pasado perfecto ("had" + participio pasado)

Ejemplos:

- *I **wish** I **had studied** more for the test.* 📚

- (**Ojalá hubiera estudiado más para el examen.**)
- *If only she **had told** me the truth!* 😔
- (**¡Si tan solo me hubiera dicho la verdad!**)
- *He **wishes** he **hadn't wasted** so much time.* ⏳
- (**Él desearía no haber desperdiciado tanto tiempo.**)
- *If only they **had arrived** earlier, they **would have seen** the show.* 🎭
- (**Si tan solo hubieran llegado antes, habrían visto el espectáculo.**)

3 "WISH" / "IF ONLY" PARA HABLAR DEL FUTURO

☑ Se usa para expresar **frustración sobre algo que no podemos cambiar o algo que no creemos que pase en el futuro**.

☑ **La estructura es:**

◆ Wish / If only + sujeto + "would" + verbo en infinitivo

Ejemplos:

- *I **wish** it **would stop** raining.* ☔
- (**Ojalá dejara de llover.**)
- *If only my boss **would listen** to me.*
- (**Si tan solo mi jefe me escuchara.**)
- *She **wishes** he **would call** her more often.* 📞
- (**Ella desearía que él la llamara más seguido.**)
- *If only you **would try** harder, you **could pass** the exam!* 🎓
- (**Si tan solo intentaras más, ¡podrías aprobar el examen!**)

NOTA:

- Esta estructura no se usa cuando hablamos de **nosotros mismos**.
- ✗ *I wish I would be taller.* → **INCORRECTO**
- ☑ *I wish I were taller.* → **CORRECTO**

4 "WISH" / "IF ONLY" EN FORMA NEGATIVA

☑ Podemos hacer estas estructuras en negativo simplemente agregando **"not"** o usando una forma negativa del verbo.

Ejemplos en presente:

- *I **wish** I **didn't have** so much work.*
- (**Ojalá no tuviera tanto trabajo.**)
- *If only she **weren't** so rude.*
- (**Si tan solo ella no fuera tan grosera.**)

Ejemplos en pasado:

- *I **wish** I **hadn't spent** all my money.*
- (**Ojalá no hubiera gastado todo mi dinero.**)
- *If only he **hadn't lied** to me.*
- (**Si tan solo no me hubiera mentido.**)

Ejemplos en futuro:

- *I **wish** you **wouldn't be** so stubborn.*
- **(Ojalá no fueras tan terco.)**
- *If only he **wouldn't interrupt** me all the time!*
- **(Si tan solo no me interrumpiera todo el tiempo.)**

5 "WISH" / "IF ONLY" EN PREGUNTAS

☑ En general, **no se hacen preguntas con "wish" o "if only"**, pero sí podemos usarlas dentro de una pregunta para expresar curiosidad.

Ejemplos:

- *Do you **wish** you **had studied** something different?*
- **(¿Desearías haber estudiado algo diferente?)**
- *What do you **wish** you **could change** about your life?*
- **(¿Qué te gustaría poder cambiar de tu vida?)**
- *Do you ever **wish** you **lived** somewhere else?*
- **(¿Alguna vez desearías vivir en otro lugar?)**

VOCABULARIO RELEVANTE CON PRONUNCIACIÓN

Palabra en Inglés	Pronunciación	Traducción
Wish	[wísh]	Desear
If only	[íf óun-li]	Si tan solo
Were	[wér]	Era / Fuera
Would	[wúd]	Podría / Quisiera
Lie	[láy]	Mentir
Study	[stá-di]	Estudiar
Spend	[spénd]	Gastar
Arrive	[a-ráiv]	Llegar
Listen	[lís-en]	Escuchar
Try	[trái]	Intentar

RESUMEN FINAL

☑ **"Wish" y "If only" se usan para expresar deseos o arrepentimientos.**
  ☑ **Para hablar del presente:** *Wish + pasado simple (I wish I were taller.)*
  ☑ **Para hablar del pasado:** *Wish + past perfect (I wish I had studied more.)*
  ☑ **Para hablar del futuro:** *Wish + would + verbo en infinitivo (I wish it would stop raining.)*
  ☑ **"If only" es más fuerte que "wish".**

Ejemplo clave:
  ✗ *I wish I can speak French.* (INCORRECTO)

☑️ *I wish I could speak French.* (CORRECTO)

RESUMEN DEL CAPÍTULO 3: CÓMO HABLAR DE HÁBITOS MOLESTOS, COSTUMBRES PASADAS Y DESEOS EN INGLÉS

En este capítulo, hemos aprendido diferentes formas de expresar **hábitos molestos, costumbres pasadas y deseos o arrepentimientos** en inglés.

1️⃣ **"Always" + presente continuo** se usa para hablar de hábitos **molestos o frustrantes** que ocurren con mucha frecuencia en el presente.

*Ejemplo: She **is always complaining** about her job.* (**Siempre se está quejando de su trabajo.**)

2️⃣ **"Used to"** nos ayuda a describir hábitos o estados del pasado que **ya no ocurren en el presente**.

*Ejemplo: I **used to live** in Spain, but now I live in Canada.* (**Solía vivir en España, pero ahora vivo en Canadá.**)

3️⃣ **"Wish"** e **"If only"** sirven para hablar de **deseos o arrepentimientos** en distintos tiempos verbales:

- Para el **presente**, usamos *wish + pasado simple* (*I wish I had more free time.*).
- Para el **pasado**, usamos *wish + past perfect* (*I wish I had studied more.*).
- Para el **futuro**, usamos *wish + would + verbo en infinitivo* (*I wish it would stop raining.*).

Cada una de estas estructuras tiene usos específicos y diferencias importantes, así que vamos a compararlas en detalle en el siguiente cuadro.

CUADRO COMPARATIVO DE LOS TEMAS DEL CAPÍTULO 3

Estructura	Uso	Regla gramatical	Ejemplo en Inglés	Traducción
"Always" + presente continuo	Para hablar de hábitos molestos que se repiten en el presente	Sujeto + verbo "to be" + always + verbo en -ing	She *is always talking* loudly in the office.	Siempre está hablando fuerte en la oficina.
"Used to"	Para hablar de costumbres o estados en el pasado que ya no ocurren	Sujeto + used to + verbo en infinitivo	I *used to play* basketball when I was a kid.	Solía jugar baloncesto cuando era niño.
Negación con "Used to"	Para decir que algo **no** ocurría en el pasado	Sujeto + didn't + use to + verbo en infinitivo	She *didn't use to like* coffee, but now she loves it.	No solía gustarle el café, pero ahora le encanta.
Interrogación con "Used to"	Para preguntar si algo era una costumbre en el pasado	Did + sujeto + use to + verbo en infinitivo?	Did you *use to have* long hair?	¿Solías tener el pelo largo?
"Wish" o "If only" (presente)	Para desear que algo en el presente fuera diferente	Sujeto + wish + pasado simple	I *wish I had* a bigger house.	Ojalá tuviera una casa más grande.

| "Wish" o "If only" (pasado) | Para lamentar o arrepentirse de algo del pasado | Sujeto + wish + past perfect | *If only I **had studied** more for the test!* | ¡Si tan solo hubiera estudiado más para el examen! |
| "Wish" o "If only" (futuro) | Para expresar frustración sobre algo que no podemos cambiar o que es improbable | Sujeto + wish + would + verbo en infinitivo | *I **wish** my boss **would listen** to me.* | Ojalá mi jefe me escuchara. |

CONCLUSIÓN FINAL

A lo largo de este capítulo, hemos visto estructuras clave para hablar de hábitos molestos en el presente (**"always"** + **presente continuo**), recordar el pasado (**"used to"**), y expresar deseos o arrepentimientos (**"wish"** e **"if only"**).

Lo importante es recordar **cómo cambia la estructura de cada una dependiendo del tiempo verbal y la intención del hablante**. Si logras incorporar estas estructuras en tu inglés hablado, **serás capaz de expresar pensamientos más complejos y emocionales de manera natural**.

Ahora es tu turno: Intenta escribir tres frases usando cada una de estas estructuras y practica cómo se diferencian entre sí. ¡Así reforzarás lo aprendido y mejorarás tu fluidez en inglés!

———

EJERCICIOS DEL CAPÍTULO 30: HÁBITOS MOLESTOS, COSTUMBRES PASADAS Y DESEOS

A continuación, encontrarás 10 ejercicios para reforzar lo aprendido en este capítulo. Cada uno tiene 10 oraciones para completar, transformar o corregir.

> ✎ ¡Ojo! (si estás en versión eBook) Como en el eBook no se puede escribir directamente, toma tu cuaderno favorito o una hoja suelta para apuntar tus respuestas. Así lo aprovechas al máximo y aprendes mucho más. ¡Manos a la obra!

1 **Completa las oraciones con "always" + presente continuo**

✐ **Instrucciones:** Usa la estructura *"to be"* + *always* + *verbo en -ing* para completar las frases con hábitos molestos.

1. My neighbor _____ (play) loud music at night.
2. My boss _____ (send) emails during the weekend.
3. She _____ (interrupt) me when I try to speak.
4. They _____ (complain) about everything.
5. He _____ (lose) his keys and asking for mine.
6. My little brother _____ (take) my clothes without permission.
7. You _____ (arrive) late to our meetings!

8. Our teacher _____ (give) us too much homework.
9. She _____ (talk) on the phone while driving.
10. He _____ (forget) important dates.

2 Reescribe las siguientes oraciones en negativo con "used to"

Instrucciones: Cambia las frases afirmativas a negativas usando *didn't use to*.

1. She **used to like** spicy food.
2. I **used to go** to the gym every morning.
3. They **used to live** in a big city.
4. My dad **used to drive** a motorcycle.
5. We **used to study** together in college.
6. He **used to eat** fast food every day.
7. My sister **used to watch** horror movies.
8. I **used to wake up** early on Sundays.
9. She **used to have** long hair.
10. My grandfather **used to work** as a firefighter.

3 Responde las preguntas usando "used to"

Instrucciones: Responde a cada pregunta con una oración usando *used to*.

1. Did you use to play any sports when you were a child?
2. Did your parents use to tell you bedtime stories?
3. Did your family use to go on vacation every summer?
4. Did you use to have a pet?
5. Did your grandparents use to live in another country?
6. Did your best friend use to study with you?
7. Did your brother use to play video games?
8. Did your school use to have a big library?
9. Did you use to drink milk before going to bed?
10. Did your mother use to cook your favorite food on Sundays?

4 Completa las oraciones con "wish" o "if only" en presente

Instrucciones: Usa *wish* o *if only* seguido de un verbo en pasado para expresar deseos en el presente.

1. I _____ (be) taller.
2. She _____ (have) more free time.
3. If only we _____ (live) in a bigger house.
4. I _____ (speak) perfect English.
5. If only it _____ (not / rain) so much.
6. He _____ (be) more patient.
7. I _____ (have) enough money to travel.
8. If only they _____ (listen) to me.
9. She _____ (know) how to drive.
10. We _____ (not / have) so much homework.

5 Completa las oraciones con "wish" o "if only" en pasado

Instrucciones: Usa *wish* o *if only* seguido de *had + participio pasado* para expresar arrepentimientos.

1. I _____ (study) harder for the exam.
2. She _____ (not / spend) all her money.
3. If only we _____ (arrive) earlier.
4. He _____ (not / lie) to his friend.
5. I _____ (listen) to my parents' advice.
6. If only they _____ (not / miss) the flight.
7. She _____ (take) the job offer.
8. We _____ (not / eat) so much junk food.
9. If only I _____ (not / forget) my umbrella.
10. He _____ (not / break) his phone.

¡Ahora resuelve los ejercicios y prepárate para revisar las respuestas!

———

RESPUESTAS A LOS EJERCICIOS DEL CAPÍTULO 30

A continuación, encontrarás las respuestas a los 10 ejercicios del capítulo.

1 Completa las oraciones con "always" + presente continuo

1. My neighbor **is always playing** loud music at night.
2. My boss **is always sending** emails during the weekend.
3. She **is always interrupting** me when I try to speak.
4. They **are always complaining** about everything.
5. He **is always losing** his keys and asking for mine.
6. My little brother **is always taking** my clothes without permission.
7. You **are always arriving** late to our meetings!
8. Our teacher **is always giving** us too much homework.
9. She **is always talking** on the phone while driving.
10. He **is always forgetting** important dates.

2 Reescribe las siguientes oraciones en negativo con "used to"

1. She **didn't use to like** spicy food.
2. I **didn't use to go** to the gym every morning.
3. They **didn't use to live** in a big city.
4. My dad **didn't use to drive** a motorcycle.
5. We **didn't use to study** together in college.
6. He **didn't use to eat** fast food every day.
7. My sister **didn't use to watch** horror movies.
8. I **didn't use to wake up** early on Sundays.
9. She **didn't use to have** long hair.
10. My grandfather **didn't use to work** as a firefighter.

3 Responde las preguntas usando "used to"

1. Yes, I **used to play** soccer when I was a child.
2. Yes, my parents **used to tell** me bedtime stories.
3. Yes, my family **used to go** on vacation every summer.
4. No, I **didn't use to have** a pet.
5. Yes, my grandparents **used to live** in another country.
6. Yes, my best friend **used to study** with me.
7. No, my brother **didn't use to play** video games.
8. Yes, my school **used to have** a big library.
9. No, I **didn't use to drink** milk before going to bed.
10. Yes, my mother **used to cook** my favorite food on Sundays.

4 **Completa las oraciones con "wish" o "if only" en presente**

1. I **wish** I **were** taller.
2. She **wishes** she **had** more free time.
3. If only we **lived** in a bigger house.
4. I **wish** I **spoke** perfect English.
5. If only it **didn't rain** so much.
6. He **wishes** he **were** more patient.
7. I **wish** I **had** enough money to travel.
8. If only they **listened** to me.
9. She **wishes** she **knew** how to drive.
10. We **wish** we **didn't have** so much homework.

5 **Completa las oraciones con "wish" o "if only" en pasado**

1. I **wish** I **had studied** harder for the exam.
2. She **wishes** she **hadn't spent** all her money.
3. If only we **had arrived** earlier.
4. He **wishes** he **hadn't lied** to his friend.
5. I **wish** I **had listened** to my parents' advice.
6. If only they **hadn't missed** the flight.
7. She **wishes** she **had taken** the job offer.
8. We **wish** we **hadn't eaten** so much junk food.
9. If only I **hadn't forgotten** my umbrella.
10. He **wishes** he **hadn't broken** his phone.

AUDIOLIBRO DE PRONUNCIACIÓN BOOK 6 - CHAPTER 3

Usa estos audios a tu favor. **Escucha, repite, imita la pronunciación y pierde el miedo a hablar**. Cuanto más te expongas al inglés, más rápido mejorarás. ¡Tu inglés fluido está a solo unos clics de distancia! 🚀🦢

CAPÍTULO 29
¡LO LOGRASTE! UN PASO MÁS HACIA LA FLUIDEZ EN INGLÉS

S i llegaste hasta aquí, ¡felicidades! Has dado un gran paso en tu camino para dominar el inglés. Este capítulo ha sido todo un viaje a través de estructuras que te permitirán expresarte con mayor naturalidad, hablar de tus recuerdos, de tus deseos y hasta de esas pequeñas (o grandes) cosas que te molestan en el día a día.

Aquí aprendiste a usar **"always"** + **presente continuo** para quejarte con estilo cuando alguien repite un hábito molesto (*"You are always forgetting my birthday!"*), dominaste **"used to"** para hablar de costumbres del pasado y te adentraste en el **mundo de los deseos y arrepentimientos con "wish" e "if only"**. Ahora ya puedes expresar con confianza lo que te gustaría cambiar en tu vida (*"I wish I spoke better English!"*), lo que habrías hecho diferente (*"If only I had studied more for my test!"*), e incluso lo que quisieras que pase en el futuro (*"I wish it would stop raining!"*).

Aprender inglés no es solo memorizar reglas y estructuras, **es aprender a comunicarte, a expresarte con fluidez y confianza en cualquier situación**. Y con cada capítulo de este libro, te acercas más a ese objetivo. No importa si sientes que algunas cosas fueron difíciles al principio, lo importante es que ahora sabes cómo funcionan y, con la práctica, estas expresiones se volverán parte natural de tu forma de hablar.

¿QUÉ SIGUE AHORA?

No te detengas aquí. **Relee los ejemplos, repasa los ejercicios y, sobre todo, usa lo que aprendiste**. Habla contigo mismo en inglés, escribe frases sobre tu día a día, ¡haz que este conocimiento cobre vida en tus conversaciones!

Y recuerda, **cada palabra nueva que aprendes es una puerta más que se abre para comunicarte con el mundo**. Sigue adelante, sigue aprendiendo y sigue divirtiéndote en este proceso. ¡Nos vemos en el próximo capítulo, listos para seguir construyendo tu inglés paso a paso!

LIBRO 7: APRENDER INGLÉS FÁCILMENTE PARA ADULTOS - NIVEL INTERMEDIO AVANZADO

¡BIENVENIDO A UNO DE LOS ÚLTIMOS LIBROS DE LA SERIE!

Si has llegado hasta aquí, déjame decirte algo: ¡eres un campeón del inglés! No cualquiera se aventura hasta el último nivel de una serie de aprendizaje, y eso ya te diferencia de muchas personas. Significa que realmente tienes el compromiso de dominar el inglés y hablarlo con confianza. **Este libro es el broche de oro de tu recorrido**. Aquí no solo reforzarás lo que has aprendido hasta ahora, sino que además **te sumergirás en historias avanzadas diseñadas para que pienses, sueñes y hables en inglés de manera natural**.

Pero **¿cómo lo haremos?** Muy fácil. Sabemos que la mejor forma de aprender un idioma no es memorizando reglas aburridas, sino **a través de la práctica y el contexto real**. Por eso, este libro te trae **6 cuentos originales**, pensados para expandir tu vocabulario, mejorar tu comprensión y prepararte para conversaciones más complejas.

Cada historia viene con:

☑ **Un resumen en inglés y en español**, para que compruebes si realmente entendiste todo.

☑ **Un glosario bilingüe**, con las palabras más difíciles explicadas de manera clara.

☑ **Una lista de false friends**, esas palabras tramposas que parecen significar algo, pero en realidad significan otra cosa (y que han confundido a más de uno).

☑ **Ejercicios de comprensión lectora**, porque leer está bien, pero **entender realmente lo que leíste es lo que te llevará al siguiente nivel**.

📖 **¿Qué conseguirás con este libro?**

Si has seguido esta serie desde el inicio, **aquí consolidarás todo lo aprendido y te prepararás para hablar con fluidez**. Cada historia está diseñada para que absorbas estructuras avanzadas, expresiones clave y formas de hablar que usan los nativos, pero **sin presiones, sin miedo y con mucho aprendizaje práctico**.

Un último empujón hacia la fluidez

Este es tu momento. **No estás estudiando inglés, estás viviéndolo.** Cada palabra, cada historia, cada diálogo que leas aquí te acerca más a esa versión de ti que se expresa con confianza en inglés.

Así que… **¡a por ello!** Abre la primera historia, sumérgete en ella y descubre cómo el inglés ya forma parte de ti.

CAPÍTULO 30
THE LOST WORLD OF DINOSAURS

Mr. Thompson, a passionate history teacher, had always been fascinated by the ancient world. His students loved his stories because he made history feel alive. That Friday morning, as the sun shone through the classroom window, he smiled at his students and said, **"Today, we are traveling back in time... millions of years back!"**

The students leaned forward in excitement. They all knew that when Mr. Thompson spoke like this, they were about to hear something incredible.

"Before humans had even existed, before cities had been built, before technology had developed," he continued, **"dinosaurs had already ruled the Earth for millions of years."**

A student named Emily raised her hand. **"Mr. Thompson, how do we even know what happened so long ago?"**

"Great question, Emily!" he said. **"Scientists have found fossils, footprints, and even dinosaur eggs that had been buried deep underground for millions of years. By studying them, we have learned a lot about these magnificent creatures."**

Liam, another curious student, asked, **"What really happened to them? Why did they disappear?"**

Mr. Thompson nodded, anticipating this question. **"By the time the great extinction event had occurred, dinosaurs had already dominated the planet for over 160 million years. Scientists believe that a giant asteroid had hit the Earth, causing wildfires, tsunamis, and blocking sunlight for years. By the time the dust had settled, nearly all the dinosaurs had vanished."**

The class gasped. **"So if that asteroid hadn't crashed, dinosaurs would still be here?"** asked Jake, his eyes wide with wonder.

"Possibly!" Mr. Thompson replied. **"By the time mammals had evolved and taken over the world, dinosaurs had already been gone for millions of years. But let's imagine, for a moment, that they hadn't disappeared. What if humans had been living alongside dinosaurs?"**

The students giggled at the thought of dinosaurs walking through their neighborhoods. **"I would have a pet T-Rex!"** laughed Kevin.

"And I would ride a Triceratops to school!" added Mia.

Mr. Thompson chuckled. **"Well, things might have been a little complicated. But here's something else to think about: By the time the first human civilizations had appeared, almost every trace of the dinosaurs had already disappeared. Fossils were the only clues left behind."**

The bell rang, signaling the end of class, but none of the students wanted to leave. **"Mr. Thompson, will we continue this next week?"** asked Emily.

"Of course!" he said. **"Next time, we'll talk about how the first humans had started to explore the world and build their civilizations. But until then, think about this: If you had lived during the time of dinosaurs, what would you have done?"**

The students walked out of class, still imagining a world where dinosaurs and humans had coexisted. Mr. Thompson smiled. He knew he had done his job—he had sparked their curiosity, just as history had always sparked his own.

VOCABULARY (VOCABULARIO)

Word/Phrase	Pronunciation	Meaning
Had existed	[həd ɪɡˈzɪstɪd]	Habían existido
Had been buried	[həd bɪn ˈbɛrid]	Habían sido enterrados
Had ruled	[həd ruːld]	Habían gobernado
Had hit	[həd hɪt]	Había golpeado
Had vanished	[həd ˈvænɪʃt]	Habían desaparecido
Had evolved	[həd ɪˈvɑːlvd]	Habían evolucionado
Had settled	[həd ˈsɛtld]	Se había asentado
Had appeared	[həd əˈpɪrd]	Habían aparecido

SPANISH TRANSLATION: EL MUNDO PERDIDO DE LOS DINOSAURIOS

El Sr. Thompson, un apasionado profesor de historia, siempre había estado fascinado por el mundo antiguo. Sus alumnos adoraban sus historias porque lograba que la historia cobrara vida. Aquella mañana de viernes, mientras el sol brillaba por la ventana del aula, sonrió a sus alumnos y dijo: **"Hoy viajaremos en el tiempo... ¡millones de años atrás!"**

Los estudiantes se inclinaron hacia adelante con emoción. Todos sabían que cuando el Sr. Thompson hablaba así, estaban a punto de escuchar algo increíble.

"Antes de que los humanos hubieran existido, antes de que se hubieran construido ciudades, antes de que la tecnología se hubiera desarrollado," continuó, **"los dinosaurios ya habían gobernado la Tierra durante millones de años."**

Emily, una estudiante, levantó la mano. **"Sr. Thompson, ¿cómo sabemos siquiera lo que pasó hace tanto tiempo?"**

"¡Gran pregunta, Emily!" respondió. **"Los científicos han encontrado fósiles, huellas y hasta huevos de dinosaurio que habían estado enterrados bajo tierra durante millones de años. Al estudiarlos, hemos aprendido mucho sobre estas magníficas criaturas."**

Liam, otro estudiante curioso, preguntó: **"¿Qué les pasó realmente? ¿Por qué desaparecieron?"**

El Sr. Thompson asintió, anticipando la pregunta. **"Para cuando ocurrió el gran evento de extinción, los dinosaurios ya habían dominado el planeta por más de 160 millones de años. Los científicos creen que un enorme asteroide había golpeado la Tierra, causando incendios, tsunamis y bloqueando la luz solar durante años. Para cuando el polvo se había asentado, casi todos los dinosaurios habían desaparecido."**

La clase quedó asombrada. **"Entonces, si ese asteroide no hubiera caído, ¿los dinosaurios seguirían aquí?"** preguntó Jake, con los ojos muy abiertos.

"¡Posiblemente!" respondió el Sr. Thompson. **"Para cuando los mamíferos habían evolucionado y se habían**

apoderado del mundo, los dinosaurios ya habían desaparecido por millones de años. Pero imaginemos, por un momento, que no hubieran desaparecido. ¿Cómo habría sido el mundo si los humanos hubieran vivido junto a los dinosaurios?"

Los estudiantes rieron ante la idea de dinosaurios caminando por sus barrios. "¡Yo tendría un T-Rex como mascota!" rió Kevin.

"¡Y yo montaría un Triceratops para ir a la escuela!" añadió Mia.

El Sr. Thompson rió. "Bueno, las cosas podrían haber sido un poco complicadas. Pero aquí hay algo más para pensar: Para cuando aparecieron las primeras civilizaciones humanas, casi todos los rastros de los dinosaurios ya habían desaparecido. Los fósiles fueron las únicas pistas que dejaron atrás."

El timbre sonó, señalando el final de la clase, pero ninguno de los estudiantes quería irse. "¿Seguiremos con esto la próxima semana?" preguntó Emily.

"¡Por supuesto!" dijo él. "La próxima vez hablaremos sobre cómo los primeros humanos habían comenzado a explorar el mundo y construir sus civilizaciones. Pero hasta entonces, piensen en esto: Si hubieran vivido en la época de los dinosaurios, ¿qué habrían hecho?"

Los estudiantes salieron del aula, todavía imaginando un mundo donde los dinosaurios y los humanos habían coexistido. El Sr. Thompson sonrió. Sabía que había logrado su objetivo: despertar su curiosidad, tal como la historia siempre había despertado la suya.

EJERCICIOS DE COMPRENSIÓN LECTORA – "THE LOST WORLD OF DINOSAURS"

A continuación, encontrarás **10 preguntas** para poner a prueba tu comprensión del texto. Intenta responderlas sin mirar la historia.

> ✎ ¡Ojo! (si estás en versión eBook) Como en el eBook no se puede escribir directamente, toma tu cuaderno favorito o una hoja suelta para apuntar tus respuestas. Así lo aprovechas al máximo y aprendes mucho más. ¡Manos a la obra!

Ejercicios: Responde en inglés
1. What was Mr. Thompson's profession?
2. How did scientists learn about dinosaurs?
3. What had happened to the dinosaurs before mammals evolved?
4. Why did Mr. Thompson say that dinosaurs ruled the Earth?
5. What event had caused the extinction of the dinosaurs?
6. What were some of the effects of the asteroid impact?
7. What did the students imagine about living with dinosaurs?
8. Why had fossils been the only evidence left of dinosaurs?
9. What did Mr. Thompson promise to teach next week?
10. If dinosaurs hadn't disappeared, how would the world be different today?

Ahora intenta responderlas. Luego, revisa las respuestas.

RESPUESTAS A LOS EJERCICIOS DE COMPRENSIÓN LECTORA – "THE LOST WORLD OF DINOSAURS"

Aquí tienes las respuestas a las preguntas del ejercicio. ¡Revisa cuántas acertaste! ☑

Respuestas en inglés

1. **What was Mr. Thompson's profession?**
➡ Mr. Thompson was a history teacher.

2. **How did scientists learn about dinosaurs?**
➡ Scientists learned about dinosaurs by studying fossils, footprints, and dinosaur eggs that had been buried for millions of years.

3. **What had happened to the dinosaurs before mammals evolved?**
➡ Before mammals evolved, dinosaurs had already ruled the Earth for millions of years, but they disappeared after an asteroid impact caused a mass extinction.

4. **Why did Mr. Thompson say that dinosaurs ruled the Earth?**
➡ He said that dinosaurs had ruled the Earth because they had dominated the planet for over 160 million years before disappearing.

5. **What event had caused the extinction of the dinosaurs?**
➡ A massive asteroid impact had caused wildfires, tsunamis, and blocked sunlight, which led to the extinction of the dinosaurs.

6. **What were some of the effects of the asteroid impact?**
➡ The asteroid impact had caused wildfires, tsunamis, a darkened sky due to dust, and a dramatic drop in temperature, leading to the extinction of many species.

7. **What did the students imagine about living with dinosaurs?**
➡ The students imagined having dinosaurs as pets, riding Triceratops to school, and living in a world where dinosaurs and humans coexisted.

8. **Why had fossils been the only evidence left of dinosaurs?**
➡ By the time the first human civilizations appeared, almost all traces of dinosaurs had disappeared, and fossils were the only clues left behind.

9. **What did Mr. Thompson promise to teach next week?**
➡ He promised to teach about how the first humans had started exploring the world and building civilizations.

10. **If dinosaurs hadn't disappeared, how would the world be different today?**
➡ The world would be very different! Humans might have had to adapt to living with dinosaurs, or perhaps dinosaurs would have evolved in unexpected ways.

¡Ahora revisa tus respuestas y sigue practicando!

AUDIOLIBRO DE PRONUNCIACIÓN BOOK 7 - CHAPTER 1

Usa estos audios a tu favor. **Escucha, repite, imita la pronunciación y pierde el miedo a hablar**. Cuanto más te expongas al inglés, más rápido mejorarás. ¡Tu inglés fluido está a solo unos clics de distancia! 🚀👄

BOOK 7 - CHAPTER 1

CAPÍTULO 31
THE SECRETS OF ANCIENT EGYPT

Mr. Carter had been teaching history for over twenty years, but nothing excited him more than talking about **Ancient Egypt**. His students had been waiting all week for this lesson because they knew that whenever he spoke about the past, it felt like traveling through time.

That morning, as he walked into the classroom, he smiled and said, **"Imagine you are standing on the banks of the Nile River, thousands of years ago. The sun is shining, the pyramids are rising in the distance, and Egyptian workers have been building these structures for decades."**

The students leaned forward, completely captivated.

"Before modern cities had even been designed," he continued, **"before electricity had been invented, before people had even thought about flying, the Egyptians had already been developing one of the greatest civilizations in human history."**

Lena, one of his brightest students, raised her hand. **"Mr. Carter, how did they manage to build such massive pyramids without modern technology?"**

"That's a great question, Lena!" he said. **"For years, archaeologists had been searching for answers. They had been analyzing ancient tools, studying old drawings, and even replicating some of the construction techniques. Many believe that ramps had been used to transport heavy stones, and teams of workers had been organizing themselves in shifts to complete these enormous projects."**

Jake, another student, looked amazed. **"So while other civilizations had been struggling to survive, the Egyptians had already been creating massive monuments?"**

"Exactly!" Mr. Carter nodded. **"While other societies had been hunting and gathering, the Egyptians had been mastering agriculture, writing, and architecture. They had been using the Nile's floods to grow crops and had been keeping records of their trade and taxes on papyrus scrolls."**

Emily raised her hand. **"But what about the pharaohs? I've heard they were treated like gods."**

"Indeed!" Mr. Carter replied. **"For centuries, Egyptians had been worshipping their pharaohs, believing they were living gods. By the time the Great Pyramid of Giza had been completed, Egypt had already been ruled by several powerful kings who had been expanding the empire and improving their society."**

Liam, who loved mysteries, had another question. **"What about the mummies? Why had they been preserving bodies?"**

"Excellent question, Liam!" Mr. Carter said, his eyes lighting up. **"The Egyptians had been developing advanced embalming techniques for centuries. They believed in the afterlife and thought that if a body had**

been well preserved, the person could continue their journey in the next world. That's why they had been burying their kings with treasures, food, and even pets!"

The class gasped. "That's crazy! Had they really thought they could take those things with them?" asked Mia.

"Absolutely," Mr. Carter confirmed. "For generations, they had been preparing tombs with everything a person might need in the afterlife. The richer the person, the grander the tomb."

As the lesson continued, the students were completely absorbed in the world of Ancient Egypt. By the time the bell rang, they had been discussing pyramids, hieroglyphs, and mummies for nearly an hour, and yet they still wanted to hear more.

"Next class, we'll talk about the hidden secrets of the pyramids and how tomb robbers had been trying to steal the pharaohs' treasures for centuries. Until then, think about this: If you had been living in Ancient Egypt, what role do you think you would have played?"

The students walked out of the classroom, imagining themselves as Egyptian scribes, builders, or even pharaohs. Mr. Carter smiled—he had once again brought history to life.

VOCABULARY (VOCABULARIO)

Word/Phrase	Pronunciation	Meaning
Had been teaching	[həd bɪn ˈtiːtʃɪŋ]	Había estado enseñando
Had been waiting	[həd bɪn ˈweɪtɪŋ]	Habían estado esperando
Had been building	[həd bɪn ˈbɪldɪŋ]	Habían estado construyendo
Had been searching	[həd bɪn ˈsɜːrtʃɪŋ]	Habían estado buscando
Had been analyzing	[həd bɪn ˈænəlaɪzɪŋ]	Habían estado analizando
Had been worshipping	[həd bɪn ˈwɜːʃɪpɪŋ]	Habían estado adorando
Had been preparing	[həd bɪn prɪˈpɛrɪŋ]	Habían estado preparando
Had been expanding	[həd bɪn ɪkˈspændɪŋ]	Habían estado expandiendo

SPANISH TRANSLATION: LOS SECRETOS DEL ANTIGUO EGIPTO

El Sr. Carter había estado enseñando historia durante más de veinte años, pero nada lo emocionaba más que hablar del **Antiguo Egipto**. Sus alumnos habían estado esperando toda la semana esta lección porque sabían que cuando él hablaba del pasado, era como viajar en el tiempo.

Esa mañana, al entrar en el aula, sonrió y dijo: "**Imaginen que están de pie a orillas del río Nilo, hace miles de años. El sol brilla, las pirámides se elevan en la distancia y los trabajadores egipcios han estado construyendo estas estructuras durante décadas.**"

Los estudiantes se inclinaron hacia adelante, completamente cautivados.

"**Antes de que las ciudades modernas hubieran sido diseñadas,**" continuó, "**antes de que se hubiera inventado la electricidad, antes de que la gente hubiera pensado siquiera en volar, los egipcios ya habían estado desarrollando una de las civilizaciones más grandes de la historia humana.**"

Lena, una de sus alumnas más brillantes, levantó la mano. "Sr. Carter, ¿cómo lograron construir pirámides tan enormes sin tecnología moderna?"

"¡Gran pregunta, Lena!" dijo él. "**Durante años, los arqueólogos habían estado buscando respuestas. Habían estado analizando herramientas antiguas, estudiando dibujos antiguos e incluso replicando algunas técnicas de construcción. Muchos creen que se habían estado usando rampas para transportar las piedras pesadas y que los trabajadores se habían estado organizando en turnos para completar estos enormes proyectos.**"

Jake, otro estudiante, miró asombrado. "¿Entonces, mientras otras civilizaciones apenas intentaban sobrevivir, los egipcios ya habían estado construyendo monumentos enormes?"

"¡Exactamente!" asintió el Sr. Carter. "Mientras otras sociedades apenas habían estado cazando y recolectando, los egipcios ya habían estado dominando la agricultura, la escritura y la arquitectura. Habían estado usando las inundaciones del Nilo para cultivar y habían estado registrando sus transacciones comerciales en rollos de papiro."

Los estudiantes quedaron tan absortos en la historia que no notaron que la clase había terminado. "La próxima clase hablaremos sobre los secretos ocultos de las pirámides y cómo los saqueadores habían estado intentando robar los tesoros de los faraones durante siglos."

Los estudiantes salieron del aula imaginándose como escribas, constructores o incluso faraones. El Sr. Carter sonrió—había logrado hacer que la historia cobrara vida una vez más.

———

EJERCICIOS DE COMPRENSIÓN LECTORA – "THE SECRETS OF ANCIENT EGYPT"

A continuación, encontrarás **10 preguntas** para poner a prueba tu comprensión del texto. Intenta responder sin mirar la historia.

Ejercicios: Responde en inglés
1. What subject had Mr. Carter been teaching for over twenty years?
2. Why had the students been waiting for this lesson all week?
3. How had archaeologists been trying to understand how the pyramids were built?
4. What natural resource had the Egyptians been using to develop agriculture?
5. Why had the Egyptians been preserving bodies through mummification?
6. What techniques had the Egyptians been developing to record their trade and taxes?
7. How had the Egyptians been treating their pharaohs?
8. Why had tombs been filled with treasures, food, and even pets?
9. What did Mr. Carter say they would learn in the next class?
10. If you had been living in Ancient Egypt, what job do you think you would have had?

Ahora intenta responderlas. Luego, revisa las respuestas

RESPUESTAS A LOS EJERCICIOS DE COMPRENSIÓN LECTORA – "THE SECRETS OF ANCIENT EGYPT"

Aquí tienes las respuestas a las preguntas del ejercicio. ¡Revisa cuántas acertaste!

✎ ¡Ojo! (si estás en versión eBook) Como en el eBook no se puede escribir directamente, toma tu cuaderno favorito o una hoja suelta para apuntar tus respuestas. Así lo aprovechas al máximo y aprendes mucho más. ¡Manos a la obra!

Respuestas en inglés
1. **What subject had Mr. Carter been teaching for over twenty years?**
   → Mr. Carter had been teaching history for over twenty years.
2. **Why had the students been waiting for this lesson all week?**

The students had been waiting for this lesson all week because they loved how Mr. Carter made history feel like traveling through time.

3 How had archaeologists been trying to understand how the pyramids were built?

Archaeologists had been analyzing ancient tools, studying old drawings, and replicating construction techniques to understand how the pyramids were built.

4 What natural resource had the Egyptians been using to develop agriculture?

The Egyptians had been using the Nile River's floods to develop agriculture and grow crops.

5 Why had the Egyptians been preserving bodies through mummification?

The Egyptians had been preserving bodies because they believed in the afterlife and thought that a well-preserved body could continue its journey in the next world.

6 What techniques had the Egyptians been developing to record their trade and taxes?

The Egyptians had been keeping records of their trade and taxes by writing on papyrus scrolls using hieroglyphs.

7 How had the Egyptians been treating their pharaohs?

The Egyptians had been worshipping their pharaohs as living gods and believing they had divine power.

8 Why had tombs been filled with treasures, food, and even pets?

The Egyptians had been filling tombs with treasures, food, and pets because they believed the dead would need these things in the afterlife.

9 What did Mr. Carter say they would learn in the next class?

Mr. Carter said they would learn about the hidden secrets of the pyramids and how tomb robbers had been trying to steal the pharaohs' treasures for centuries.

10 If you had been living in Ancient Egypt, what job do you think you would have had?

(Open answer) I think I would have been a scribe because I like writing and recording history.

¡Ahora revisa tus respuestas y sigue practicando!

———

AUDIOLIBRO DE PRONUNCIACIÓN BOOK 7 - CHAPTER 2

Usa estos audios a tu favor. **Escucha, repite, imita la pronunciación y pierde el miedo a hablar.** Cuanto más te expongas al inglés, más rápido mejorarás. ¡Tu inglés fluido está a solo unos clics de distancia!

BOOK 7 - CHAPTER 2

CAPÍTULO 32
A WALK WITH BELLA

Mrs. Jenkins has always loved her morning walks. Ever since she retired, she has taken her little dog, Bella, on a stroll around the neighborhood every single day. Today is no different. As she steps outside, she smiles at the warm sun and takes a deep breath.

"**Oh, Bella, what a beautiful morning! The sun has been shining all week, and the flowers have already started blooming,**" she says, adjusting her hat. "**Spring has finally arrived!**"

Bella wags her tail happily as they begin their walk down Maple Street.

"**You know, Bella, I have lived in this neighborhood for over forty years. I have seen it change so much. When we first moved here, the houses had been smaller, and the trees had just been planted. Now, look at them! They have grown so tall and strong.**"

Bella barks, as if agreeing with her.

As they pass by the bakery, the delicious smell of fresh bread fills the air. "**Mrs. Thompson has been baking since early this morning,**" Mrs. Jenkins says. "**She has always made the best croissants in town. Maybe we should stop by later for a treat.**"

They continue walking, passing by the park. "**Oh, look at the children! They have built such a wonderful little fort with sticks and leaves. I remember when my grandchildren used to play here. They have grown so much since then... but they still visit me every weekend.**"

She sighs happily and looks at Bella. "**Life has been very kind to us, hasn't it?**"

Just then, they see Mr. Peterson, her neighbor, watering his garden. "**Good morning, Mrs. Jenkins! You and Bella have been walking early today,**" he says, waving.

"**Oh yes, we have been trying to enjoy the fresh air before it gets too hot,**" she replies. "**Your roses look absolutely beautiful, Mr. Peterson! You have taken such good care of them.**"

"**Thank you! The secret is patience and water,**" he laughs. "**Have you heard? The city has finally finished renovating the library! It has been closed for months.**"

Mrs. Jenkins claps her hands. "**Oh, that is wonderful news! I have missed my reading afternoons there.**"

They say goodbye, and she continues walking with Bella. "**So much has changed in our little town, Bella, but one thing has stayed the same: We have always had wonderful neighbors.**"

As they arrive back home, she bends down and scratches Bella's ears. "**Well, my dear, we have had such a lovely walk. I think you deserve a treat!**"

Bella barks in excitement as they enter the house. Mrs. Jenkins chuckles and shakes her head. **"I have always said that no one appreciates a good snack more than you, Bella."**

VOCABULARY (VOCABULARIO)

Word/Phrase	Pronunciation	Meaning
Has always loved	[həz ˈɔːlweɪz lʌvd]	Siempre ha amado
Has taken	[həz ˈteɪkən]	Ha llevado
Has been shining	[həz bɪn ˈʃaɪnɪŋ]	Ha estado brillando
Have already started	[həv ɔːlˈrɛdi ˈstɑːrtɪd]	Ya han comenzado
Has lived	[həz lɪvd]	Ha vivido
Has grown	[həz groʊn]	Ha crecido
Has been baking	[həz bɪn ˈbeɪkɪŋ]	Ha estado horneando
Have built	[həv bɪlt]	Han construido
Has been very kind	[həz bɪn ˈvɛri kaɪnd]	Ha sido muy amable
Has missed	[həz mɪst]	Ha extrañado

SPANISH TRANSLATION: UN PASEO CON BELLA

La señora Jenkins siempre ha amado sus paseos matutinos. Desde que se jubiló, ha sacado a su pequeño perro, Bella, a caminar por el barrio todos los días. Hoy no es la excepción. Al salir de su casa, sonríe al cálido sol y respira hondo.

"Oh, Bella, ¡qué hermosa mañana! El sol ha estado brillando toda la semana, y las flores ya han comenzado a florecer," dice, ajustando su sombrero. **"¡Por fin ha llegado la primavera!"**

Bella mueve la cola feliz mientras comienzan a caminar por Maple Street.

"Sabes, Bella, he vivido en este barrio por más de cuarenta años. Lo he visto cambiar mucho. Cuando nos mudamos aquí, las casas eran más pequeñas y los árboles acababan de ser plantados. ¡Ahora míralos! Han crecido tanto y se han hecho fuertes."

Bella ladra, como si estuviera de acuerdo con ella.

Al pasar por la panadería, un delicioso olor a pan fresco llena el aire. **"La señora Thompson ha estado horneando desde temprano esta mañana,"** dice la señora Jenkins. **"Siempre ha hecho los mejores croissants del pueblo. Tal vez deberíamos pasar más tarde por un bocadillo."**

Siguen caminando y pasan por el parque. **"¡Oh, mira a los niños! Han construido una pequeña fortaleza maravillosa con ramas y hojas. Recuerdo cuando mis nietos solían jugar aquí. Han crecido tanto desde enton-ces… pero todavía me visitan todos los fines de semana."**

Suspira feliz y mira a Bella. **"La vida ha sido muy amable con nosotras, ¿no crees?"**

Justo en ese momento, ven al señor Peterson, su vecino, regando su jardín. **"¡Buenos días, señora Jenkins! Hoy han salido a caminar temprano,"** dice él, saludando.

"Oh, sí, hemos estado tratando de disfrutar del aire fresco antes de que haga demasiado calor," responde ella. **"¡Sus rosas están absolutamente hermosas, señor Peterson! Ha cuidado de ellas muy bien."**

"¡Gracias! El secreto es paciencia y agua," se ríe. **"¿Ha escuchado? ¡La ciudad finalmente ha terminado de renovar la biblioteca! Ha estado cerrada durante meses."**

La señora Jenkins aplaude emocionada. **"¡Oh, qué noticia maravillosa! He extrañado mis tardes de lectura allí."**

Se despiden, y ella sigue caminando con Bella. **"Nuestro pequeño pueblo ha cambiado mucho, Bella, pero una cosa se ha mantenido igual: Siempre hemos tenido vecinos maravillosos."**

Al llegar a casa, se inclina y rasca las orejas de Bella. **"Bueno, mi querida, hemos tenido un paseo encantador. ¡Creo que te mereces un premio!"**

Bella ladra emocionada mientras entran a la casa. La señora Jenkins se ríe y sacude la cabeza. **"Siempre he dicho que nadie aprecia un bocadillo tanto como tú, Bella."**

¿Qué te pareció la historia? ¡Ahora continuemos con los ejercicios de comprensión!

———

EJERCICIOS DE COMPRENSIÓN LECTORA – "A WALK WITH BELLA"

A continuación, encontrarás **10 preguntas** para poner a prueba tu comprensión del texto. Intenta responder sin mirar la historia.

> ✎ ¡Ojo! (si estás en versión eBook) Como en el eBook no se puede escribir directamente, toma tu cuaderno favorito o una hoja suelta para apuntar tus respuestas. Así lo aprovechas al máximo y aprendes mucho más. ¡Manos a la obra!

Ejercicios: Responde en inglés
1. How long has Mrs. Jenkins been taking Bella for a walk every day?
2. What has the weather been like this week?
3. How has the neighborhood changed since Mrs. Jenkins moved there?
4. What has Mrs. Thompson been doing since early this morning?
5. Why does Mrs. Jenkins want to stop by the bakery later?
6. What have the children built in the park?
7. Why has Mrs. Jenkins missed the library?
8. How has Mr. Peterson taken care of his roses?
9. What does Mrs. Jenkins think has remained the same in her town?
10. What has Bella always appreciated the most?

RESPUESTAS A LOS EJERCICIOS DE COMPRENSIÓN LECTORA – "A WALK WITH BELLA"

Aquí tienes las respuestas a las preguntas del ejercicio. ¡Revisa cuántas acertaste!

Respuestas en inglés
1. **How long has Mrs. Jenkins been taking Bella for a walk every day?**
➡ Mrs. Jenkins has been taking Bella for a walk every day since she retired.
2. **What has the weather been like this week?**
➡ The weather has been warm and sunny all week, and the flowers have already started blooming.
3. **How has the neighborhood changed since Mrs. Jenkins moved there?**
➡ The neighborhood has changed a lot. The houses used to be smaller, and the trees had just been planted, but now they have grown tall and strong.
4. **What has Mrs. Thompson been doing since early this morning?**

Mrs. Thompson has been baking since early this morning.

Why does Mrs. Jenkins want to stop by the bakery later?

She wants to stop by because Mrs. Thompson makes the best croissants in town, and she would like to get a treat.

6 What have the children built in the park?

The children have built a small fort with sticks and leaves.

7 Why has Mrs. Jenkins missed the library?

She has missed the library because it had been closed for months due to renovations.

8 How has Mr. Peterson taken care of his roses?

He has taken care of them with patience and water, which he says is the secret to keeping them beautiful.

9 What does Mrs. Jenkins think has remained the same in her town?

She thinks that, despite all the changes, the town has always had wonderful neighbors.

10 What has Bella always appreciated the most?

Bella has always appreciated a good snack!

¡Ahora revisa tus respuestas y sigue practicando!

———

AUDIOLIBRO DE PRONUNCIACIÓN BOOK 7 - CHAPTER 3

Usa estos audios a tu favor. **Escucha, repite, imita la pronunciación y pierde el miedo a hablar**. Cuanto más te expongas al inglés, más rápido mejorarás. ¡Tu inglés fluido está a solo unos clics de distancia! 🚀📚

BOOK 7 - CHAPTER 3

CAPÍTULO 33
THE FAMILY BARBECUE

The sun has been shining brightly all afternoon as the Wilson family gathers in Grandma Lucy's backyard for their traditional Sunday barbecue. The smell of grilled meat has been filling the air for hours, and everyone has been chatting and laughing while enjoying the beautiful day.

Grandma Lucy, sitting in her favorite rocking chair, smiles as she watches her children and grandchildren. **"Oh, I have been waiting for this all week!"** she says happily. **"There's nothing better than having the whole family together."**

Her daughter, Mary, flips the burgers on the grill and laughs. **"Well, Mom, we have been preparing for this barbecue since Thursday. Dad has been marinating the ribs, and I have been making the potato salad since early this morning!"**

Her brother, James, takes a sip of his iced tea. **"And I have been tasting everything just to make sure it's perfect,"** he jokes.

"Oh, don't lie," says his wife, Sarah, rolling her eyes. **"You have been sneaking food from the grill for the last half hour!"**

The kids have been running around the yard, playing tag and laughing. Little Tommy stops to take a breath and runs to his grandmother. **"Grandma, we have been playing for so long! I think I need a break."**

"Oh, sweetheart, you have been running like crazy! Come here and have some lemonade," Grandma Lucy says, pouring him a glass.

Aunt Linda joins them at the table and sighs. **"I have been working so much these last few weeks that I haven't had time to relax like this. It feels so nice to be here."**

"I know exactly what you mean," says Uncle Robert. **"I have been traveling for work nonstop. It's been exhausting!"**

Grandma Lucy nods. **"Well, today, nobody is allowed to think about work. We have been planning this barbecue for too long to let stress ruin it!"**

The food is finally ready, and everyone gathers around the table. Grandpa Joe raises his glass. **"Well, we have been waiting for this meal all afternoon. Let's eat!"**

Everyone cheers, and the family starts eating, laughing, and catching up.

Halfway through the meal, Mary looks at her cousin Kevin. **"So, Kevin, how is your new job? Have you been enjoying it?"**

Kevin wipes his mouth and nods. **"Oh, it's been great! I have been learning a lot, but I have also been working late almost every day. I barely have time to sleep."**

Sarah smiles. **"That's exactly how I felt when I started at my new company. But don't worry, soon you'll get used to it."**

James turns to Aunt Linda. **"And how is your garden? Have you been planting anything new?"**

Aunt Linda beams with pride. **"Oh yes! I have been growing tomatoes and cucumbers, and they have been doing really well. Next time, I'll bring some for everyone!"**

As the sun begins to set, Grandma Lucy claps her hands. **"Alright, who's ready for dessert? I have been baking an apple pie since this morning, and I think it's finally ready!"**

The whole family cheers again, and Tommy jumps up. **"I have been waiting for pie all day!"**

Everyone laughs as Grandma Lucy brings out the pie, and the family continues their wonderful evening together, making memories and enjoying the simple joy of being together.

VOCABULARY (VOCABULARIO)

Word/Phrase	Pronunciation	Meaning
Has been shining	[həz bɪn ˈʃaɪnɪŋ]	Ha estado brillando
Has been filling	[həz bɪn ˈfɪlɪŋ]	Ha estado llenando
Has been waiting	[həz bɪn ˈweɪtɪŋ]	Ha estado esperando
Have been preparing	[həv bɪn prɪˈpɛrɪŋ]	Han estado preparando
Has been marinating	[həz bɪn ˈmærɪneɪtɪŋ]	Ha estado marinando
Have been sneaking	[həv bɪn ˈsniːkɪŋ]	Han estado robando/comiendo a escondidas
Have been running	[həv bɪn ˈrʌnɪŋ]	Han estado corriendo
Have been planning	[həv bɪn ˈplænɪŋ]	Han estado planeando
Have been waiting	[həv bɪn ˈweɪtɪŋ]	Han estado esperando
Have been baking	[həv bɪn ˈbeɪkɪŋ]	Han estado horneando

SPANISH TRANSLATION: LA BARBACOA FAMILIAR

El sol ha estado brillando intensamente toda la tarde mientras la familia Wilson se reúne en el patio trasero de la abuela Lucy para su tradicional barbacoa de los domingos. El aroma de la carne asada ha estado llenando el aire durante horas, y todos han estado charlando y riendo mientras disfrutan del hermoso día.

La abuela Lucy, sentada en su mecedora favorita, sonríe al ver a sus hijos y nietos. **"¡Oh, he estado esperando esto toda la semana!"** dice feliz. **"No hay nada mejor que tener a toda la familia reunida."**

Su hija, Mary, voltea las hamburguesas en la parrilla y se ríe. **"Bueno, mamá, hemos estado preparando esta barbacoa desde el jueves. Papá ha estado marinando las costillas, ¡y yo he estado haciendo la ensalada de papas desde temprano esta mañana!"**

Su hermano, James, toma un sorbo de su té helado. **"Y yo he estado probando todo para asegurarme de que esté perfecto,"** bromea.

"Oh, no mientas," dice su esposa, Sarah, poniendo los ojos en blanco. **"Has estado robando comida de la parrilla durante la última media hora."**

Los niños han estado corriendo por el patio, jugando y riendo. El pequeño Tommy se detiene a tomar aire y corre hacia su abuela. **"¡Abuela, hemos estado jugando por tanto tiempo! Creo que necesito un descanso."**

"Oh, cariño, ¡has estado corriendo como loco! Ven aquí y toma un poco de limonada," dice la abuela Lucy, sirviéndole un vaso.

La tía Linda se une a la mesa y suspira. **"He estado trabajando tanto estas últimas semanas que no he tenido tiempo de relajarme como hoy. Se siente tan bien estar aquí."**

Finalmente, la comida está lista y todos se reúnen alrededor de la mesa. El abuelo Joe levanta su vaso. **"Bueno, hemos estado esperando esta comida toda la tarde. ¡A comer!"**

A mitad de la cena, Mary mira a su primo Kevin. **"Entonces, Kevin, ¿cómo está tu nuevo trabajo? ¿Lo has estado disfrutando?"**

Kevin asiente. **"¡Oh, ha sido genial! He estado aprendiendo mucho, pero también he estado trabajando hasta tarde casi todos los días. Apenas tengo tiempo para dormir."**

James se gira hacia la tía Linda. **"¿Y cómo está tu jardín? ¿Has estado plantando algo nuevo?"**

La tía Linda sonríe con orgullo. **"¡Oh sí! He estado cultivando tomates y pepinos, y han estado creciendo muy bien. La próxima vez, ¡les traeré algunos!"**

Cuando el sol comienza a ponerse, la abuela Lucy aplaude. **"Muy bien, ¿quién quiere postre? He estado horneando un pastel de manzana desde esta mañana, y creo que ya está listo."**

Toda la familia aplaude y el pequeño Tommy salta emocionado. **"¡He estado esperando el pastel todo el día!"**

Todos se ríen mientras la abuela Lucy trae el postre, y la familia continúa disfrutando de su hermosa tarde juntos, creando recuerdos inolvidables.

¿Qué te pareció la historia? ¡Ahora continuemos con los ejercicios de comprensión!

———

EJERCICIOS DE COMPRENSIÓN LECTORA – "THE FAMILY BARBECUE"

A continuación, encontrarás **10 preguntas** para poner a prueba tu comprensión del texto. Intenta responder sin mirar la historia.

> ✎ ¡Ojo! (si estás en versión eBook) Como en el eBook no se puede escribir directamente, toma tu cuaderno favorito o una hoja suelta para apuntar tus respuestas. Así lo aprovechas al máximo y aprendes mucho más. ¡Manos a la obra!

Ejercicios: Responde en inglés
1. What has Grandma Lucy been waiting for all week?
2. What has Mary been preparing since early this morning?
3. Why has James been tasting the food before dinner?
4. What have the kids been doing in the backyard?
5. Why has Aunt Linda been feeling so tired lately?
6. How has Uncle Robert been spending his time at work?
7. What has Kevin been struggling with at his new job?
8. What has Aunt Linda been planting in her garden?
9. What dessert has Grandma Lucy been baking since the morning?
10. How has Tommy been feeling about dessert?

¡Ahora intenta responderlas! Luego, revisa las respuestas.

RESPUESTAS A LOS EJERCICIOS DE COMPRENSIÓN LECTORA – "THE FAMILY BARBECUE"

Aquí tienes las respuestas a las preguntas del ejercicio. ¡Revisa cuántas acertaste!

Respuestas en inglés

1 **What has Grandma Lucy been waiting for all week?**

Grandma Lucy has been waiting all week for the family barbecue because she loves having the whole family together.

2 **What has Mary been preparing since early this morning?**

Mary has been preparing the potato salad since early this morning.

3 **Why has James been tasting the food before dinner?**

James has been tasting the food to "make sure it's perfect," but in reality, he has been sneaking food from the grill.

4 **What have the kids been doing in the backyard?**

The kids have been running around and playing tag in the backyard.

5 **Why has Aunt Linda been feeling so tired lately?**

Aunt Linda has been working so much these last few weeks that she hasn't had time to relax.

6 **How has Uncle Robert been spending his time at work?**

Uncle Robert has been traveling for work nonstop, which has made him exhausted.

7 **What has Kevin been struggling with at his new job?**

Kevin has been working late almost every day, so he barely has time to sleep.

8 **What has Aunt Linda been planting in her garden?**

Aunt Linda has been growing tomatoes and cucumbers in her garden.

9 **What dessert has Grandma Lucy been baking since the morning?**

Grandma Lucy has been baking an apple pie since the morning.

10 **How has Tommy been feeling about dessert?**

Tommy has been waiting for the apple pie all day and is very excited about it.

¡Ahora revisa tus respuestas y sigue practicando!

AUDIOLIBRO DE PRONUNCIACIÓN BOOK 7 - CHAPTER 4

Usa estos audios a tu favor. **Escucha, repite, imita la pronunciación y pierde el miedo a hablar**. Cuanto más te expongas al inglés, más rápido mejorarás. ¡Tu inglés fluido está a solo unos clics de distancia!

CAPÍTULO 34
THE FUTURE DREAM HOME

The sun was shining brightly as Mark and Lisa stood on their empty lot, staring at the wide-open space that would soon become their dream home. They had been waiting for this moment for years, and now, standing with their architect, Daniel, they could finally start imagining their future.

Daniel, holding a tablet with digital plans, smiled at the excited couple. **"Alright, Mark and Lisa, let's talk about what your home will have looked like by the time we finish construction."**

Lisa grinned. **"I can't believe it's finally happening!"**

"Believe it," Daniel chuckled. **"In just a few months, you will have been watching your dream turn into reality. By the time we complete the first phase, you will have been seeing the foundation laid out perfectly."**

Mark looked around, trying to picture it. **"So, by this time next year, what will have been completed?"**

Daniel swiped on his tablet and showed them the 3D model. **"By this time next year, you will have been living in a fully functional home with all the details you wanted. The solar panels will have been installed on the roof, and your smart home system will have been running efficiently for a few weeks."**

Lisa's eyes sparkled. **"And what about my kitchen? I've been dreaming of that space for so long!"**

Daniel smiled. **"By the time you move in, your kitchen will have been designed exactly as you imagined. The marble countertops will have been polished, and the smart appliances will have been programmed to fit your needs."**

Mark nodded. **"And what about our outdoor space? We really want to enjoy the backyard."**

Daniel pointed at the vast open area. **"By the end of construction, your backyard will have been landscaped beautifully. The garden will have been growing for a few months, and the pool will have been filled and ready for use."**

Lisa squeezed Mark's hand. **"This sounds like a dream!"**

Daniel chuckled. **"By the time you've spent your first night here, you will have been feeling right at home. And in just a couple of months after that, you will have been inviting friends over for your housewarming party."**

Mark laughed. **"I can already see it! By that time, we will have been making memories in our new home."**

Lisa turned to Daniel. **"And what about the kids' rooms? We need to make sure everything is perfect for them."**

Daniel nodded. **"Don't worry. By the time you bring them to see the finished house, their rooms will have been decorated with all their favorite colors and furniture. They will have been playing in their new space as if they had lived there forever."

Lisa sighed happily. "This is amazing. By the time we celebrate our first anniversary in this house, we will have been loving every single detail."

Daniel smiled. "That's exactly what I want for you. In just a short while, this empty lot will have been transformed into the home you've always dreamed of."

As Mark and Lisa looked around, they could already picture their future—a home full of love, laughter, and memories yet to come.

VOCABULARY (VOCABULARIO)

Word/Phrase	Pronunciation (Fácil para hispanohablantes)	Meaning (Significado)
Will have been living	Uil jaf bin lívin	Habrán estado viviendo
Will have been watching	Uil jaf bin uóching	Habrán estado viendo
Will have been completed	Uil jaf bin complíted	Habrán sido completados
Will have been installed	Uil jaf bin instóld	Habrán sido instalados
Will have been running	Uil jaf bin ránin	Habrán estado funcionando
Will have been designed	Uil jaf bin disáind	Habrán sido diseñados
Will have been filled	Uil jaf bin fild	Habrán sido llenados
Will have been decorated	Uil jaf bin décoreired	Habrán sido decorados
Will have been transformed	Uil jaf bin transformd	Habrán sido transformados
Will have been making	Uil jaf bin méikin	Habrán estado haciendo

SPANISH TRANSLATION: LA CASA DE SUS SUEÑOS

El sol brillaba intensamente mientras Mark y Lisa estaban de pie en su terreno vacío, mirando el gran espacio abierto que pronto se convertiría en la casa de sus sueños. Habían estado esperando este momento durante años y, ahora, con su arquitecto Daniel, finalmente podían empezar a imaginar su futuro.

Daniel, sosteniendo su tablet con los planos digitales, sonrió a la pareja emocionada. "**Muy bien, Mark y Lisa, hablemos de cómo se verá su casa para cuando terminemos la construcción.**"

Lisa sonrió. "**¡No puedo creer que finalmente esté sucediendo!**"

"**Créanlo,**" dijo Daniel con una sonrisa. "**En solo unos meses, habrán estado viendo cómo su sueño se convierte en realidad. Para cuando completemos la primera fase, habrán estado viendo los cimientos perfectamente colocados.**"

Mark miró alrededor, tratando de imaginarlo. "**Entonces, para esta misma fecha el próximo año, ¿qué se habrá completado?**"

Daniel deslizó en su tablet y les mostró el modelo 3D. "**Para esta fecha el próximo año, habrán estado viviendo en una casa completamente funcional con todos los detalles que querían. Los paneles solares habrán sido instalados en el techo y su sistema de casa inteligente habrá estado funcionando eficientemente por algunas semanas.**"

Lisa miró a Daniel con emoción. "**¿Y qué hay de mi cocina? ¡He estado soñando con ese espacio por tanto tiempo!**"

Daniel sonrió. "**Para cuando se muden, su cocina habrá sido diseñada exactamente como la imaginaron. Las encimeras de mármol habrán sido pulidas y los electrodomésticos inteligentes habrán sido programados para ajustarse a sus necesidades.**"

Mark asintió. "¿Y qué hay de nuestro espacio al aire libre? Queremos disfrutar del patio trasero."

Daniel señaló el amplio terreno. "Para el final de la construcción, su patio trasero habrá sido hermosamente ajardinado. El jardín habrá estado creciendo por unos meses y la piscina habrá sido llenada y estará lista para usar."

Lisa apretó la mano de Mark. "¡Esto parece un sueño!"

Daniel se rió. "Para cuando pasen su primera noche aquí, habrán estado sintiéndose en casa. Y en solo un par de meses después de eso, habrán estado invitando amigos para su fiesta de inauguración."

Mark rió. "¡Ya me lo imagino! Para entonces, habremos estado creando recuerdos en nuestro nuevo hogar."

Lisa miró a Daniel. "¿Y qué hay de las habitaciones de los niños? Queremos asegurarnos de que todo sea perfecto para ellos."

Daniel asintió. "No se preocupen. Para cuando los traigan a ver la casa terminada, sus habitaciones habrán sido decoradas con todos sus colores y muebles favoritos. Habrán estado jugando en su nuevo espacio como si hubieran vivido aquí desde siempre."

Mientras miraban el terreno vacío, Mark y Lisa ya podían imaginar su futuro: un hogar lleno de amor, risas y recuerdos por crear.

¿Qué te pareció la historia? ¡Ahora sigamos con los ejercicios de comprensión!

EJERCICIOS DE COMPRENSIÓN LECTORA – "THE FUTURE DREAM HOME"

A continuación, encontrarás **10 preguntas** para evaluar tu comprensión de la historia. Intenta responder sin mirar el texto y luego revisa las respuestas.

> ✎ ¡Ojo! (si estás en versión eBook) Como en el eBook no se puede escribir directamente, toma tu cuaderno favorito o una hoja suelta para apuntar tus respuestas. Así lo aprovechas al máximo y aprendes mucho más. ¡Manos a la obra!

Preguntas de Comprensión
1. Where does the story take place?
2. What has Mark and Lisa been dreaming about for years?
3. What will have been completed by this time next year?
4. How will the smart home system be working when they move in?
5. What feature of the house is Lisa most excited about?
6. What will have been installed on the roof?
7. How will the backyard look by the end of construction?
8. What promise do Mark and Lisa make about their new home?
9. How will the children's rooms be ready by the time they move in?
10. Why does Daniel say that the house will feel like home from the first night?

¡Ahora intenta responderlas! Luego, revisa las respuestas.

RESPUESTAS A LOS EJERCICIOS DE COMPRENSIÓN LECTORA – "THE FUTURE DREAM HOME"

Aquí tienes las respuestas a las preguntas del ejercicio. ¡Revisa cuántas acertaste!

Respuestas en inglés

Where does the story take place?

The story takes place on Mark and Lisa's empty lot, where their future home will be built.

What has Mark and Lisa been dreaming about for years?

They have been dreaming about building their dream home.

What will have been completed by this time next year?

By this time next year, the entire house will have been completed, including the smart home system and solar panels.

How will the smart home system be working when they move in?

The smart home system will have been running efficiently for a few weeks by the time they move in.

What feature of the house is Lisa most excited about?

Lisa is most excited about the kitchen, especially the marble countertops and smart appliances.

What will have been installed on the roof?

Solar panels will have been installed on the roof.

How will the backyard look by the end of construction?

By the end of construction, the backyard will have been landscaped, the garden will have been growing for a few months, and the pool will have been filled.

What promise do Mark and Lisa make about their new home?

They promise that they will have been making beautiful memories there.

How will the children's rooms be ready by the time they move in?

The children's rooms will have been decorated with all their favorite colors and furniture.

Why does Daniel say that the house will feel like home from the first night?

Because by the time they spend their first night there, they will have been feeling comfortable and settled in.

¡Ahora revisa tus respuestas y sigue practicando!

AUDIOLIBRO DE PRONUNCIACIÓN BOOK 7 - CHAPTER 6

Usa estos audios a tu favor. **Escucha, repite, imita la pronunciación y pierde el miedo a hablar**. Cuanto más te expongas al inglés, más rápido mejorarás. ¡Tu inglés fluido está a solo unos clics de distancia! 🚀👀

BOOK 7 - CHAPTER 6

CONCLUSIÓN + BONUS WORKBOOK CON EJERCICIOS EXTRA

TU VIAJE HACIA EL INGLÉS FLUIDO CONTINÚA

¡Lo lograste! Has llegado al final de este libro, y con ello, has dado un paso gigantesco en tu camino hacia el dominio del inglés. A lo largo de estas historias, has viajado en el tiempo, explorado mundos imaginarios, aprendido sobre la vida cotidiana, e incluso te has sumergido en el fascinante universo de los tiempos verbales avanzados. Pero esto no es el final, ¡es solo el comienzo de algo aún más grande!

Cada una de estas historias ha sido diseñada para que no solo leas, sino que **absorbas el idioma**, que lo sientas como algo natural y parte de tu día a día. Has trabajado con tiempos verbales complejos como el **pasado perfecto**, el **presente perfecto continuo**, el **futuro perfecto** y más. Ahora tienes herramientas poderosas para hablar con confianza sobre experiencias pasadas, planes futuros y situaciones hipotéticas.

Pero aprender un idioma no se trata solo de estudiar reglas y memorizar palabras; se trata de **vivir el idioma**. Así que aquí van algunos consejos para que sigas avanzando y lleves tu inglés al siguiente nivel:

✅ **Sigue practicando con historias en inglés.** La lectura es una de las mejores formas de mejorar tu vocabulario y gramática sin esfuerzo. Puedes releer estas historias en voz alta, enfocarte en los diálogos o incluso intentar escribir tus propias versiones con nuevos finales.

✅ **Escucha y sumérgete en el idioma.** Mira películas y series en inglés, escucha podcasts sobre temas que te interesen, y pon música en inglés en tu día a día. La inmersión es clave para entrenar tu oído y mejorar tu pronunciación.

✅ **Habla sin miedo.** No esperes a ser "perfecto" para empezar a hablar. Usa lo que ya sabes, equívocate, aprende y sigue adelante. Busca oportunidades para conversar en inglés, ya sea con amigos, profesores o incluso en grupos de intercambio de idiomas.

Recuerda: el camino para aprender un idioma es una **aventura**, y cada palabra que aprendes es una nueva puerta que se abre. Sigue explorando, sigue practicando y, sobre todo, **sigue disfrutando del proceso**.

Como sabemos que aprender es un proceso continuo te dejamos a modo de bonus un Workbook de ejercicios extra para complementar los anteriores ejercicios de cada capítulo, puedes descargar el Workbook en el siguiente código QR:

WORKBOOK EJERCICIOS

Tu inglés avanzado ya está aquí.
Ahora solo queda una pregunta: ¿qué historia escribirás a continuación? 😊📖

Aprende Idiomas Fácil